百科全書の時空

典拠・生成・転位

逸見龍生／小関武史 編

マリ・レカ=ツィオミス
オリヴィエ・フェレ
フランソワ・ペパン
井田 尚
イレーヌ・パスロン
アレクサンドル・ギルボー
小嶋竜寿
寺田元一
井上櫻子
川村文重
飯田賢穂
淵田 仁

Imprimerie en Lettres, L'Opération de la Casse.

法政大学出版局

はじめに

逸見龍生

『百科全書』研究はいまどのような状況に置かれているのだろうか。二十世紀の先駆的な研究者たちによる『百科全書』研究の数々の刷新と再生を経て、私たちは現在どのような地平に立っているのだろうか。ここ数十年来の国際規模の研究の精緻化と多様化のなかで、従来の『百科全書』像に対し何が新たに付け加わり、蓄積され、いかなる拡大を見せるようになったのだろうか。これらの問いのすべてにここで答えることはむろん困難である。しかし『百科全書』のテクストをいかに私たちが読み、テクストを前に何を考えようとしているのかを提示するために、本書をはじめるにあたってこれまでの研究の軌跡をまず振り返っておきたい。

一七五一年の刊行開始以来、現在に至るまで『百科全書』の批評校訂版は、ほぼ存在していない。ごく一部にせよ、『百科全書』項目群が最初に例外的な規模で校訂されたのは、アセザ、トゥルヌーによる『ディドロ全集』（一八七五—一八七七年）である（第一三巻—第一七巻）[1]。そこにはディドロ執筆項目として『百科全書』から採られた項目群が収録された。しかし、項目執筆者の同定、『百科全書』刊本史、本文の選定、本文編集史等に関わる校訂法は、けっして厳密な史料批判に基づいてはいなかった[2]。

今日の『百科全書』研究の上で分水嶺をなすのは、緻密な資料の読解と体系的な方法論に基づいた、イタリアのフランコ・ヴェントゥーリ、米国のハーバート・ディークマンらによる本格的な実証研究が欧米で次々と刊行された、主に戦後から一九五〇年代にかけてである。その先鞭をつけたのは、第二次世界大戦下の緊迫した状況の中で徹底した史料調査に基づき『百科全書』の成立を厳密に再現したヴェントゥーリの『百科全書の起源』（一九四六年）だった。[3]続くディークマンはディドロの自筆稿・写稿を整理、『ヴァンドゥル原稿群目録とディドロの未刊著作』（一九五一年）[4]を刊行し『百科全書』ディドロ寄稿項目群の多くを明らかにした。[5]

六〇年代になって、フランスのジャック・プルースト、イギリスのジョン・ラフが比類ない重要性をもつ『百科全書』研究を刊行する。プルースト『ディドロと「百科全書」』（一九六二年）[6]、およびラフ『ディドロ・ダランベール「百科全書」研究』（一九六八年）[7]である。かたやディドロという『百科全書』運動を代表する個を主題に据えた文学史・思想史研究であり、かたや個別的・具体的層への関心に貫かれた史料研究であるとの違いはある。だが『百科全書』という集団的実践を可能な限り具体的な細部にわたって分析し、その生産と流通のあり方を、厳密な史料批判を踏まえて、歴史社会学的に再構築しようとする研究の関心と方法は両者に共通している。

七〇年代以後、こうした先駆者たちの努力が本文批判の方法的深化をさらに促す一方で、社会史や言説分析、受容美学など隣接領域の知見を取り入れた後続世代の新たな研究軸の導入により、研究方法はさらに拡大した。寄稿者研究、購読者ないしより広い読者研究、百科全書派に対する同時代の検閲や批判、そして勃興しつつあった定期刊行物など言論ジャーナリズムで繰り広げられた論争分析などの領域で、重要な成果が生まれた。

第一に挙げられるべきは、文献学的研究の進展である。米国のリチャード・N・シュワッブらによる浩瀚な『「百科全書」本文目録』（一九七一―一九七二年、『同図版目録』は一九八六年）[8]は、その最も重要な達成点のひとつである。これは、『百科全書』総体を初めて厳密に体系的な書誌学的手法で分析し、本文編六巻・図版編一巻計七巻におよぶ長大な目録を作成した著作であった。『百科全書』の全項目の見出し語と図版がリスト化され、執筆者との対応が示された。見出し語と執筆者が一望できることによって、一三九名の執筆者、本文七万一七〇九項目、図版二八八五点を擁する『百科全書』の全体像が明瞭に現れたのである。同じく米国のフランク・A・カフカー『「百科全書」寄稿者人名辞典』（一九八八、一九九六年）[9]も重要である。カフカーの研究はシュワッブの『目録』が明らかとした『百科全書』本文項目執筆者につき、詳細な伝記的事実をおさえ、さらに個々の執筆者に関する最新の研究成果を整理した。それは、長く集団的・匿名的イメージのうちにとどまっていた『百科全書』を、執筆者という個のプリズムを通してはじめて解析してみせた点に多大な意義があったといえよう。こうした八〇年代に生まれた基礎研究の労作は、その後の本文批評研究の深化に堅牢な土台を整えた。しかしその一方、『百科全書』本文がいかに成立し、どのように形成されたか、その編集史を問う視点は、少なくともシュワッブ、カフカーらの研究以後にはしばらく見いだせなかった。その状況が大きく変わるには、後で取りあげるマリ・レカ＝ツィオミスによる編集史的研究を待たねばならない。

第二に、書物史と公共圏、知的・社会的諸制度の相互連関のうちに『百科全書』の歴史的射程を捉えた米国のロバート・ダーントン『「百科全書」のビジネス』（一九七九年）[10]がある。『猫の大虐殺』[11]以来の彼の書物の社会史研究にはなじみのヌーシャテル印刷協会を調査し、この協会の刊行した『百科全書』四折版を中心に、後続の書店主たちがいかに『百科全書』再版刊行事業を企画し、それを実現させ、廉価版・普及版の形でパリ版の読者たちよりさらに広汎な社会階層にまで広げ、ヨーロッパ各地域にまで浸透させていったかをダーントンは克明な資料とともに実証していった。ダーントンの社会史的方法は、『百科全書』を孤立した現象として見るのではなく、通時的ないし共時的な系譜学やネットワーク連関、ないし間テクスト性において捉えようとする百科全書研究の近年の他のさまざまな動きとも平行している。先に挙げたカフカーが編纂した『十七・十八世紀の著名な百科事典――「百科全書」に先行する九作品』（一九八一年）、『十八世紀後期の著名な百科事典――「百科全書」に後続する一一作品』（一九九四年）[12]などの論集も、同じ方向に立つその代表的な研究である。カフカーの関心は、ダーントンと重なりつつも、『百科全書』パリ版を従来の解釈が強調しすぎてきたきらいのある孤立した突発的な歴史的事件などではなく、十七世紀から続くより大きな知の地殻変動、知をめぐる文化的な転換（世界像の急激な拡大と産業革命という近代の知的空間に結節する時代の変容）のなかで形成された新たな百科全書思想／百科全書主義（encyclopaedism）の有機的でダイナミックなネットワークの網の目の中に置かれた文化的表象であるととらえようとした。先行する辞書・辞典類と『百科全書』パリ版との関連にあらためて光をあてたほか、ダーントンが主に受容史の観点から取り上げたスイス版や、ダーントンはほとんど取り上げなかったイタリア版とパリ版との内容上の差異や連続性、対立やずれといった問題も立てられている。

こうした書物コミュニケーションの文化史的構造に着目した研究は八〇年代以後、質的にも量的にもその重要さを増した。晩年のジャック・プルーストの探求の中心のひとつは、十八世紀において百科全書的な著作が東洋と西洋双方に現れ、片方のローカルな知の事象が文化的制度や社会的慣習の差異とともに／あるいはそれを超えて、転位し変異しながら伝播してゆく際の、ダイナミックで生産的な百科事典の触媒的論理の解明であった。この研究は『十六―十八世紀ヨーロッパ像――日本というプリズムを通して見る』[13]に結実している。ここには、アン・トムソンらが指摘した初期近世における「文化的転移」の概念[14]と同じ関心がある。プルーストの研究は、古代記憶術から中世、ルネサンスにおける百科全書思想／百科全書主義の系譜のなかで『百科全書』を捉える観点と重なりつつ、それを超え出る論理が要請されているように見える。日本では、寺田元一『「編集知」の世紀』（二〇〇三年）および鷲見洋一『「百科全書」と世界図絵』（二〇〇九年）で、これらの点が深く掘り下げられている。[15]

第三に、間テクスト性をより具体的な相の下で把握し、言語の権力作用の力学を含めた、テクストの意味論的構築の諸条件を解釈学的に分析していこうとするアプローチがある。本書に編んだ論考群が基本的に立脚しているのは、この立場である。ヌーヴェル・クリティークに顕著に接近した七〇年代以後のジャック・プルーストの関心が持続的に向けられたのも、この側面であった。[16] ここでは特に、『百科全書』にアンシャン・レジームの政治的言語へ亀裂を入れ、新たな社会的現実をモデル化する特異な「啓蒙の言語」の実践の具現を見いだしたフランスのジョルジュ・ベンレカッサの研究を筆頭に挙げておきたい（『啓蒙の言語――概念と言語の知』一九九五年）。[17] そこで強調された対抗的言語実践としての『百科全書』への着目は、本書の巻頭論文を飾るマリ・レカ＝ツィオミスによってもまた、その主著『「百科全書」を書く』（一九九九年）[18]において共有されることとなる。同書で示されたのは、『百科全書』の諸項目が、アカデミーや同時代の他の辞書、学術書、機関誌、旅行記、報告など同時代の数々の知的言説とともに編まれ、それら他の言葉の内部に時にいわば寄生しながら、いかに多層的・闘争的な対抗言語的磁場として機能しているか、本文編集史の詳細な実証であった。「文芸共和国」ないし新たな「公論」的言説の固有性の組織的確立、新たな言説実践の文化的＝政治的承認という審級が、『百科全書』における言説生産の水準で再び問われたのである。その淵源の理解には、絶対王政期における主権者の政治的正統性と〈言語定義〉との関係、アンシャン・レジーム期に固有の「権力の記号論」（ザルカ[19]）の様態があらためて問題にされねばなるまい。

本文の文献学的批判の進展、百科全書主義における知の媒介と伝播構造への着目、書物史やメディア史における文化的転移という現象への関心の深まり、そして『百科全書』言語実践への解釈学的視点——以上のように右に挙げた研究史を整理してみたい。相互に孤立して進められた研究ではない。どの方向性も複雑に絡みあい、新たな問いを立てて連関を深めている。このように見てみると、以下の頁で私たちが問おうとする地平も、これら豊穣な先行研究の拓いた数々のパースペクティブとの深い連続の中に位置づけられることがわかる。

本書は、『百科全書』本文がいかなる制作工程を通して形成されてきたか、『百科全書』の「制作の現場《マニュファクチュア》」（ジャック・プルースト[20]）の様態を把握することを共通の問題意識としてもつ。全体は三部構成とした。

第一部「『百科全書』における〈借用〉の思想とその言説戦略」は、先行する知的言説からの「借用」（emprunt）——本論集ではそれを他者のテクストの再書記行為（réécriture）とみなし、その能動相をより強調して理解しようとする——を、『百科全書』の実践における中核的概念として据え、その意義と固有性が何かを提示した。マリ・レカ＝ツィオミスの巻頭論文は、『百科全書』の制作現場に深く解釈学的に分け入った経験を物語り、その言語戦略の本質的な諸相はどこにあるのかを明示する。フェレは項目における言説構造——分類上の見せかけ（表層）と、深層の戦略的意味作用のしばしば強い緊張関係——に焦点をあて、深層にあって意味作用の転位を可能にする『百科全書』に固有の「借用の哲学」の様態を記述する。ペパンは、ディドロ「哲学史」項目の典拠文献の自在な書き換えと再使用行為のうちに、形而上学の体系的歴史を瓦解させていく啓蒙の哲学の実践を読む。逸見はディドロの項目「政治的権威」における借用の複数の次元をその重層的なコンテクストのありようを探って分析し、いかなる「政治的な使命」をディドロが『百科全書』の語彙定義の実践のうちに託そうとしたか、その言説的意図を解釈する。

第二部「テクストの分析――本文典拠とその編集史」は、本文批評の未確定部分のいくつかを示し、本文の生成と編集史に関わる間テクスト性の実像を実証的方法に基づいて解明しようとしている論文を集めている。その事例のいくつかは、日仏の『百科全書』研究グループとともに、現在進めている『百科全書』批評校訂版（ENCCRE）作成作業の中で明らかにしてきたものである（ENCCREについては、本書補論、淵田「『百科全書』項目の構造および典拠研究の概要」を参照されたい）。小関は『百科全書』が典拠とした複数の地理辞典と『百科全書』諸項目との比較調査から、百科全書派のうちに徐々に進展していた知の意識変容をダイナミックに抽出する。井田は、ダランベール項目の「制作工程」における自己の言説とさまざまな他者の借用が織りなす多層性を論じ、『百科全書』本文のうちに「啓蒙の科学知の論争的性格」の表出を読み取る。パスロン、およびギルボーもダランベールのテクストの編集史を論じている。パスロンは『百科全書』的営為のうちに「権威の羅列ではなく選択が重要となる新たな編集物の作成」と、この作成を「通じて知識を再構成しようとする意志」を見出す。ギルボーが提示するダランベールが、自説も含め先行する科学的言説を多様に借用して本文を織り上げるのは、それらが本質的に抱える学知としての限界を自己と読者に明確に告知するためである。小嶋は、サヴァリ『商業総合辞典』を典拠とするディドロの技術項目「ガーゼ」を取りあげ、『百科全書』が「物そのものに付随する使用価値から、形象化された人間精神へ」と視点転換しているさまを分析する。

第三部「諸学の交叉と転位」は、狭義の本文批判の問題から離れ、『百科全書』の主題群と同時代の知との交換や変容のダイナミズムをより広い観点から分析する論考を集めた。寺田は、『百科全書』の医学項目の形成に大きく寄与したモンペリエ生気論学派の医学思想と、中国と日本それぞれのルートを通じて届いていた中国伝統医学との交叉に着目し、ボルドゥ、メニュレ、フーケの項目にヨーロッパ圏域を超えた文化的転移の実例を見出す。井上は、詩人として時代の寵児でありながら、同時に百科全書派でもあったサン＝ランベールの多様なテクストの内部に、文学と学知の両者を架橋する歴史的な共通構造の核を捉える。川村は、活力（énergie）の概念史分析を通じて『百科全書』の化学関連項目を捉え直し、これらのうちに革命期へと繋がる知のパラダイムの組み替えを読み取る。飯田はルソー『ジュネーヴ草稿』草稿生成の実証に基づき、ディドロ項目「自然法」がいかにルソーに読まれ、その独自の政治思想の構築のなかで批判的に摂取されていったかを論じる。

　見られるとおり、本書は複雑で重層的な『百科全書』の言説実践の具体的な様態を解明することにより、従来像よりもはるかに動的・混成的な位相が『百科全書』の内部に伏在していることを示そうとするものである。透明で一義的な知のコミュニケーションを期待する者にはある種の齟齬、違和感を与える何ものかが『百科全書』のテクストには聴取しうる。私たちは発話者の声の微妙な揺れ、変位に耳を澄ます。『百科全書』項目の本文には、いわば無数の他者の声、他者の言葉が転記されている。言い換えるならば、書き手の読みの痕跡がそこには幾重にも隠されている。『百科全書』を開き、その頁を読んでいくことは、そのような声のひとつひとつを明らかにしていく経験である。もはや私たちはそれを無視することができない。

　『百科全書』〈典拠〉の確定が重要だと私たちが本書で提唱するのは、オリジナルのテクストのもつ原初の意味に本文の差し出す意味を回収できると考えるからではない。むしろ『百科全書』本文がいかに起源から逸脱、転位、離散しているのか、その方向喪失《デゾリアンタシオン》＝脱方位（ベンレカッサ）[21]の動性のうちに、『百科全書』の存在理由の少なからざる部分を見出しうると私たちは考えているからである。

　本書の補論として、現在本書の日本人筆者らが準備中の「『百科全書』典拠索引目録研究」の一部を掲載した。淵田「『百科全書』項目の構造および典拠研究の概要」がこの研究の意義を詳説している。

注

（1） Denis Diderot, *Œuvres complètes*, éditées par Jules Assézat et Maurice Tourneux, 20 vols, Paris, Garnier, 1875–1877.

（2） アセザ、トゥルヌー版の校訂上の問題については、ジャック・プルーストによる批判が網羅的である。Jacques Proust, *Diderot et l'*Encyclopédie, Paris, Albin Michel, 1996（1er éd, 1962）, p. 81–116.

（3） Franco Venturi, *Le origini dell'*Enciclopedia, «Piccola biblioteca Einaudi: 26», Einaudi, 1977. 現代百科全書研究の幕開けとなったこの著書には、幸いに充実した解説をともなう邦訳がある。フランコ・ヴェントゥーリ『百科全書の起源』大津真作訳、法政大学出版局、一九七九年。

（4） Herbert Dieckmann, *Inventaire du fonds Vandeul, et inédits de Diderot*, «TLF», Genève, Droz, Lille, Girard, 1951.

（5） この時期までの研究については、ほかに以下の古典的研究も重要である。『百科全書』パリ版刊行主であるル・ブルトン書店による検閲指示の痕跡を生々しく残す刊本研究を行った米国のダグラス・H・ゴードン『ディドロ百科全書の検閲と本文再校訂』（一九四七年）（Douglas H. Gordon, Torrey, Norman L., *The Censoring of Diderot's* Encyclopédie *and the Re-established Text*, New York, Columbia University press, 1947）、『百科全書』異本研究を独自に推し進めた孤高の研究者、米国のジョージ・B・ワッツによる各国版『百科全書』本文比較研究（一九五三、一九五五年）（George Byron Watts, «Forgotten Folio Editions of the *Encyclopédie*», *The French Review*, XXVII, nº 1, 1953, p. 22–29, Addenda 243–244 ; George Byron Watts, «The Swiss Editions of the *Encyclopédie*», *Harvard Library Bulletin*, IX, nº 2, 1955, p. 213–235）をあげることができよう。さらに本文研究とは別に、厳密な典拠研究を早くから進めたフランスのルネ・ユベール『「百科全書」における社会科学』（一九二三年）（René Hubert, *Les Sciences sociales dans l'*Encyclopédie, «Bibliothèque de philosophie contemporaine», Paris, Félix Alcan, 1923）、『百科全書』の企画・出版を一貫して支えたル・ブルトンら四書店のうちのひとつであるブリアソン書店が、百科全書刊行事業会計担当として残した詳細な会計収支記録を調査したルイ＝フィリップ・メ『「百科全書」の歴史と典拠』（一九三八年）（Louis-Philippe May, «Histoire et sources de l'*Encyclopédie* d'après le registre des délibérations et de comptes des éditeurs et un mémoire inédit», *Revue de synthèse*, 1938, février, XV, p. 7–109）なども重要な実証的成果であった。なお本注も含め、この「はじめに」で提示した百科全書研究史については、逸見龍生「『百科全書』を読む――本文研究の概観と展望」『欧米の言語・文化・社会』二〇〇五年、第一一号、三九―九二頁で詳細に取りあげている。

(6) Proust, *op. cit.* 以下も参照。Jacques Proust, *Encyclopédie*, Paris, Armand Colin, 1965. 後者には翻訳がある。ジャック・プルースト『百科全書』平岡昇・市川慎一訳、岩波書店、一九七九年。

(7) John Lough, *Essays on the* Encyclopédie *of Diderot and D'Alembert*, London, New York, Toronto, Oxford University Press, 1968.

(8) Richard N. Schwab, with the collaboration of Walter E. Rex, *Inventory of Diderot's* Encyclopédie, 6 vols, *SVEC*, 80, 83, 85, 91–93, Oxford, The Voltaire Foundation, 1971–1972 ; *Inventory of Diderot's Encyclopédie. VII. Inventory of the Plates*, with a study of the contributors to the Encyclopédie by John Lough, *SVEC*, 223, 1984.

(9) Frank A. Kafker, in collaboration with Serena L. Kafker, *The encyclopedists as individuals : a biographical dictionary of the authors of the* Encyclopédie, *SVEC*, 257, 1988 ; *The encyclopedists as a group : a collective biography of the authors of the* Encyclopédie, *SVEC*, 345, 1996.

(10) Robert Darnton, *L'Aventure de l'*Encyclopédie. *Un best-seller au siècle des Lumières*, Paris, Librairie Académique Perrin, 1982. Traduction française.

(11) Robert Darnton, *The Great Cat Massacre and Other Episodes in French Cultural History*. New York: Basic Books, 1984. 邦訳はロバート・ダーントン『猫の大虐殺』海保眞夫・鷲見洋一訳、岩波現代文庫、二〇〇七年。

(12) Frank A. Kafker, éd. *Notable Encyclopedias of the Seventeenth and Eighteenth Centuries : Nine Predecessors of the* Encyclopédie, Oxford, *SVEC*, 194, 1981 ; *Notable encyclopaedias of the late eighteenth century : eleven successors of the* Encyclopédie, *SVEC*, 315, 1994.

(13) Jacques Proust, *L'Europe au prisme du Japon. XVIe–XVIIIe siècle*, Albin Michel, 1997. 邦訳はジャック・プルースト『16—18世紀ヨーロッパ像——日本というプリズムを通して見る』山本淳一訳、岩波書店、一九九九年。

(14) Ann Thomson *et al.*, dir., *Cultural transfers: France and Britain in the long eighteenth century*, *SVEC*, 2010 : 04. 同概念については、特に « Introduction », p. 1–15.

(15) 寺田元一『「編集知」の世紀——十八世紀フランスにおける「市民的公共圏」と『百科全書』』日本評論社、二〇〇三年。鷲見洋一『「百科全書」と世界図絵』岩波書店、二〇〇九年。

(16) その代表的研究が、ジャック・プルースト『オブジェとテクスト——十八世紀フランス散文の詩学のために』（一九八〇年）に収録された、次の論文である。Jacques Proust, « De l'*Encyclopédie* au *Neveu de Rameau*: l'objet et le texte »,

L'Objet et le texte, Genève, Droz, 1980, p. 157–204. 優れた翻訳と解説がある。ジャック・プルースト『『百科全書』から『ラモーの甥』へ——オブジェとテクスト』鷲見洋一訳、井田尚・鷲見洋一編『ディドロ著作集 第四巻』法政大学出版局、p. 491–553 ; p. 639–646.

(17) Georges Benrekassa, *Le langage des Lumières. Concepts et savoir de la langue*, « Écriture », Paris, PUF, 1995.

(18) Marie Leca-Tsiomis, *Écrire l'*Encyclopédie. *Diderot : de l'usage des dictionnaires à la grammaire philosophique*, SVEC, 375, 1999.

(19) Yves Charles Zarka, *Hobbes et la pensée politique moderne*, PUF, 1995 を参照。

(20) Proust, *Diderot et l'*Encyclopédie, *op. cit.*, chapitre II (p. 45–79) を参照。

(21) Georges Benrekassa, «Penser l'encyclopédique : l'article « Encyclopédie » de l'*Encyclopédie*», *Le langage des Lumières*, *op.cit.*, p. 232–261 を参照。

百科全書の時空／目　次

第三部　諸学の交叉と転位

補　論　『百科全書』典拠索引目録研究

百科全書の時空——典拠・生成・転位

凡例

一、以下の文献については、本文や注で引用を示す場合、次の略号を使用した。

DPV : Diderot, Denis, *Œuvres complètes*, éditées par Herbert Dieckmann, Jacques Proust, Jean Varloot & al., Hermann, 1975 et suiv. 34 vol. prévus.

Enc. : *Encyclopédie, ou Dictionnaire raisonné des sciences, des arts et des métiers*, par une société de gens de lettres, Paris, Briasson, David, Le Breton, Durand, 1751-1765, 17 vol. in-fol.

RDE : *Recherches sur Diderot et sur l'*Encyclopédie, Paris, Société Diderot.

REEL : *Recueil d'études sur l'*Encyclopédie *et les Lumières*, Tokyo, Société d'études sur l'*Encyclopédie*（『『百科全書』・啓蒙研究論集』、『百科全書』研究会）.

SVEC : *Studies on Voltaire and the Eighteenth Century*, Oxford, The Voltaire Foundation.

なお、略号に続くローマ数字は巻を、算用数字は頁を表す。『百科全書』の場合は二段組みであるため、引用頁の後ろにａ（左欄）・ｂ（右欄）を付した。『百科全書』の出典情報は、各章の著者の原則を尊重し、引用文末尾に表記した章と、注で示した章がある。ディドロ執筆項目の場合、現在刊行中の批評校訂版『ディドロ全集』（*DPV*）の «*Encyclopédie*» I-IV（同『全集』第五巻〜第八巻）収録項目については、同『全集』から引用した。

二、『百科全書』見出し語の原語表記について

『百科全書』は、見出し語で主に三種類の表記法を区別している。①通常の見出し語はすべてラージキャピタル（通常の大文字）で表記される。②同音異義語がある場合など、ひとつの見出し語に複数の指示対象が対応する場合、『百科全書』はこれを統合している。その際に、二番目以後の見出し語には頭文字以外にスモールキャピタルを使用している。③補足的定義を付加する場合にはイタリック体が使用されることが多い。本書ではこれら原文表記の区分に従った。

第一部　『百科全書』における〈借用〉の思想とその言説戦略

第1章　『百科全書』は啓蒙思想の陰謀か

マリ・レカ＝ツィオミス
（小嶋竜寿 訳）

〔本論考は、二〇一二年九月三〇日に慶應義塾大学で開催された国際シンポジウム（鷲見洋一名誉教授主催）での発表を基に執筆されたものである。〕

一七一三年生まれのドゥニ・ディドロにとって、二〇一三年は生誕三〇〇周年にあたる。この人物は、文筆家、哲学者、小説家、劇作家、美術批評家、書簡文学者であり、また『百科全書』の編纂者でもあった。一七五一年から一七七二年にかけて、本文一七巻、図版（銅版画）一一巻からなる巨大辞典を、ダランベールとの共同編纂を経たのち、単独で編集して、出版にこぎつけている。今回は、このディドロと『百科全書』について論じたい。

これまで連綿と続けられてきた『百科全書』研究だが、近年新たな展開をむかえている。本日フランス人および日本人研究者が一堂に会していることは、その最たる証左といえよう。またフランスでは毎年、『ディドロ・「百科全書」研究』（*Recherches sur Diderot et sur l'Encyclopédie*）誌が刊行されてきたが、二〇一三年、日本でも『『百科全書』・啓蒙研究論集』が刊行され、旺盛な研究活動が明らかになった。ここでしばし時代をさかのぼり、『百科全書』がいかに受容されてきたかをまとめておこう。その後、ささやかながら、ディドロと『百科全書』について、私自身の研究を振り返りたい。
大歴史家ジュール・ミシュレは、『フランス史』第一八巻で、有名な「十八世紀の信条」について述べている。そこに読めるのは、ディドロと『百科全書』への賞賛であった。

（ジョクールその他）幾人もが『百科全書』に命をかけた。無給同然で身をすりへらしていたディドロの無私無欲さが勝利をおさめて、驚くべき光景が現前にひろがった。エゴや妬みがおさえこまれたのだ。ダランベールのいう文学者集団という、ライバル、嫉妬深き者たちの共同体が、個々人としてはほとんど日の目をみないような共同作業に生命をささげようなどと、いったい誰が思っただろうか。〔…〕『百科全書』は一冊の書物を超越する存在となり、一つの反乱分子となった。また、迫害をつうじて『百科全書』の存在感は増し、ヨーロッパのいたるところで関心の的となった。こうして多方面にわたる魅惑的な陰謀が、皆で共有されるようになったのだ。(1)

ミシュレは『百科全書』を形容するにあたり、ロマン主義的で大仰な二つの語をあてがった。反乱分子（faction）と陰謀（conspiration）である。「反乱分子」とはいかなる意味か。一八三五年までに刊行された『アカデミー・フランセーズ辞典』（*Dictionnaire de l'Académie française*）では、「国家や都市、団体内などで陰謀を企てる徒党」と定義されている。「陰謀」という語については、「国家に服従すべき諸権力に対する悪意ある企図」だという。
しかし、軽蔑的な意味をもつ二つの語彙を共和派のミシュレが使用したのは、王政転覆に際して強烈な威力を発揮した武器弩砲としての『百科全書』をわがものとして主張するためであった。「反乱分子、陰謀、けっこうではないか」というわけだ。ミシュレと同時代、プルードンもまた、「所有者層に対し、労働者側からおのずと発生する新たな謀《はかりごと》」（プルードン『一二月二日のクーデタによって証明された社会革命』（*La Révolution sociale démontrée par le coup d'État du 2 décembre*）、一八五二年、二一八頁、『フランス語宝典』（*Trésor de la langue Française*）項目「陰謀」より引用）としての労働闘争を表明するため、「陰謀」という語に肯定的な意味を与えるよう要請している。

フランス革命にほど近い一七九八年生まれのミシュレが強調したのは、『百科全書』の闘争的・攻撃的な側面であった。おそらく、ミシュレは『百科全書』の同時代的な影響に染まりすぎていたにちがいない。そして、わずかとはいえ、『百科全書』の普及網や、思想の複雑な伝播経路について、当時よりもよく知られるようになったいま、ひとはミシュレの見解がいかに素朴であったかと、間違いなく一笑に付すことができよう。フランス革命を準備した闘争など、いまや隔世の感を禁じえないものとなってしまった。そしてかつては「啓蒙主義による闘争」であったものが、「啓蒙主義のための闘争」という理解に変容しつつある。もはや『百科全書』から硝煙の臭いがたちのぼることもない。風向きは変わった。「百科全書派」という名称について、ディドロはいう。「王には危険な臣民として示され、聖職者には敵として指弾され、司法官には火刑に処すべき輩として召喚され、そして国家の前では悪しき市民として糾弾されるすべてのものたちに貼られた、忌まわしいレッテル」。しかし今日、長きにわたって「極悪人」[2]につけられてきたこの百科全書派という名称は、尊敬に値する立派な知識人と同義となっている。時代はかくも変わったのだ……。

とはいえ、現代において『百科全書』に関心を向けるにあたり、書物史における特殊な一時期であるとか、科学史および技術史におけるつかのまの光景であるとか、絵葉書にでもするしかないような物珍しい知識や古びた道具の貯蔵庫であるとか、あるいは情報処理者たちが足をとられて泥まみれになるような途方もない言葉の海であるとか、そうしたものに甘んじるだけでよいのだろうか。そんなことはない。

『百科全書』研究に着手したころ、私はこの大辞典の、とりわけディドロの執筆項目における諧謔的精神（humour）のようなものに関心を抱いた。ディドロの項目を一読し、明に暗に随所で読みとれるアイロニーめいた表現に衝撃をうけたのである。そして、水面下で、ディドロが何かしらの対話を導入しており、そこにアイロニーがありありと読みとれるという印象を繰り返し抱き、好奇の念を募らせていった。

専門家によると、アイロニーとは「陳述」の一つであるという。つまり、アイロニーをつうじて、本来の標的である隠された声を、説明することなく、聴かせるのである。ディドロの項目、とりわけ植物や動物に関する博物学の項目のなかで、そうした声が聞こえるような気がした。だが、その声とはいったい何なのか。たとえば項目「アルカトラス ALCATRACE」では、「インド洋緯度一六度付近ではみつかりそうもない小島」(*DPV*, V, 318) と記述されている。この定義は、少なくとも私には謎めいたもののように思えた。項目「アガクシマ AGUAXIMA」では、「ブラジルや南米諸島の植物。以上がわれわれに語られるすべてである。いったい誰のために、このような記述がなされたのか、疑問に思わずにはいられない」(*DPV*, V, 312) と書かれている。反駁であることは理解できるが、いったい誰に向けた反駁なのか。いかなる新たな声が示され、また同時に隠されているのか。明示的であると同時に裏の意味を匂わせもするこの応酬では、いったい何が争点となっているのか。私はディドロが読んだ可能性のある論文、エセー、作品を、時間をかけて調査した。ジャック・プルーストは「『百科全書』に関する諸問題[3]」のなかで、「典拠調査は文学研究における山師行為に属する」と指摘している。このおどけた調子の警句に出鼻をくじかれたものの、それでも到底納得できなかった。

もっとも、『百科全書』の典拠について、すでに多くのことが解明されていた。まず『百科全書』の基盤は、イギリスのチェンバーズによって編纂された『サイクロペディア』(*Cyclopaedia*) のフランス語訳とされた。だが、二巻本の『サイクロペディア』に対して、『百科全書』は一七巻本という大著である。そして、『サイクロペディア』が『百科全書』の典拠である際には、通常、本文中に出典が明記されていたので、出典が示されない場合には、ほかの典拠を探す必要に迫られたのだ。『百科全書』の典拠については、二十世紀初頭、ピエール・エルマンという学生が、第一次世界大戦開戦期にロレーヌ地方で命を落とす直前、ディドロ、ダランベール、ジョクールなどが利用した、ジラールによる『フランス語類語辞典』(*Synonymes français*) の重要性を見出していた。しかし、これは類義語に限定されたものであった。その後、ジャック・プルーストをはじめとする偉大な先達が登場する。ここで私は特別に、このジャック・プルーストの思い出にオマージュをささげたい。私たちはプルーストに『百科全書』に関する知識の礎を負うばかりでなく、本日、日仏の研究者が一堂に会することが可能になったのもプルーストあればこそだからである。私が鷲見洋一教授と知己を得たのもプルーストのおかげであった。このジャック・プルーストとジョン・ラフという巨匠が「哲学史」関連項目の主だった典拠をつきとめた。ドイツ人のヤーコプ・ブルッカーがラテン語で書いた『哲学の批判的歴史』（*Historia critica philosophiae*）が、系統立ててはいないものの、『百科全書』で引用されていたのである。また、科学アカデミーの論文集、『商業総合辞典』（*Dictionnaire universel de commerce*）、ピエール・ベールの『歴史批評辞典』（*Dictionnaire historique et critique*）、ヴォジヤンの『携帯地理辞典』（*Dictionnaire géographique*）、ジェームズの『医学総合辞典』（*Dictionnaire universel de médecine*）やモレリの『歴史大辞典』（*Grand dictionnaire historique*）といった専門辞典類のほか、モンフォコンの『古代図説』（*Antiquités expliquées*）といった作品が、たびたび引用されていることも、すでに知られていた。『百科全書』の諸項目内に明示的に引用されている著作のすべてについても当然調査されていた。しかし、私が探していたものは何もみつからなかった。

そうしたある日、偶然にも『トレヴー辞典』（*Dictionnaire universel français-latin*）を繙いたところ、数カ月来探し求めていたものを掘りあてた。引用することもなく、ディドロが応答していたのは、イエズス会士による大辞典から発せられた、正体不明の、だが絶え間なく聞こえてくる声だったのだ。水面下で交わされた対話の全貌が明らかになろうとしていた。

トレヴー辞典：項目「アルカトラス ALCATRACE」。インド洋緯度一六度付近および、アラビア海沿岸に生息する小鳥。ウィックフォール参照。のちにウィックフォールは別の綴り字で Alcatras と名づけている。

この項目に対し、ディドロは次のように応じている。

小鳥のことを指しているのだが、ウィックフォールのいう、インド洋緯度一六度付近、あるいはアラビア海沿岸で探しても徒労に終わるだろう。というのも、その鳥を特定するには別の記述が必要だと思われるからである。そしてその記述を読めば、すでに別の名前で知られている鳥であるとわかるだろう。(DPV, V, 318)[4]

そしてすぐに、植物学や動物学のみならず、『トレヴー辞典』の援用がより広範にわたり、ディドロやほかの執筆協力者による『百科全書』の項目でも頻繁に引用されていることに気がついた。さらに、『百科全書』の項目全体、つまり定義された語彙のリストを検討すると、それが『トレヴー辞典』に由来していることも発見した。『百科全書』では、『トレヴー辞典』の項目が厳密に選別されて、「数多くの記述が削除されたり、追加」されていることがわかったのである。もちろん、『百科全書』独自の専門的な寄与も認められる。例として、ボルドゥやトロンシャンのような医学者、ダランベールやラ・シャペルといった数学者、ケネーのような重農主義者、ルソーのような音楽家が挙げられよう。

以上のことに気づくまで、なぜ多くの時間、少なくとも四カ月もの徹底した研究期間を要したのか。元来『仏羅総合辞典』の表題をもつ『トレヴー辞典』に典拠の可能性があるということなど、ジャック・プルーストやジョン・ラフの研究、そしてフランク・カフカーの『十七・十八世紀の著名な百科事典――『百科全書』に先行する九作品』(*Notable Encyclopedias of the Seventeenth and Eighteenth Centuries: Nine Predecessors of the Encyclopedie*)では、当然のことながら、まったく想定されていなかった。これはつまり、百科全書派による『トレヴー辞典』の利用について、剽窃行為が後世で見落とされてきたのは、百科全書派とイエズス会士間の、すなわちミシュレのいう『百科全書』的な「反乱分子」と「反革命派」あるいは「偽善者」イエズス会士間のいがみあいを遠因とする結果だったのだろうか。今のところ、別の理由が思い浮かばない。なぜこれほどまでに研究者たちが剽窃に気づかなかったのか、ほかに説明しようがないのだ。いずれにせよ、私の場合、こうしたイデオロギー上の対立関係を理由として、イエズス会士の辞典を手に取るなどとは思いもよらなかった。イエズス会士たちは百科全書派の天敵であり、機関誌の『トレヴー評論』上で、一七五一年以降、百科全書派をまさしく剽窃者として糾弾していたからである。

さらにいうと、当時、研究者としてのためらいもあった。先の発見で、気がつまり、頭をかかえこんでしまっていた。不正を暴いてしまうのではないか、知的営為や辞書に関する歴史の真相に対し、初心《うぶ》な私は不安だった。啓蒙思想の偉大な企てである『百科全書』が、まったく、あるいはほとんど言及もせず、ほかの辞典、それもイエズス会の辞典から数多くの剽窃をおこなった可能性を認めなくてはならないのだから。ディドロやダランベールから『百科全書』編纂者の主張する、高貴な道徳的要請と真っ向から矛盾する知的欺瞞に直面しているようにも思われた。イエズス会士たちの糾弾には根拠があったのだろうか。このような事態を収拾するには時間がかかった。『トレヴー辞典』に取り組み、その起源、展開、変化を探らねばならなかったからだ。結局、初版が刊行される一七〇一年から、『百科全書』の利用する版本が刊行された一七四三年と一七五二年まで、『トレヴー辞典』の歴史の再構築を余儀なくされた。

調査の結果、当初、『トレヴー辞典』は典型的な剽窃の産物であったことが判明する。十八世紀初頭、イエズス会士たちによって、この辞典は文字どおり盗まれたのだ。元の作者は、オランダで編集にたずさわる、プロテスタントのバナージュ・ド・ボーヴァルという人物であった。ルイ十四世治世下、カトリック、とりわけイエズス会士たちから迫害された、フランス人の亡命ユグノーである。この剽窃のせいで、刊行直後の『トレヴー辞典』は、盗作の疑いがきわめて高いと評判になった。しかし、剽窃者であるパリのイエズス会士たちは、辞典の増補やカトリック化を推進する。そして、ルイ・ルグラン校の司書兼『トレヴー辞典』責任者のスーシエは、専門辞典やアルファベット順のリストを含む論文集の多用によって、版を重ねるごとに改良を重ねて、『百科全書』以前にフランス語で書かれた、もっとも浩瀚な百科事典をついに完成させた。『トレヴー辞典』とその歴史調査をつうじて、辞典間で常態的におこなわれる借用の「法則」が解明されたのだ。また軌を一にして、『サイクロペディア』のために、チェンバーズが『トレヴー辞典』をひろく活用していたことも確認できた。このようにしてはじめて、百科全書派が、『トレヴー辞典』の広大な語彙の鉱脈を利用するとともに、その名をほとんど引きあいに出さない理由が理解可能となった。そして『トレヴー辞典』とは百科全書派にとって、「典拠」ではなく、よりひろい意味での作業ツールであり、同様に重要なこととして、知的レベルにおいて狙いをつけた標的であったと気づくにいたったのである。

ディドロについてはっきりいえるのは、まず『トレヴー辞典』の項目が、宗教のみならず、政治や社会に関する偏見がアルファベット順に並べられたカタログ、まさしく「一般的な思考法」の一覧表を提供してくれたということ。そして、「ゆるぎない大胆な哲学」と呼び、『百科全書』での展開に成功したみずからの哲学要綱をディドロが表明したのは、概して『トレヴー辞典』への反駁という形式によるものであったということだ。『百科全書』の中心的な書籍商であったル・ブルトンは、この辞典のおかげで巨額の富を得たが、新たな弾劾を避け、また、商売上の利益を確保するために、多くの項目をひそかに検閲していた。そのような折、偶然にもこの書籍商の裏切りと作品の改竄を発見したディドロは、ル・ブルトンに有名な怒りの手紙を送りつけている。

あなたはお忘れになってしまったのです。刊行当初の成功は、ごくありきたりで、あたりまえの、ふつうの事柄のおかげではありません。『百科全書』をひらいて、地理学や数学、あるいは技芸に関する単語をわざわざ読もうとする者など、おそらく誰ひとりとしてこの社会にはいないでしょう。『百科全書』に求められているのは、あなたの下で働いている者たちの幾ばくかの、ゆるぎない大胆な哲学なのです。(5)

この「ゆるぎない大胆な哲学」が見出されるのは、哲学史に関連する長大な項目ではなく、おもに日常語を定義する「文法」についてディドロが書いた簡潔な項目のなかであった。定義を記述する過程で、ディドロは辞典固有の教育的配慮と哲学における批判的配慮を融合する。辞典編纂者として言語を理解しやすくし、伝達することをみずからに課す一方で、思考するとはすなわち再定義をおこなうこととして、言語に関する批判的考察をつうじて、哲学者としての仕事を実行したのだ。とはいえ、ディドロは、双方の手続きがいかに相反しやすいか、もっとも熟知した人物でもあった。『エルヴェシウス「人間論」反駁』における有名な指摘を想起しよう。

ひとはみな運命論者でありながら、一瞬一瞬にはまるで自分が自由であるという偏見に固執するかのように考え、話し、書いている。幼いころよりこの偏見のなかで育ち、偏見によって制度化された日常語を口にしているため、日常語が自分の見解を言い表すにはもはやふさわしくないことに気づきもせず、使い続けている。思考体系レベルでは哲学者になっても、発言レベルでは依然として公衆のままなのである。(6)

言葉の裏側に隠されている体系を解き明かそう。「人智を超えた INCOMPRÉHENSIBLE」という語を定義するとどうなるか。この例は単純であるが興味深い。『トレヴー辞典』では、「人智では着想も理解もかなわないこと」と定義されている。定義はきわめてキリスト教色が濃いといえよう。主体を修飾するこの形容詞は、人間の弱さの一つを示しているからだ。反対に、ディドロの定義では「理解されえないもの」(*DPV*, VII, 513)とされ、形容詞は主体の欠如、欠落、非力さではなく、客体の属性となっている。

批判的な定義づけという複雑な作業に際して、ディドロはとりわけ「意味のない語」や「概念の欠落した語」、そして『自然の解釈に関する思索』で「自然界にいかなる根拠もない概念」と呼ぶ「接ぎ木された語」(chimères)と取り組んだ。ここで、再びディドロ哲学の要点を見出すことができる。

まず挙げられるのは、実体の全一性、生命の絶え間ない流動である。項目「生まれる NAITRE」をみてみよう。『トレヴー辞典』では「この世界にやってくる」と定義されている。ディドロも同じ定義を踏襲するが、以下のようにつけくわえる。

> もし、生まれると死ぬという語を厳密に定義しなければならないとすれば、おそらく難儀だと感じることだろう。〔…〕本来、ひとは生まれもしなければ、死にもしない。事物の起源から存在し、いきつくところまで存在し続ける。〔…〕生命とは生物の本質的で根源的な性質といえよう。生物は生命を獲得することもなく、喪失もしない。〔…〕ひとはある一点において生き、その一点はある限界まで拡張する。全面的に生命はその限界内にとり囲まれている。ひとが生きるこの空間は徐々に減少していく。それにともない生命は空間の各地点で活力を失う。だが総体の溶解を眼前にして、生命が全活力を喪失してしまった空間にさえ、生命は存在する。そして最終的に、生命はたがいに独立した無数の原子の状態で生きるようになるのだ。 （*DPV*, VIII, 47–48）

『ダランベールの夢』のなかで、ディドロは同様の考察を展開するが、定義のもつ整然とした表現や統辞を解体して、この熱狂的な夢想を幾何学者ダランベールに語らせる。

> 生命ですって？　生命とは作用と反作用の連鎖です。生きている私は総体として動き、反応します。死んでいる私は分子の状態で動き、反応するのです。それでは、私はけっして死なないのかですって？　そのとおりです。いまお話しした意味では、私であろうと誰であろうと、けっして死にません。生まれること、生きること、そして死ぬこととは、形態上の変化が生じるということなのです。[7]

また、以下の項目では、目的論に対する告発や、美的および道徳的価値の相対性をめぐるディドロの思想に遭遇する機会も珍しくない。『トレヴー辞典』の項目「調和 HARMONIE」では、メルセンヌの『普遍的調和』（*Harmonie*

Universel）を引用し、「道徳」的側面から語を定義している。

結合し、知性をもち、同じ目的へ向かう事物。道徳的には世界の調和という。

ディドロはというと、

一つの全体を構成する各部分にいきわたる全体的秩序。この秩序の結果として、全体に奉仕するためにせよ、職人が目指す目的のためにせよ、各部分は可能な限り完全に協働する。

以上の定義にもとづいて記述は進められ、厳密に抽出可能な帰結がそこから導き出される。

一つの全体を完全な調和が律しているためには、全体と部分、部分間の関係性、全体の効果と職人の意図を知らなくてはならない。〔…〕最初の時計がつくられ、ある農民が手にしたとしよう。農民は時計をじっと観察し、時計の部品間に何がしかの配列があることに気がついて、時計には用途があると判断するだろう。だが、用途が何かはわからないので、それ以上は進めないか、あるいは進んでも間違えるだけだろう。〔…〕機械が複雑になるにつれ、機械についての判断は困難になる。もしこの複雑な機械に、調和に反しているように映る現象が生じる場合、機械の全体とその使用目的がわからないなら、そうした現象についての判断を控えねばならない。時計についての判断基準を自分におき、悪いものを良い、良いものを悪い、どちらでもないものをどちらかと判断してしまいかねないからだ。

(*DPV*, VII, 358–359)

「職人」や「時計」など、ディドロが「偉大なる時計細工師」のメタファーからいかなる立場を導出しているかがみてとれるだろう。しかし、当時ディドロが反駁しなければならなかったのは、むしろルソー、具体的には『エミール』に対してではないか。ふたりの哲学者の論争は古くまでさかのぼる。「サヴォワ助任司祭の信仰告白」のなかでは、時計の例が反対の立場の論証として挙げられている。

はじめて時計のなかを覗き、たとえその用途がわからなくとも、賞賛せずにはいられないような人間と私は同じだ。〔…〕時計の細部をみて職人技に感心し、すべての歯車が同じ目的のためにのみ協動していることを確信するのだ。(8)

「不完全な IMPARFAIT」という語について、『トレヴー辞典』は「何か欠落しているもの」と定義する。ディドロもこの記述を踏襲するが、それだけにとどまらない。

自然において不完全な状態など何もない。怪物すら存在しない。すべては連鎖し、自然界における怪物の出現は必然であり、完全な動物と変わりはない。〔…〕われわれに事物の総体を毀誉褒貶する資格はない。事物の調和も目的も知らないのだから。全体がわれわれの能力と知識を超越しているとき、善悪という語は意味をなさない。

(*DPV*, VII, 504)

「乱れ INTEMPÉRIE」という語をみてみると、『トレヴー辞典』によれば、「不調、〝大気〟、〝気候〟、〝気分〟、〝季節〟に関わる」のだという。一方、ディドロは以下のように記している。

言及は海、大気、気候、季節、気分に限定される。〔…〕端的にいうと、自然に乱れなど存在しない。しかし、人間はこの語や、ほかにも無数の語を考案した。慣習的にみずからをすべての基準や目的であるとみなし、原因や結果が自分にとって都合がいいか悪いかで、語の因果を褒めたり貶したりするのである。

（*DPV*, VII, 537）

「調和」、「不完全な」、「乱れ」といった項目には、ゆるぎない大胆な哲学が刻印されており、明らかにスピノザの影響が認められる。そしてディドロは、目的論的願望という、人類におけるもっとも顕著な偏見をはっきりと指摘する。こうした願望をもつがゆえに、人類は、みずからのためにつくられる宇宙であるとか、世界を意味する秩序などと思いつくのだという。例示は以上で終わりにしよう。

ディドロの文法分野の一側面について、私は現在でも研究を続けているが、手法を変えた。ディドロは、『百科全書』第九巻、項目「墨流し職人 MARBREUR DE PAPIER」を最後に、著者としての刻印「*」をつけなくなった。これは、『百科全書』第一〇巻以降、ディドロの執筆項目が匿名のまま数多く残され、また、厳密な基準の不備のため、いままで同定がなされてこなかったことを意味する。かつて、ジョン・ラフはディドロの匿名項目リストを作成した。しかし、その仮説を裏付けるにはいたらなかった。この同定作業こそ、現在私が進めることのできる研究といえよう。研究にあたり、私は二つの外在的な基準を設定した。まず、「文法」関連項目を主に対象とした研究であること。これは、巻が進むにつれ、日常語に対する関心を高めたディドロの変化に合致する。たとえば、第一巻では、「*」のついた一八六九項目中、三八項目が「文法」かつ「類義語」、または、「文法」あるいは「類義語」に属しており、ディドロの執筆量の約五〇分の一にあたる。一方第八巻では、四一〇項目中、一七四項目が文法領域に属し、比率は半数近くにのぼっている。（一七四項目中、「類義語」は一項目のみ。）第二の基準として、ネジョンのおかげなのだが、ディドロが「言語に関する哲学的総合辞典」という名の作品をつくろうとしていたことを挙げることができる。

ディドロは、将来の辞典作成に役立つにちがいない、多くの素材を『百科全書』にちりばめていた。この辞典をもって、ディドロは自身の文人としてのキャリアを終える決心をしていたのだ。エカチェリーナ二世に向けた、ロシアでの『百科全書』再編集案のなかで、ディドロは次のことを強調した。「私が指揮統括、機械技芸の本文と図版、古今の哲学史、日常語に関するすべてを請負います[9]」。

では、いかなる内在的基準に即して、文法領域の匿名項目をディドロに帰属させうるか。制作工程の内実、すなわち項目リストや項目そのものを作成するにあたり、どのようにディドロが『トレヴー辞典』を批判的に利用したのかという点から検討をはじめるのである。たとえば、『百科全書』第一六巻、匿名項目「おののく TRESSAILLIR」をみてみよう。

> 突然、かすかに情動を感じること。例：恐怖や喜びでおののく。みずからの最期を冷静に直視するきわめて勇敢な人間でも、おののくことなく死に集中することなどできない。この点について、われわれの教育はなんとお粗末なのだろうか。なぜ、いつか起きるにちがいないことを、たえず恐れねばならないのか。なぜ、必ず失う生命の価値をいつも過大評価するのか〔…〕。（*Enc.*, XVI, 602a）

『トレヴー辞典』を繙くと、「死をまのあたりにすれば、否応なくおののいてしまう」という記述が認められることから、右記のようなきわめて勇敢な人間をめぐる表現は、やはりこの辞典からの引用であることがわかる。だが忌の際のまったくキリスト教的な恐怖の表現に対して、『百科全書』の項目では、「命を過大評価」しないというストア派的な誓願が対置されている。これはほぼ間違いなく、ディドロが執筆した項目といえるだろう。『生理学要綱』の掉尾を飾る崇高な一文を思いおこせば、この推測はよりいっそう強固になる。「存在するのはただ、正義という美徳、幸福になるという義務、生命を過大評価せず、死を恐れないという必然的帰結のみである[10]」。以上のことから、典拠、あるいはむしろ項目を執筆するために利用した資料やデータといった作業ツールの調査こそが執筆者の同定を可能にしてくれることが判明するのである。極端な事例とはいえ、指摘するだけの価値はあるだろう。

「典拠」についてもう一言いっておきたい。作業ツールという観点に立脚すると、今度はまた別の問題がみえてくるのだ。典拠調査では、あてずっぽうな研究とそれにともなう恣意性をしっかり制限する、若干の論理が求められる。『百科全書』の典拠研究は昨今さかんに進められており、百科全書派の作業ツールに関する知識について、きわめて貢献度の高い研究が存在する。この方面での研究は、思想史のみならず、興味深いことに知的営為の歴史にも寄与している。その一方で、文献比較ソフトを用いた、内容の乏しい、まことにおろかな結果をもたらす試みもある。最近、パリのセミナーで、特別に考案されたソフトを利用して、『百科全書』が『トレヴー辞典』から数多く借用していることを証明できるようになった、という報告をうけた。これは明らかに先行きのない研究といえ、こうした袋小路について注意をうながさねばならない。志向性のないまま闇雲に発展を続ける情報処理ソフトをテクストの解析に援用するには、細心の注意が必要といえよう。とにかく、典拠に対して関心をもつことによって、本質を見失ってはならない。項目の典拠とは、『百科全書』の項目内部でどうなっているのかが探究されるのでなければ、それ自体ではまったく意味がないのである。典拠を同定することの意義とは、たとえどんなに些末なものでも、典拠を書き換える過程において現れる、新たな理解の獲得にこそあるのだ。ときに作品から作品へのたんなる移行が意味をなすこともある。ヴォルテールの例をみてみよう。項目「姦淫罪 FORNICATION」では、「宗教用語」と記した『トレヴー辞典』がコピーされているのだが、ヴォルテールの手にかかると、「姦淫罪：『トレヴー辞典』では、これを宗教用語であるといっている」(*Enc.*, VII, 188b) となってしまうのだ。これで十分だろう。これほどまでに切り詰められたヴォルテールの辛辣な皮肉は、ただのコピーだけで機能するのである。最後に、「典拠」という語そのものは、今日の人文系の研究で一般的になっている意味として、「原典、ある作品の作者が参照した資料」と定義されていると指摘しておこう。もっとも、「原典」つまり典拠の定義が、辞書にはいかにあてはまらないか、いうまでもない。

考察を終えるにあたり、ディドロに話をもどそう。一見したところ、ディドロの項目ほど、義務的、強制的に執筆され、これほどコピーが横行したものはない、と思われる向きもあるだろう。だが、独自性という基準でテクストの価値を判断することに、われわれは慣れてしまっているのではないだろうか（テクストの価値について考察するミシェル・フーコーも、冗談めかして「高貴さのしるしは先祖がいないほど評価される」[11]と指摘していた）。ディドロがわれわれに思い出させてくれるのは、たしかに少し露骨ではあるが、モンテーニュ風にいうところの「相互注釈」（今日では、よりかしこまって、間テクスト性と呼ばれている）こそが、記述行為の条件そのものなのだということである。かつてパスカルはかの有名な寸言を残したが、おそらくそれは、まさしく偉大な作家とは何かを定義しているといえるだろう。「私が何も新しいことをいわなかった、などと評さないでいただきたい。素材の配置が新しいのです。ジュ・ド・ポームをするとき、プレイヤーは双方ともに同じボールを使用する。だが、一方がより上手にボールを打ちこむのです」[12]。ここでは明らかにディドロのほうが上手に「ボール」を打ちこんだ、とだけ述べておくことにしよう。

注

（1） Jules Michelet, *Histoire de France, Louis XV*, Paris, Libraire Chamerot et Lauwereyns, 1866, p. 446. ジュール・ミシュレ『フランス史　第五巻　十八世紀　ヴェルサイユの時代』大野一道・立川孝一監修、藤原書店、二〇一一年、二九四―二九五頁。

（2） Denis Diderot, *Mémoires pour Catherine II*, éd. P. Vernière, Paris, Garnier, 1966, P. 26.

（3） Jacques Proust, « Questions sur l'*Encyclopédie* », *Revue d'histoire littéraire de la France*, 72, 1972（p. 36–52）, p. 40.

（4） Denis Diderot, *Œuvres complètes*, Paris, Hermann, 1975-. 以下、*DPV* と省略、巻と頁を後置する。

（5） Denis Diderot, « Lettre du 12 novembre 1764 », *Correspondance*, Tome IV, éd. Roth-Varloot, Paris, Editions de Minuit. 1958, p. 303.

（6） Denis Diderot, *Réfutation de l'homme d'Helvétius*, *Œuvres complètes*, Tome II, éd. Assezat-Tourneux, Paris, Garnier,

1875, p. 373. ドゥニ・ディドロ「エルヴェシウス「人間論」の反駁」『ディドロ著作集』第二巻所収、野沢協訳、法政大学出版局、一九八〇年、三五一頁。

（7）Denis Diderot, *Le Rêve de d'Alembert*, *Œuvres Philosophiques*, éd. P. Vernière, Paris, Garnier, 1964, p. 313. ドゥニ・ディドロ「ダランベールの夢」『ディドロ著作集』第一巻所収、杉捷夫訳、法政大学出版局、一九七六年、二二四頁。

（8）Jean-Jacques Rousseau, *Émile ou de l'éducation*, *Œuvres complètes*, éd. M. Launay, Paris, Le Seuil, 1971, p. 191–192. ジャン＝ジャック・ルソー『エミール、あるいは教育について』『ルソー全集』第七巻所収、樋口謹一訳、白水社、一九八二年、三三三頁。

（9）Denis Diderot, *Mémoires pour Catherine II*, *op. cit.*, p. 266.

（10）Denis Diderot, *Eléments de physiologie*, *Œuvres complètes*, Tome IX, éd. Assezat-Tourneux, Paris, Garnier, 1875, p. 429. ドゥニ・ディドロ「生理学要綱」『ディドロ著作集』第二巻所収、小場瀬卓三訳、法政大学出版局、一九八〇年、三九六頁。

（11）Michel Foucault, *L'archéologie du savoir*, Paris, Gallimard, 1968, p. 187. ミシェル・フーコー『知の考古学』慎改康之訳、河出文庫、二〇一二年、二七一頁。

（12）Blaise Pascal, *Pensées*, 696, éd. Lafuma, Paris, Le Seuil, 1963. ブレーズ・パスカル『パンセ』二二番、前田陽一・由木康訳、中公文庫、一九七三年、一九―二〇頁。

第2章　借用の哲学

『百科全書』におけるスペイン史とジョクール

オリヴィエ・フェレ
（井上櫻子 訳）

1　方法論的前提

『百科全書』においてド・ジョクール騎士[1]に帰せられる項目はきわめて多く、歴史はこうした項目のなかで重要な位置を占めている。そのため、歴史関連項目のコーパスは広大な考察分野となっており、ここからは執筆者ジョクールその人、あるいは歴史という単一分野を超えた相当数の問いが生じる。それは、第一に、「時の流れのなかで」成就された企画とみなした場合の『百科全書』の典拠の問題、とりわけ「人類の知が時と大激変の影響から守られる神殿[2]」としての『百科全書』と諸学問のアクチュアリティとの関係性という問題に関わるものであり、また、一七五一年から一七六五年にかけての『百科全書』本文推敲過程で必要に応じて行われた知の「改訂作業」という問題に関わるものでもある。さらにさかのぼると、これらの典拠同定の問いだけでなく、オリジナル・テクストと『百科全書』の項目に記載された内容との突き合わせから明らかになる典拠の扱い方をめぐる問いが生じる。ここから、こうした扱い方の分析によって浮き彫りにされる争点、特にイデオロギー上の争点にかかわる問いを提起すべきである。したがって、ジョクールの執筆した歴史関連項目というコーパスに関しては、『百科全書』の制作問題をはじめとして、この大事典という「聖域に守られた」歴史学的知の構造様式について検討すると同時に、状況化された知識に関連する限りで、隠されたイデオロギー上の計画を明らかにすることが必要になる。それゆえここでは、明らかな借用が制作プロセスにおける「哲学的」な拠り所を明らかにする標識と解釈されうるという意味で「借用の哲学」なるものが存在しうるのか、その可能性について問うことにしたい。

課題となるのは、こうしたコーパスの限定である。というのも、学問分野の明確な分類がないため[3]、知——この場合は歴史的知——の分野の定義の問題、そして知の構造化というより一般的な問題に立ち返ることになるからである。『百科全書』の枠組みでは、この問題は「人類の知の記号化された体系」が存在するかどうか、そしてこの大事典の項目と、これに添えられた分類符号——それが存在する場合の話だが——をもとにした知の地図[4]とはどのようにすればすんなり関連づけられるのかという問いと関わるだろう。「歴史学」という分類符号の添えられた項目以外にも、主にその他の知の分野に関連づけられた項目、たとえば「歴史地理学」に属する項目のように、分類符号によって歴史学的な方向性を示唆されている項目もおそらく考慮に入れる必要がある。というのも、こうした項目のなかには、簡潔な位置確定から始まるものの、実際には考察の対象となっている地理的場所の歴史を取り上げたものがいくつも認められるからである。さらにまた、「地理学」関連の項目という、やはり問題をはらんだケースがある。こうした項目のなかにはジョクールの筆になるものがきわめて多いが、より正確には「地理学」関連と「見せかけた」項目である。というのも、ここでは地名は（その土地で生まれたか亡くなった）人物、あるいはその土地で起こった歴史的事件に関する考察を展開する機会を提供するものだからである。本論では視野を限定する必要があるから、スペイン史というコーパスの一部を取り上げるにとどめたい。分類符号に基づいて調査を進めると、ジョクールの署名が付された項目が四つ見つかる。一つは「歴史地理学」に属する項目「スペイン ESPAGNE」、そして残りの三つは、「スペイン史」に属する「イダルゴ HIDALGO」、「アラゴン王国の身分制議会議長 JUSTICIER D'ARAGON」、「純血主義 SANG, *pureté* de』である。にもかかわらず、後で示す通り、分類符号をもとにした調査には限界があり、スペイン史に関係する記述は、たとえば「トレド TOLEDE」のような「近代地理学」関連の項目、さらには「マホメット教 MAHOMETISME」のような「世界宗教史」関連の項目にも見出されるのである。

歴史学関連の基本的調査を行うだけでも、この国の歴史に関して十八世紀中葉に入手可能であった典拠について検討しなければならなくなる。最も有名なのは、言うまでもなくイエズス会士マリアナの『スペイン概史』で、これはジョクールが活用した重要文献とされている。そのため、フランソワーズ・エチアンヴルは百科全書派の用いた情報源について、「参考文献はスペイン語であれ、フランス語であれ、その他の言語であれ、多様かつ豊富で、しかも大抵の場合、質が高い」と述べた上で、次のように付け加えている。「より包括的にスペイン史像をつかむ必要が生じた場合には、P・シャラントンの仏訳でマリアナを読んでいたマレやジョクールがこのイエズス会士の著作を特に重視していたのは明らかだ[5]」。ジョクールがマリアナの著書を知らなかったはずはない。なぜなら、主として「地理学」──「古代地理学」にも言及があるものの、とりわけ「近代地理学」に顕著である[6]──に属する一部の項目、そして項目「スペインのメダル MÉDAILLES ESPAGNOLES（古銭技術）[7]」、そして「モンペザの聖なる救世主 SAUVEUR DE MONTEZAT（騎士修道会）」という短い項目ではっきりとマリアナに言及しているからである。しかしながら、少なくとも以下に触れる項目では、ジョクールが典拠としておもに用いているのは、むしろヴォルテールの著作である。彼は、『ルイ十四世の世紀』、とりわけ『習俗試論』に展開される議論を大量に活用しているのである。

ここでは、典拠同定は比較的容易である。テクストを突き合わせ、ジョクールの諸項目の構造が文字通りのコピー・アンド・ペースト[8]に基づいていることを考慮にいれると、借用箇所の確定はおそらく可能だからだ。分類符号によってスペイン史に関わるものと明示された四項目のうち、二項目（「イダルゴ」、「純血主義」）はごく短い語の定義にとどまり、典拠についての記述は皆無だが、あとの二項目（「スペイン」[9]、「アラゴン王国の身分制議会議長」）は、先述のヴォルテールの著作をもとに構成されている。共通の典拠が存在することで、何ら曖昧な点は生じない。典拠との関連性という点では、ヴォルテールは決して文字通りの借用は行っていないが、彼が特に『習俗試論』でスペインについて議論を展開する際、主に用いている典拠はドルレアン神父の『スペイン変動史』（一七三四年[10]）である。そして、ジョクールは本書については項目「バレンシアVALENCE（近代地理学）」でたった一度触れるにとどまり、スペイン史関連項目ではまったく言及していない。一方、ジョクールが用いた版の同定は困難である。というのも、ヴォルテールはいくつかのヴァリエーションをつけた複数の標題をもとに『習俗試論』を幾度となく再版しており、さらにまた、『百科全書』が刊行された時期に、本書には大幅な増補がほどこされているからである。

	一七五三年	一七五四年	一七五五年	一七五六年	一七六五年
	『ルイ十四世の世紀』[11] 『世界史概要』[12]	『世界史試論』[13]		『習俗試論』[14]	
『百科全書』			項目「スペイン」		項目「イダルゴ」 「アラゴン王国の身分制議会議長」 「マホメット教」 「純血主義」

こうした諸版の重要性については、後で項目「スペイン」および「マホメット教」を検討する際、確認することとしたい。

ここでさらに、ヴォルテールを典拠に選んだ意味という問題が浮上する。なるほど、再借用が便利だったからという現実的、かつ実用的な仮説も排除できまい。つまり、ヴォルテールの歴史関連著作は、その技法や構造のせいで「いつでも切り取り可能」な状態であるだけに、そうした利用を助長したという仮説である。『ルイ十四世の世紀』の著者目録の解説や、『習俗試論』の主題に関する章についても同様で、ジョクールはこれらを利用せずにはいられなかったのだ、と[15]。とはいえ、この仮説はイデオロギー上の共通点があったからだという仮説とも矛盾しない。これによれば、ヴォルテールという典拠の選択は、「哲学的精神」に支配された企画としての『百科全書』の「哲学的」方向づけに関わる、強い意志の結果と解釈できる。「哲学的精神」という表現は、「編集者」ディドロとダランベールが繰返し用いているものである。そしてまた、ジョクール自身、「哲学的精神」という項目の執筆者であることも思い出される。この項目で、彼は「人間の手から生まれたさまざまな作品のなかで、この精神に突き動かされたもの以上に尊敬に値するものはない」[16]と主張している。ヴォルテールという典拠の扱い方について検討すると、議論の「哲学的」な拠り所の問題が生じる。いうまでもなく、ヴォルテールとその典拠との関わりの特徴を明らかにしようとする際、この問題はきわめて重要である。スペイン史については、こうした典拠を扱う際、「哲学的」観点からたとえばドルレアン神父の著作――その著作は完全にイエズス会の考え方に裏打ちされている――に見られる議論を修正しているのは明らかである[17]。同様の問題は、ヴォルテールという典拠とジョクールの関係性にも生じる。こうした現象をその複雑さも含めて理解すべく、ここでは二つの典型例――項目「スペイン」という例と項目「マホメット教」という例――について検討してみたい。これらの例はまた、ジョクールの典拠のなかでヴォルテールの著作が重要な位置を占めていたことを明らかにしてくれるからである。そしてまた、いくつかの問題について、「聖域に置かれた」知をもとに、『百科全書』の企画において知の普及がどのような調子で、またどのような規模で進んだのか見極めたい。

2 項目「スペイン」

スペイン関連のジョクールの執筆項目として最初に登場する項目「スペイン」[18]は、その分類符号によって「歴史地理学」に属するとされる。その構造の分析[19]から二つのタイプの借用、一つは『ルイ十四世の世紀』(一七五三年版)からの明示的借用、もう一つは『習俗試論』(一七五三、一七五四年版)からの非明示的借用があることが分かる。そして、『習俗試論』からの借用についてはその扱い方(ジョクールが取り上げている事柄だけでなく、取り上げていない事柄も含めて）、そしてそれに対する解釈から、イデオロギー上等閑視できない根本的な歴史学的問題が浮上するのである。

お決まりの地理学的情報を提供した後（第一段落）、執筆者はその計画（第二段落）を明示している。すなわち「他の詳細は地理学者に」委ね、「偉大な画家［ヴォルテール］」がこの王国の変動を描いたタブロー」、すなわち「歴史的」タブローを示すにとどめるということである。実際、過去の「変動」から来たるべき「変動」に至るまで（第一〇段落）、本項目は時系列的観点に方向づけられている。つまり、順にカルタゴ人、ローマ人、ゴート族、ヴァンダル族、アラブ人、そしてアラゴン王フェルナンド二世（カトリック王）による支配が取り上げられるのである（第三段落）。話の流れは時代順に構成されており、段落ごとにフェリペ二世、フェリペ三世、フェリペ四世の治世に関する解説が展開され（第五―七段落）、最後に、同時代の状況（第九段落）、未来の様子（第一〇段落）について説明される。十六世紀、そして同時代に関わる六つの段落と、カルタゴ人が定住した紀元前五世紀からフェルナンド二世の治世に至るまでのスペイン史――たった一段落できわめて粗雑に、完全な事実の列挙の形で展開されている――との間の不均衡は誰の目にも明らかである。おそらく、ジョクールは自ら言及している典拠に依存しているのであろう（第二段落）。つまり、「ルイ十四世の時代の歴史」、より正確には一七五三年版で『ルイ十四世の世紀』の第一章を構成する内容のうち、「ルイ十四世以前のヨーロッパの国家」に関する節に含まれるスペインに関する解説である。[20]

しかしながら、こうした典拠の利用については問題がないわけではない。意図的に近代に力点が置かれているとはいえ、項目執筆時期と同時代の出来事の出典についても、やはり疑問が残るのである。ジョクールは、「今日の」スペインの状況に関する段落（第九段落）の記載内容を筆頭に、一六六五年（明記されている最後の年代）以降の情報をいったいどこから得ているのだろうか。はっきり言及されていない典拠に頼っているのだろうか。この可能性も即座には排除できない。もっとも、ヴォルテールの著作からの借用が広範にわたると確認した後では、他の典拠の存在する可能性はないように思われるが。少なくとも、この段落の冒頭はやはり『ルイ十四世の世紀』からの引き写しなのである。

項目「スペイン」、第八―九段落（*Enc.*, V, 953b）	『ルイ十四世の世紀』第一章[21]
異端審問、修道士たち、まともに働かない住民の傲慢さのせいで、新世界の富は、ついに、他の人々の手に渡ってしまった。かくして、かつてあれほどヨーロッパに恐怖を植え付けたこの立派な王国は、次第に衰退していった。ここから立ち直ることは困難であろう。 対外的な軍事力は脆弱で、国内は貧しく衰弱し、この恵まれた気候において自然の恩恵を**助けるような**産業は**いまだ**まったく**存在しない**。バレンシアの絹、アンダルシアとカスティーリャ王国の見事な羊毛、新大陸の貨幣や商品は「スペイン」よりも他の商業国向けなのである。［…］	［…］かくしてこの立派な王国は、この頃には対外的な軍事力が脆弱化し、国内は衰退した。この恵まれた気候において自然**の恩恵**を**助けるような**産業はまったく**存在しなかった**。バレンシアの絹も、アンダルシアやカスティーリャ王国の見事な羊毛も、スペイン人の手で加工されることはなかったのである。［…］

ヴォルテールが描いた時代――「ルイ十四世以前」――には、「自然の恩恵を助けていなかった」と半過去の時制で示された産業の欠如についての言及は、目立たない書き換えが行われ、直説法現在による記述に変えられたため、同時代の状況をも特徴づけるものとなっている。こうしてジョクールはスペインの停滞を認めるのだが、これは、彼自身、明白な事実として示し、「この見事な王国が［…］立ち直ることは困難であろう」と予測した「衰退」（第八段落）の結果として生じたものなのである。同時代のスペインの状況を解説するなかで、ジョクールはこの国の産物と商業への関心を示している。というのも、ヴォルテールのテクストから「絹」と「羊毛」に関する言及を引用し、さらに「新世界の貨幣や商品」についての記述を加えているからだ――もっとも、こうしたものの恩恵を受けているのはむしろ「商業国」ではあるが（第九段落）――。しかしながら、彼が習俗について記していることは、スペインに対する同時代人の固定観念と類似しているように思われる。[22] スペインの遅れはとりわけ、スペイン人の「怠惰さ」によって

説明されるとし、さらにこの先では、スペインは「怠惰な国」と定義づけられているからである（第九段落）。

このように核心を突く議論をただ書き写すにとどまらなかったジョクールを、ヴォルテールは果たして許したのであろうか。これは間違いない。『百科全書』第五巻刊行から一年後の一七五六年、ヴォルテールは『習俗試論』に「フェリペ二世からフェリペ四世の治下におけるスペインの政府と習俗」を論じた一章（第一四六章）を加え、ここでフェリペ三世による「ムーア人追放」がスペイン王政に与えた「損失」を強調している。つまり、ムーア人は「有用」であった、「なぜなら、このように怠惰な国において、熱心に仕事に励んでいたからだ」というのである(23)。これに対して、ジョクールが活用している『ルイ十四世の世紀』の議論以降、ヴォルテールは「その国家から八〇万人近くのムーア人を追放した。反対に、より多くのムーア人を招くべきだったのだが」と述べ、フェリペ三世の決断をはっきりと批判しているのである。

項目「スペイン」第六段落（*Enc.*, V, 953b）	『ルイ十四世の世紀』、第一章(24)
フェリペ三世の治下では、偉大なるスペインは、国力よりも評判の先行する、内実の伴わない巨大な集合体にしか過ぎなくなった。フェリペ二世ほど好戦的ではなく、思慮深くもなかったこの王は、国王としての美徳をほとんど持ち合わせなかった。脆弱な精神の悪徳である迷信によって、新世界に設けた数々の植民地によって、そして国家から八〇万人のムーア人を追放することで、その治世は輝きを失い、王政は衰退した。**本当は反対に、同じくらいの数の臣下を国内に住まわせるべきだったのだが。**彼は一六二一年に亡くなった。	その［フェリペ二世の］息子、フェリペ三世は、彼ほど好戦的ではなく、思慮深くもなく、国王としての美徳をほとんど持ち合わせなかった。脆弱な精神の悪徳である迷信は、彼の治世の輝きを失わせ、スペイン王政を衰退させた。貪欲さゆえに新世界に設けた多くの植民地により、その王国の住民は減少し始めた。こうした状況のなかで、王はその国家から八〇万人近くのムーア人を追放した。**本当は反対に、より多くのムーア人を招くべきだったのだが。**多くの臣下を擁することは、君主の宝であるのだから。［…］

ジョクールによる書き換えは、どのような意味にでも解釈できる。というのも、フェリペ三世は「同じくらいの数の

臣下を国内に住まわせるべき」としながらも、こうした臣下の出自については明記していないからである。

ジョクールはスペイン史におけるイスラム教徒の影響を過小評価する傾向にあったのだろうか。なるほど彼はこの国の古代史を概観する際、「ムーア人」と呼ばれるアラブ人」によるスペイン制圧については指摘しているものの(第三段落)、[五六年に刊行された]『習俗試論』のなかでヴォルテールが触れているムーア人支配の恩恵については明らかにせず、一七五四年に刊行された版に示された議論を踏まえるにとどまっている。この時点でジョクールが『世界史概要』の存在を知らなかったわけはない。なぜなら彼は項目「閉門時刻 COUVRE-FEU」でこの作品のある一節を批判しているし[25]、「スペイン」と同じ巻に掲載されている項目「ヴェネツィアのドージェ DOGE DE VENISE」では、またある一節を引用しているからである[26]。しかしながら、一七五三年版と一七五四年版の二つの版には、先に挙げた二つの項目の執筆に用いられた章のすぐ後に、「十二世紀初頭までのスペインとこの王国におけるイスラム教徒について」と題する章[第二五章]が存在するのである。それでは、ジョクールはすでに項目「スペイン」において、後に他の項目で行うように複数の典拠を混ぜて用いているのだろうか。この第二の典拠は明示されていないものの、ジョクールがヴァルテール版『世界史試論』第三巻第一六章(一七五四年)を参照している可能性はきわめて高い。ここには、フェルナンド二世(カトリック王)について以下のような記載が認められる。

項目「スペイン」第三段落(*Enc.*, V, 953a)	『世界史試論』第三巻第一六章[27]
「スペイン」は、順にカルタゴ人、ローマ人、ゴート族、ヴァンダル族、そして「ムーア人」と呼ばれるアラブ人に支配されたのち、フェルナンド二世の支配下に入った。この王は**「スペイン王」と称されていたが**、それももっともなことである。なぜなら、スペイン全土、すなわち**自ら支配するアラゴン王国**、**妻**イザベル**が支配するカスティーリャ王国**、ムーア人**征服に**	フェルナンド二世はヨーロッパで宗教上の復讐者、そして祖国の再興者とみなされた。以来、彼は**スペイン王と呼ばれた**。実際、**その妻の支配するカスティーリャ王国、軍隊で征服したグラナダ王国、出自によりその支配下にあったアラゴン王国**の主となった彼に足りなかったのは**ナバラ王国**だけだったが、後にこれも征服することとなった。[…]

よって獲得したグラナダ王国、横領によって獲得したナバラ王国をその支配下に集めたからである。彼は一五一六年に亡くなった。

こうした情報は、ヴォルテール自身が利用した典拠を始めとする他の複数の典拠から得たものかもしれないが、それでもなお、この哲学者とジョクールの解説の類似は注目に値する。実は同じ段落の直前の一節についても同様のことが当てはまり、こちらは、カリフによる征服が問題にされた第二巻第二章からの引用と考えられるのである。

項目「スペイン」第三段落（*Enc.*, V, 953a）	『世界史試論』第一巻、第二章[28]
スペインは、順にカルタゴ人、ローマ人、ゴート族、ヴァンダル族、そして「ムーア人」と呼ばれるアラブ人に支配されたのち［…］	彼らは七一一年にはエジプトからスペインに移動したが、この国は、順にやすやすとカルタゴ人、ローマ人、ゴート族、ヴァンダル族、そしてムーア人と呼ばれるアラブ人に支配された。[29]ほどなくして彼らはここにコルドバ王国を設立した［…］

項目「スペイン」を執筆するに際して、ジョクールは一七五三―一七五四年版『習俗試論』にすでに存在しているスペインの「マホメット教徒」に関する章からは一切引用していない。ここから、ジョクールはヴォルテールが『試論』で行ったように、この国の長期の歴史をつづろうとはしていないことが分かる。つまり、たとえばスペインがキリスト教国として政治的に次第に構築されていく様子をたどったり、イスラム教徒による支配が及ぼした重大な影響を強調したりはしていないということである。とはいえ、項目「異端審問 INQUISITION」、あるいは重要項目「マホメット教」に示されるように、数年後には状況はかなり異なってくる。

3　項目「マホメット教」

『百科全書』第九巻に収められた項目「マホメット教」[30]でもまた、この「歴史哲学者」が描き出す「タブロー」の内容が繰り返されている（第一段落）。つまり、ジョクールは一七五六年版『習俗試論』の一〇章からの引用を組み合わせてこの項目を執筆しているのである[31]。ここでもまた、年代順の流れを追って解説が展開されるが、この流れは取り上げられている主題の性質から、主題の論理の流れと合致している。マホメット教は「マホメットの宗教」と定義づけられるので（第一段落）、ジョクールはマホメットが誕生した歴史的文脈に関する情報を繰り返した後（第二—第三段落）、まず預言者の人柄について検討し（第四—二二段落）、ついでその「後継者」の歴史をたどっている（第二四—五九段落）。項目の結論部に示される要約では、この解説がカヴァーしている歴史の側面がざっとたどられている。

以上がマホメット、「マホメット教」、西洋のムーア人、そしてトルコ人に征服されたアラブ人の歴史である。トルコ人は一〇五五年以降マホメット教徒となり、今日までその宗教を守ってきた。本主題に関する十一世紀の歴史を五頁でまとめると以上のようになる。（第六〇段落）

この項目では大幅に議論を凝縮しなくてはならないため、ここでもジョクールの抜粋での語りの調子はヴォルテールが連続する複数の章で用いている調子とは異なっている。とりわけ、スペインにおける「レコンキスタ（国土回復運動）」（第五三段落）、そしてオスマン帝国による征服（第五八段落）に言及し——いずれもヴォルテールが『習俗試論』の複数の章で詳述している内容を大幅に縮めて繰り返している——、アラブ人勢力の衰退が始まった時期に触れる際には、語り口が急ぎ足になっているのが確認される。引用箇所の選択をもって、ジョクールは、マホメットの人格をことのほか重視し、初期の歴史的事件を強調しているのである。もちろん、項目の主題そのものがこうした論調を後押ししていると言えるが、彼はまた同時に、この後「地理学」関連の多くの項目で他の人物についてもそうするように、いわば預言者の生涯の概略を提示しているのである。

引用に際しては、ジョクールはここでヴォルテールの議論に対して忠実な態度を示している。マホメットの人物像の解説は原文を裏切るようなものではない、というのも、ジョクールの記述はヴォルテールのテクストを細大漏らさず書き写したものだからだ。なるほど、ここでのマホメットの取り上げられ方からは、「ペテン師」という人物像も浮かび上がってくる。この語は、打算的な演出（マホメットは「最期の時が、英雄、そして義人のそれと映るよう願った」）の後、その死に触れるにあたって用いられている。「マホメットは［…］彼がペテン師であると知っている人々からでさえ偉人とみなされ、その他の人々からは預言者と崇められながら、その一生を終えたのである」（第二一段落）。とはいえ、ジョクールはヴォルテールのテクストをそっくりそのまま引き写しつつも、その調子を誇張しようとはしていない。ペテン師と「狂信」が問題になっているとはいえ（第二四、三六段落）、『習俗試論』の著者[32]、ついでジョクールが取り上げている人物は、ドレールによって糾弾され[33]、『狂信あるいは預言者マホメット』（ヴォルテールが一七三六年に発表した悲劇）で展開されているような忌まわしい風刺の対象にはなっていない。この点において、ヴォルテールの議論は一七四〇年代以降、大幅な変容を遂げており、ヴォルテールが『試論』に記した内容を繰り返すにあたり、ジョクールもその最新の状況を反映しているのである。

ヴォルテールの議論に対するこれほどまでの忠実さは、イデオロギー上の共通点の証とも考えられる。それは、主題からすると取るに足りないと思われるものの、「哲学的な」立場からすると重要ないくつものくだりをジョクールが引用する際の方法から想定されることである。かくしてジョクールは『コーラン』に関する解説を引用しているのだが、それはこの聖典が「一貫性に欠ける大げさな表現に満ち溢れている」とはいえ、それでもなお「神の定義」を始め、「崇高とみなされうる記述」と、否定するのが困難な「道徳」の教えを含んでいるからである（第一二―一四段落)。しかも、テクストの一貫性の欠如に対する限定的譲歩は、二つの引き金をもとに機能している。

なるほど、この書物には、矛盾や不合理、時代錯誤が無数に認められる。とりわけ物理学については、ごく単純で誰しも知っているような内容をまったく知らないことが確認される。そこにこそ、偽りの宗教が神によって著されたと主張する書物の試金石がある。というのも、神は不合理でもなければ、無知でもないからである。しかし大衆はこうした過ちにまったく気づくことなく、むしろそれを好む。そして、イマームは言葉の洪水で、こうした過ちを糊塗するのである。(第一五段落)

こうした指摘はキリスト教の「ドクサ」にもとづく言説に対する譲歩とも解釈しうる。もっとも、ギリシア正教がここにその釈明を見出しうるかは定かではないが。それほどまでに、同様の「矛盾」、「不合理」、「時代錯誤」、さらに「物理学」上の過ちを示した――ヴォルテールはとりわけ一七六〇年代にこれを実行している――聖典(『旧約・新約聖書』)に立脚する他の一神教(ユダヤ教、キリスト教)となぞらえることは容易である。そして「過ちを糊塗するために」神学上の詭弁に頼るのは「イマーム」だけでないのは明らかである……かくして、「偽りの宗教が神によって著されたと主張する書物」のリストは膨らんでいく。また他の箇所では、ユダヤ教も批判の対象となり、ヴォルテールによって「ユダヤ人」と「イスラム教徒」が比較されるという難からうまく逃れることができないのである(第二三段落)。しかしながらジョクールはこの段落を保持している。カトリックもまた、たとえば以下の冗談に見られるように、[34]皮肉の対象となっている。「人々はカリフの足に接吻しはしなかったが、その神殿の入り口にひれ伏すのであった」(第四五段落)。途中でふと展開されるこうした攻撃は、いずれも論理展開の一貫性を損なうことなく容易に削除できはしないだろうか。

「ペテン師」とその「後継者」という見事な構想だけではない。とりわけジョクールはヴォルテールからその原動力がもっぱら、あるいは主に「英雄」の行動に回収されないような歴史的生成という考えをも継承している。なるほど、マホメット教拡大の歴史は定期的に「征服」という言葉で区切られている。しかし、「征服した国民」の「成功」は、「指導者」の功績というよりも、「彼らをかきたてた熱意」と「国家の精神」(第三一段落)あるいは、「アラブの民の才能」に帰せられるもので、マホメットはこれを「活性化」させたにすぎない(第三二段落)というのである。このように、本項目には、ヴォルテールの歴史的言説の傾向がいくぶんか認められる。それは、君主と国民、国家の歴史を関連づけるものである。[35]

最後に、時系列的な流れと並行して、本項目は『習俗試論』の諸章の基調をなすもう一つの流れ、つまり、文明の発展を追う流れにも従っている。まず問題にされるのは、「無知」と「信じやすさ」である。これらは「熱狂」への傾向とともに、マホメットの「同郷人たち」の「性格」を定義づけ、彼らが容易に餌食になりやすいことを示すものである(第七段落)。しかし、次第に「才能」が顕在化するようになる。「当時、サラセン人は『コーラン』以外の知識を望んでいなかった。しかし」大規模な建築物の建造に始まり、「すでにその才能があらゆることに及びうると示していた」(第三〇段落)。とりわけ、この項目には、「野蛮状態」から「文明化された状態」への移行が描かれた。「イスラム教徒は軍事力を得るに従って、洗練されていった」。これは、七世紀、アーロン・ラシルドの治下に起こった「諸学問」と「楽しく、有用な技芸」の再興(第三八段落)、カリフ・アルマモンの治下行われた学問対策(第三九段落)、化学と医学の発達(第四〇段落)、「完成の域に達した詩の文化」(第四一段落)が証言するところである。これもまた、十世紀のスペインにおける「技芸」の完成度を象徴するものである。「他の国民は、イスラム教徒ほど洗練されてはいなかった。コルドバは、幾何学、化学、医学が洗練された西洋で唯一の国だった」(第五一段落)。

項目「スペイン」および「マホメット教」の分析から、隠れた「哲学」が存在すると結論するよりも前に、まず、ジョクールにおいて「借用」のプラクシスが認められることが明らかになった。しかもこのプラクシス自体、これら二項目がそれぞれ発表されるまでの約一〇年間に変容を遂げている。[36] このように、これらの項目は、さまざまな観点で対照的なジョクールの二つの典拠の扱い方――これを彼は時として「抜粋」というジャーナリスティックな言葉で表現している――を象徴的に示している。一つは一節の引用という形での典拠利用である。これは、過去の状況にかかわる歴史学的知識が最新の状況と対応するかのような幻想を抱かせることを目指した密かなリライト作業をいともたやすく、そしてさほど良心の呵責を感じずに行わせる原因となっている。そしてもう一つは、大がかりなコピー・アンド・ペースト作業である。これは『習俗試論』にまとめられた歴史的総体を利用し、その大部分がモンタージュや組み合わせ作業以外、ジョクールの大幅な介入なしに読者に提示されるというものである。それでは、こうした方法の変容は、借用の「哲学」が次第に意識的に表明されるようになったことと関連づけられうるのだろうか。『百科全書』後半部に掲載された一部の項目の構成は、大慌てでの切り貼り作業をもとにしているから、執筆項目の漸次的増加により、ジョクールは仕事を急いだのだと感じさせるかもしれない。しかしながら全体から判断すると、利用する典拠の選択は、決然たる「哲学的」方向づけを表しているように思われる。つまり、一七五五年から一七六五年にかけて、ジョクールの用いたヴォルテールの典拠には手が加えられている以上、彼のヴォルテール解釈が変わった可能性も排除されないのである。

少なくとも、二つの項目を連続して分析すると、スペイン史という限られた事例から、世界史におけるイスラム「問題」の重要性が変化しているのが分かる。残るは、こうした変化がどれほど、そしてどのようにジョクールの典拠やその利用法と関わっているのかという問題の検討であろう。これについては、二つの仮説が提示できよう。一つは、「後からの」埋め合わせの結果というものである。この仮説によると、項目「スペイン」では見逃されていたこのイスラム「問題」の重要性は、項目「マホメット教」の解説において、いわば回復されたということになるだろう。しかし、やはり『百科全書』後半部に収められ、「近代地理学」に属するものと分類された項目、たとえば「トレド」において、ジョクールが、項目「スペイン」には記していないスペインのアラブ人の影響力に関する『習俗試論』の一節を引き合いに出している以上、先の仮説は排除できないとはいえ――ジョクールは「こうした詳細情報は、ヴォルテール氏による」[37]とだけ述べている――完全には認め難い。第二の仮説は、因果関係のない随伴現象によるというものである。慎重を期して、先に発表された項目――「スペイン」――の内容を補足、修正しようという配慮は必ずしも示さないが、ジョクールは、『百科全書』の読者に、歴史学的知の「最新の」状態を示そうという配慮ははっきりと示している。一七五六年、『習俗試論』の明らかな増補版が刊行されるとすぐ、この新たな版は一七五三年、一七五四年版に取って代わり――この事実は、テクストの突き合わせによって確認される――、その後の項目で活用される参照版となるのである。

ここからひとつの具体的な結果が生じる。それは、変容する典拠の存在、すなわち、再版された同一の著作のなかに、『百科全書』本文が刊行された一五年間にほどこされた修正が含まれるという事実が、典拠同定に際して提起する問題である。これは、『百科全書』の「制作」についての考察に際して、検討に入れるべきものである。なぜなら『百科全書』はその「歴史性」、この辞書を特徴づけるいささか「奇抜な」風貌に人々の注意を惹きつけるものだからである。ここからさらに二つの特筆すべき結果が生じる。一つは、『百科全書』に「聖別化された」知の「現代性」、さらには「現代化」という、この大事典の編纂計画の理解にとって重要な問題に関わる。おそらくジョクールが書き留めようとしていたのは、歴史学的知の「最新の」状況であると思われる。もう一つは、『百科全書』の計画の「哲学的」、換言すればイデオロギー的要素に関わる。ジョクールは、イエズス会の影響下にある他のスペイン史よりも、ヴォルテールの歴史的著作を用いることを選び、ヴォルテールを「今日の歴史思想家」と呼んでいる。これは、十八世紀後半のイスラムに関する議論の事例をもとに確認した通り、『百科全書』に収められた知が「哲学的精神」――ジョクールを始めとして、少なからぬ数の寄稿者が引き合いに出している――によって手を加えられる手法を確認することである。

読者は、ジョクールのイデオロギー的立場の問題に加え、彼の執筆項目の「哲学的」重要性が次第に増していると いう事実に気づいていただろうか。この点については断言するのは難しい。なぜなら、その受容のあり方を示す指標がないからだ。スペイン史に関するジョクールの執筆項目については、ヴォルテールの書斎に残されていた『百科全書』の版には目を通したあとがまったく存在しない。(38) また、一七六五年に発表された項目のいずれも、ル・ブルトンの検閲を受けてはいないようである。(39) その上、スペインに関する項目間に認められる関係性が、『百科全書』の制作プロセスを反映するひそかな道標がこの大事典に認められるという仮説の整合性を示すとはいえ、こうした項目間に読者のための参照指示は記されていない。なるほど、項目「スペイン」発表時には予測不可能であったのかもしれない。しかし、この最初の項目では「すべてクリアな状況」には程遠いと認めたとしても、それ以降の項目で参照指示がないのは妥当とは言い難いだろう。残るは、項目「スペイン」とたとえば項目「トレド」などとのテーマ上の関係性を明らかにすることである。こうした作業は、スペインとその歴史に関心を寄せる読者がいつでも行いうるものであり、またそのような作業を通して、前者の項目に欠落していることを、後者の内容によって補うことも可能である。それでもやはり、項目「マホメット教」との関係性はやはりはるかに意表をつくものであるのは事実だ。

注

（1）ジョクールについては以下の文献を参照されたい。Madeleine F. Morris, *Le Chevalier de Jaucourt : un ami de la terre, 1704–1780*, Genève, Droz, 1979 ; Jean Haechler, *L'« Encyclopédie » de Diderot et de... Jaucourt. Essai biologique sur le chevalier Louis de Jaucourt*, Paris, H. Champion, 1995.

（2）D'Alembert, « Discours préliminaire », *Enc.*, I, xxxvij.

（3）以下を参照のこと。Franck Salaün et Jean-Pierre Schandeler (dir.), *Entre belles-lettres et disciplines. Les savoirs au XVIIIe siècle*, Ferney-Voltaire, Centre international d'étude du XVIIIe siècle, 2011.

（4）以下を参照のこと。« Les branches du savoir dans l'*Encyclopédie* », *RDE*, 40–41 (octobre 2006), p. 5–283.

（5）F. Étienvre, « Avant Masson, Jaucourt : l'Espagne dans l'*Encyclopédie* de Diderot et d'Alembert », *Bulletin Hispanique*, 104-1 (2002), p. 161–180 (ici p. 165).

（6）細部でマリアナへの言及が認められる項目としては、「マンリアナ MANLIANA」、「ミロブリガ MIROBRIGA」、「オブルコン OBULCON」、「ティミアテリウム THYMIATERIUM」が挙げられる。項目「ヌマンシア NUMANCE」では、「この都市の場所」と「遺跡」に関する一節で、マリアナの著作がより長く引用されている（*Enc.*, XI, 282a）。特にこのイエズス会士のことが話題になっているのは項目「タルヴェラ TALVERA」においてである。この地は彼の生誕地であるため、その生涯と著作について言及するきっかけになっているのだ（*Enc.*, XV, 861a-862a）。

（7）ここでは、シャラントンの仏訳にある「一七二五年、パリで刊行されたM・マウデルの『古代スペイン貨幣論』」を参照するよう指示するにとどまっている（*Enc.*, X, 255b）。

（8）類似の研究としては、やはり本書第5章の小関武史論考を参照されたい。

（9）F・エチアンヴルは、この項目が『ルイ十四世の世紀』を「そのまま写し取ったもの」だと指摘している（« Avant Masson, Jaucourt... », art. cité, p. 168）。

（10）*Essai sur les mœurs*, chap. 27, 44 et 64, *Les Œuvres complètes de Voltaire*［以下、*OCV*］, XXII, XXIII, Oxford, Voltaire Foundation, 2009, 2010.

（11）*Le Siècle de Louis XIV. Nouvelle édition. Revue par l'auteur et considérablement augmentée*, Dresde, George Conrad Walther, 1753, 2 vol. Édition prise pour texte de base par Jacqueline Hellegouarc'h et Sylvain Menant, Paris, LGF, 2005, coll. « Le Livre de poche. Bibliothèque classique ».

（12）*Abrégé de l'Histoire universelle depuis Charlemagne jusques à Charlequint*, La Haye, Jean Néaulme, 1753, 2 vol.

（13）*Essai sur l'Histoire universelle depuis Charlemagne*, Basle/Dresde, George Conrad Walther, 1754, 3 vol.

（14）*Essay sur l'histoire générale, et sur les mœurs et l'esprit des nations, depuis Charlemagne jusqu'à nos jours*, dans *Collection complète des Œuvres de M. de Voltaire*, [Genève], [Cramer], 1756, 17 vol., XI-XIV.

（15）これは、とりわけ、『百科全書』におけるヴォルテールの影響力の諸相に関する研究の枠組みで、ジョクールについてまとめた章の結論の一つである。以下の拙著を参照のこと。*Voltaire dans l'*Encyclopédie, chap. 2, « Jaucourt et Voltaire », Société Diderot, 2016.

（16）*Enc.*, XII, 515b.

（17）ヴォルテールが用いている典拠の扱いについては、先に挙げた『習俗試論』の章冒頭の注記における解説を参照のこと。*OCV*, XXII, p. 397-398 ; XXIII, p. 80-81 et 494-495.

（18） *Enc.*, V, 953a-b.

（19） 後掲「添付資料Ⅰ」を参照のこと。借用された箇所は、余白に記された傍線で示されている。

（20） *Le Siècle de Louis XIV*, éd. J. Hellegouarc'h et S. Menant, p. 135–138.

（21） *Ibid.*, p. 137.

（22） Daniel-Henri Pageaux, *L'Espagne devant la conscience française au XVIIIe siècle (1715–1789)*, Thèse, Université Paris 3 Sorbonne nouvelle, 1975.

（23） *Essay sur l'histoire générale*（éd. 1756）, IV, p. 109–110（*Essai*, chap. 177, éd. René Pomeau, Paris, Bordas, 1990, 2 vol., II, p. 627）.『哲学辞典』の項目「利己心」（一七六四年）に登場するカスティーリャ国王の人物像から判断する限り、ヴォルテールにおいては、こうした紋切り型のイメージが根強く残っていたようである。

（24） *Le Siècle de Louis XIV*, éd. J. Hellagouarc'h et S. Menant, p. 136.

（25） *Enc.*, IV, 423a ; et *Abrégé de l'Histoire universelle*（éd. 1753）, chap. [23], I, p. 279–280（*Essai*, chap. 42, *OCV*, XXIII, p. 64–65）.

（26） *Enc.*, V, 11a ; et *Abrégé de l'Histoire universelle*（éd. 1753）, chap. [24], I, p. 289（*Essai*, chap. 43, *OCV*, XXIII, p. 77）. この一節はヴァルテール版にそっくりそのまま再録されている。*Essai sur l'Histoire universelle*, I, p. 215–216.

（27） *Essai sur l'Histoire universelle*（éd. Walther, 1754）, III, p. 114（*Essai*, chap. 102, *OCV*, XXIV, p. 555, 557）.

（28） *Ibid.*, I, p. 36（*Essai*, chap. 6, *OCV*, XXII, p. 141）.

（29） この一節はとりわけ、項目「マホメット教」（第三二段落）に再録される。

（30） *Enc.*, IX, 864a–868b.

（31） 以下の「添付資料Ⅱ」を参照のこと。借用されている箇所については、余白の棒線によって示されている。

（32） 第六章冒頭のカトリーヌ・ヴォルピアック＝オジェによる注を参照のこと。*OCV*, XXII, p. 117–118.

（33） 項目「狂信」においてである。*Enc.*, VI, 695a-b.

（34） ジョクールは「教皇の足に接吻する」慣習をばかにしたヴォルテールの一節を幾度となく引用している。以下を参照のこと。*Enc.*, art. PRUSE *ou* BURSE, XIII, 531b–532a ; art. RUSSIE, XIV, 445a.

（35） 以下の文献を参照のこと。Myrtille Méricam-Bourdet, *Voltaire et l'écriture de l'histoire : un enjeu politique*, *SVEC*, 2012: 02, Oxford, Voltaire Foundation, 2012, chap. 6.

（36） これら二項目が実際に執筆された時期については、明言を避けることとする。

（37） *Enc.*, XVI, 388a.

（38） *Corpus des notes marginales de Voltaire*, Berlin, Akademie-Verlag ; Oxford, Voltaire Foundation, 1979– [édition en cours], 8 vol, parus, III, p. 360–417. 『百科全書』の余白にヴォルテールが記したメモについては、以下の拙稿を参照されたい。Olivier Ferret, « Voltaire, lecteur de l'*Encyclopédie* », *Revue Voltaire*, 3 (2003), p. 79–99.

（39） 以下を参照のこと。Douglas H. Gordon et Norman L. Torrey, *The Censoring of Diderot's* Encyclopédie *and the re-established text*, New York, Columbia University Press, 1947.

添付資料 I
項目「スペイン」の構成

ESP

trés les fibres longitudinales, qui par leur union forment des eſpeces de rubans.

Il y a des provinces où au lieu d'*eſpader* le chanvre, on le pile avec des maillets.

ESPADEURS, ſ. m. pl. (*Corderie.*) ce ſont les ouvriers qui travaillent à donner à la filaſſe la préparation nommée l'*eſpade. Voyez* CORDERIE.

ESPADON, EMPEREUR, ſubſt. m. (*Hiſt. nat. Ichthiolog.*) *xiphias* ſeu *gladius*; poiſſon de mer qui a le bec fort allongé & fait en forme de glaive ou d'épée à deux tranchans, longue de deux coudées & dure comme un os. *Voyez la Pl. XIII. fig.* 22. On pourroit le diſtinguer de tout autre poiſſon par ce ſeul caractere qui lui eſt particulier. Il eſt auſſi grand qu'un cétacée; il peſe plus de cent livres, & quelquefois même plus de deux cents, & il a cinq aulnes de longueur. Le corps eſt allongé & rond, & fort épais près de la tête : c'eſt la machoire du deſſus qui ſe prolonge au point de former l'épée dont vient le nom d'*eſpadon*; on croit qu'il a été appellé *empereur*, parce qu'on repréſente les empereurs avec une épée en main. La machoire du deſſous eſt pointue par le bout; il n'a qu'une nageoire ſur le dos, mais elle s'étend preſque d'un bout à l'autre : la queue eſt échancrée & a la figure d'un croiſſant. Ce poiſſon a une paire de nageoires auprès des oüies, & deux autres nageoires qui ſont au-delà de l'anus : ſa peau eſt rude & luiſante, de couleur noire ſur le dos, & blanche ſur le ventre. L'*eſpadon* eſt très-fort; il enfonce ſon bec pointu dans les navires, & il perce les plus grands poiſſons cétacées. Rai, *ſynop. meth. piſc.* Rond. *hiſt. des poiſſons. Voyez* POISSON. (*I*)

ESPADON, (*Fourbiſſ.*) grande & large épée qu'on tient à deux mains. *Voyez* ÉPÉE.

* ESPADOT, ſ. m. *terme de Pêche*, uſité dans le reſſort de l'amirauté de Marennes; c'eſt un inſtrument formé d'un petit fer d'environ 2 piés & demi de long, crochu par le bout, lequel on emmanche dans une petite perche d'environ 5 piés de long, plus groſſe par le bout, qui ſert de poignée. Les Pêcheurs ſe ſervent de cet inſtrument dans les écluſes où ils vont la nuit avec des brandons de roſeaux ou de paille; & quand ils appperçoivent des poiſſons, ils les retirent avec le bout de l'*eſpadot*, & les tuent enſuite avec le même inſtrument.

Les langons ſont des eſpeces d'*eſpadots* formés de petites pointes ébarbelées, fichées au bout d'une perche : les foüannes ou fougnes reſſemblent à celles qu'on trouvera décrites à l'*article* FOUANNE; & les faucilles ne ſont ſouvent que ces ſortes de couteaux à ſcier des grains quand ils ſont hors de ſervice, ou quelques morceaux de fer crochus.

ESPAGNE, (*Géog. hiſt.*) royaume conſidérable de l'Europe, borné par la mer, le Portugal & les Pyrénées : il a environ 240 lieues de long ſur 200 de large. *Long. 9. 21. lat. 36. 44.*

Je laiſſe les autres détails aux Géographes, pour retracer ici le tableau qu'un grand peintre a fait des révolutions de ce royaume dans ſon *Hiſtoire du ſiecle de Louis XIV.*

Cf. *Essai*,
éd. 1754,
chap. [2]
I, p. 36
III, chap. 16,
p. 114

L'*Eſpagne*, ſoûmiſe tour-à-tour par les Carthaginois, par les Romains, par les Goths, par les Vandales, & par les Arabes qu'on nomme *Maures*, tomba ſous la domination de Ferdinand, qui fut à juſte titre ſurnommé *roi d'Eſpagne*, puiſqu'il en réunit toutes les parties ſous ſa domination; l'Arragon par lui-même, la Caſtille par Iſabelle ſa femme, le royaume de Grenade par ſa conquête ſur les Maures, & le royaume de Navarre par uſurpation : il décéda en 1516.

Le Siècle de
Louis XIV,
éd. 1753,

Charles-Quint ſon ſucceſſeur forma le projet de la monarchie univerſelle de notre continent chrétien, & n'abandonna ſon idée que par l'épuiſement de ſes forces & ſa démiſſion de l'empire en 1556.

Tome V.

ESP 953

chap. 1
p. 135

Le vaſte projet de monarchie univerſelle, commencé par cet empereur, fut ſoûtenu par Philippe II. ſon fils. Ce dernier voulut, du fond de l'eſcurial, ſubjuguer la Chrétienté par les négociations & par les armes; il envahit le Portugal; il deſola la France; il menaça l'Angleterre : mais plus propre à marchander de loin des eſclaves qu'à combattre de près ſes ennemis, il ne put ajoûter aucune conquête à la facile invaſion du Portugal. Il ſacrifia de ſon aveu quinze cents millions, qui ſont aujourd'hui plus de trois mille millions de notre monnoie, pour aſſervir la France & pour regagner les ſept Provinces-Unies; mais ſes thréſors n'aboutirent qu'à enrichir les pays qu'il voulut dompter : il mourut en 1598.

p. 136

Sous Philippe III. la grandeur eſpagnole ne fut qu'un vaſte corps ſans ſubſtance, qui avoit plus de réputation que de force. Ce Prince, moins guerrier encore & moins ſage que Philippe II. eut peu de vertus de roi : il ternit ſon regne & affoiblit la monarchie par la ſuperſtition, ce vice des ames foibles, par les nombreuſes colonies qu'il tranſplanta dans le Nouveau-Monde, & en chaſſant de ſes états près de huit cents mille Maures, tandis qu'il auroit dû au contraire le peupler d'un pareil nombre de ſujets : il finit ſes jours en 1621.

Philippe IV. héritier de la foibleſſe de ſon pere, perdit le Portugal par ſa négligence, le Rouſſillon par la foibleſſe de ſes armes, & la Catalogne par l'abus du deſpotiſme : il mourut en 1665.

p. 137

Enfin l'inquiſition, les moines, la fierté oiſive des habitans, ont fait paſſer en d'autres mains les richeſſes du Nouveau-Monde. Ainſi ce beau royaume, qui imprima jadis tant de terreur à l'Europe, eſt par gradation tombé dans une décadence dont il aura de la peine à ſe relever.

Peu puiſſant au-dehors, pauvre & foible au-dedans, nulle induſtrie ne ſeconde encore dans ces climats heureux, les préſens de la nature. Les ſoies de Valence, les belles laines de l'Andalouſie & de la Caſtille, les piaſtres & les marchandiſes du Nouveau-Monde, ſont moins pour l'*Eſpagne* que pour les nations commerçantes; elles confient leur fortune aux Eſpagnols, & ne s'en ſont jamais repenties : cette fidélité ſinguliere qu'ils avoient autrefois à garder les dépôts, & dont Juſtin fait l'éloge, ils l'ont encore aujourd'hui; mais cette admirable qualité, jointe à leur pareſſe, forme un mélange, dont il réſulte des effets qui leur ſont nuiſibles. Les autres peuples ſont ſous leurs yeux le commerce de leur monarchie; & c'eſt vraiſſemblablement un bonheur pour l'Europe que le Mexique, le Pérou, & le Chily, ſoient poſſédés par une nation pareſſeuſe.

Ce ſeroit ſans doute un évenement bien ſingulier, ſi l'Amérique venoit à ſecoüer le joug de l'*Eſpagne*, & ſi pour lors un habile vice-roi des Indes, embraſſant le parti des Amériquains, les ſoûtenoit de ſa puiſſance & de ſon génie. Leurs terres produiroient bien-tôt nos fruits; & leurs habitans n'ayant plus beſoin de nos marchandiſes, ni de nos denrées, nous tomberions à-peu-près dans le même état d'indigence, où nous étions il y a quatre ſiecles. L'*Eſpagne*, je l'avoue, paroît à l'abri de cette révolution, mais l'empire de la fortune eſt bien étendu; & la prudence des hommes peut-elle ſe flater de prévoir & de vaincre tous ſes caprices? *Voyez* ECOLE (*philoſophie de l'*). *Article de M. le Chevalier* DE JAUCOURT.

* ESPAGNOLETTE, ſ. f. (*Drap.*) étoffes de laine qui ſe fabriquent particulierement à Roüen, à Beauvais, & à Châlon. Les réglemens du commerce les ordonnent à Beauvais de laines d'Eſpagne pour la trame, ou des plus fines de France & du pays, ſans agnelains ni peignons; les croiſées à cinquante-ſix portées, trois quarts & un ſeize de large,

EEEeee

添付資料II
項目「マホメット教」の構成

864 **MAH** **MAH**

s'écouler promptement au-travers de ces mêmes paſſages étroits. *Voyez* les *mém. de l'académie royale de Suede, année 1730, tome XII.*

Les marins donnent en général le nom de *Mahlſtrom* à tous les tournans d'eau qui ſe trouvent dans la mer. Les voyageurs rapportent qu'il y en a un très conſidérable dans l'Océan, entre l'Afrique & l'Amérique; les navigateurs l'évitent avec grand ſoin. Les goufres de Sylla & de Charybde ſont auſſi des eſpeces de *mahlſtroms*. (–)

MAHOL, (*Hiſt. nat.*) fruit qui croît dans les îles Philippines. Il eſt un peu plus gros qu'une pêche, mais cotoneux; il a la couleur d'une orange; l'arbre qui le produit eſt de la hauteur d'un poirier; ſes feuilles reſſemblent à celles du laurier; ſon bois eſt preſque auſſi beau que l'ébene.

Essay,
éd. 1756
chap. 4 [5]
I, p. 32
p. 33
---
p. 36

MAHOMÉTISME, ſ. m. (*Hiſt. des religions du monde.*) religion de Mahomet. L'hiſtorien philoſophe de nos jours en a peint le tableau ſi parfaitement, que ce ſeroit s'y mal connoître que d'en préſenter un autre aux lecteurs.

Pour ſe faire, dit-il, une idée du *Mahométiſme*, qui a donné une nouvelle forme à tant d'empires, il faut d'abord ſe rappeller que ce fut ſur la fin du ſixieme ſiecle, en 570, que naquit Mahomet à la Mecque dans l'Arabie Pétrée. Son pays défendoit alors ſa liberté contre les Perſes, & contre ces princes de Conſtantinople qui retenoient toujours le nom d'empereurs romains.

Les enfans du grand Noushirvan, indignes d'un tel pere, déſoloient la Perſe par des guerres civiles & par des parricides. Les ſucceſſeurs de Juſtinien aviliſſoient le nom de l'empire; Maurice venoit d'être détrôné par les armes de Phocas & par les intrigues du patriarche ſyriaque & de quelques évêques, que Phocas punit enſuite de l'avoir ſervi. Le ſang de Maurice & de ſes cinq fils avoit coulé ſous la main du bourreau, & le pape Grégoire le grand, ennemi des patriarches de Conſtantinople, tâchoit d'attirer le tyran Phocas dans ſon parti, en lui prodiguant des louanges & en condamnant la mémoire de Maurice qu'il avoit loué pendant ſa vie.

p. 37

L'empire de Rome en occident étoit anéanti; un déluge de barbares, Goths, Hérules, Huns, Vandales, inondoient l'Europe, quand Mahomet jettoit dans les déſerts de l'Arabie les fondemens de la religion & de la puiſſance muſulmane.

chap. 4 [6]

On ſait que Mahomet étoit le cadet d'une famille pauvre; qu'il fut long-tems au ſervice d'une femme de la Mecque, nommée Cadiſchée, laquelle exerçoit le négoce; qu'il l'épouſa & qu'il vécut obſcur juſqu'à l'âge de quarante ans. Il ne déploya qu'à cet âge les talens qui le rendoient ſupérieur à ſes compatriotes. Il avoit une éloquence vive & forte, dépouillée d'art & de méthode, telle qu'il la falloit à des Arabes; un air d'autorité & d'inſinuation, animé par des yeux perçans & par une heureuſe phyſionomie; l'intrépidité d'Alexandre, la libéralité, & la ſobriété dont Alexandre auroit eu beſoin pour être grand homme en tout.

L'amour qu'un tempérament ardent lui rendoit néceſſaire, & qui lui donna tant de femmes & de concubines, n'affoiblit ni ſon courage, ni ſon application, ni ſa ſanté. C'eſt ainſi qu'en parlent les Arabes contemporains, & ce portrait eſt juſtifié par ſes actions.

p. 38

Après avoir connu le caractere de ſes concitoyens, leur ignorance, leur crédulité, & leur diſpoſition à l'enthouſiaſme, il vit qu'il pouvoit s'ériger en prophete, il feignit des révélations, il parla: il ſe fit croire d'abord dans ſa maiſon, ce qui étoit probablement le plus difficile. En trois ans, il eut quarante-deux diſciples perſuadés; Omar, ſon perſécuteur, devint ſon apôtre; au bout de cinq ans, il en eut cent quatorze.

Il enſeignoit aux Arabes, adorateurs des étoiles, qu'il ne falloit adorer que le Dieu qui les a faites; que les livres des Juifs & des Chrétiens s'étant corrompus & falſifiés, on devoit les avoir en horreur: qu'on étoit obligé ſous peine de châtiment éternel de prier cinq fois le jour, de donner l'aumône, & ſur-tout, en ne reconnoiſſant qu'un ſeul Dieu, de croire en Mahomet ſon dernier prophete; enfin de haſarder ſa vie pour ſa foi.

Il défendit l'uſage du vin parce que l'abus en eſt dangereux. Il conſerva la circonciſion pratiquée par les Arabes, ainſi que par les anciens Egyptiens, inſtituée probablement pour prévenir ces abus de la premiere puberté, qui énervent ſouvent la jeuneſſe. Il permit aux hommes la pluralité des femmes, uſage immémorial de tout l'orient. Il n'altéra en rien la morale qui a toujours été la même dans le fond chez tous les hommes, & qu'aucun légiſlateur n'a jamais corrompue. Sa religion étoit d'ailleurs plus aſſujettiſſante qu'aucune autre, par les cérémonies légales, par le nombre & la forme des prieres & des ablutions, rien n'étant plus gênant pour la nature humaine, que des pratiques qu'elle ne demande pas & qu'il faut renouveller tous les jours.

Il propoſoit pour récompenſe une vie éternelle, où l'ame ſeroit enivrée de tous les plaiſirs ſpirituels, & où le corps reſſuſcité avec ſes ſens, goûteroit par ſes ſens mêmes toutes les voluptés qui lui ſont propres. p. 39

Cette religion s'appella l'*iſlamiſme*, qui ſignifie *réſignation* à la volonté de Dieu. Le livre qui la contient s'appella *coran*, c'eſt-à-dire, *le livre*, ou l'écriture, ou la lecture par excellence.

Tous les interpretes de ce livre conviennent que ſa morale eſt contenue dans ces paroles: « recherchez qui vous chaſſe, donnez à qui vous ôte, pardonnez à qui vous offenſe, faites du bien à tous, ne conteſtez point avec les ignorans ». Il auroit dû également recommander de ne point diſputer avec les ſavans. Mais, dans cette partie du monde, on ne ſe doutoit pas qu'il y eût ailleurs de la ſcience & des lumieres.

Parmi les déclamations incohérentes dont ce livre eſt rempli, ſelon le goût oriental, on ne laiſſe pas de trouver des morceaux qui peuvent paroître ſublimes. Mahomet, par exemple, en parlant de la ceſſation du déluge, s'exprime ainſi: « Dieu dit: terre, englouti tes eaux: ciel, puiſe les eaux que tu as verſées: le ciel & la terre obéirent ».

Sa définition de Dieu eſt d'un genre plus véritablement ſublime. On lui demandoit quel étoit cet Alla qu'il annonçoit: « c'eſt celui, répondit-il, qui tient l'être de ſoi-même & de qui les autres le tiennent, qui n'engendre point & qui n'eſt point engendré, & à qui rien n'eſt ſemblable dans toute l'étendue des êtres ».

Il eſt vrai que les contradictions, les abſurdités, les anachroniſmes, ſont répandus en foule dans ce livre. On y voit ſur-tout une ignorance profonde de la Phyſique la plus ſimple & la plus connue. C'eſt-là la pierre de touche des livres que les fauſſes religions prétendent écrits par la Divinité; car Dieu n'eſt ni abſurde, ni ignorant: mais le vulgaire qui ne voit point ces fautes, les adore, & les Imans emploient un déluge de paroles pour les pallier. p. 40

Mahomet ayant été perſécuté à la Mecque, ſa fuite, qu'on nomme *égire*, fut l'époque de ſa gloire & de la fondation de ſon empire. De fugitif il devint conquérant. Réfugié à Médine, il y perſuada le peuple & l'aſſervit. Il battit d'abord avec cent treize hommes les Mecquois qui étoient venus fondre ſur lui au nombre de mille. Cette victoire qui fut un miracle aux yeux de ſes ſectateurs, les perſuada que Dieu combattoit pour eux comme eux

p. 41

pour lui. Dès-lors ils espérerent la conquête du monde. Mahomet prit la Mecque, vit ses persécuteurs à ses piés, conquit en neuf ans, par la parole & par les armes, toute l'Arabie, pays aussi grand que la Perse, & que les Perses ni les Romains n'avoient pû soumettre.

Dans ces premiers succès, il avoit écrit au roi de Perse Cosroès II. à l'empereur Héraclius, au prince des Coptes gouverneur d'Egypte, au roi des Abissins, & à un roi nommé Mandar, qui régnoit dans une province près du golfe persique.

Il osa leur proposer d'embrasser sa religion; & ce qui est étrange, c'est que de ces princes il y en eut deux qui se firent mahométans. Ce furent le roi d'Abissinie & ce Mandar. Cosroès déchira la lettre de Mahomet avec indignation. Héraclius répondit par des présens. Le prince des Coptes lui envoya une fille qui passoit pour un chef-d'œuvre de la nature, & qu'on appelloit la belle Marie.

Mahomet au bout de neuf ans se croyant assez fort pour étendre ses conquêtes & sa religion chez les Grecs & chez les Perses, commença par attaquer la Syrie, soumise alors à Héraclius, & lui prit quelques villes. Cet empereur entêté de disputes métaphysiques de religion, & qui avoit embrassé le parti des Monothélites, essuya en peu de tems deux propositions bien singulieres; l'une de la part de Cosroès II. qu'il avoit long-tems vaincu, & l'autre de la part de Mahomet. Cosroès vouloit qu'Héraclius embrassât la religion des Mages, & Mahomet qu'il se fit musulman.

p. 42

Le nouveau prophete donnoit le choix à ceux qu'il vouloit subjuguer, d'embrasser sa secte ou de payer un tribut. Ce tribut étoit réglé par l'alcoran à treize dragmes d'argent par an pour chaque chef de famille. Une taxe si modique est une preuve que les peuples qu'il soumit étoient très-pauvres. Le tribut a augmenté depuis. De tous les législateurs qui ont fondé des religions, il est le seul qui ait étendu la sienne par les conquêtes. D'autres peuples ont porté leur culte avec le fer & le feu chez des nations étrangeres; mais nul fondateur de secte n'avoit été conquérant. Ce privilege unique est aux yeux des Musulmans l'argument le plus fort, que la Divinité prit soin elle-même de seconder leur prophete.

Enfin Mahomet, maitre de l'Arabie & redoutable à tous ses voisins, attaqué d'une maladie mortelle à Médine, à l'âge de soixante-trois ans & demi, voulut que ses derniers momens parussent ceux d'un héros & d'un juste: « que celui à qui j'ai » fait violence & injustice paroisse, s'écria-t-il, & » je suis prêt de lui faire réparation ». Un homme se leva qui lui redemanda quelque argent; Mahomet le lui fit donner, & expira peu de tems après, regardé comme un grand homme par ceux même qui savoient qu'il étoit un imposteur, & révéré comme un prophete par tout le reste.

p. 43

Les Arabes contemporains écrivirent sa vie dans le plus grand détail. Tout y ressent la simplicité barbare des tems qu'on nomme *héroïques*. Son contrat de mariage avec sa premiere femme Cadischée, est exprimé en ces mots: « attendu que Cadischée est » amoureuse de Mahomet, & Mahomet pareille- » ment amoureux d'elle ». On voit quels repas apprêtoient ses femmes, & on apprend le nom de ses épées & de ses chevaux. On peut remarquer surtout dans son peuple des mœurs conformes à celles des anciens Hébreux (je ne parle que des mœurs), la même ardeur à courir au combat au nom de la Divinité, la même soif du butin, le même partage des dépouilles, & tout se rapportant à cet objet.

Mais en ne considérant ici que les choses humaines, & en faisant toujours abstraction des ju-

Tome IX.

gemens de Dieu & de ses voies inconnues, pourquoi Mahomet & ses successeurs, qui commencerent leurs conquêtes précisément comme les Juifs, firent-ils de si grandes choses, & les Juifs de si petites? Ne seroit-ce point parce que les Musulmans eurent le plus grand soin de soumettre les vaincus à leur religion, tantôt par la force, tantôt par la persuasion? Les Hébreux au contraire n'associerent guere les étrangers à leur culte; les Musulmans arabes incorporerent à eux les autres nations; les Hébreux s'en tinrent toujours séparés. Il paroit enfin que les Arabes eurent un enthousiasme plus courageux, une politique plus généreuse & plus hardie. Le peuple hébreux avoit en horreur les autres nations, & craignoit toujours d'être asservi. Le peuple arabe au contraire voulut attirer tout à lui, & se crut fait pour dominer.

p. 44

La derniere volonté de Mahomet ne fut point exécutée. Il avoit nommé Aly son gendre & Fatime sa fille pour les héritiers de son empire: mais l'ambition qui l'emporte sur le fanatisme même, engagea les chefs de son armée à déclarer calife, c'est-à-dire, vicaire du prophete, le vieux Abubéker son beau-pere, dans l'espérance qu'ils pourroient bien-tôt eux-mêmes partager la succession: Aly resta dans l'Arabie, attendant le tems de se signaler.

Abubéker rassembla d'abord en un corps les feuilles éparses de l'alcoran. On lut en présence de tous les chefs les chapitres de ce livre, & on établit son authenticité invariable.

Bien-tôt Abubéker mena ses Musulmans en Palestine, & y défit le frere d'Héraclius. Il mourut peu après avec la réputation du plus généreux de tous les hommes, n'ayant jamais pris pour lui qu'environ quarante sols de notre monnoie par jour de tout le butin qu'on partageoit, & ayant fait voir combien le mépris des petits intérêts peut s'accorder avec l'ambition que les grands intérêts inspirent.

p. 45

Abubéker passe chez les Mahométans pour un grand homme & pour un Musulman fidele. C'est un des saints de l'alcoran. Les Arabes rapportent son testament conçu en ces termes: « au nom de Dieu » très-miséricordieux, voici le testament d'Abubé- » ker fait dans le tems qu'il alloit passer de ce mon- » de à l'autre, dans le tems où les infideles croient, » où les impies cessent de douter, & où les men- » teurs disent la vérité ». Ce début semble être d'un homme persuadé; cependant Abubéker, beau-pere de Mahomet, avoit vû ce prophete de bien près. Il faut qu'il ait été trompé lui-même par le prophete, ou qu'il ait été le complice d'une imposture illustre qu'il regardoit comme nécessaire. Sa place lui ordonnoit d'en imposer aux hommes pendant sa vie & à sa mort.

Omar, élu après lui, fut un des plus rapides conquérans qui ait désolé la terre. Il prend d'abord Damas, célebre par la fertilité de son territoire, par les ouvrages d'acier les meilleurs de l'Univers, par ces étoffes de soie qui portent encore son nom. Il chasse de la Syrie & de la Phénicie les Grecs qu'on appelloit *Romains*. Il reçoit à composition, après un long siége, la ville de Jérusalem, presque toute occupée par des étrangers qui se succéderent les uns aux autres, depuis que David l'eut enlevée à ses anciens citoyens.

Dans le même tems, les lieutenans d'Omar s'avançoient en Perse. Le dernier des rois persans, que nous appellons Hormidas IV. livre bataille aux Arabes à quelques lieues de Madain, devenue la capitale de cet empire; il perd la bataille & la vie. Les Perses passent sous la domination d'Omar plus facilement qu'ils n'avoient subi le joug d'Alexandre. Alors tomba cette ancienne religion des Ma-

RRrrrij

ges, que le vainqueur de Darius avoit respectée; car il ne toucha jamais au culte des peuples vaincus.

---

p. 46 Tandis qu'un lieutenant d'Omar subjugue la Perse, un autre enleve l'Egypte entiere aux Romains, & une grande partie de la Lybie. C'est dans cette conquête qu'est brûlée la fameuse bibliotheque d'Alexandrie, monument des connoissances & des erreurs des hommes, commencée par Ptolomée Philadelphe, & augmentée par tant de rois. Alors les Sarrasins ne vouloient de science que l'alcoran; mais ils faisoient déjà voir que leur génie pouvoit s'étendre à tout. L'entreprise de renouveller en p. 47 Egypte l'ancien canal creusé par les rois, & rétabli ensuite par Trajan, & de rejoindre ainsi le Nil à la mer Rouge, est digne des siecles les plus éclairés. Un gouverneur d'Egypte entreprend ce grand travail sous le califat d'Omar, & en vint à bout. Quelle différence entre le génie des Arabes & celui des Turcs! ceux-ci ont laissé périr un ouvrage, dont la conservation valoit mieux que la possession d'une grande province.

Les succès de ce peuple conquérant semblent dûs plûtôt à l'enthousiasme qui les animoit & à l'esprit de la nation, qu'à ses conducteurs: car Omar est assassiné par un esclave perse en 603. Otman, son successeur, l'est en 655 dans une émeute. Aly, ce fameux gendre de Mahomet, n'est élu & ne gouverne qu'au milieu des troubles; il meurt assassiné au bout de cinq ans comme ses prédécesseurs, & cependant les armes musulmanes sont toujours victorieuses. Cet Aly que les Persans réverent aujourd'hui, & dont ils suivent les principes en opposition de ceux d'Omar, obtint enfin le califat, & transféra le siége des califes de la ville de Médine où Mahomet est enseveli, dans la ville de Coussa, sur les bords de l'Euphrate: à peine en reste-t-il aujourd'hui des ruines! C'est le sort de Babylone, de Séleucie, & de toutes les anciennes villes de la Chaldée, qui n'étoient bâties que de briques.

Il est évident que le génie du peuple arabe, mis en mouvement par Mahomet, fit tout de lui-même pendant près de trois siecles, & ressembla en cela au génie des anciens Romains. C'est en effet sous Valid, le moins guerrier des califes, que se font les plus grandes conquêtes. Un de ses généraux p. 48 étend son empire jusqu'à Samarkande en 707. Un autre attaque en même tems l'empire des Grecs vers la mer Noire. Un autre, en 711, passe d'Egypte en Espagne, soumise aisément tour à tour par les Carthaginois, par les Romains, par les Goths & Vandales, & enfin par ces Arabes qu'on nomme *Maures*. Ils y établirent d'abord le royaume de Cordoue. Le sultan d'Egypte secoue à la vérité le joug du grand calife de Bagdat, & Abdérame, gouverneur de l'Espagne conquise, ne reconnoit plus le sultan d'Egypte: cependant tout plie encore sous les armes musulmanes.

Cet Abdérame, petit-fils du calife Hésham, prend les royaumes de Castille, de Navarre, de Portugal, d'Arragon. Il s'établit en Languedoc; il s'empare de la Guienne & du Poitou; & sans Charles Martel qui lui ôta la victoire & la vie, la France étoit une province mahométane.

Après le regne de dix-neuf califes de la maison des Ommiades, commence la dynastie des califes abassides vers l'an 752 de notre ere. Abougiafar Almanzor, second calife abasside, fixa le siége de ce grand empire à Bagdat, au-delà de l'Euphrate, dans la Chaldée. Les Turcs disent qu'il en jetta les fondemens. Les Persans assurent qu'elle étoit très-ancienne, & qu'il ne fit que la réparer. C'est cette ville qu'on appelle quelquefois *Babylone*, & qui a été le sujet de tant de guerres entre la Perse & la Turquie.

La domination des califes dura 655 ans: despotiques dans la religion, comme dans le gouvernement, ils n'étoient point adorés ainsi que le grand-lama, mais ils avoient une autorité plus réelle; & p. 49 dans les tems même de leur décadence, ils furent respectés des princes qui les persécutoient. Tous ces sultans turcs, arabes, tartares, reçurent l'investiture des califes, avec bien moins de contestation que plusieurs princes chrétiens n'en ont reçu des papes. On ne baisoit point les piés du calife, mais on se prosternoit sur le seuil de son palais.

Si jamais puissance a menacé toute la terre, c'est celle de ces califes; car ils avoient le droit du trône & de l'autel, du glaive & de l'enthousiasme. Leurs ordres étoient autant d'oracles, & leurs soldats autant de fanatiques.

Dès l'an 671, ils assiégerent Constantinople qui devoit un jour devenir mahométane; les divisions, presque inévitables parmi tant de chefs féroces, n'arrêterent pas leurs conquêtes. Ils ressemblerent en ce point aux anciens Romains qui, parmi leurs guerres civiles, avoient subjugué l'Asie mineure.

A mesure que les Mahométans devinrent puissans, ils se polirent. Ces califes, toujours reconnus pour souverains de la religion, & en apparence de l'Empire, par ceux qui ne reçoivent plus leurs ordres de si loin, tranquilles dans leur nouvelle Babylone, y font bien-tôt renaître les arts. Aaron Rachild, contemporain de Charlemagne, plus respecté que ses prédécesseurs, & qui sut se faire obéir jusqu'en Espagne & aux Indes, ranima les sciences, fit fleurir les arts agréables & utiles, attira les gens de lettres, composa des vers, & fit p. 50 succéder dans ses états la politesse à la barbarie. Sous lui les Arabes, qui adoptoient déjà les chiffres indiens, les apporterent en Europe. Nous ne connumes en Allemagne & en France le cours des astres, que par le moyen de ces mêmes Arabes. Le seul mot d'*almanach* en est encore un témoignage.

L'almageste de Ptolomée fut alors traduit du grec en arabe par l'astronome Benhonaïn. Le calife Almamon fit mesurer géométriquement un degré du méridien pour déterminer la grandeur de la terre: opération qui n'a été faite en France que plus de 900 ans après sous Louis XIV. Ce même astronome Benhonaïn poussa ses observations assez loin, reconnut, ou que Ptolomée avoit fixé la plus grande déclinaison du soleil trop au septentrion, ou que l'obliquité de l'écliptique avoit changé. Il vit même que la période de trente-six mille ans, qu'on avoit assignée au mouvement prétendu des étoiles fixes d'occident en orient, devoit être beaucoup raccourcie.

La Chimie & la Medecine étoient cultivées par les Arabes. La Chimie, perfectionnée aujourd'hui par nous, ne nous fut connue que par eux. Nous leur devons de nouveaux remedes, qu'on nomme les *minoratifs*, plus doux & plus salutaires que ceux qui étoient auparavant en usage dans l'école d'Hippocrate & de Galien. Enfin, dès le second siecle de Mahomet, il fallut que les Chrétiens d'occident s'instruisissent chez les Musulmans.

Une preuve infaillible de la supériorité d'une nation dans les arts de l'esprit, c'est la culture perfectionnée de la Poésie. Il ne s'agit pas de cette poésie p. 51 enflée & gigantesque, de ce ramas de lieux communs insipides sur le soleil, la lune & les étoiles, les montagnes & les mers: mais de cette poésie sage & hardie, telle qu'elle fleurit du tems d'Auguste, telle qu'on l'a vûe renaître sous Louis XIV. Cette poésie d'image & de sentiment fut connue du tems d'Aaron Rachild. En voici un exemple, entre plusieurs autres, qui a frappé M. de Voltaire, & qu'il rapporte parce qu'il est court. Il s'agit de la célebre disgrace de Giafar le Barmécide:

MAH

Mortel, foible mortel, à qui le sort prospere
Fait goûter de ses dons les charmes dangereux,
Connois quelle est des rois la faveur passagere;
Contemple Barmécide, & tremble d'être heureux.

Ce dernier vers est d'une grande beauté. La langue arabe avoit l'avantage d'être perfectionnée depuis long-tems; elle étoit fixée avant Mahomet, & ne s'est point altérée depuis. Aucun des jargons qu'on parloit alors en Europe, n'a pas seulement laissé la moindre trace. De quelque côté que nous nous tournions, il faut avouer que nous n'existons que d'hier. Nous allons plus loin que les autres peuples en plus d'un genre, & c'est peut-être parce que nous sommes venus les derniers.

---
chap. 18
[28]
I, p. 161

Si l'on envisage à présent la religion musulmane, on la voit embrassée par toutes les Indes, & par les côtes orientales de l'Afrique où ils trafiquoient. Si on regarde leurs conquêtes, d'abord le calife Aaron Rachild impose un tribut de soixante-dix mille écus d'or par an à l'impératrice Irene. L'empereur Nicéphore ayant ensuite refusé de payer le tribut, Aaron prend l'île de Chypre, & vient ravager la Grece. Almamon son petit-fils, prince d'ailleurs si recommandable pour son amour pour les sciences & par son savoir, s'empare par ses lieutenans de l'île de Crete en 826. Les Musulmans bâtirent Candie, qu'ils ont reprise de nos jours.

En 828, les mêmes Africains qui avoient subjugué l'Espagne, & fait des incursions en Sicile, reviennent encore désoler cette île fertile, encouragés par un sicilien nommé *Ephémius*, qui ayant, à l'exemple de son empereur Michel, épousé une religieuse, poursuivi par les lois que l'empereur s'étoit rendues favorables, fit à peu-près en Sicile ce que le comte Julien avoit fait en Espagne.

Ni les empereurs grecs, ni ceux d'occident, ne purent alors chasser de Sicile les Musulmans, tant l'orient & l'occident étoient mal-gouvernés! Ces conquérans alloient se rendre maîtres de l'Italie, s'ils avoient été unis; mais leurs fautes sauverent Rome, comme celles des Carthaginois la sauverent autrefois. Ils partent de Sicile en 846 avec une flotte nombreuse.

p. 162

Ils entrent par l'embouchure du Tibre; & ne trouvant qu'un pays presque desert, ils vont assiéger Rome. Ils prirent les dehors; & ayant pillé la riche église de S. Pierre hors les murs, ils leverent le siege pour aller combattre une armée de François, qui venoit secourir Rome, sous un général de l'empereur Lothaire. L'armée françoise fut battue; mais la ville rafraîchie fut manquée, & cette expédition, qui devoit être une conquête, ne devint par leur mésintelligence qu'une incursion de barbares.

Ils revinrent bien-tôt avec une armée formidable, qui sembloit devoir détruire l'Italie, & faire une bourgade mahométane de la capitale du Christianisme. Le pape Léon IV. prenant dans ce danger une autorité que les généraux de l'empereur Lothaire sembloient abandonner, se montra digne, en défendant Rome, d'y commander en souverain.

Il avoit employé les richesses de l'Eglise à réparer les murailles, à élever des tours, à tendre des chaînes sur le Tibre. Il arma les milices à ses dépens, engagea les habitans de Naples & de Gayette à venir défendre les côtes & le port d'Ostie, sans manquer à la sage précaution de prendre d'eux des ôtages, sachant bien que ceux qui sont assez puissans pour nous secourir, le sont assez pour nous nuire. Il visita lui-même tous les postes, & reçut les Sarrasins à leur descente, non pas en équipage de guerrier, ainsi qu'en avoit usé Goslin évêque de Paris, dans une occasion encore plus pressante, mais comme un pontife qui exhortoit un peuple chrétien, & comme un roi qui veilloit à la sureté de ses sujets.

MAH 867

p. 163

Il étoit né romain; le courage des premiers âges de la république revivoit en lui dans un tems de lâcheté & de corruption, tel qu'un des beaux monumens de l'ancienne Rome, qu'on trouve quelquefois dans les ruines de la nouvelle. Son courage & ses soins furent secondés. On reçut vaillamment les Sarrasins à leur descente; & la tempête ayant dissipé la moitié de leurs vaisseaux, une partie de ces conquérans, échapés au naufrage, fut mise à la chaîne.

Le pape rendit sa victoire utile, en faisant travailler aux fortifications de Rome, & à ses embellissemens, les mêmes mains qui devoient les détruire. Les Mahométans resterent cependant maîtres du Garillan, entre Capoue & Gayette; mais plutôt comme une colonie de corsaires indépendans, que comme des conquérans disciplinés.

Voilà donc au neuvieme siecle, les Musulmans à la fois à Rome & à Constantinople, maîtres de la Perse, de la Syrie, de l'Arabie, de toutes les côtes d'Afrique jusqu'au Mont-Atlas, & des trois quarts de l'Espagne: mais ces conquérans ne formerent pas une nation comme les Romains, qui étendus presque autant qu'eux, n'avoient fait qu'un seul peuple.

Sous le fameux calife Almamon vers l'an 815, un peu après la mort de Charlemagne, l'Egypte étoit indépendante, & le grand Caire fut la résidence d'un autre calife. Le prince de la Mauritanie Tangitane, sous le titre de *miramolin*, étoit maître absolu de l'empire de Maroc. La Nubie & la Lybie obéissoient à un autre calife. Les Abdérames qui

p. 164

avoient fondé le royaume de Cordoue, ne purent empêcher d'autres Mahométans de fonder celui de Tolède. Toutes ces nouvelles dynasties révéroient dans le calife, le successeur de leur prophete. Ainsi que les chrétiens, alloient en foule en pélerinage à Rome, les Mahométans de toutes les parties du monde, alloient à la Mecque, gouvernée par un chérif que nommoit le *calife*; & c'étoit principalement par ce pélerinage, que le calife, maître de la Mecque, étoit vénérable à tous les princes de sa croyance; mais ces princes distinguant la religion de leurs intérêts, dépouilloient le calife en lui rendant hommage.

---
chap. 34
[44]
I, p. 248

Cependant les arts fleurissoient à Cordoue; les plaisirs recherchés, la magnificence, la galanterie régnoient à la cour des rois Maures. Les tournois, les combats à la barriere, sont peut-être de l'invention de ces Arabes. Ils avoient des spectacles, des théatres, qui tout grossiers qu'ils étoient, montroient encore que les autres peuples étoient moins polis que ces Mahométans: Cordoue étoit le seul pays de l'occident, où la Géométrie, l'Astronomie, la Chimie, la Médecine, fussent cultivées. Sanche le gros, roi de Léon, fut obligé de s'aller mettre à Cordoue en 956, entre les mains d'un médecin arabe, qui, invité par le roi, voulut que le roi vint à lui.

Cordoue est un pays de délices, arrosé par le Guadalquivir, où des forêts de citronniers, d'orangers, de grenadiers, parfument l'air, & où tout invite à la mollesse. Le luxe & le plaisir corrompirent enfin les rois musulmans; leur domination fut au dixieme siecle comme celle de presque tous les princes chrétiens, partagée en petits états. Tolède, Murcie, Valence, Huesca même eurent leurs rois; c'étoit le tems d'accabler cette puissance divisée, mais ce tems n'arriva qu'au bout d'un siecle; d'abord

---
p. 253
chap. 52
[64]
II, p. 33---
p. 37

en 1085 les Maures perdirent Tolède, & toute la Castille neuve se rendit au Cid. Alphonse, dit le *batailleur*, prit sur eux Sarragoce en 1114; Alphonse de Portugal leur ravit Lisbonne en 1147; Ferdinand III. leur enleva la ville délicieuse de Cordoue en 1236, & les chassa de Murcie & de Séville: Jac-

p. 41
---
chap. 85
[102]
II, p. 291
chap. 43
[53]
I, p. 333
p. 334
---
p. 335
---
chap. 45
[56]
I, p. 361

---
chap. 75
[88]
chap. 76
[89]
II, p. 224
chap. 79
[92]
II, p. 241
--- p. 243
chap. 79
[93]
p. 252

868 MAG MAG

ques, roi d'Arragon, les expulsa de Valence en 1238; Ferdinand IV. leur ôta Gibraltar en 1303; Ferdinand V. surnommé le *catholique*, conquit finalement sur eux le royaume de Grenade, & les chassa d'Espagne en 1492.

Revenons aux Arabes d'orient; le *Mahometisme* florissoit, & cependant l'empire des califes étoit détruit par la nation des Turcomans. On se fatigue à rechercher l'origine de ces Turcs: ils ont tous été d'abord des sauvages, vivant de rapines, habitant autrefois au-delà du Taurus & de l'Immaüs; ils se répandirent vers le onzieme siecle du côté de la Moscovie; ils inonderent les bords de la mer Noire, & ceux de la mer Caspienne.

Les Arabes sous les premiers successeurs de Mahomet, avoient soumis presque toute l'Asie mineure, la Syrie & la Perse: Les Turcomans à leur tour soumirent les Arabes, & dépouillerent tout ensemble les califes fatimites & les califes abassides.

Togrul-Beg de qui on fait descendre la race des Ottomans, entra dans Bagdat, à peu-près comme tant d'empereurs sont entrés dans Rome. Il se rendit maître de la ville & du calife, en se prosternant à ses piés. Il conduisit le calife à son palais en tenant la bride de sa mule; mais plus habile & plus heureux que les empereurs allemands ne l'ont été à Rome, il établit sa puissance, ne laissa au calife que le soin de commencer le vendredi les prieres à la mosquée, & l'honneur d'investir de leurs états tous les tyrans mahométans qui se feroient souverains.

Il faut se souvenir, que comme ces Turcomans imitoient les Francs, les Normands & les Goths, dans leurs irruptions, ils les imiterent aussi en se soumettant aux lois, aux mœurs & à la religion des vaincus; c'est ainsi que d'autres tartares en ont usé avec les Chinois, & c'est l'avantage que tout peuple policé, quoique le plus foible, doit avoir sur le barbare, quoique le plus fort.

Au milieu des croisades entreprises si follement par les chrétiens, s'éleva le grand Saladin, qu'il faut mettre au rang des capitaines qui s'emparerent des terres des califes, & aucun ne fut aussi puissant que lui. Il conquit en peu de tems l'Egypte, la Syrie, l'Arabie, la Perse, la Mésopotamie & Jérusalem, où après avoir établi des écoles musulmanes, il mourut à Damas en 1195, admiré des chrétiens même.

Il est vrai que dans la suite des tems, Tamerlan conquit sur les Turcs, la Syrie & l'Asie mineure; mais les successeurs de Bajazet rétablirent bien-tôt leur empire, reprirent l'Asie mineure, & conserverent tout ce qu'ils avoient en Europe sous Amurath. Mahomet II. son fils, prit Constantinople, Trébisonde, Caffa, Scutari, Céphalonie, & pour le dire en un mot, marcha pendant trente-un ans de regne, de conquêtes en conquêtes, se flattant de prendre Rome comme Constantinople. Une colique en délivra le monde en 1481, à l'âge de cinquante-un ans; mais les Ottomans n'ont pas moins conservé en Europe, un pays plus beau & plus grand que l'Italie.

Jusqu'à présent leur empire n'a pas redouté d'invasions étrangeres. Les Persans ont rarement entamé les frontieres des Turcs; on a vû au contraire le sultan Amurath IV. prendre Bagdat d'assaut sur les Persans en 1638, demeurer toujours le maître de la Mésopotamie, envoyer d'un côté des troupes au grand Mogol contre la Perse, & de l'autre menacer Venise. Les Allemands ne se sont jamais présentés aux portes de Constantinople, comme les Turcs à celles de Vienne. Les Russes ne sont devenus redoutables à la Turquie, que depuis Pierre le grand. Enfin, la force a établi l'empire Ottoman, & les divisions des chrétiens l'ont maintenu. Cet empire en augmentant sa puissance, s'est conservé long-tems dans ses usages féroces, qui commencent à s'adoucir.

Voilà l'histoire de Mahomet, du *mahométisme*, des Maures d'Occident, & finalement des Arabes, vaincus par les Turcs, qui devenus musulmans dès l'an 1055, ont persévéré dans la même religion jusqu'à ce jour. C'est en cinq pages sur cet objet, l'histoire de onze siecles. *Le chevalier* DE JAUCOURT.

MAHON, f. m. (*Monnoie.*) c'est un vieux mot françois. On nommoit ainsi en quelques lieux, les gros sols de cuivre, ou pieces de douze deniers. Ménage dans ses étymologies, remarque qu'on appelle en Normandie les médailles anciennes des *mahons*: or nos *mahons* sont de la grosseur des médailles de grand bronze, & les demi ressemblent aux moyennes; si l'on y joint des liards fabriqués en même-tems, & qui ont une marque toute semblable, on aura les trois grandeurs. (*D. J.*)

MAHON, (*Géog.*) *voyez* PORT-MAHON. (*D. J.*)

MAHONNE, f. f. (*Marine.*) sorte de galeasse dont les Turcs se servent & qui ne differe des galeasses de Venise, qu'en ce qu'elle est plus petite & moins forte. *Voyez* GALEASSE.

MAHOTS, f. m. (*Botan.*) c'est ainsi que les habitans de l'Amérique nomment différens arbres qui croissent sur le continent & dans les îles, situées entre les tropiques.

Le *mahot* des Antilles est encore connu sous le nom de *mangle blanc*; on en trouve beaucoup sur le bord des rivieres & aux environs de la mer, son bois est blanchâtre, léger, creux dans son milieu, rempli de moëlle, & ne paroît pas propre à être mis en œuvre; ses branches s'étendent beaucoup en se recourbant vers la terre, où elles reprennent racine & continuent de se multiplier de la même façon que le mangle noir ou paletuvier, dont on parlera en son lieu; ces branches sont garnies d'assez grandes feuilles presque rondes, douces au toucher, fléxibles, d'un verd foncé, & entre-mêlées dans la saison de grosses fleurs jaunes à plusieurs pétales, disposées en forme de vases.

Plus on coupe les branches du *mahot*, plus il en repousse de nouvelles, leur écorce ou plutôt la peau qui les couvre est liante, souple, coriace & s'en sépare avec peu d'effort; on l'enleve par grandes lanieres d'environ un pouce de large, que l'on refend s'il en est besoin, pour en former de grosses cordes tressées ou cordées, selon l'usage qu'on en veut faire; la pellicule qui se trouve sous cette écorce s'emploie aussi à faire des cordelettes propres à construire des filets de pêcheurs, & les sauvages de l'Orenoque en fabriquent des hamacs en forme de rézeau, très-commodes dans les grandes chaleurs.

Les terrains occupés par des *mahots* s'appellent *mahotieres*, ce sont des retraites assurées pour les rats & les serpens. *M. LE ROMAIN.*

MAHOT COTON *ou* COTONNIER BLANC, très-grand arbre, dont le bois est plus solide que celui du précédent; il produit une fleur jaune à laquelle succede une gousse, qui venant à s'ouvrir en mûrissant, laisse échapper un duvet fin & léger que le vent emporte facilement; on en fait peu d'usage.

MAHOT A GRANDES FEUILLES, autrement dit, MAPOU *ou* BOIS DE FLOT; quelques-uns le nomment *liége*, à cause de son extrème légereté; il est de moyenne grandeur, ses branches sont assez droites, garnies de grandes feuilles souples, veloutées comme celles de la mauve, d'un verd foncé en-dessus & beaucoup plus pâle en-dessous; ses fleurs qui de blanches qu'elles sont au commencement deviennent jaunes ensuite; elles sont composées de cinq grandes pétales, disposées en forme de clochette, au fond de laquelle est un pistil qui se change en une grande silique ronde, de 12 à 14 lignes de dia-

第3章　哲学の哲学的歴史とディドロ

フランソワ・ペパン
（飯田賢穂 訳）

はじめに――哲学のもうひとつの哲学的歴史

哲学はみずからに固有の歴史を作ると称する。多くの重要な伝統（カント批判哲学、ドイツ観念論、ヴィクトール・クーザンとその継承者たち等々）においては、この歴史そのものが哲学的なものだとさえ考えられている。さらに哲学というものは、哲学の歴史を媒介として構築されもする。この種の哲学の歴史は何らかの別の哲学を準備し、さらにこれを予告することになる（ヘーゲル哲学は言うに及ばず、カント哲学も部分的にそうであった）。このような歴史は、みずからの材料（matière）に意味を与え、この材料を概念化し、あるいはまたこの材料の内に規則性を見出そうとする。このように、ある種の哲学の歴史は学説誌とは一線を画し、あたかも哲学の哲学的歴史という新しいジャンルの重要性に光を当てるかのようである。

この歴史のなかで十八世紀は明確な位置を占めていない。たとえば、十八世紀がデカルト、スピノザ、マルブランシュあるいはライプニッツの引き継ぎでしかないとするならば、この世紀には〔歴史内で〕占める場が本当にないとも考えられる。あるいは、〔十八世紀が〕占める場があまりにも限定されているがために、この特異性のゆえに十八世紀が他の位置に属するものに一瞬見えてしまうとも考えられる。このことは、その特異性についてほとんど考察の対象となってこなかった同世紀の唯物論者と経験主義者に限れば正しい。だが、こと『百科全書』に至っては、事態は悪化する。この辞典は哲学の哲学的歴史のなかには位置づけられないとしばしば考えられている。確かに、『百科全書』では体系というようなものが提唱されることはまずないし、哲学の歴史のなかに〔明確に〕位置づけることができる教説が提唱されることもない。たとえば、仮にヘーゲルが『百科全書』を〔哲学の歴史のどこかに〕位置づけることができたとしても、それは非常に単純化したやり方になるであろう。そしてこのやり方は、さまざまな知が進化してゆくイメージしか描きえないだろう。

他方で、『百科全書』において、哲学の歴史は、無数の見出し語が複雑に織りなす重要な領域のひとつである。それらの見出し語の大部分はディドロによって執筆されたが、これらの見出し語から成り立つ〔哲学の歴史という〕領域そのものは、哲学史家たちによってはそれほど研究されてこなかった。ジャック・プルーストはディドロが項目執筆の際に用いた主要典拠、特にヤーコプ・ブルッカー[1]からの借用を調査・同定したが、このプルーストの業績[2]以来、『百科全書』における哲学の歴史を総体として扱った研究はほとんどない。またプルーストの仕事は、哲学の歴史という領域を検討することよりも、むしろその典拠を突き止めることにあった。つまり彼の仕事はこの領域そのものを分析するものではなく、むしろ分析のために欠かすことのできない道具となるものである。分析はプルーストの仕事の目的ではなかったということだ。

項目「ライプニッツ主義」を筆頭とし、次いで項目「ホッブズ主義」あるいは項目「ロックの哲学」といった有名なディドロ執筆項目には確かに多くの関心が寄せられてきた。だが、注目されてきたのはディドロとその執筆対象となった哲学および哲学者の関係、あるいはこれらの哲学者たちがどのようにフランス啓蒙に受容されたのか、という点であった。さらなる問題は、有名人を扱った絢爛たる項目ばかり研究するならば、哲学の百科全書的歴史のもつ豊かさや特異性が見落とされかねない、という点にある。というのも百科全書的歴史は、偉大な教説をつなぎ合わせた歴史ではないからである。ひいては百科全書的歴史の中核をなしていると考えられるものが覆い隠されてしまいかねない。その中核とは、すなわち哲学の歴史のある独特な実践であり、この実践では、哲学の歴史というものはさまざまな材料の集成、しかも生成途上の集成と考えられている。

だが、近年の研究やプルーストの先駆的業績は、まぎれもなく『百科全書』における哲学的歴史という領域に関する研究の道筋を切り拓いている。その一方で、『百科全書』の「典拠」および百科全書派たちの実践[3]に関する諸々の研究は、哲学の歴史のなかでディドロが行ったことを明確にしている。これらの研究によれば、ブルッカーの『哲学の批判的歴史』から頻繁に借用するディドロの仕事の独自性や重要性は低いだろう、という予想は裏切られる。というのも、ディドロはブルッカーの〔特定の〕説明を選び出し、それらを組み替えているからである。以下で示すように、ディドロは、哲学の歴史の新しい実践、さらには哲学そのものの新しい実践の段階にすでに入っている。他方で、「百科全書的工芸（manufacture encyclopédique）」とでも評すべきものに関する近年の研究は、ディドロはイヴォン師と〔パリ大学神学部によって〕一七五二年に糾弾されたプラド師の衣鉢を継いで、せいぜいのところ彼らの仕事の穴埋めをしたにすぎないというイメージを覆した。ディドロは〔辞典という〕ひとつの枠組みを外皮として仕事をしたが、この外皮がその哲学の歴史の哲学的重要性を低める外的な制約であったと見なすべきではない。むしろこの枠組みはディドロにおける歴史の本質をなしている。以下で示されるように、たとえば、ディドロにおける歴史は、アルファベット順に並ぶそれぞれ独立した非通時的な辞典項目のなかに分散しており、この分散しているということそのものが百科全書的テクストの定義をなし、かつ哲学の歴史を、偉大な教条の連鎖がなす物語ではもはやないものにつくり替えてしまうのである。

さらには、近世哲学が既存のテクストをいかに受容したかという問題（このような受容はフランス啓蒙思想では特に活発であったが）に関する近年の研究は、新しい哲学の構築にとって、そのテクストをある程度忠実に活用しつつも、そのなかで展開される議論をいかにずらすかという方法の問題の重要性を示した。[4] 哲学者は他者の思想を消化しながらみずからの思想を練り上げてゆく。このことは、近世哲学におけるテクスト受容のある潮流にとっては当たり前のことのようになっていた。間違いなくディドロはこのような枠組みのなかに登場するのだが、このとき彼は単に独創的な哲学者というだけでなく、注目すべき哲学の歴史の実践家でもある。現代批評のはるか以前にディドロ本人が〔他のテクストからの〕借用の実践を理論化していた。また、この借用を他の項目執筆者たちも実践した。

以上、ディドロと哲学の歴史の関係を概観してきたが、この説明を以下で発展させながら、哲学の百科全書的歴史の哲学的重要性を示そう。そのためには本格的な哲学の歴史の記述の試みはドイツ観念論から始まるという通念の呪縛から解放されなければならない。なるほどドイツ観念論は、学説誌や資料集でしかなかったものを、哲学的思索をもって掘り下げるということを初めて行ったかもしれないが。ところでこの通念から解放されるためには、ディドロの仕事において彼がまさに避けていることを避けなければならない。すなわち、世界精神なるものを思索することを避けること、時代を超越したもののように哲学を誇張して扱わないこと、である。哲学の歴史という視点では、ディドロの歴史はまったく逆説的であり、同時にこの歴史の特徴でもある。この歴史は連続性をもたず、人間精神の発展の理論にも依拠しない。またこの歴史は何らかの諸原則の上に構築されるものでもなく、また〔思想に関する〕無数の注解が一面にまき散らされた文集でもない。これらの点を考慮すると、歴史的要素をつなぐ紐帯およびこれを作るディドロの方法に関して独特なものがあるのではないかという点に留意すべきである。

1　「借用」の哲学的価値

『百科全書』に関する研究が示しており、哲学の百科全書的歴史がまさにこれを傍証するひとつの事実から出発しよう。『百科全書』は〔さまざまな思想の〕総合をなすものではなく、むしろ循環をなすものである。したがって『百科全書』の体系なるものを探しても無駄である。それと特定できるような固有の「百科全書的精神」なるものに関しても同様である。このことは、自然学的・数学的科学モデルと百科全書的秩序をめぐる、二人の「公式の」編集者（ダランベールとディドロ）のあいだの緊張関係がはっきりと示している。[5] 最も多くの項目を執筆したジョクールの業績を慎重に検討することによってもこの事実は確認できる。[6] 道徳および法の分野に関しては、自然的平等、普遍法則、プロテスタント的文化、また認識論に関しては、慎重な経験主義的方法や〔異質な思想の概念をも許容する〕開かれた機械論といったように、ジョクール執筆項目の主張の多様性が際立つとすれば、つまりそれは「ジョクールの体系」というものがないということである。それどころか、ディドロと並んでジョクールは、「借用」によるエクリチュール、言い換えるならば、さまざまなテクストが寄せ集められてそこから百科全書的テクストが成立する「寄木細工（marqueterie）」的手法をまさに体現する存在なのである。

このような執筆方法が、文学的、文化的価値を明らかにもつとするならば、そして知のエクリチュールと伝播の実践の歴史に属するものでもあるならば、その哲学的価値を検討することは可能である。むろん、このような執筆方法がはたして哲学の歴史のなかに場を占めうるのかを問うことも可能である。今日でも、この問いに対しては、ほとんどの人が「占めてはいない」と答える。本論では、この答えに異を唱えることはしないが、むしろ問いの立て方を完全に反転させてみようと思う。この反転は以下の三段階の過程からなる。

1　哲学をその歴史から再定義すること

デュマルセが執筆した項目「哲学者」は非常に有名である。同項目は哲学の伝統的定義にひねりを加えることで、哲学の新しいイメージを提示している。伝統的定義にひねりを加えるという視座に基づくと、他の諸項目も明らかに重要な役割をもっていることが分かる。あまり知られていないがきわめて独創的な点は、このように『百科全書』のなかで哲学の歴史が再構成されることによって、哲学の定義が大いに変形されることである。『百科全書』におけるこの歴史記述には、〔哲学の諸命題の〕一連の組み替え作業が確認できる。この組み替え作業によって、哲学は伝統的な形而上学や体系——特にコンディヤックが抽象的体系と呼ぶもの(7)——を生み出すことから遠ざけられている。さらに、この歴史における組み替え作業は完全に意識的になされている。以下で見るように、項目「折衷主義《エクレクティズム》」で執筆者ディドロは複数の教説から構成される「大きな物語〔歴史〕」から特に意識的に遠ざかろうとしている。

2　教説を検討するだけにとどめないこと。それ以上に、閉じた体系を検討するだけですまさないこと。反対に〔項目で展開される〕哲学的実践を検討すること

『百科全書』の歴史において、哲学は、世界史の流れのなかでそれぞれ独立して現れる教説の総体としてはもはや描かれていない。むしろ哲学はひとつの行為の仕方であり、これはエクリチュール（書くこと）とレクチュール（読むこと）に、つまり観念とテクストの使用（usage）に深く結びつけられている。各項目のなかで行われている引用、参照等々は、単に考証学的知的土壌（考証学的方法をとる自由思想家たちや地下文書の知的土壌）や辞典というジャンルの観点から理解するだけでなく、むしろ哲学のひとつの形式に属するものと理解すべきだろう。そのためには、『百科全書』のなかで最もよく行われている実践すなわち借用（emprunt）を、『百科全書』における哲学というようなものが成り立つための一形式として理解するのではなく、真に哲学的な所作（*geste*）として、また哲学というジャンルの核心をなすものとして理解しなければならない。このような考え方は、ディドロが項目名にも使っている折衷主義と呼ばれるものの核心をなしている。

3　さまざまな哲学を相関的に読むこと

ディドロが、自分のものを、彼が項目内で具体的に紹介しているさまざまな教説のうちに紛れ込ませていることはよく知られている。だがこのような所作を、読んだものをすべて我がものとしてしまうディドロの天才のなせる技に

のみ帰するのは不充分である。というのも、このような所作は『百科全書』の哲学の歴史においては当然のやり方であるからだ。哲学というものが閉じた教説としては存在しない〔あるいは閉じたものとしてのみ存在するわけではない〕ならば、この哲学の後に続くものもその歴史の一部をなすと言える。このような開かれた哲学が、『百科全書』のなかで歴史を構成するための要素となっている。百科全書的歴史は、さまざまな教説からなる大きな物語〔歴史〕のプロットを破綻させる。本稿がここで問題としているのは、この一連の大きな物語にとって百科全書的歴史が親和的であるかそれとも対立的であるかを把握することではなく、むしろ、大きな物語では〔一義的に〕使われている同じ観念が『百科全書』のなかでは多様な仕方で使われ、観念そのものの内容が次第に変化してゆく過程を観察することにある。この漸次的変化は、省みると、その観念がじつはきわめて豊かなものであり多様性をもちうるということを示してくれる。以下で見るように、観念というものはその作者に特権的に属するものではなく、構築された教説の囲いから解放されているのである。

2　使用の歴史

以上確認した、『百科全書』における哲学の歴史を検討する上での三つの原則にも問題がないわけではない。これら三原則を百科全書的テクストに適用すると生じる問題——特に重要なのは三つの大きな逆説である——を確認しておくことで、本論考の主軸をなす仮説をはっきりさせることができるだろう。

以下がその三つの大きな逆説である。

1　さまざまな教説および思想潮流の歴史とも見なせる歴史

いくつかの例外を除けば、哲学の百科全書的歴史に関わる見出し語は「派」に関するものである。したがって、これらの見出し語は教派、思想潮流あるいは教説に関するものであり、この点はしばしば使われている「～主義」（「ホッブズ主義」、「エピクロス主義」等々）という表現に見て取れる。哲学の歴史に関わる見出し語のこのような特徴は、何らかの教説を示しているという点で、先ほど確認した三原則と矛盾しないだろうか。というのもこれら三原則は、原理や命題の秩序だった総体とは別のものを考察するよう促すからである。

2　形而上学的な議論がしばしば展開される「偉大な哲学」の歴史とも見なせる歴史

項目が扱う対象や項目内容はしばしば形而上学的教説の布陣と呼ぶことのできるものに関わっており、この布陣においては古代哲学かあるいは近代哲学かということが問題となる。ではディドロが設定する枠組みのなかでこのような形而上学の歴史は果たして成立するのだろうか。

3　『百科全書』のなかで特異な分野をなしているとも見なせる歴史

以下で見るように、哲学の歴史は『百科全書』のなかで一定の自律した地位を占めている。そこでこの歴史は独自の領域を成立させている。この領域の存在を示すひとつの（不充分ではあるが留意すべき）指標は、『百科全書』全体にわたって「哲学の歴史」という分類符号（désignant）が使われていることである（この符号には、「古代哲学の歴史」や「近代哲学の歴史」といった派生型がある）。ただし、この分類符号は、『百科全書』第一巻で提示される「人間知識の体系図解」のような同辞典全体の秩序からは独立している。とするならば、ひとつの領域としての哲学の歴史の統一性をディドロはいったいどのようにして整合的に示すのか。実際のところディドロはこの歴史を細分化しただけで、固有の方法や対象を割り当ててはいない。

　さて、使用というカテゴリーを使って『百科全書』における哲学の歴史を検討すれば、先に挙げた三つの逆説を解消しないまでも、これらに一定の説明を与えることができるのではないか、これが本論の仮説である。この仮説の妥当性を示す過程で、次のことも可能になるだろう。すなわち近年の近世哲学の歴史に関する研究の枠内でも『百科全書』における哲学の歴史がいかに重要で新しいか、という二点を強調することが可能になるだろう。ちなみに近年の研究は、歴史における受容の問題を前面に押し出している。これによって、近年の研究は、〔『百科全書』項目内にしばしば見られる〕矛盾、すなわち典拠に対する忠実さと無理や誤りさえもありうる典拠注解とのあいだに生じる矛盾を指摘する〔かつての研究スタイルであった〕二項対立方法とも一線を画している。使用というものは何かに対して忠実である必要はない。それゆえに使用においては、典拠は尊重すべき対象というよりもむしろ材料的なもの（*un matériau*）として機能する。さらに、ある哲学がみずからの可能性を充分に発揮できずにくすぶっている場合、この材料的なるものが、材料自体の豊かな使用を成立させるかあるいは少なくともそのような使用を可能にする。この場合、もはや材料的なるものはその上にさまざまなものを積み上げてゆく礎石であるのみならず、まさに哲学的豊かさそのものでもある。

　最も注目すべきは、ディドロがこのように哲学の歴史を実践している点である。ディドロが項目を執筆するにあたって他の哲学者の思想と深く関わっていることを考える場合[8]、この関係は確かに過去へと遡及するものではある。だが、単にこのような遡及的な視点が得られるという理由で、使用というカテゴリーが、ディドロという執筆者を検討するのに適していると考えるだけでは不充分である。むしろディドロ本人こそが項目執筆にあたってこの使用というカテゴリーを前面にもってきた歴史家である。哲学の百科全書的歴史は強固な目的論に貫かれていない最初期の歴史のひとつであるばかりでなく、それは受容の問題を基調として書かれ、使用というカテゴリーによって、諸哲学が互いに何をしているかという観点からこれらの哲学を定義し直す。

　ところで、使用は歴史家ディドロの仕事それ自体にも関わってくる。というのも、周知の通りディドロはブルッカーの『哲学の批判的歴史』を大いに使用しているからである。ディドロのブルッカーに対する関係全体を研究するとまでは言わないが、ディドロがどのようにブルッカーを使用しているかという問題がもつ豊かさを、いくつか興味深い点についてのみ示してみようと思う。

最後に、ディドロ本人が彼の歴史家としての方法をある項目のなかで説明している。すなわち項目「折衷主義」である。この項目は、項目「百科全書」が同辞典全体に関わるのと同様に、この辞典における哲学の歴史全体に関わる。本論の対象としている哲学の歴史の記述方法は、まったく意識的に採用された。項目「折衷主義」の冒頭はよく知られているので詳述はしないが[9]、とはいえまずは折衷主義とは何かに関する原則を設定するこの冒頭の一節を引用しておこう。

> 折衷主義者とは、次のような哲学者のことである。すなわち、偏見、伝統、古さ、普遍的合意、権威、つまりひとくちに言って、多くの精神をおさえこんでいるあらゆるものを踏みにじることによって、自分自身で考えることや、もっと明白な一般的原理に立ち帰ってそれを検討し、議論することや、また、自分の体験と理性の証言にもとづくもの以外は認めないことなどを敢行するもののことである。そしてまた、彼は、特別の顧慮も不公正さもなしに分析したあらゆる哲学から、一つの、個人的な、また自家用の、自分のものでもある哲学をあえてつくるのである。私が、個人的なまた自家用の哲学というのは、折衷主義者の熱望は人類から学ぶものとなることであって、その教師となることであるとはいえないからである。彼は他の人々を改めようとするよりは自らを改めようとし、また、真理を教えようとするよりはそれを知ろうとする。彼は植えたり蒔いたりする人ではまったくなく、収穫したり篩にかける人である。彼は自分の取り入れたものをひとり静かに楽しみ、幸福に生き、無名のまま死ぬことになるであろう。ただし、熱中や虚栄心あるいはもっと高貴な感情によって自分の気質の殻から抜け出さざるをえないようなことがなければの話であるが[10]。

この一節は、あるひとつの哲学の特徴を描き出しているように思われる。だが、この一節に続いてディドロが挙げるデカルトなどの例を見ると、ディドロが哲学の伝統全体の歴史に登場する諸原則を並べていることがわかる。単に、古代、近代、実験主義、体系主義などといった多様な折衷主義があるということ以上に、折衷主義は、哲学的諸概念の生成と変化をこの諸概念の総体において考察することを可能にするのである。

3　ある哲学が他の哲学によって使用されること

ディドロにおける使用は大きく以下の四種類に分けられる。本論では最初の二種類しか主として検討しないが、最後のものに関しては〔プロティノスに触れる際に〕時折触れることにする。

⑴ ある哲学が他の哲学によって使用されること。

⑵ ある哲学によって〔哲学以外の〕他の材料が使用されること。その材料とは自然であり、哲学は実験を介してこの材料を使用する。

⑶ 哲学的実践、言い換えるならば知的所作の歴史

⑷ 受け入れ難いあるいは受け入れたくない視点を提示するための機会として、ある哲学を戦略的に使用すること（本論はここでプロティノスの事例に言及する）

まず、ある哲学が他の哲学によって使用されることの歴史をディドロが形成しようとしているケースがある。このケースが折衷主義という概念にもっとも馴染むと考えられる。だが以下で見るように、第二のケースすなわち自然を使用することもまた実際には折衷主義という概念に馴染む。

さて、第一のケースに関して言えば、哲学の百科全書的歴史のなかで、大多数の見出し語が何らかの学派、教派ないし思想潮流を示している事実が雄弁に語っている。例を挙げるならば、「キュニコス派、古代哲学の教派」、「キュレネー派（教派）」、「エレア派（教派）」、「ヘラクレイトス主義」、「イオニア派」、「マキャヴェリ主義」、「メガラ派、

教派」、「モーセ教そしてキリスト教哲学」、「東洋哲学」、「ピュロン主義あるいは懐疑哲学」、「懐疑主義および懐疑派」、「スコラ派、スコラ派の哲学」、「ストア主義」、「神智派」等々である。

何らかの集団がもつ思想に関する見出し語も第一のケースをはっきりと示している。例を挙げるならば、「エジプト人（の哲学）」、「エチオピア人（の哲学）」、「インド人の哲学」、「ペルシャ人の哲学」、「フェニキア人の哲学」等々である。

このように哲学の百科全書的歴史のモチーフそのものは、多くの場合、個々の著述家よりも、むしろ彼らが成立させたさまざまな伝統に関連している。項目「折衷主義」の言葉を借りるならば、収穫する者および篩にかける者が中心に来る。両者は、種が蒔かれて成立する哲学と、この哲学の所産を収穫し選別し組み替える者の二者が複雑に織りなす関係という枠組みの内にいる。多様な哲学はそれぞれの考え方を提示し、この考え方はそれぞれの展望をもつ。そして、この考え方とその展望はひとつのまとまりをなしている。ディドロの項目執筆方法の特徴は、この第一のまとまりから項目を説き起こしている点にある。この最初のまとまりを起点として、創成期直近の継承者たちからはるか後代の継承者たちまでがつくり出す使用と変容の流れが生まれる。

前掲のさまざまな見出し語や『百科全書』全体への諸項目の配分に注意してみると、同辞典における哲学の歴史が果たして統一性をもつのか、という疑いが湧いてくる。まず強い印象を受ける点は、『百科全書』はその構造原理からして歴史を断片的な物語へと粉砕する、ということである。この特徴は、ディドロとブルッカーとを比較するとより鮮明になる。ブルッカーの方は、歴史を、年代に関わるいくつかのライトモチーフからなるひとつの連続体として構成している。そのライトモチーフは、たとえば、時期や部さらにさまざまなテーマに応じた下位区分、すなわち編、章からなる。章の方はひとりの著述家ないしひとつの伝統に割り振られている。ディドロはと言えば、〔哲学の歴史に関する項目を執筆する際に〕既存の何らかの辞典を精査することはせず、また項目の下位区分をなす見出し語のリストをあらかじめ提示しておくこともない。これは『百科全書』の他の多くの部分の執筆スタイルとはまた異なっている。

確かに、哲学の百科全書的歴史（特に古代の人々に関する部分）の見出し語を見てみると、これらの見出し語がブルッカーの著作の章タイトルを踏まえていることが確認できる。すなわち、しばしばブルッカーの『哲学の批判的歴史』の章タイトルに範を得るかたちでディドロは哲学の歴史に関する見出し語を設定している。たとえば、「モーセ教そしてキリスト教哲学」のような少しばかり奇妙な見出し語は、ブルッカーの章タイトルの正確な翻訳である。[11] だが注意すべきは、ディドロがあくまでもこのような見出し語を取捨選択しているという点であり、他方でこの選択の対象となっている典拠ブルッカーの方は、ある連続した不備のない（ように留意された）物語を描こうとしている。

ブルッカーの章タイトルをディドロがしばしば改変していることも指摘しておこう。たとえば、ブルッカーの「ヘラクレイトス教派について（De Secta Heraclitea）」[12] は、『百科全書』では「ヘラクレイトス主義」になり、同様に「エピクロス教派について（De Secta Epicurea）」[13] は、「エピクロス主義」になっている。このような改変についてはは、おそらくはっきりした理由がつねにあるわけではない。だが少なくとも「エピクロス主義」に関してはその改変の理由をひとつ挙げることができる。というのも、ディドロが、エピクロスその人の思想、さらには歴史におけるエピクロスの存在に焦点を定めているのは、まさにそれらを復権させることを目的としているからである。ブルッカーとは反対に、ディドロはエピクロス学派ではなく、エピクロスその人と向き合っている。それゆえにディドロはガッサンディ流の近代エピクロス主義も古代エレア派哲学者（具体的にはデモクリトス）という起源も極端に簡略化して説明する。エレア派に関して言えば、ブルッカーはこの教派を積極的に取り上げていたにもかかわらず、項目「エピクロス主義」では、冒頭一行目で一回言及された後、極端なかたちで省略されてしまう。このようにしてディドロはエピクロスの著作がエレア派に由来するという著作生成の歴史的文脈から読者の視線をずらしてしまう。このような焦点のずらしは、エピクロスの著作が古代哲学の歴史のなかでどのような位置にあるのかという問題に関しても同様である。ディドロがエピクロス思想の近代における「継承者たち」を強調するとしても、それはもっぱらこの古くて新しい哲学の豊かさに光を当て、近代哲学の起源がどこにあるかを設定してしまうためである。この点をはっきりと示しているのが次の事実である。すなわち、同項目では、エピクロス本人が語っているかのような体裁になっており、エピクロスのこの言葉に関する注釈をすると宣言がなされるにもかかわらず、実際には、近代における彼の「継承者たち」が、エピクロスが語っていることの内に溶けてまぎれ込んでいる。また、項目の最後でエピクロス主義の受容について言及されているが、それはこの受容について研究するためではなく、〔後に〕名をなすことになる教派がどのような思想にも成立するのだ、ということを強調することがむしろ目的である。要するに、ディドロがエピクロス本人に焦点を当てるのはエピクロスを擁護しやすくするためであり、彼の思想に固有の一貫性を示してみせるためである。以下で見ることだが、エピクロスに対するディドロのこのようなアプローチは他の項目中には見られない。

項目「エピクロス主義」は、特にエピクロス本人に語らせるという点でまったく特異な項目である。よってこの項目は哲学の百科全書的歴史全体を理解するための糸口とはならない。その一方で、ディドロは〔何らかの思想の〕起源にも興味をもってはいる。だがこれはその哲学から連綿と続くひとつの歴史を描き出すためではない。何らかの普遍的な歴史的運動のなかにあらゆる哲学を漏らすことなく含めることでもない。ディドロの視線は、何らかの思想の特殊性、その変容そして後代による使用に向けられている。その意味で、エピクロスの特異性を示すことは、連続した歴史の道筋を描くことを超えて、むしろこのような道筋が成立しないようにするための手段となっている。

『百科全書』における諸項目の配置には、哲学の歴史に対する周到な配慮がなされている。ディドロは一つ一つの哲学と結びついた大きな物語を逆手に使って、哲学の歴史の連続した道筋の途中にひとつの場を切り拓く。このように、ディドロはブルッカーに依りつつも、彼の歴史記述の枠組みをそのまま踏襲することはせず、ブルッカーによる語りのなかにある哲学の生成に相当する部分を拡大して描き直す。つまり、ディドロにおいては、一つ一つの哲学の生成こそが問題となる。

ディドロとブルッカーの執筆方法の違いは、なぜ哲学の歴史に関連する項目には〔他の項目への〕参照符号（renvois）がきわめて少ないのか、という問題をも説明する。たとえば、項目「エレア派（教派）」には二つの参照符号があるが、この数はきわめて少ないと言える。というのも、同様の章タイトル（De Secta Eleatica）[14]の下で、ブルッカーは無数の古代哲学がそこから生まれた源泉について説明しているからである。さらに、『百科全書』項目「エレア派」に項目「原子主義（ATOMISME）」への参照符号を入れるならば、項目「エピクロス主義」にも項目「エレア派」への参照符号を入れなければ、〔項目「エピクロス主義」の第一段落で語られる〕エレア派の思想がエピクロスの思想の起源にあるということの内実が、ブルッカーを未読の読者には理解しにくくなってしまう。また、項目「エピクロス主義」は参照符号「を見よ（Voyez）」で終わるが、これは『百科全書』内の他の項目への参照指示ではなく、外部典拠への参照指示である。「ブルッカー、ガッサンディ、ルクレティウス等を見よ」[15]とあるが、これは指示としてはいささか粗雑である（ちなみに「ブルッカー」、「ガッサンディ」、「ルクレティウス」に相当する見出し語は存在しない）。さらに注目すべきは、項目「ホッブズ主義」や項目「トマジウス」という長い項目には参照符号がまったくない点である。項目「ライプニッツ主義」のような重要項目では〔具体的な人名ではなく、「力」等の〕概念に関する項目への参照符号が挿入されるのみであり、さまざまな人名が言及されるにもかかわらず、哲学の歴史にまつわる他の見出し語への参照符号はない。

　ディドロは項目「百科全書」のなかで参照符号の使い方について主題的に語っている。これらの参照符号は『百科全書』内での知識の使用を実際に成立させている鎖の輪のひとつである。ちなみに、ブルッカー本人も、たとえば「キュニコス教派について」[16]のなかで、彼の著作の他の章に対する参照符号を挿入している。ブルッカーのこれらの参照指示はディドロ執筆項目「キュニコス派哲学」には再録されていない。百科全書的歴史のなかでの参照符号の使用は、「大きな物語〔歴史〕」を再構成する方向へと容易に向かってしまう可能性をもっているが、この方向をディドロは望まなかった。項目「折衷主義」は比較的例外的な項目である。というのも、この項目でディドロは参照符号を多く挿入しているし、これらの参照符号も大体年代順に並んでいる（ディドロはブルッカーの枠組みを踏まえ、まず古代の折衷主義を取り上げ、次いで十六世紀にその折衷主義が新しく生まれ変わることを説明する）。近代の折衷主義に関して言えば、ディドロは次のような参照符号を挿入している。すなわち「カルダーノ」、「ベーコン主義」、「カンパネラ」、「ホッブズ主義」、「デカルト主義」、「ライプニッツ主義」、「トマジウス」である。見出し語がない著作家たちも項目では挙げられている。ニコラウス・ヒエロニムス・グンドリンギウス、ヨハン・フランツ・ブデウス、アンドレアス・リューディガー、ヨハン・ヤーコプ・シルビウス、ジャン・ルクレールである。最後に、項目「マルブランシュ主義」があるにもかかわらず、この見出し語〔への参照符号〕が挙げられていない「マルブランシュ」である。不思議なことに、ディドロはジョルダーノ・ブルーノへの参照符号を入れていないが、当の項目「ジョルダーノ・ブルーノの哲学」ではブルーノとほぼ同時代の近代哲学者たちが挙げられている（カルダーノ、ガッサンディ、ベーコン、ライプニッツ、デカルト、ホッブズ）。同項目ではブルーノがいま挙げた哲学者たちを生み出す土壌を開拓したと考えられている。項目「折衷主義」に参照符号がないのは、もしかしたら単なる入れ忘れであるとも考えられる。いずれにせよ、参照符号を使うことによって、ディドロはひとつの項目内部の目的を越えたより大きな統一性のかたちを成り立たせようとしていると考えられる（項目「折衷主義」は例外だが）。そして個々の項目を越える統一性は哲学の歴史と深く結びついている。すなわち、この統一性は何らかの物語（récit）、しかもスコラ学の軛をふるい落とした偉大な思想家たちが繰り広げる叙事詩とすら言える物語と深く結びつきうる可能性を大いにもっている。

だが、〔『百科全書』においては〕そうではまったくない。たとえば、項目「ジョルダーノ・ブルーノ」は、先述の歴史語りの枠組みには入らない内容をもつ。スコラ学から解放された最初期の思想家というブルーノのイメージは冒頭一段落でわずかに提示されるのみであり、それ以降はブルーノの思想が箇条書きのかたちで紹介される。確かに項目の最後の段落で、世界の複数性という（おそらくフォントネルとライプニッツであろう）「偉大な人物たち」のお陰で復活するブルーノの思想的豊かさが再び説かれるが、この説明はブルーノの哲学そのものを評価するというよりかは、むしろブルーノを焚刑にしようと目論むような者たちに対してブルーノを弁護することを目的としている。

以上の考察から次のように結論づけられる。すなわち、ディドロは（見出し語をさまざまに配分することによって）

百科全書的方法を実際に駆使してみせるか、あるいは逆に、この方法そのものを〔参照符号を使って〕機能不全にしてしまっているが、いずれも哲学の歴史を分解して多様な要素の総体としての歴史を通時的物語に抗して作り上げることを目的としている。以下で説明するが、多様な要素が構成する総体としてのこの歴史は、逆説的にもその要素に基づく分節化を拒否し、むしろ無数の要素が互いにひしめき合うことによって動的に躍動する歴史なのである。

4　哲学の使用から自然の使用へ

以上説明してきたディドロの考え方は、項目「折衷主義」のある一節にも同様に見られる。ディドロはその一節で「人間の知識の進歩」の「針路」をたどる。(17) だが、ルネサンスにおける折衷主義の復活を説いた後、ディドロはこの時代から連綿と続く進歩の偉大な物語を描くことはしない。むしろこの一節で問題となっているのは、哲学が使用する材料をまたもや断片的に配置することである。一方で、ディドロはまずルネサンスにおいて古代人たちの著作が発見された様子を描写する。「文芸が再興した時に、どういうことが起こったであろうか。本を新しく出そうというつもりはまったく人にはなかった。そんなことは考えられない、というのは、人が理解できない多くの著作がすでにあるから」(18) であり、こうして体系というものが疑問に付されることになった。このルネサンス以降の展開の最終段階は特に興味深い。というのも、この最終段階の後半では、哲学が使用する材料は他の哲学ではもはやなく、その材料は自然になっているからである。そこでは、概念と実験とが、それによって何らかの哲学が養われうるかつ養われなければならないものであると見なされている。折衷主義の再興という考え方それ自体はブルッカーのものであったとしても、〔項目「折衷主義」では〕この再興はある独特の展開の様相を呈する。すなわち自然科学と文芸における実験の出現である。この実験概念には近代固有の考え方が含意されている。体系の世紀はこうしてひとつの意識を生み出す。その意識は、諸体系をひとつの全体として認めることも批判することもしない。すなわち、諸体系は絶対的な全体とは見なされず、むしろさまざまな材料を網羅的に寄せ集めた集成のようなものと見なされている。次いで、ディドロは『自然の解釈に関する思索』（一七五四年）の調子で体系の世紀の終焉を描き出す。『思索』は、『お喋りな宝石』（一七四八年）のなかにすでに見られるイメージをより精緻に描き出す。すなわち瓦礫と化した体系のイメージである。長くなるが問題の文章全体を引用しよう。

> 建設の計画を放棄し、ばらばらの材料を、当座の役には立つものとしてではあるが、地べたに放置しておく気になるには、次のことがはっきりしなくてはならない。つまり、材料を色々と組合せて見たが、それで、自分たちの眼前にある宇宙をモデルとした、堅固で整った建造物は決してできないということが明らかになることが必要である。というのは、この人たちは、ほかでもなく、この宇宙の大建築家（神）の書類入れと、設計図を見出そうと企てたのであったから。しかし、この組合せの数は無限である。ずいぶんと多数の組合せを実験してみたが、成功はごく少ない。それでも彼らは相変わらず組合せを続けている。彼らを、体系的折衷主義者と呼んでよいかもしれない。
>
> 　材料が欠けているのみではなく、今の状態の材料では決してろくなものができないはずだと思いこんでいる人々は、新しい材料を集めることに休みなく従事している。逆に大建造物の一部分をはじめることができると信じている者たちは、材料の組合せにあきることなく努めている。彼らは、長いこと時間をかけて働いてそのあげく、必要ないくつか有用な石を切り出せるかもしれぬ石切場の存在を推測するまでになることがある。
>
> 　こういうのが、今、哲学が置かれている状態であり、これからさらに長いあいだこういう状態は続くであろう。われわれが跡づけてきた過程によっても事態はそういう状態に必然的になるであろう。もしも、われわれのほとんど予想外のことが起きて、大地が長い期間にわたる、厚い暗黒に閉ざされ、哲学者の作業が数世紀にわたって中止になる、といったことがなければのことであるが。[19]

注目すべきは、実験的折衷主義と体系的折衷主義という新しい区別が設定されている点である。この区別は、『自然の解釈に関する思索』というまさに直前の著作のなかで設定される実験哲学と合理哲学の区別の延長線上にある。だが、項目「折衷主義」で問題となるのは、合理哲学の伽藍を崩壊させる実験哲学（断想二一）が（実験によって）寄せ集めた材料から（体系という）調和のとれた宮殿をあわてて築き上げようとすることではもはやない。項目「折衷主義」で歴史的観点に立つディドロが読者を思索へと導くのは、彼と同時代の哲学者たちがあまねく折衷主義者であり、彼らは例外なく体系の瓦礫の中から材料を寄せ集めることになっている、という点である。言い換えるならば、体系的方法を不充分なものと批判する代わりに、ディドロはこの方法を瓦礫と化した体系に対する可能なアプローチのひとつとして捉え直している（とはいえ、自然の汲み尽くせない豊かさとそれに比した人間知性の限界を視野に入れるディドロにとっては、体系的方法はいずれにせよ不充分なものにならざるをえないが）。ここからして、体系的折衷主義者が瓦礫に対してもつ関係は、『思索』における体系的哲学者が瓦礫に対してもつ関係とはまったく異なる。体系的折衷主義者は、瓦礫を享受し、これを材料にして仕事をする起業家である。そしてこの起業家たちは、かつて「策士たち」によって崩壊に追い込まれた体系を再建しようとして、意図せずに新しい瓦礫を生み出してしまうようなことはしない。

確かに項目「折衷主義」と『自然の解釈に関する思索』には同様のイメージと表現とが見られる（瓦礫、建築物、石、材料の組合せ等々）。だが、このような符合があるからといって、両テクストのあいだでおこる先述の屈折を無視してはならない。石は、一方で、実験哲学（断想21）の崩し作業によって瓦礫と化した体系の宮殿の墓石であるが、この同じ石が、他方で、体系的折衷主義者がこの石の「可能性」を想像しながら秩序づけて組み合わせる材料にもなる。項目「折衷主義」のなかで、体系的折衷主義者は瓦礫の中の材料を組み合わせながら彼らの建造物が成功するかどうかを「訝しむ」。その一方で、『思索』で語られるように、豊かな「鉛の鉱脈」を発見できることは「実験自然学」の

「よい効果」である（これはディドロが断想二九および断想二九のなかで描き出すベーコン的寓話である）。そしてこの「実験自然学」それ自体は〔断想二三で語られる〕手探りで進む勤勉な実験哲学の延長線上に位置する。

確かに、〔『自然の解釈に関する思索』には見られなかった体系的折衷主義と実験的折衷主義の〕この新しい相互補完性は、項目「折衷主義」では、〔両折衷主義のあいだの〕明確な相違を無理に解消せず、むしろこれを浮き彫りにする。だが『思索』においては、本論以前に描書『ディドロの実験哲学と化学』[20]のなかで示したように、〔実験哲学と合理哲学両者の〕相克関係が前景に押し出される。合理哲学それ自体だけでは豊かなものにはならない。合理哲学の豊かさは、実験哲学が後から登場し、その役割を果たしたときにはじめて成立する。だがこの時点で合理哲学はもはや体系哲学ではなくなっている。むしろ反対に、項目「折衷主義」では、体系的折衷主義が言うなれば体系哲学の機能を果たしている。注意すべきは次の点である。〔同項目で〕体系的という場合、これは〔『思索』におけるのとは〕異なる方法を用い、異なる結果をもたらすものとして捉えられている。〔具体的には〕体系哲学はまさに体系を作り出すために〔材料を〕秩序づけるのに対して、体系的折衷主義は「現象」（つまり自然全体ではない）を説明するために、あるいはある実験の仮説を立てるために〔材料を〕結集させる。つまり、材料の組合せの意味合いが〔両者のあいだで〕異なっている。組合せは、秩序づけではもはやない。それは比較である。『思索』では、確かに合理哲学ないし合理自然学の働きに対して、一定の分野、範囲内ではあるものの、一定の正当性が認められていた。〔この哲学と実験哲学ないし自然学のあいだの両著作における〕違いははっきりしている。

ではこの違いは具体的にはどのようなものか。ディドロは〔項目「折衷主義」で〕論述の力点を変えたのだろうか。この違いは、私的文章と辞典項目というテクストの違いに起因するのか。本論ではむしろ、ディドロ本人の思考枠組みの変化に起因していると考える。すなわちディドロは、哲学および自然学の妥当性と豊かさを明らかにするために哲学の方法について考察する、というようなことはもはやせず、哲学の歴史について考察している。ところでこの歴史において問題となっているのは〔哲学の〕実践と使用である。それゆえに項目「折衷主義」では、体系主義者は折衷主義者でもある。彼ら体系主義者の折衷主義では、彼らが作りたいものあるいは作ることができると信じているものは問題とならない。というのも、彼らは体系を探求することの途上にいるのだから。彼らにとって問題となるのは、彼らが〔現に〕作っているもの、そして歴史のなかで作るという彼らの役割である。したがって、〔同項目で〕ディドロは、これら体系主義者が用いる方法が彼らの目的との関係で生み出す結果については考えていない。これは『自然の解釈に関する思索』のなかで言われていたことを想起させる。すなわち、体系主義者の体系は虚しいことにやがて実験哲学によって瓦礫と化してしまう。ディドロが考察するのはむしろこの方法の効果である。この場合、効果というものはあるひとつの体系が目的としているものとは異なる付随的な予期せぬものである。だが、使用の歴史という視座の下では、この効果は反対に本質的に重要なものとなる。以上のことから、体系的折衷主義者は、〔体系の瓦礫を〕新たな材料として実験的に使用するそのことの歴史のなかに位置づけられる。この点で彼らは完全に近代に属している。

5　材料の豊かさと瓦礫

『自然の解釈に関する思索』と項目「折衷主義」のあいだに見られるもっとも顕著な変化は、瓦礫の位置づけに関するものである。〔後者に関して言えば、〕瓦礫が豊かさの始原そのものとなる。このような考え方は『思索』の段階ですでに透けて見えていた。だが、それは限定的にであった。というのも、『お喋りな宝石』におけるように、瓦礫はまず体系が虚しいものであるというイメージと結びついており、また体系哲学と実践哲学の相克関係のイメージと結びついている。他方で、項目「折衷主義」のなかでは、瓦礫は、多様な部分をひとつの閉じた全体にまとめ上げる一貫性、すなわち言い換えるならば体系というものすべてに背を向けるものである。瓦礫のイメージが結びつくのは、互いに独立した使用可能な部分を集めた集成である。この集成は百科全書的全体と呼ぶことができる。注意すべきは、項目「百科全書」に見られるように、ディドロが百科全書という言葉に知識の循環という意味をもたせており、知の全体というようなものは考えていないという点である。つまり、折衷主義はディドロが構想していたような百科全書的方法のまさに核心に位置している。歴史の哲学との関連で言えば、瓦礫は、ひとつの厳然たる事実であり、近代にもっとも固有な特徴でもあり、そしてひとつの必然である。つまり、何らかの哲学が〔材料として〕使用可能であるためには、その哲学は〔折衷主義者が〕我がものとすることができるものではなくてはならないし、そのためにはその哲学の閉じた全体性が壊れなければならない。そしてこれら二点を、〔項目「折衷主義」に登場するような〕一部の近代人はよく理解していた。ある意味で、体系というものはひとつの哲学につねに固有なものとして備わっている。項目「折衷主義」冒頭の表現を借りるならば、その哲学は体系を「自家薬籠中のもの」にしている。この点は、『思索』(断想二一)の詩人と結びつく。すなわち、天才の頭から生み出される唯一のものは体系である。師の言葉の受容でしかないような哲学の歴史もあるが、これとはまったく異なる哲学の歴史の一部となるためには哲学の全体性は崩されてその構成要素たる材料が自由に活動できるようにならなければならない。それゆえにディドロは、瓦礫のイメージや種子の選別といったイメージを使って哲学の歴史を物語り、この語りを通じて〔さまざまな命題を体系化してまとめられた〕ひとつの教説が、集成へと変化してゆくプロセスを強調する。

集成が形成されるという点はより精確に検討される必要がある。繰り返し登場するあるプロセスがディドロ執筆の哲学の歴史関連項目にはある。あるひとつの思想の特徴を押さえる格率や要約を用いた紹介である。このやり方をディドロが選択しているのは、単に読みやすくするあるいは項目をあまり長大にしないようにするという理由のためだけではない。この選択はさらに検閲を考慮してのことである。たとえば項目「ホッブズ主義」で、ディドロはそれとなく内在主義哲学、経験主義哲学さらに唯物論哲学の原則を列挙する。この三つの特徴は、ホッブズの『物体論』〔特に第三部第一五章第一節から第四節にかけて〕の一節に表れている。この一節でホッブズは、運動があらゆる物体に内在的なものであると、非常に簡潔にまた専門的なかたちで説明している。このような運動を、ディドロは〔ラテン語の」「ニスス」つまり潜勢力[21]と訳した。ちなみにこの「ニスス（*nisus*）」とはホッブズ以上にガッサンディ的な概念であり、ディドロに続いてドルバックが明確に唯物論的枠組みのなかで用いる概念である。〔ホッブズ等の思想を〕格率ないし縮約したかたちで列挙する方法は、何らかの教説さらには構造のしっかりした体系を、自由に議論し、自由に考察し、そして自由に借用することのできるひとつの集成として提示する効果がある。このような集成が成立させる自由は、借用の対象となる哲学者に帰属する思想の総体から、あるひとつの考え方を独立させてしまう。

非常に意識的にまたよく練られた原則に基づいて、ディドロは〔ある思想を構成する〕考え方のうち彼にとって興味深く豊かに見えるものを、その帰属先である体系からひとつひとつ切り離している。したがって彼のこの作業を間違った読みだとか読みの甘さなどと見なしてはならない。たとえば、項目「ライプニッツ主義」[22]でディドロは、物質を構成する最小活動をなす最小単位という考え方を成立させるためにライプニッツのモナドとホッブズの粒子とを同一視している（〔この最小単位という考え方において〕問題となっているのは、運動が生じることへの傾向性と生命および感覚知の萌芽である）。だからといって、ディドロが自身の考えをホッブズとライプニッツに接ぎ木している（だけ）と見なすのはあやまりである。ディドロは、ホッブズとライプニッツを相互対照させながら読んでおり、両者の考え方のいくつかを取り上げて比較するにあたっては、両者の考え方をその本体である教説内の正しい位置から（この正しさとの関係においては）独立させている。もう一点言及しておこう。よくあることだが、ライプニッツのテクスト（この場合は『モナドロジー』のラテン語版であるが）をその構成に従って書き写すのではなく、ブルッカーに基づいた上で翻案する。ブルッカーをもとにディドロは掘り下げて検討すべき格率の集成を作る。この作業は、ディドロが「ライプニッツの形而上学」を構成するかたちで翻案する『モナドロジー』の場合、特に注目すべきものである（なお「形而上学」という語をブルッカーは『モナドロジー』について説明する際に使っていない[23]）。こうしてライプニッツの形而上学的体系は、ディドロが興味をもち、注釈を付ける諸原理の集成となる。ライプニッツの例の検討を終えるにあたって、項目「折衷主義」の段階ですでにディドロは先の〔ホッブズとライプニッツの〕組合せと類似するものを提示していた点に触れておこう。ディドロによれば、モナドは折衷主義的概念の最たるものである。というのも、この概念は、多くの哲学者によって異なる仕方で自身の哲学のなかに取り込まれており、かくして諸哲学を通底する概念と考えられるからである。

彼ら〔古代の折衷主義者たち〕は唯物論者であったか、そうでなかったか。今日でもそれを決めることはあまりやさしいことではないのである。彼らがἴυγγες（ユンゲス）と呼んだ、かの精神的本性を有する小球に似たものとして、ライプニッツのモナド以外のものがあろうか。「ユンゲスハ神ニヨリ思惟サレ、カツ自ラモ思惟スル。思惟スルヨウニト、言葉ニヨッテ表現シガタイ神意ニヨリ動カサレルノデアル」。これが、折衷主義者たちの考える事物の元素の象徴である。これによってすべてが、叡知界も感覚界も、創造された霊魂も、物質も、できあがっているのである。彼らが死に対して与えた定義は、ライプニッツの予定調和の説とあまりよく似ているので、ヨーハン・ヤーコプ・ブルッカー氏も、そのことを認めないわけにはいかなかったのである。(24)

あるひとつの哲学が哲学の歴史一般との関係においてそうであるように、単一の思想全体のうちではその思想を構成している要素に割り当てられた、あるいは割り当てられうる位置が問題となる。〔思想全体の構成要素である〕ひとつの概念は〔その本体である思想すなわち〕教説の内に定位置があるわけではないし、それはひとつの哲学が直線的歴史の内にひとつの定位置をもつわけではないのと同様である。この考え方に基づけば、あるひとつの明らかな特徴を説明することができる。すなわち、ディドロは確かにブルッカーが提示した哲学的原理を翻訳しているが、多くの場合ディドロは、ブルッカーが〔哲学的原理に〕付した番号は再掲しない、という特徴である。ブルッカーにおいては、ある哲学を（あるいはある哲学の一部を）総括する原理ないし格率に番号が付されている。エレア派哲学者たちの思想に関する例を挙げよう。ブルッカーがデモクリトスの道徳論を複数の小段落を組み合わせて提示しているのに対し(25)、ディドロは原理を縮約したかたちで連ねた一段落に要約してしまう。

> **デモクリトスの道徳論**。身体の健康そして魂の安寧は人間の至高の益（bien）である。思慮ある人間は彼から奪うことができるものには決して強い執着をもたない。思慮ある人間はそこにある物で充たされる。哲学者というものは何にも依らずして、あらゆるものにふさわしい。本人は何かに驚くことはほとんどないが、しばしば〔彼自身が〕畏敬の対象となる。法が善と悪、正と不正、不誠実と誠実の基準となる。必要物の知識は余剰物の享受よりも望まれるべきものである。自然よりも教育が紳士を作る。自然の必要性が設定する限度を越えて富を追い求めてはならない。みずからの力を知り、その力を越えることをみずからに課さなければ、家においても社会においても、苦痛と障害を免れることができる。自身の気質をしっかりと形成した者は、自身に起こることをすべて知っている。法はそれを乱用する者のみから自由を奪う。不正から遠くにいるならば私たちはまったく不幸ではない。〔自身の〕最悪な退廃状態を見逃し、しかもみずからの悪さを知っている悪人は不安に生き、そのひどい不安のなかで死んでゆく。その悪人は、彼の目の前にはない来るべき正義に期待せずにはいられない。だが、かつて彼は目の前にあった正義に相応しい者であった。この悪人は死に臨んでこの正義が彼から失われることを思い知らされる。健全さというものは人の手の内にある。不節制は短い悦びと長い不快とをもたらす、云々[26]。

反対に、〔たとえば〕ディドロがカンパネラの思想命題に番号を付すとき、これは明らかに紛らわしい思想内容に明確な視点を設定するためである。だが、〔このような番号付けが〕目指すところは明らかに、瓦礫を作る説明にある。この説明はブルッカーの設定した順序を、使用可能な格率の、しかも本体をなす教説のもつ一貫性からは独立した格率の集成に変えてしまうことを想定している。

6　歴史学的工芸とそれに課せられた制約

次の点は認めなければならない。すなわち、『百科全書』のなかで読み取らせたいとディドロが望んでいる考え方や彼自身の考え方が何らかの哲学に対して押しつけられているとき、〔複数の考え方同士の〕表層的な類比とでも見なすべき結びつけ作業がおこなわれており、この作業によって対象となっている哲学の大原理がかき消されてしまうことがある。たとえば、プロティノスの第一質料概念を産出的発酵の概念に引きつけるとき、ディドロは『盲人書簡』以来もち続けてきた個人的見解以上のものを表明している。ディドロはプロティノスの哲学にまさに属するところの要素を取り上げずに、むしろこの哲学を自由に使用していると言える。

一般的な質料は量ではない。大きさ、単一性、複数性などの観念は少しもそれに適用できない。それが無限だからである。それは休止することが決してない。それは永久に続く決して尽きることはない内的な発酵作用によって、無限の、さまざまの種類のものを産出するのである。(27)

ここでディドロは質と量の違いで遊んでいる。ディドロは質料の活動を特に化学モデルを使って描くためにこの違いを展開させている。だが、アリストテレスと同様にプロティノスにおいては、第一質料（すなわちいかなる形相とも結合していない質料）は、質をまだ有しておらず、量のみが帰せられる。その意味で、第一質料は完全に無限定である。したがって、この無限定という状態から何らかの内在的な活動を引き出すことは不可能である。というのも、ディドロが別のところで展開している論理によれば、〔自然界の多様性という〕豊かさは、活動状態にある質の相互作用によって成立すると考えられるからだ。さまざまな質が相互作用によって変容しながら実在する。〔このような論理を追いながら〕読者が立ち会うのは、ディドロが諸々の古代哲学を戦略的に使用している場面である。この使用の目的は、折衷主義者ディドロにとっては、ある哲学者を哲学史的に正しく使うことにあるわけではなく、むしろ〔このような哲学史からは〕予想もできないひとつの唯物論を〔読者に〕想像させることにある。

ここで問題となっているのは〔ある哲学を〕いかに受容するかというアクチュアルな問いに関係する基準であるが、この基準それ自体をディドロは具体的なかたちで書き出しているわけではない。〔ある哲学を〕使用することが哲学的に妥当であるためには、少なくとも、そのような使用を材料となる思想が許容できる必要がある。ディドロに関して言えば、大胆かつ興味深い使用は、これよりもさらに奇抜な使用としばしば紙一重であるように思われる。両者のあいだに明確な境目はない。この点は、検閲の目という環境によって一部説明できるかもしれない。唯物論的な考え方は、それにふさわしい項目のなかにいつも明示することができるというわけではない。というのも、当然のことながら、こういった項目に対して検閲の目が光っているからである。だからといって、ディドロが項目「エピクロス主義」といった項目のなかで非常に大胆になっている点は否定できない。この項目は、単にエピクロスを彼に対する古くからある糾弾（無神論、道徳論の欠如）から弁護するだけでなく、エピクロス本人をしゃべらせている。この二点を考慮すると、また別の仮説を考え出さなくてはならない。すなわち、ディドロは、いくつものよく知られた哲学的伝統のなかに、唯物論的な考え方をある種の方向性をもたせて紛れ込ませることによって、この考え方を「標準化」しようとしているとも考えられる。

ディドロの執筆スタイルに関係するもうひとつ別の制約がある。すなわち時間的制約である。ディドロはこの制約のなかで自身の項目を書かざるをえなかった。プラド神父の確率論をめぐる一七五一年の博士論文とこれを弁護したイヴォン神父の『プラド神父弁明』（一七五三年）に与して以降、ディドロは哲学の歴史の本腰を入れ、この分野に関する無数の項目を執筆することになる。この膨大な執筆量のために、ディドロはしばしば慌てて仕事をしなければならなかった。この事実は、〔項目内で論を〕つづめて書いている場合があること、そして時折間違いを犯していることを説明してくれる。つまり、特にブルッカーを訳すにとどめている場合、〔項目内での〕ディドロの論述は、百科全書の論理よりも哲学的命題として何を選択するかという問題のレベルにとどまっている（ディドロは項目をともかくも急いで書き終えなければならなかった）。

たとえば、項目「ホッブズ主義」には、ラテン語がよくできたディドロが犯した面白い間違いがある。それはブルッカーの一節を訳す際のものである。

原文では「有名ナ、セトゥス・ワルドゥス、当時、〔オクスフォード大学〕天文学ノサウィリア教授、後ニ、ソールズベリノ司教……[28]」となっている。

ディドロはこれを「セトゥス・ワルドゥス、〔スペインの〕セヴィリアの天文学の有名な教授、次いでソールズベリの司教……[29]」と訳してしまった。

ディドロは、セス・ウォードが教鞭をとっていた「サウィリア（Savilianus）」を、教授職の名称ではなく、〔スペインの〕都市名に間違えて解してしまった。実際には、ウォードは「天文学のセイヴァル教授職（Savilian Professor of Astronomy）」に就いていたが、「セイヴァル」とはすなわち、一六一九年オクスフォード大学にサー・ヘンリー・セイヴァルによって設置された天文学正教授職の職名である。百科全書的歴史のなかに位置づけたからといってすべてが哲学的に正当化可能というわけにはいかないようである……。

おわりに

結論にあたって二点ほど指摘しておこう。それはディドロによって生み出された哲学の歴史の哲学的重要性についてである。その内容は一見すると、もうすでにアクチュアリティを失っているようにも見えるかもしれないが。

第一に、哲学の〔百科全書的〕歴史とは、分散した歴史（*histoire distribuée*）であり、総体としての歴史ないし物語ではないという点を指摘しておきたい。この歴史が分散したものであるのは、〔哲学者たちのあいだで行われてきた〕無数の使用の連鎖が単純化ないし還元不可能な多様性をもっていることに由来する。礎石となる最初の思想家から発展していった一つ一つの思想潮流そして一つ一つの哲学は、礎石に由来する要素を特定の仕方で使用し変化させせながら、おのずから発展していった。この歴史はまたその材料をもとにして分散する。その材料とはすなわち先行するさまざまな哲学であり、多くの場合、それはテクストであるが口承伝統であることもある。〔『百科全書』にとって〕直近の材料は実験である。

第二に、哲学の歴史は特殊な領域として〔『百科全書』内に〕成立するが、この領域はたとえば形而上学的問題といった固有の対象を中心として成立するようなものではない。哲学の歴史は、ディドロにおいては、哲学者たちが用いる方法、より正確には、哲学者たちの思想がその先行する者たちおよび後続する者たちとともに織り上げる関係として展開する。確かに〔『百科全書』項目の〕執筆者ごとに大きな違いはあるものの、ディドロに関して言えば、彼は大きく二つの相補的な方向性で作業している。一つ目は、あるひとつの思想が生まれるプロセスに光を当てることである。このときディドロはその思想が何に由来するかだけでなく、その思想が具体的に使用している材料にも注目している。二つ目は、この思想を、何か首尾一貫した教説として提示するのではなく、それぞれ異なる原理ないし格率の集成として提示することである。この集成とは、言い換えるならば、議論し使用すべき材料の集成なのである。

注

（1） Johann Jakob Brucker, *Historia critica philosophiæ. A tempore resuscitatarum in occidente literarum ad nostra tempora*, Leipzig, 1742–1744.

（2） *Diderot et l'Encyclopédie*, Albin Michel, 1962, rééd. 1995, p. 549–555.

（3） たとえば次の諸研究を見よ。Marie Leca-Tsiomis, *Écrire l'Encyclopédie, Diderot : de l'usage des dictionnaires à la gram-*

maire philosophique, Oxford, Voltaire Foundation, 1999, rééd. 2008. *REEL* 第1号、第2号。また *Recherches sur Diderot et sur l'Encyclopédie* 中掲載の諸研究も参照。*Le Chevalier de Jaucourt. L'homme au 1700 articles*, G. Barroux et F. Pépin (dir.), Société Diderot collection L'atelier, autour de Diderot et de l'*Encyclopédie*, 2015. O. Ferret, *Voltaire dans l'*Encyclopédie, Société Diderot collection L'atelier, autour de Diderot et de l'*Encyclopédie*, 2016.

（4） 先行する哲学的テクストを後代の哲学者たちがいかに読んだかという問題はあまりにも大きな問題であるので、本論ではさしあたり次の共著のみを挙げるにとどめる。*Les Arts de lire des philosophes*, Josiane Boulad-Ayoub, Delphine Kolesnik-Antoine, Alexandra Torero-Ibad (dir.), Presses de l'Université de Laval, 2015.

（5） 自然学・数学的科学モデルと百科全書的秩序の緊張関係については、次の研究を参照。François Pépin, *La Philosophie expérimentale de Diderot et la chimie. Philosophie, sciences et arts*, Paris, Classiques Garnier, 2012, p. 179–190, p. 456–495.

（6） *Le Chevalier de Jaucourt*, *op. cit.*

（7） Condillac, *Traité des systèmes*, La Haye, Néaulme, 1749.

（8） ディドロが先駆者たちをいかに受容したかという問題をめぐる研究は無数にあるが、使用という観点では特に次の二論考が重要である。Tatsuo Hemmi sur l'article « AME » et la manière dont Diderot utilise différents textes. Hemmi, « Les références implicites dans le supplément éditorial de l'article AME de Diderot », *REEL*, n° 1, 2012, Japon, p. 41–60. 両論考と同様の関心の下で書かれた拙論も参照のこと。François Pépin, « Lire en digérant : Diderot lecteur des philosophes, Diderot nourri par les textes », in *Les Arts de lire des philosophes*.

（9） たとえばフランシーヌ・マルコヴィッツの業績を参照。ここでは次の二つを挙げるにとどめる。Francine Markovits, « La place du lecteur et de l'auteur dans une énumération » dans *Corpus : revue de philosophie*, n° 51, 2006, p. 329–364. Chapitre « Histoire naturelle du préjugé » dans *Le Décalogue sceptique : l'universel en question au temps des Lumières*, Paris, Hermann, 2011.

（10） Art. « ECLECTISME », *Enc.*, V, 270ab.〔「折衷主義（エクレクティスム）」大友浩訳、『ディドロ著作集』第二巻（哲学II）法政大学出版局、一九八〇年、七頁〕。

（11） Brucker, « De Philosophis Mosaicis et Christianis », *Historia critica philosophiæ*, t. IV–1, p. 610 et suiv.

（12） *Op. cit.*, t. I, p. 108 et suiv.

（13） *Op. cit.*, t. I, p. 1228 et suiv.

(14) *Op. cit.*, t. I, p. 1142 et suiv.

(15) 確かに項目「エピクロス主義」には、項目「アルカディア人」（ディドロ執筆）への参照符号がひとつある。だが、この項目はエピクロス主義を育んだ古代の知識人共同体の歴史に関するものであり、二つの哲学学派間の親和関係を正面から取り上げて説明する項目ではない。

(16) Brucker, *op. cit.*, t. I, p. 890.

(17) Art. «ECLECTISME», *Enc.*, V, 283a.〔前掲邦訳、五二頁〕

(18) *Ibid.*

(19) *Op. cit.*, 283b et suiv.〔前掲邦訳、五三頁以下〕

(20) *La Philosophie expérimentale de Diderot et la chimie. Philosophie, sciences et arts*, Paris, Classiques Garnier, 2012.

(21) Art. «HOBBISME, *ou* PHILOSOPHIE D'HOBBES», *Enc.*, VIII, 236a.

(22) Art. «LÉIBNITZIANISME *ou* PHILOSOPHIE DE LÉIBNITZ», *Enc.*, IX, 374b.〔「モナドとは〕非物体的自動機械のようなものである。この存在とホッブズにおける可感的粒子とのあいだにいかなる相違があろうか。私には相違があるとは思えない。次の公理が、両者が同じものであると私に信じさせるよう促す云々」。この一節はブルッカーの著作には見られない。

(23) Brucker, *op. cit.*, t. IV–2, p. 401.

(24) Art. «ECLECTISME», *Enc.*, V, 273a.〔前掲邦訳、一七頁〕

(25) Brucker, *op. cit.*, t. I, p. 1198 et suiv.

(26) Art. «ELÉATIQUE», *Enc.*, V, 452b et suiv.

(27) Art. «ECLECTISME», *Enc.*, V, 289a.〔前掲邦訳、七二頁。なお既訳では matière は「物質」と訳されているが当訳では「質料」とした。〕

(28) Brucker, *op. cit.*, t. IV, p. 156.

(29) Art. «HOBBISME, *ou* PHILOSOPHIE D'HOBBES», *Enc.*, VIII, 234a.〔「ホッブズ哲学」野沢協訳、『ディドロ著作集』第二巻（哲学Ⅱ）、一七一頁、一部改訳〕

第4章 〈意志〉論の神学・政治的布置

ディドロ執筆項目「政治的権威」におけるパウロ解釈

逸見龍生

刊行時に匿名で発表された『百科全書』第一巻項目「政治的権威 AUTORITÉ POLITIQUE」（一七五一年）は[1]、刊行するとすぐに同巻のなかで群を抜いて深刻で厳しい批判に晒された項目である。イエズス会士が発行する定期学術刊行紙である『トレヴー評論』一七五二年三月号では、主筆ベルチエによる『百科全書』書評記事の最後で、同項目の異端性が執拗に糾弾される。後の『百科全書』出版弾圧の呼び水となった、一連の批判文書の最初の標的となったことになる。

だがその一方で、ディドロの政治思想の評価という観点からは、このテクストは長く不透明さに包まれてきた。その最大の理由には、テクストの論旨に見られる顕著な捻れがある。一七五六年、百科全書派ドレールがルソー宛書簡で早くも指摘したように[2]、本テクストの前半と後半の言明のあいだには、絶対主義政体における主権者の権威に関して、論理の齟齬が認められる。王権への抵抗の理論化と、受動的な服従によるその放棄という相容れない対比的な政治的概念が、奇妙なかたちで共存しているのである——いわば腹話術師さながら同時に異なる主体が話しているかのごとく。従来の解釈も、表明された二つの政治的立場のどちらに真の著者の意図を認めるかによって、同じく二つに分裂した形を取ってきている。これまでの主流であったのは、テクストの末尾に現れる、権威への抵抗の断念と無批判的な屈従たる受動的服従論をディドロの本人の立場の表出とみなし、ディドロの政治的保守性を強調する読解であった。たとえばストラグネルは、初期から中期ディドロにおける、ホッブズにほぼ近似した「絶対主義的君主」への帰依をこの項目に読みこんでいる[3]。ディドロは結局のところ受動的服従、すなわち君主への抵抗権を斥ける絶対主義信奉者であり、なおかつホッブズよりもはるかに素朴な「君主政のユートピア的理想化」[4]を行っていた、とするのである。これは基本的にジャック・プルーストがその『ディドロと百科全書』において提出したディドロ像とも一致する[5]。

だが、『トレヴー評論』や、一七五〇年代末から出版された定期刊行物『宗教復権』[6]など、『百科全書』に批判的な保守的著述家たちが強調したのは、反対にむしろ、この項目の前半に現れる君主制秩序の紊乱の組織者としてのディドロの像である。これらの議論ではテクスト前半の服従契約の議論に焦点があてられる。後半、なかんずく最終段落に見られる受動的服従の表明は表面的なものにすぎず、著者の本意はあくまでも先に掲げられた反体制的思想にあるとされる。ストラグネルの前述の読解を批判するラフは、この同時代の複数の批判的読解の事実を強調し、ディドロの発話意図は、前半で書かれた服従契約論にむしろ力点を置きつつ読まれるべきだと指摘している。加えて、契約論をめぐる主権者と臣民との原理的な対立軸においてのみこの項目を読み取るよりもむしろ（これはドラテに発してプルーストへ流れる従来の読解の基本的な構造であった）、一七五〇年代前後の王政と高等法院との抗争関係という歴史的文脈で据え直し、コンテクスチュアルな読解を導入する必要があるとの指摘をしている[7]。

ラフの指摘は重要に思える。『百科全書』項目の分析的読解に際して、同時代のコンテクストの参照は、本質的な、時に唯一の重要性をもつからである。たしかに伝統的に百科全書的著作に課された機能は、特定のトポスに集積された知の相互連関の過去からの召喚と提示にあり、その点は『百科全書』においても同様である。だが同時に『百科全書』は、刻一刻と変わりつつある現実に対応する新たな概念定義の創出のプロセスとしてもある。『百科全書』における過去と現在の時間を貫くこのダイナミックな往還運動の機能は、分析を始める際にまず念頭においておく必要がある。

本論は、このテクストに現れたディドロの政治思想を解釈するにあたって、主にラフの立場に拠る。しかしやや別のアプローチをとって問題を考えてみたい。解釈の中心は、テクストが提示するいささか入り組んだ論理構造の、意志論という観点に着目した再構成である。

1 「神ニ由来スル権力ハスベテ、整序サレタ権力デアル」

『百科全書』の同時代の敵対者が、項目「政治的権威」において最も鋭く論難した箇所の一つが、ローマ書一三章第一節からとされる聖書の章句のディドロによる解釈であった。ではそこで何が問題となったのか。ディドロは書いている。

> 真の正当な権力には、必然的に限界がある。それゆえ聖書はわれわれに告げる、「汝ノ服従が理性ニ従ワンコトヲ」sit rationabile obsequium vestrum また「神ニ由来スル権力ハスベテ、整序サレタ権力デアル」omnis potestas a Deo ordinata est. なぜというに、この言葉は、いかなる権力であろうと、あらゆる権力は神に拠って立つと主張する卑屈なへつらった解釈によらず、正しい判断と語意に従って、こう理解すべきだからである。
> (*DPV*, V, 538–539)

主権者の権力は制限されるべきものであるという主権制限論（「真の正当な権力には必然的に限界がある」）に続き、権力への理性的服従（「汝ノ服従が理性ニ従ワンコトヲ」）を記すローマ書一二章の章句が挙げられた後、ウルガタ訳パウロの同書一三章冒頭の章句をめぐる二様の解釈が提出されている。「整序された権力こそが、神に由来する」とのディドロの読みと、「すべての権力は神に由来する」との伝統的読みとの対立が問題となる。ウルガタ訳聖書の原文は Non est enim potestas nisi a Deo ; quae autem sunt, a Deo ordinatae sunt である。新共同訳の該当箇所は「神に由来しない権威はなく、今ある権威はすべて神によって立てられたものだからです」とある。イエズス会士ベルチエは、この箇所を引いた後、ディドロの読みは「比類ない過ちであって、許しがたいやり口である」と批判する。[8] その理由としてベルチエは、聖書の語句の忠実な引用ではない上、ディドロの提示する最初の解釈も語法上ありえないことを挙げている。この章句は「地上にあるあらゆる権力は神に拠って立つ」としか読みえない、と。『宗教復権』もまた、独立した章を設けて長い論駁を寄せ、『百科全書』の解釈は「謀叛と無政府の解釈」であるとこれを弾劾している。正統的な解釈はあくまでも第二の解釈のほうである。すなわち、「権力はいかなる形で確立したものであろうと、神に由来する。権力に叛する者は誰であれ神ご自身に叛することである」。[9]

これら批評者たちの強い論難の調子は、聖書の文言の一部の釈義という問題をはるかに超える地平に、ディドロのパウロ解釈があることを予想させる。ではそれは何か。

そもそもパウロの問題の章句が、いわゆる神権（le droit divin）説に立つ絶対王政論の言説を構成する理論的な礎石となっていたことはよく知られている。[10]「あらゆる権力は神に由来する」という章句は、十七世紀絶対王政の代表的なキリスト教イデオローグであるボシュエの『聖書から取り出された政治学』でも使用され、神学と絶対王政との強固な一体化の根拠として挙げられてきた。人民の一般意志に基づく社会契約に対する理論的障壁として、ルソー『社会契約論』の冒頭で最初に批判される議論が、まさにこの神権理論の一連の主題系列であったことは言うまでもない。ならば、ディドロの論敵たちの怒りは、自分たちの保守主義的政治思想の根幹たる神学的教義が、ディドロによって攻撃された、まさにその点に由来するのだろうか。

だが、本項目の読解のためには、実はこの説明だけでは不充分である。なぜだろうか。ディドロの提示している視点は、自然法学派やルソーのとった戦略——ドラテに代表されるような古典的な十八世紀政治思想研究において、これまでいささか強調されすぎてきた側面である――とは逆に、神学と政治の領域を切り離し、政治を世俗化しようとするものではない。ディドロの議論は、パウロの解釈の地平を超出する場を志向するのではない。むしろその地平そのものに内属するものだ。ディドロの論理は、同時代の啓蒙の政治思想家たちに比べ、はるかに伝統的な神学政治論の系譜に沿っているのである。[11] 神と世俗権力を分離するのではなく、両者の別な関係の様態を志向すること。両者のあいだの断絶ではなく、従来とは異なる紐帯のモデルを提出すること。本項目におけるディドロの意図は、その点にあるようにみえる。それはいったいなぜなのか。

2 「一」なる権力とその分割

この点を理解するには、絶対王政における神権論を、中世に遡るその歴史的文脈に差し戻して考える必要がある。ここではその要点だけ挙げよう。絶対王政における神権論は、シャルル七世による「ブールジュの国事詔書」発布（一四三八年）、続いてフランソワ一世によるボローニャの政教条約（一五一六年）を経て確立した、ガリカニスム（フランス国家教会主義）の拡張にその起源をもつ。それは、反宗教改革におけるイエズス会発足を機に伸張したウルトラモンタニスム（教皇権至上主義）との緊張のなかで、絶対王権支持のために十七世紀に析出された理論であった。むろん、神権論そのものは正統的なカトリック教会の教義であった。ラクール＝ガイエの古典的な研究が示しているように、伝統的に教皇権の下位におかれていた王権は、「あらゆる権力は神に由来する」というパウロの章句を、ローマ教皇を媒介することなく、フランス国王が権威の源泉を神から直接に継承することの霊的根拠として再解釈した。[12] 絶対王政下の神権論の本質とは、キリストの遣い（ministre）として王権より上位の主権をもつと主張する教皇権に対し、独立と分離を図る王権ガリカニスムの反教権主義にある。

このように見ると「あらゆる権力」という総称は、何ら抽象的な普遍性を志向するのではない。歴史的観点から見れば、それは教皇権と王権、霊的権力と地上権力という、対立し拮抗し合う双数的な主権の並立する政治空間を指す。両者はいずれも同じ資格で「神に由来する」といわれる。むろん、王権がそれを主張するのは、教皇権を排除して権力を占有するためであり、全称命題に隠されているのは、教会による媒介を経由しない、王権の絶対的「一」性の表明なのである。

以上のように考えて、再びディドロのテクストに戻るならば、「神ニ由来スル権力ハスベテ、整序サレタ権力デアル」というディドロの解釈が、この時点でいかなる政治的意味を担うものとして読まれたかが、あらためて問題となろう。神が権力の正統な権威の源泉となるという神権の前提は、ディドロのテクストにおいても変更はないようにみえる。他方で「整序された ordinata」は多くの問題を含む概念であるが、後に説明するように、スコラ哲学の伝統に属する用語である「神の秩序的能力」（Potentia dei ordinata）との系譜を考える必要がある。「神によって打ち立てられた秩序を反映した」という意味であろう。だが、『宗教復権』も指摘するように、問題の焦点になるのは、この解釈の論理的な対偶「整序サレタ権力デナイナラバ、神ニ由来スル権力デハナイ」であった。「整序サレタ」との条件が付加されることによって、権力は「神に由来する権力」と「神に由来しない権力」の二種類に区分されるからである。前者が神に源泉をもつ真正の権力であるとすれば、後者は正統性を欠く僭主的権力である。つまり、この命題は、政治空間における主権を、真の神権と虚偽の神権という複数的な概念に再分割する機能をもつことになる。事実、先の定義に続くディドロの次のテクストは、まさに政治的権威における偽の神権の告発というかたちをとっている。

> 不正な権力は存在しないというのか。神に拠って立つどころか、神の命、神の意志にそむいてうちたてられる権威は存在しないというのか。簒奪者たちは、神を自分たちの味方にしているというのか。真の宗教の迫害者に挙げて服従しなければならないというのか。愚劣な者の口を封じるために、反キリストの権力は正当なものとなろうというのか。
>
> （*DPV*, V, 539）

聖書本文に起源をもち、キリスト教に敵対する政治勢力や偽預言者、怪物を示す反キリストは、ローマ教皇ハドリアヌス六世をルターがこの名で呼んで攻撃して以来、プロテスタント、そしてカトリック双方において敵の攻撃に頻用された表象である。教皇庁をはじめとする国内外の教会など、キリスト教内部における他陣営への批判の文脈で特に用いられている。(13) この引用からも明らかなとおり、「神ニ由来スル権力ハスベテ、整序サレタ権力デアル」は、権威を僭称し権力を不当に行使する者への抵抗と排除の論理に、霊的根拠を与える。

だがこの箇所を取りあげただけでは、まだ意味の大部分は不透明なままである。権威の僭称者という非難が誰に向けられているのかが明らかでないからだ。反キリストとは誰か。それはプロテスタントやカトリックの分離派がするように、ローマ教皇庁を意味しているのか。それとも逆に、教皇庁こそ正統な権威と見なすウルトラモンタンがしたように、国王を標的として発せられているのか。告発する立場によって、幾重にも告発の対象は変わりうる。

しかしここでは、前後の脈絡から言って、問題となっているのが人民との契約関係にある国王の権力の正統性であることは、明らかである。むろん、それはウルトラモンタンの立場からではない。国家の外部からの宗教的・政治的干渉ではなく、国家論の内部の枠組みで語られた、政治体としての国権の内部的な限界、国権と法律の関係が重要だからである。あくまでも国家の起源と権威の基礎が議論の中心である。

人民の同意から由来する権力は、必然的にいくつかの条件を前提にしている。その条件が権力の行使を正当化し、それを社会に有益なもの、国家に有利なものとする一方、権力を固定し、限界内に抑制するのである。その理由は、人間は完全に、かつ無条件に自分の身を他人にあたえてはならないし、またそうすることはできないからである。それというのも、人間には、何ものにも優越する一人の主があり、人間はそっくりこの主のものであるからである。その主は神である。神の力はつねに被創造者の上に直接に働きかけ、絶対であると共にねたみ深い主であり、自己の権利をけっして失わず、またこれを引きわたすこともしない。神は公共の福祉と社会の維持のために、人間が自分たちの間に服従の秩序を立て、彼らが仲間のひとりに服従することを許されるのである。しかし神の意志は、それが理性によって、節度を保って行なわれることにあり、盲目的かつ無制限であることにはない。人間が創造主の諸権利を横取りしないためである。上に述べた以外の服従はすべて偶像崇拝の真の罪にあたる。

(*DPV*, V, 537–538)

人民の同意から成立する国家の権力の起源と、この権威の限定と抑制が語られた後、ジュリユーやロック、モンテスキュー、そしてルソーへと継承されていった自然法の自己保存の概念が挿入される（「人間は完全に、かつ無条件に自分の身を他人にあたえてはならないし、またそうすることはできない」）。グロティウス、とりわけプーフェンドルフの自発的隷属論と対立する概念が、ディドロの筆の下に書き込まれていることは、注目しておきたい。プーフェンドルフの二重契約説においてドラテが着目したその「矛盾した絶対主義」(14)――そのアナロジーがディドロに対して無批判に適用されてきた――との、ディドロの重要な差異が浮き彫りになるのは、まずは自由の全面的で留保なき譲渡の不可能性が主張されるこの点だからである。

だが興味深いことに、まさにこの箇所において、ディドロの行論は、他の近代的思想家たちとは異なり、むしろルネサンス以来の伝統的な議論、すなわち神による国家権威の基礎づけの定義へと向かう。同意による手続きを経て成立した国家の主権者に、神による権威がいかに与えられるのか。神の介入はなぜ行われるのか。国家起源の神学的解釈の問題系が、全面的な自己譲渡の不可能性の議論に接続しているのである。これは何を意味しているのであろうか。

この議論については、十七世紀ポール・ロワイヤル派の神学者ニコルが、その絶対主義的統治論である『偉大さについて』において、同じくパウロのローマ書第一三章の問題の章句を引きながら、ほぼ同様の指摘をしていたことは見逃せない。ニコルの主張はおおよそこうであった。個々の人間の意志は原罪によって壊敗しているがゆえに、不断の戦争状態にある。それゆえに理性はある特定の主権者への服従を要請する。しかしそれだけでは充分ではない。人間たちは自己に所属していない。人間が他者を、自分自身を好き勝手に占有することはできない。神のみが至高の主人である。牢獄にいる人間たちが誰かを選び、これに他者の生殺与奪の権利を委ねるとすれば、主人はこれを愚かと見なすであろう。この権利を濫用した者を僭主ないし暴君とみなすであろう。なぜならばこの権利を伝え、他者に送ることができるのは主人だけだからである。神に対してわれわれは全員がこの状態にある。「人間たちに神は、法を遵守させるために、人間たち自身の中から幾人かを神の代理で選ぶ権限を与えた。そしてこれら選ばれた人々に、服従する者たちを統治する権力を伝えた[15]」。

予定論に立ち、原罪以後の人間の意志の根本的な壊敗を強調するニコルによるこの統治論が、同時代に書かれたホッブズの国家論とごく類似していることはかねがねよく指摘されてきた[16]。戦争状態としての自然状態から、理性を通じて人間たちは統治者＝主権者への服従を選択する。だがこの統治と服従を根底から支えているのは、原罪によって壊敗した人間と、至高の主人としての神の存在の絶対的な分離という論理である。自らの選んだ人に自他の生命の統治の権利を委譲するのは神である。主権者の権威の源泉は人間へと委譲された、この神の意志にある、とニコルはいう。

「人間はそっくりこの主のものであ」るというディドロのテクストは、このジャンセニストの分離と委譲の論理を、ほぼ忠実に追うかのごとく構成されている。しかし、ニコルがこれに続けて、神権を委譲された後の主権者の絶対性や、臣下の受動的服従を説き始めるとき、ディドロはニコルと袂を分かつ。なぜか。神権の委譲は絶対的なかたちでは遂行されないからである。ディドロはいう。「神……は絶対であると共にねたみ深い主（maître jaloux ainsi qu'ab-solu）であり、自己の権利をけっして失わず、またこれを引きわたすこともしない」。人間に全面的な自己譲渡を求めうる権利は、神のみに帰属する。それゆえ、「神の意志は、それが理性によって、節度をたもって行なわれることにあり、盲目的かつ無制限であることにはない」。なぜならば、「人間が創造主の諸権利を横取りしないためである。

これ以外の服従はすべて偶像崇拝の真の罪にあたる」。各人が自己保存の権利を保持している以上、これを無条件に譲渡させる権利は、神ならぬ人間にはもちえない。

つまり、ディドロが強調するのは、主権者の意志における神意の貫徹、神意と主権者の意志の連続ではなく、むしろ両者の位階の根本的な断絶、その非対称性である。ここでは、人間と神との分離の論理は、ラディカルに極限まで突き進められる。しかし、その結果生まれるのは、逆説的にも、人間における個の領域の自律性と、主権者への全面的な譲渡の不可能性の論理なのである。このように見てくると、パウロの章句の解釈のもつ意味は、かなりの程度明らかになってくるように思われる。ディドロの解釈の対偶命題「整序サレタ権力デナイナラバ、神ニ由来スル権力デハナイ」にあって、神意の簒奪者、反キリストとしてディドロが告発の対象として念頭においたのは、人民に全面的な自己譲渡や絶対的な服従を求めるそのことによって、神の権利を侵害し、濫用する、絶対的な主権者のことである。

3　神の絶対的能力と神の秩序的能力

われわれの考えでは、ディドロの議論を理解する手がかりが意志論にある。この場合の意志論とは、ここまで見てきたように、神の意志と主権との接続ないし非接続として立てられる問題である。「神の命、神の意志にそむいてうちたてられる権威は存在しないというのか」と書くとき、ディドロが強調するのは神意と主権の矛盾の相である。両者に矛盾が存在する場合、主権は偽の主権として、その政治的権威が疑義に付される。主権の権威が疑わしいものとなるとき、臣民の抵抗を妨げる根拠も揺らぐ。同時代の『宗教復権』の著者がディドロの解釈に強く反撥した理由はこの点にある。この著者は、先述したように「権力はいかなる形で確立したものであろうと、神に由来する。権力に叛する者は誰であれ神ご自身に叛することである」と反論して次のように言う。「神の絶対的意志に反して確立するものは何一つない。神が不正な権威の確立を時に許すことがあったとしても、それは人間には未知の、しかし神の永遠なる叡智にはふさわしい理由からである」[17]。その際彼は、アウグスティヌス『神の国』第五巻第二一章から次の章句を引いて、その反論の根拠とする。

マリウスに〔権力を与えた〕神は、ガイウス・カエサルにも〔それを与えられた〕。アウグストゥスに〔権力を与えた〕神は、ネロにも〔それを与えられた〕。最も好ましい皇帝であったウェスパシアヌス父子に〔権力を与えた〕神は、最も残酷なドミティアヌスにも〔それを与えられた〕。個々の皇帝にわたって言及する必要を省くため〔最後に言いたい〕、キリスト者のコンスタンティヌスに〔権力を与えた〕神は背教者ユリアヌスにも〔それを与えられたと〕[18]。

『神の国』の同章は「したがって、たとえその諸原因が隠れているとしても、それらが不正であろうか」と結ばれている。[19]『宗教復権』の著者の主張は、絶対主義の神権論と、アウグスティヌス主義における恩寵論の系譜との深い理論的結合性を示すものである。神と人間とは根本的に断絶しており、神の意志は人間には深く隠されている。たとえ王が背教者であろうとも、神は隠れているがゆえに、神の意志を知りうることは人間には不可能である。権力を確立させたのは、人間の自由意志ではない。神の選び、神の意志のみによって権力は確立されたのであり、それが確立している事実によって神の意志は示されている。『宗教復権』の著者がこれを「神の絶対的意志」と呼んでいること[20]に注目しておきたい。ここには「神は矛盾を含んでいないすべてのことをなすことができる」というスコラ哲学の「神の絶対的能力」(potentia dei absoluta) が想起されるべきである。ガリカニスムの政治の地平において、カトリック教会に伝統的な反ペラギウス的解釈は、神の選び、神の意志のみが政治的権威を与え、王たる主権者の自由意志と神の意志は連動していないという主張へと転化する。『宗教復権』の次の言葉には、神の絶対的――すなわち法を越えた、法の外にある――意志を媒介に、世俗的権威と宗教的権威をつなぐ回路の切断を確保する、絶対王政のイデオロギーが明確に示されている。「宗教は世俗的権力を与えないし、非宗教がそれを取り去ることもない。クロヴィスはその権力を彼の改宗に負っているわけではないし、ユリアヌスの棄教も彼から権力を奪い去りはしなかった[21]」と。意志論から見るかぎり、恩寵における神の意志の絶対性、「神の絶対的意志」は、絶対王政での神権の正統性を保証する条件である。だがこの論理は、ジャンセニストのニコルがそうしたのと同様に、絶対主義における国家論、政治体論の主権論にも頻繁に拡張して用いられている。中世に遡る政治思想の系譜学を辿ることはせず、ディドロによるこの時期の読書が確かめられている[22]ホッブズ『市民論』のテクストを取りあげよう。同書の第一三章「最高命令権を司る人々の職務について」には、この観点から注意深く解釈する必要のある文章がある。

最高命令権に属する権利とその執行とが切り離されている場合、国家の統治は、万物の第一動因であられる神が、第二原因である自然な結果を生み出される秩序的な世界統治に似ている。これに対して、統治権の保持者がすべての裁判や案件や国事行為に自ら関与しようと意志する場合は、行政は神が自然の秩序に逆らってすべての物質に御自身で直接かかわり合われる場合のようなことになる[23]。

短い文言であるが、ディドロのパウロ解釈を考えるときに、決定的な意味をもつ区分が見つかる。テクストの前半と後半には、二つの異なる統治の様態が書かれている。前者は法に基づく秩序的な統治、後者は法の外部にある統治を指すが、それぞれ、先に述べた「神の秩序的能力」と「神の絶対的能力」という、教会法学者として教皇の位階の法的解釈に大きな影響を与えたヘンリクス・デ・セグーシオ（別名ホスティエンシス）ら、十三世紀スコラ学によって神学的に区別された二つの神の能力に由来している。神の秩序的能力は、創造に際して神が用いた自然の秩序、すなわち理性、法、法則に神自身が則り、それに制約される形で働く神の力を指す。それに対し神の絶対的能力は、これらいっさいの制約なしに働く神の全能性を指している。この神学的区分が法学の領域に移されたとき、教皇の権力は神のこの二つの力との類比によって定義される。教皇には教会を法に基づいて統治する通常の＝秩序的（ordinaire）

権力があると同時に、法的秩序の外部ですべてを行いうる絶対的権力があるとした。[24]なおオークレイも指摘するように、ヘンリクス以来、秩序を表す（ordinatus）と設定、任命、規定を意味する（ordinarius）は互換的に用いられている。[25]

ホッブズ『市民論』のテクストが興味深いのは、主権者の国家統治権が執行権と分割されている場合と、主権者がその分割を差し止めて統治権のみならず「すべての裁判や案件や国事行為に自ら関与しようと欲する場合」との差異を、この概念によって説明している点である。主権者の統治権が、執行権によって限定と制約を受けている前者の場合、統治は法の内部で通常の＝秩序的権力に基づいて働く。それに対し、統治者が同時に執行権を兼ね備える例外状況を「欲する＝意志する」場合、統治は「自然の秩序に逆らって（contre l'ordre de Nature）」あらゆる法の拘束を越えた、絶対的（absolue）で超秩序的（extraordinaire）な権力として働くことが可能となる、とホッブズはいう。

ホッブズによるこの区別を念頭に置くことで、ディドロの提出する解釈の意味はさらに掘り下げられるように思う。そこで強調されているのは、神の「整序サレタ」＝秩序的能力をモデルとして生み出される統治の表象である。理性と法に基づき、法の内部で働くこの統治表象においては、主権者は自らの権威とは別に、法の権威にも同様に従い、法の制約と限定を受けることになろう。自らの絶対的な意志をいっさいの制約なく完遂させる、法のあらゆる拘束を越えた絶対的な統治モデルへの原理的な批判に基づいた、複数的、多元的な意志の協働のなかで働く統治モデルの承認の可能性が、ディドロのパウロ解釈の下には書き込まれているように読みうる。

4　王権と議会――ジャンセニスム、シャフツベリ

ここまでの解釈が正しいとすれば、ではこのようなモデルは、なぜ選択されたのか、別な観点から考察を進める必要がある。項目「政治的権威」が執筆され、読まれた同時代の状況に目を配ってみたい。

『百科全書』第一巻刊行は一七五一年六月二八日である。同巻が執筆された当時の政治状況が、フランス絶対王政下における公論の構築において、決定的な歴史的転回点を迎えつつあったことはよく知られている。高等法院は国王の宣言や法案登録の拒否、建言書の提出を武器とし、王権に対する抵抗の姿勢を強めていたが、この時期、ともにすでに四〇年近く長引いていた二つの問題において、両者の緊張は特に強く高まっていた。その一つは「ウニゲニトゥス」をめぐるジャンセニスム処遇に関わる宗教問題であり、もう一つは租税問題である。五一年三月、ジャンセニスムに厳格な態度をとる大法官ラモワニョンによる国王宣言が作成され、高等法院に大きな反撥を引き起こしている。王政側の増税政策と高等法院の抵抗は、四九年五月、二〇分の一税の創設と高等法院の法案登録拒否、それに対する王政側の強制登録の応酬として生じ、緊張は激化する一方であった。王権と高等法院の衝突を中心とするこれら政治的対立の深刻化のなかで[26]、王政の賛否を論ずる多くの印刷物や写本が国内外で膨大に流通し、国民の公論が急速に形成されていく[27]。

ローマ書一三章の解釈は、国王たる主権者と、法の担い手である高等法院の同時代のこの緊張という歴史的文脈のなかで、読み直されるべきである。ディドロが選択した秩序的権力のモデルは、絶対的能力による君主の意志の「一」的な貫徹ではなく、法の下での君主と複数の意志の分有と結合、交換を強調する。このようなモデルの選択は、王権の絶対性の支持よりもむしろ、それに抵抗する高等法院の唱える解釈に、より正当性を与える。

ラフが指摘しているように、同時代のジャンセニストや高等法院の文書の概念や語法との近さが、この項目内には随所に見られている[28]。このようなディドロの論理は、ジャンセニスムとディドロとの何らかの直接的な出逢いや交流、真剣な読書による摂取から生まれたものであろうか。その可能性はもちろんある。リーが詳細に分析したように、十八世紀ジャンセニスムで中心的な役割を果たした著述家たち、特にジャンセニスムの神権論としてのデュゲ『君主教育論』（第二版は一七五〇年）と、ディドロのこの項目の全体の親近性は顕著である[29]。そのデュゲの君主統治論もまた、主権者の絶対的能力ではなく、美徳に基づく相互の尊敬や敬意といった、君主と臣下の調和的関係を重視する、君主の秩序的能力の意義を大きく強調するものである。君主はこれら臣下との相互の和合を通じ、初めてその統治を十全の意味で実現できるというのがその主題である。より積極的には、モンテスキューの混合政体論、バロック政体論という思想史的枠組みの介在を見るべきなのかもしれない。[30] しかし、両者の言説上の議論構成の相似は明らかであるものの、ディドロがこれら高等法院ジャンセニスト思想家の文書を確実に読んだ証拠は存在していない。

だが、より重要な経路がある。ディドロは、複数の意志の共存や分有による統治という政治表象の意義を、シャフツベリの読書を通じてすでに十分に知り得ていたはずである。『美徳と功績についての試論』翻訳の過程で、ディドロは『コモンセンス――機知とユーモアの自由についてのエッセイ』を読んでいる。[31] 同書は、名誉革命以後の英国ホイッグ体制において、国内の政敵であったトーリー、ピューリタンの政治的・宗教的熱狂に対する理論的克服という形で執筆された著作である。[32]「自己の意見を過度の厳粛さをもって語ることには誠意があるか」とその著作の冒頭でシャフツベリは問い、機知とは、ある「意見」を別な文脈にずらすことによって検討し直すもの、すなわち他者の「意見」のみならず、自分自身の「意見」をもその再検討のうちに入れるということであると述べる。他者の視点の検討を経ない「意見」は、聖なる神的な存在、ドグマとされる恐れがある。特定の光のみのほかに晒されていないものは、疑わしいからだ、とシャフツベリは指摘する。「真理とはあらゆる観点から検討されたもののことである」、と。[33]

ここには高教会派の権威主義的な統制に対する、低教会＝国教会的な立場からの多様性の擁護が読み取れるだろう。[34] 神ないし主権者へ自己のすべてを献げる宗教的・政治的熱狂の問題は、いうまでもなく、ホッブズの自然状態における「万人の万人による戦争」の議論と重なり合う地平にある。シャフツベリは、統治のモデルに関わる問題を、自由な意見表明の権利という公論を可能とするコミュニケーションの問題、他者とともにある共存の言語という、言語の政治的地平から問い直すのである。シャフツベリは続けて指摘している。一人の人間が言葉を話す主導権を握り続けるのであってはならない。ひとりひとりが発言することができなければならない。一人のみが牛耳る長い演説は危険である。真摯な議論も参加者の発言が許されず、自由を欠いた議論の場では萎縮してしまう。[35] このように述べた後、シャフツベリは次のように記す。

誰もが無制限の権力を望むことを念頭に置いておくならば、この罠をわれわれはよりよく避けることができる。それは、この仮説の擁護者〔ホッブズ〕が望むように、ただひとりにあらゆる権威を付与するのではなく、権力を必要に応じて分有することによってである。権力が正当な均衡におかれ、また良き法律、および公共的自由を確保するための諸々の制限によって限定されるように。〔強調引用者〕(36)

権力の均衡と分有が、ここでは社会的な言語の交換と法のコミュニケーションの問題として指摘されている。言語を寡占するのではなく、それを複数の権威に適切に配分し、自由に交換させること。権力の正統性は、ここで名誉革命以後の王と議会における言葉の分有の問題へと転換されているのである(37)。ディドロはシャフツベリの一連の議論を読みつつ、政治的権威の概念を同様に言説の地平に位置づけて考えはしなかったであろうか。十八世紀初頭のイギリスにおける状況と同様に、一七五〇年前後のフランスでもまた、宗教問題や租税問題をめぐり国王と高等法院を始めとするさまざまな政治的・社会的言語間の激しい対立が現れている。まさしく「公共の意見」をめぐる新たな言語の政治が現出していると、ディドロは考えはしなかったであろうか。むろん、それを知ることはできない。だが、テクストの後半部における長い引用とその配置を分析すると、まさに権威と言語の問題こそがそこで焦点となっていることがわかる。最後にその点に触れて、論を締めくくりたい。

5　アンリ四世における意志の分有——討議的統治

この項目の後半は、「この項目のなかで展開される諸原理に、それにふさわしい権威をあたえるために、わが国の偉大な王の一人の証言にもとづいてこの諸原理を支持することにしよう」と、アンリ四世の言葉が二度にわたって引用され、ディドロの文章が引用の前後に付加・挿入される形で構成されている。引用の典拠にされる文献は、項目中に指示されているとおり、アンリ四世の事績を語る財務総監シュリの『回想録』であった。シュリ『回想録』はアンリ四世の没後に刊行されて広く国内外で読まれ、アンリ四世の神話化に大きく寄与した史料のひとつである。何度か異なる編者によって編纂されたが、ディドロの使用したテクストはド・レクリューズ＝デ＝ロージュ神父編集による一七四七年版である。[38] 一七一六年生まれ、イエズス会士の叔父をもつこのド・レクリューズ＝デ＝ロージュ神父は、ダーントンの『猫の大虐殺』所収論文「作家の身上書類を整理する一警部」に、いわゆる「ガルソン」（不逞の徒）のひとりとして、デムリ警部の調書にディドロらとともにその名が挙げられている。[39] 当時の急進的パリ知識人集団に属する著述家であった。ベルリン科学アカデミーのサミュエル・フォルメー書簡の名宛人のひとりでもある。[40]

冒頭で述べたように、これまでの批評の多くは、相当部分の長さを占める国王の言葉の引用の検討をせぬまま、これらの引用の後、項目全体の最終段落におけるディドロの言明に注目をしてきた。この段落にことのほか注意が向けられたのは、とりわけそこで臣下の主権者への「受動的服従」こそが法であると、ディドロ当人によって語られるからである。しかし、神の秩序的能力の論理を放棄し、絶対的能力の論理に立たない限り、このような結論が導出されるのはおよそ矛盾としか考えられない。このような矛盾が生じているのはなぜか。項目前半のディドロの議論はいわば仮面にすぎず、真のディドロの立場は絶対主義支持であるという解釈を支える根拠とされてきたのも、この箇所である。

しかし、いうまでもなく、そのような解釈は性急にすぎるだろう。『百科全書』の本文テクストに挿入された典拠が、少なくともディドロのテクストの構成において、時にどれほど大きな役割を担わされているか、近年明らかになりつつある。[41] 他者の言説の引用として用いられるテクストは、断片自体がその原典の意味から転位され、本文の新たな場において別の生命を生きる。そのような『百科全書』の複雑で多層的な言語戦略の次元を知る者には、これら過去の読みはあまりにも素朴に見える。

解釈上、決定的に重要であると思われるのは、問題の最終段落の本文生成過程である。この点を本項目の研究史上初めて示したのは、原典に丹念にあたったリーである。リーが示したように、この段落の文章はそのほとんどがシュリ『回想録』の一部の抜粋である。しかもそれは、直前にディドロが引いたアンリ四世の演説の一部にほかならない。ディドロ自身が書いたと従来考えられていたような結びは、実はこの項目にはそもそも存在していなかったのである[42]。

では、原典と『百科全書』本文を仔細に比較してみると、どのような特徴がわかるだろうか。大きく分けると、主に四つの箇所において、ディドロは原文をつくりかえている。

まず最初の大きな改変は、この段落の主張の根幹に関わるものである。シュリ『回想録』原文におけるアンリ四世の主張は、この点きわめて明確である。「臣民の立場からいうと、彼らが宗教・理性・自然によって課せられる第一の法は、確固として（sans contredit）服従である[43]」。臣民は君主への抵抗をあらゆる意味で放棄し、受動的に服従すべしという受動的服従の論理が、ここでは「確固として／異見なくして」という表現に明示される。ところがディドロは、この文章を次のように変更する。

> 臣民の立場からいうと、彼らが宗教・理性・自然によって課せられる第一の法は次のとおりである。*彼らの結んだ契約の条例をみずから守ること。彼らの政府の本性を見失わないこと*。フランスにおいては、支配王家が男系*によって存続するかぎり、臣民に服従を免除する何ものもないのを忘れないこと*。
>
> （強調引用者、*DPV*, V, 544）

ディドロは臣民の服従にいくつかの条件を課す。契約の双務的遵守が第一の服従の条件である（「彼らの結んだ契約の条例をみずから守ること」）。第二は「政府・統治の本性」を服従者がなおざりにせず、これをつねに見届け続けることが第二の条件である（「彼らの政府の本性を見失わないこと」）。さらに第三の条件として、王家の正統性の保障がこれに加わる（「フランスにおいては、支配王家が男系によって存続するかぎり」）。こうして服従には幾重にも条件がつけられている。

二番目の改変も、契約のモーメントが強調される点で同じである。『回想録』原文は「よしんば不正な、野心をいだく乱暴な王があらわれたにしても、この不幸に対抗するには唯一の手段、すなわち服従によって王の心を静め、祈りによって神の心をやわらげる手段しかないこと」(44)と、受動的服従の論理を忠実に反復している。しかしディドロはここでもまた、その論理に対して次のような条件づけを課す。

なぜならば、たとえどんな人物であろうと、往時から支配する君主、男子相続者たちと結んだ服従契約の結果、この手段がただ一つの正当なものだからである。(*DPV*, V, 544)

服従が正統化されるのは、それがあくまでも契約であるからである（「たとえどんな人物であろうと、往時から支配する君主、男子相続者たちと結んだ服従契約の結果」）。ディドロに一貫しているのは、原文には存在しない契約論の論理の導入なのだ。

ディドロが原文から消去しているものにも注目してみよう。ひとつは本論においては無視してかまわないものである。「また抵抗してもよいと信じるあらゆる動機にしても、よく検討してみると、それはすべてたくみに潤色された不誠実についての多くの口実にすぎないし、抵抗したところで、君主の非をただすことも、課税を廃止することもできず、すでに不幸を嘆いていた上に、さらに新しく悲惨の度を加えるだけであるのを考慮すること」(45)。ディドロは原文に続く部分「この悲惨の度合については零細民、ことに農村部の零細民に問い尋ねるにしくはない」を消去している。この細部の消去の意味についてはまだ解釈しきれていない。

しかし、もうひとつの消去の意味は重要である。『回想録』原文において、受動的服従の重要な論拠として最初に掲げられるものが、王権と神との同一性であった。原文には次のようにある。

臣民は、至高の主の似姿そのものとして、君主を敬い、畏敬し、恐れなくてはならない。この至高の主は、天ではあの輝かしい光の傑作〔＝星々〕を通じて可視化される。それと同様に、地上では君主の存在を通じて臣民たちに可視化されるよう意志されたのであろう。(46)

ニコルの国家論と同じく、神の意志と王権との連続性がここでも強調される。しかしディドロが行うのは、この連続性の論理そのものの消去と、両者の切断なのだ。

臣民は神の姿が主〔＝君主〕を通じて地上で可視化されることを意志した。

(*DPV*, V, 544)

神の意志と主権は切断される。もはや神の意志が地上に政治的権威を打ち立てるのではない。神を君主＝主権に見いだそうと意志するものは、いまや人民である。人民の意志が服従の条件になっているのである。神権理論との近接とみえたこの箇所は、実は神権理論の基盤そのものの掘り崩しである。以上のようにみると、この箇所を主たる根拠にして、ディドロを絶対主義支持者とみなす解釈は、誤謬といわざるをえない。

最後に問われるべきは、ディドロによるこれら後半部の引用文の選択にいかなる理由があったか、その配列に何が意図されたのかという点である。この項目がなぜ書かれたのか、時代状況におけるこの項目の位置を考察するのに、この問いは重要な意味をもつ。

実際にそのような観点から『回想録』のテクストを再検討すると、興味深い事実が明らかとなる。ディドロはこれらの引用文を、共通の顕著な主題的な特徴をもつ二つの箇所から選び採っている。ではそれは何か。それはいずれも、未曾有の国難に遭って統治が大きく揺らぐ危機的な状況のなかで、フランス国王アンリ四世が合議体を開き、臣下と衆議と和合を図る場面なのである。説明しよう。

一方は財政支出の超過により破産の危機にあった国家が、一五九六年に名士会議を召集、高等法院も説得して売上税（パンカルト）の導入を決めた際の状況である。国王の会議の席での言葉をディドロはシュリから引用している（*DPV*, V, 541–542）。王の演説の内容は、絶対的統治ではなく、秩序的統治における権威の例証となっている。王の権威は法によって限定を受ける（「諸王は二人の君主、神と法をもっている。正義が玉座に君臨しなければならない。優しさがそのかたわらに座をしめなければならない」）。主権者の意志は言葉をもって分有されねばならない（「誤り……それは君主が全臣民の生命と財産の主であり、また「予の意はかくのごとし」という数語によって自分の行為の理由も明示することも必要としないし、その理由のあることさえ必要としないという点である」「先王たちのように、予の意志に盲目的な賛同を強いるために諸公をここに召集したのではない」）。議会の参加は自由に公衆に向けて開かれている（「王の意図は、いかなる身分、地位のものであろうと、あらゆる種類の人びとが自由に議会に参加できることであった。それは学識才能のある人びとが、公共福祉のために必要と思われることを、なんの恐れも感じないで、議会に提案できるようにするためであった。国王はそのとき、代表になんらの制限を加えることもやはり主張されなかった」）。王と議会の言葉は交換され、分有される（「予が諸公に集合を命じたのは、諸公の助言を受け、それを信じ、それに従うためで、一言でいえば、諸公の後見を受けるためである」）。ここでは多様な諸意志が自由に競合する（「諸公は予が義務を果たすよう激励され、予は諸公が義務を果たすよう激励をおくる。たがいに競い合おうではないか」）。

続いて引用される箇所はどうか。一五九八年のナント王令の公布の後に続いた国内の長期におよぶ政治的混乱が、翌年ついに終結する。ディドロが引用する演説は、宗教問題により国内を分断した政治的危機がようやく回避され、国王会議においておこなった国王演説である。ここでもまた、テクストには多様な「意志」とそれを表明する言葉が書き込まれる。パリ高等法院による王令登録拒否に始まった国内の長い分断状況は、九九年二月の王令登録においてついに解決する。王の言葉が合議体のなかで聴き取られ、分有されるさまがそこでは次のように記される。

「予は対外平和を確立したが、王国内にも平和をもたらすことを意志する」。王は王令を発した理由を述べたのち、次のようにつけくわえた。「わが王令を妨げるものは、戦争を意志している。予は明日にでも宗教関係者に戦争を布告するかもしれない。しかし、予は戦争をしないであろう。予は彼らを戦争に追いやることになるであろう。予は王令を発した。その守られることを意志する。予の意志は理性の役を務めなければならない。よく服従する国家においては、君主に理性を求めることはない。予は国王である。予は貴公らに王として語る。貴公らの従うことを意志する」。(*DPV*, V, 544)

さまざまな王の意志には、その「理由」と「理性」(いずれもraison)が与えられる。「戦争」と「平和」のように、王と他者の意志は共存し、競合もしている。王令の遵守や王の言葉への服従は、臣民への強制ではなく、王の意志に臣民が同意して初めて得られる。このテクストに反復されるのは、そのような討議的意志のありかたなのである。討議を通じて多様な意志が集い、国家のなかで合流していった輝かしいフランス王政における歴史的瞬間。このテクストを筆写しながら、ディドロは何を考えただろうか。租税問題と宗教問題というまったく同じ二つの国内の混乱をかかえたまま、しかしながら有効な政治的解決策を見いだせずにいた一七五一年当時の同時代の状況を、彼が想像しなかったとは考えにくい。「政治的権威」の定義の事例としてディドロがこの二つのテクストを引用したのは、偶然ではない。アンリ四世が国内の混乱を鎮め、未曾有の危機を回避したその過去の政治的記憶を召喚することによって、ディドロは同時代の政治的出来事を解読し、未来に為されるべき主権者の行為を提示している。「政治的権威」

を定義する『百科全書』の言語行為は、この意味で『百科全書』という辞書を通じたひとつの政治行為の実践にほかならなかった。「学識才能のある人びとが、公共福祉のために必要と思われることを、なんの恐れも感じないで……提案できる」こと、それこそが『百科全書』という辞書が担うべき政治的な使命であると、このときディドロは思ってはいなかったか(47)。

だが来たるべきその「公論」へと、ディドロら「文人たちの結社(48)」が託した夢は実現したであろうか。現実はむしろ逆であった。フランスにおける公共の言語は、不幸にも一七五四年九月、国王が発布した「沈黙の法」によって、強制的にその法的位階を著しく縮減させられてしまう。「ウニゲニトゥス」についてすべてのものに沈黙を命じ、これに違反したものを処罰する権限を高等法院に与える国王宣言が、この年に発せられたからである。『百科全書』もまた同様に、幾度もその言葉を阻まれていくことになろう。『百科全書』出版史の危機として知られる苦難の時期は、公共の言語の構築における知識人の参与と拒絶、戦略と抵抗の歴史と重なり合うのである。

注

本章は、以下のシンポジウム、研究会でその一部を日本語・フランス語で発表している。⑴二〇一四年三月一六日、立教大学シンポジウム「来たるべき一般意志」（主催：桑瀬章二郎、司会：王寺賢太）。⑵二〇一四年九月二〇日、『百科全書』・啓蒙研究会、慶應義塾大学（司会：寺田元一）。⑶二〇一四年一〇月一一日、関西フランス史研究会、京都大学（司会：竹中幸史）。⑷二〇一四年一二月六日、早稲田大学私立大学戦略的研究基盤形成支援事業キックオフ・シンポジウム「新しい人文学の地平を求めて――ヨーロッパの学知と東アジアの人文学」（司会：甚野尚志）。⑸ Séminaire d'histoire des idées. Méthodes, enjeux, études de cas, Le séminaire SHI est co-organisé par les laboratoires Triangle（UMR 5206）et IHRIM（UMR 5317）, à l'ENS de Lyon dans le cadre du LabEx Comod., le 3 mars 2016. 質疑の場で示唆に富む知見を下さった聴衆の方々に感謝したい。

（1）ディドロの「政治的権威」からの引用は、*DPV*による。なお、翻訳には既訳を主に用い、適宜訳語を変更した。

(2) De Delère à Rousseau, « [...] la fin de cet article ne répond pas au commencement : il ne faut pas toucher à ce qu'on ne peut manier à son gré. Pour peu qu'une âme forte montre de faiblesse, elle détruit son propre ouvrage. » J.-J. Rousseau, *Correspondance complète*, éd. R. A. Leigh, Genève, Banbury et Oxford, 1965–, t. IV, p. 20–21.

(3) Anthony Strugnell, *Diderot's politics : a study of the evolution of Diderot's political thought after the Encyclopédie*, « Archives internationales d'histoire des idées International archives of the history of ideas », The Hague, M. Nijhoff, 1973, p. 8–9.

(4) *Ibid.*, p. 14

(5) Jacques Proust, *Diderot et l'*Encyclopédie, (1962 1e éd), Paris, Albin Michel, 1996.

(6) Jean-Nicolas-Hubert Hayer, Jean Soret, *La Religion vengée, ou Réfutation des auteurs impies... par une société de gens de lettres...*, 12 tomes en 6 vols, Paris, Chaubert Hérissant, 1757.

(7) John Lough, « The Article AUTORITÉ POLITIQUE », dans *Essays on the* Encyclopédie *of Diderot and D'Alembert*, London, New York, Toronto, Oxford University Press, 1968, p. 424–462 ; John Lough, « Les idées politiques de Diderot dans l'*Encyclopédie* », dans *Thèmes et Figures du siècle des Lumières*, Genève, 1980, p. 137–146.

(8) *Journal de Trévoux*, Trévoux, Paris, 1752, p. 460.

(9) *La Religion vengée, op. cit.*, t. X, 1760, p. 261.

(10) たとえば、ロベール・ドラテ『ルソーとその時代の政治学』西嶋法友訳、九州大学出版会、一九八六年、二六―三九頁。

(11) ヨーロッパにおける古代から近代にいたるローマ書一三章解釈史を丹念に追った宮田光雄は、「社会契約論にもとづく近代国家論の展開するなかで、ローマ書十三章の演ずる余地は、ますます小さくなっていった」と指摘し、その実例としてロックとルソーを挙げている。『国家と宗教――ローマ書十三章解釈史＝影響史の研究』岩波書店、二〇一〇年、一五三頁。

(12) G. Lacour-Gayet, *L'éducation politique de Louis XIV*, 2e éd., Paris, Hachette, 1923 [1898]. 同書第二書「ルイ十四世の同時代人における王権理論」は、神権論が十七世紀に至ってニコル、ボシュエ、フェヌロンらによるガリカニスムによって被った大きな理論的転回の相を強調している。この点については、cf. Jean Mesnard, « La monarchie de droit divin, concept anticlérical », dans Gérard Ferreyrolles, Colloque Droit et pensée politique autour de Pascal, éds., *Justice et force politiques au temps de Pascal, Actes du Colloque Droit et pensée politique autour de Pascal*, Clermont-Ferrand, 20–23 sep-

tembre 1990, Paris, Klincksieck, 1996, p. 111–138.

（13） Voir « Antéchrist », dans Philippe Levillain, *Dictionnaire historique de la papauté*, Paris, Fayard, 1994.

（14） ドラテ、前掲書、p. 200–201.「要するにプーフェンドルフは、ある種の自由主義的な行文にもかかわらず、また制限君主政のための弁護にもかかわらず、依然として絶対主義者であり、しかもその結論が彼の体系の基礎となる諸原理と一致しない矛盾した絶対主義者なのである。相互性について、相互的義務について語ったあと、国王の命令が明らかに不正で彼が結んだ約束と矛盾している場合にも、彼に抵抗する権利を臣民に対して拒絶することによって、プーフェンドルフは、いかなる場合にも彼に従うよう強制する権力を、国王に与えるにいたるのである。だから、プーフェンドルフの場合には服従契約についての二つの見方があることがわかる。相互の義務の源泉としてそれを示したあと、彼は最後には、一切の論理を度外視して、おそらくは意図的にすら、それを実際には人民からその一切の権利を剝奪する絶対的服従、留保なき譲渡とみなすのである」（強調は引用者）。

（15） Pierre Nicole, *Traitté de l'education d'un prince, avec quelques autres traittez sur diverses matières morales.* [*Par P. Nicole, avec trois Discours de Pascal sur la condition des grands.*] Seconde édition revue et corrigée, Paris, Vve C. Savreux, 1671, p. 140–141.

（16） Nannerl O. Keohane, *Philosophy and the state in France: the Renaissance to the Enlightenment*, Princeton, N.J., Princeton University Press, 1980, p. 294.

（17） « Rien ne s'établit contre la volonté absolue de Dieu; & s'il permet quelquefois l'établissement d'une Autorité injuste, c'est toujours pour quelque vue inconnue aux hommes, & digne de son infinie sagesse », *Traitté de l'éducation*, *op. cit.*, p. 261–262.

（18） *Ibid.*, p. 257.

（19） アウグスティヌス『神の国』（赤木善光、金子晴勇訳）、『アウグスティヌス全集』邦訳第一一巻、三七三頁。

（20） *Religion Vengée, ibid.*

（21） *Ibid.*, p. 257–258.

（22） Jacques Proust, « L'Initiation artistique de Diderot », *Gazette des Beaux-Arts*, nº 55, 1960, p. 232, note 34. ディドロが王立図書館でホッブズ『市民論』仏訳を一九四七年八月二六日に借り出していることを、ジャック・プルーストが実証している。同日にディドロが借りているのは、ラルフ・カドワース『永遠・不変の道徳性』であった。ホッブズの同書のディドロによる読みの可能性については以下も参照。Jacques Proust, *Diderot et l'Encyclopédie*, *op. cit.*, p. 343.

(23) Thomas Hobbes, *Élémens philosophiques du citoyen, traicté politique ou Les Fondemesn de la Société civile sont descouverts par Thomas Hobbes, et Traduicts en François par un de ses amis*, Amsterdam, 1649, p. 200–201. 邦訳はホッブズ『市民論』本田裕志訳、京都大学出版会、二〇〇八年、二四九頁を参照した。

(24) Patrick Riley, *The General Will Before Rousseau. The Transformation of the Divine into the Civic*, Princeton, Princeton University Press, 1986; Francis Oakley, « Jacobean Political Theology : The Absolute and Ordinary Powers of the King », *Journal of the History of Ideas*, 29, nº 3 (Jul.–Sep., 1968), 1968, p. 323–346; Francis Oakley, « The Absolute and Ordained Power of God in Sixteenth- and Seventeenth-Century Theology », *Journal of the History of Ideas*, Vol. 59, No. 3 (Jul., 1998), p. 437–461; Francis Oakley, « The Absolute and Ordained Power of God and King in the Sixteenth and Seventeenth Centuries : Philosophy, Science, Politics, and Law », *Journal of the History of Ideas*, vol. 59, nº 4 (Oct., 1998), 1998, p. 669–690. この点に関してはさらに、カントーロヴィッチ『王の二つの身体』に指摘される〈地上における生ける法〉(lex animata in eterris)としての教皇および皇帝概念(エルンスト・H・カントーロヴィッチ『王の二つの身体』小林公訳、ちくま学芸文庫、上巻、二〇〇三年、一八四頁以下および第四章脚注一二八、四七三—四七四頁)、金子晴勇『近代自由思想の源流——16世紀自由意思学説の研究』創文社、一九八七年を参照。

(25) Francis Oakley, « Jacobean Political Theology : The Absolute and Ordinary Powers of the King », *op. cit.*, p. 332.

(26) 木崎喜代治「18世紀におけるパルルマンと王権」『経済論叢』第一三四巻、一九八四年、一八—四一頁、同「18世紀におけるパルルマンと王権(2)」『経済論叢』第一三五巻、一九八五年、一—二八頁、同「18世紀におけるパルルマンと王権(3)」『経済論叢』第一三六巻、一九八六年、一—二四頁。特にジャンセニスムと高等法院の問題については、Dale K. Van Kley, *Les origines religieuses de la Révolution française. 1560–1791*, traduit de l'anglais par Alain Spiess, « Points », Paris, Seuil, 2002 [*The Religious Origines of the French Revolution : From Calvin to the Civil Constitution. 1560–1791*. Yale University Press, 1996]; Catherine-Laurence Maire, *De la cause de Dieu à la cause de la nation. Le Jansénisme au XVIIIe siècle*, Paris, Gallimard, 1998.

(27) Keith Michael Baker, « Public opinion as political invention », dans *Inventing the French Revolution. Essays on French Political Culture in the Eighteenth Century*, Cambridge, Cambridge University Press, 1990, p. 167–200. なお、このベーカーの議論も含み、ハーバマスやダーントン、オズーフ、シャルチエなど、フランス啓蒙思想と公共性の議論に関してよく

整理した日本語の文献としては、山崎耕一『啓蒙運動とフランス革命——革命家バレールの誕生』刀水書房、二〇〇七年、特にその「序章」三—二四頁、および安藤隆穂『フランス自由主義の成立——公共圏の思想史』名古屋大学出版会、二〇〇七年、特に第二章「啓蒙思想と公共空間」、一五—五一頁がある。最新の研究史のまとめとして、竹中幸史「過ぎ去ろうとしない革命——フランス革命二〇〇周年以後の日本における革命史研究」『歴史評論』七六五、二〇一四年一月、七七—九五頁に教えられた。

(28) John Lough, « Les idées politiques de Diderot dans l'*Encyclopédie* », *op. cit.*, p. 137–146.

(29) Young-Mock Lee, « Diderot et la lutte parlementaire au temps de l'*Encyclopédie* », *RDE*, 29, p. 45–69; Lee, « Diderot et la lutte parlementaire au temps de l'*Encyclopédie* (deuxième partie) », *RDE*, 30, p. 93–126.

(30) リーは特に項目第一二段落における君主政と専政との対比のうちにモンテスキューの政体論との近さを認め、同じ主題がデュゲにも見られることを指摘している。Lee, *ibid.*, 2001, p. 111. モンテスキューにおけるバロック政体概念については、ここでは安武真隆氏の一連の議論を念頭に置いている。「モンテスキューにおける共和政の理念と君主政——『法の精神』における「富」と「名誉」」『政治研究』四一号、一九九四年、四一—八三頁、同「モンテスキューと共和主義」、田中秀夫・山脇直司編『共和主義の思想空間——シビック・ヒューマニズムの可能性』名古屋大学出版会、二〇〇六年、三二四—三五五頁を参照。

(31) Anthony Ashley Cooper Shaftesbury, *Essai sur l'usage de la raillerie*, trad. Justus Van Effen revue par Pierre Cost, Amsterdam, 1710. オランダ人ジャーナリストで十八世紀初頭に多くの英国文学・思想を翻訳したファン・エッフェンとディドロによるその翻訳の参照の具体例については、Ann Thomson, *L'âme des Lumières le débat sur l'être humain entre religion et science Angleterre-France, 1690–1760*, « Époques », Seyssel, Champ Vallon, 2013, p. 218.

(32) Lawrence Eliot Klein, *Shaftesbury and the culture of politeness: moral discourse and cultural politics in early eighteenth-century England*, Cambridge England; New York, NY, Cambridge University Press, 1994.

(33) *Essai*, *op. cit.*, p. 4.

(34) Klein, *op. cit.*, p. 167.

(35) *Essai*, *op. cit.*, 第一部第四節、p. 17–27 を参照。

(36) *Ibid.*, p. 69–70.

(37) Klein, *op. cit.*, p. 97–100 および p. 167–170. 以下も参照のこと。Laurent Jaffro, *Ethique de la communication et art*

d'écrire — Shaftesbury et les Lumières anglaises, « Fondements de la politique — Série Essais. », Paris, Presses Universitaires de France, 1998.

（38）*Mémoires du Duc de Sully mis en ordre par M. l'abbé de L'Écluse Des Loges*, vol. 1, Londres, 1747.

（39）ロバート・ダーントン『猫の大虐殺』海保真夫・鷲見洋一訳、岩波書店、一九八六年、「作家の身上書類を整理する一警部」、二一七頁。ダーントンの提示する「ガルソン」概念を用いた実際の分析については、寺田元一『「編集知」の世紀——一八世紀フランスにおける「市民的公共圏」と『百科全書』』日本評論社、二〇〇三年を参照。

（40）Antoine-Claude Briasson et Nicolas-Charles-Joseph Trublet, *Correspondance passive de Formey* (*1739–1770*), textes édités par Martin Fontius, Rolf Geissler et Jens Häesler, Paris-Genève, Champion-Slatkine, 1996.

（41）Tatsuo Hemmi, « Les références implicites dans le supplément éditorial de l'article AME de Diderot », *REEL*, n° 1, mars 2012, p. 41-61; Tatsuo Hemmi, « Le temps métaphysique et le temps philosophique — à propos du supplément éditorial de l'article AME », *REEL*, n° 2, mars 2013, p. 41-56; 逸見龍生「形而上学の時間と哲学の時間——『百科全書』ディドロ執筆項目「霊魂」の生成論的解釈学の試み」『日仏哲学研究』第一八号、二〇一三年九月、一六—三〇頁。

（42）Cf. Lee, *op. cit.*, 2001, p. 103–104.

（43）*Mémoires du Duc de Sully*, *op. cit.*, p. 467.

（44）*Ibid.*

（45）*Ibid.*, p. 468.

（46）*Ibid.*, p. 467.

（47）過去の歴史に範を求め、かつて存在した言語を国民の生きる現在の混迷し、分裂した時間に接続させること。この意味で「政治的権威」を定義する『百科全書』の言語行為は、辞書形式を通じた歴史記述の再説の試みと、過去の記憶の受容と再解釈をとおした政治的徳の言語の伝達の実践にほかならないといえる。混迷した現在時を深く問い直すために過去の言葉への遡行を促し、その言葉をみずから生き直すことによって市民的自由を求めたロレンツォ・ヴァッラ以来の人文主義者たちの政治的雄弁の系譜と、過去の国王の雄弁を引き写す十八世紀の哲学者の営為は、ここで確かに連続している。ヴァッラらのヒューマニスト的雄弁と市民的自由の擁護については、ロレンツォ・ヴァッラ『「コンスタンティヌスの寄進状」を論ず』高橋薫訳、水声社、二〇一四年、および根占献一『フィレンツェ共和国のヒューマニスト』創文社、二〇一五年を参照。なお、ディドロにおける政治的雄弁の主題の重要性については、ゴッジの近年の著作に詳しい。Gianluigi

Goggi, *De l'Encyclopédie à l'éloquence républicaine. Étude sur Diderot et autour de Diderot*, Paris, Honoré Champion, 2013. 同書の内容を踏まえた講演記録の邦訳として、ジャンルイジ・ゴッジ「最後のディドロと政治的雄弁」（川村文重訳、一八七―二四五頁）と王寺賢太による意をつくしたその解題（二四七―二五七頁、『ドニ・ディドロ、哲学者と政治』、王寺賢太監訳・解題、逸見龍生・王寺賢太・福田真希・川村文重訳、勁草書房、二〇一五年所収）がある。同講演において提起されているディドロの反ホッブズ的実践――とりわけ『市民論』第一二章第一三節にみられる僭主弑逆としての雄弁批判の主題への明示的な対抗的意図――は、すでにこの『百科全書』第一巻項目での主権者の権力の制限と言語の社会的地平の多元性の希求のうちに現れていると見るべきではないか。少なくともホッブズ『市民論』との論争的関係がこの項目の読解の鍵となるであろう点は、本論で示したとおりである。

（48）逸見龍生「文人たちの結社」『図書』七八〇号、二〇一四年二月、二―七頁。

本研究は、巻末に一括して記す科研費共同研究課題のほか、研究課題番号 24520342 および 16K13209 の助成を加えて実施された。

第二部　テクストの分析——本文典拠とその編集史

第5章　地名学から自然地理学へ

十八世紀フランスの辞典類はどのような地理知識を伝えようとしていたか

小関武史

はじめに

学問は時代とともに変化する。新たな学問が生まれたり、隆盛を誇った学問がすたれたりするだけではない。同一の名称を保持する学問が扱う対象も、そうした時代の変化と無縁ではない。

地理学もまた、そうした変容をこうむってきた。大航海時代の開幕は「地理上の発見」を伴うので、地理学の対象が空間的に拡大したのは当然のことである。しかし、問題はそうした空間的拡大にはとどまらない。十八世紀を通じて、以前は地理学の対象とは見なされていなかった一連の主題に注意が向けられるようになったのである。

この知的転換が進行した啓蒙の世紀は、地理辞典が次々に刊行された時代でもあった。地理に特化していない辞典でも、地理が重要な部門を成している場合がある。それらの辞典がどのような地理知識を伝えようとしていたかを跡づければ、地理学の変化を辿ることができる。本章では、トマ・コルネイユの『地理・歴史総合辞典』（一七〇八年）、ブリュザン・ド・ラ・マルティニエールの『地理・歴史批評大辞典』（一七二六―三九年）、『百科全書』（一七五一―六五年）の三つを中心に、地理学に生じた知的枠組みの転換を浮かび上がらせることを目指す。

1　『百科全書』の地理項目に混入された「大きな異物」

『百科全書』は、特定の領域だけを対象とした専門辞典ではない。人間のあらゆる知が取り上げられているが、項目の数で言えば地理が最も充実している。それらをつぶさに見てみると、二つに区分することができる。一方には、地名を見出し語とする一連の項目がある。数の上では大半を占めるが、個々の項目の分量は数行にすぎず、内容は貧弱であると言わざるをえない。そうした群小項目の執筆者は、⑴ディドロ、⑵無署名（おそらくディドロ）、⑶ジョクール、にほぼ尽きている。ヴォジヤンの『携帯地理辞典』(1)をはじめとする複数の辞典（『トレヴー辞典』やモレリの『歴史大辞典』など）から幅広く地名が拾われており、編集者が地名リストを充実させることに力を注いでいたことが感じられる(2)。

他方には、現在なら「自然地理学」(3)に属する内容の項目が一定数存在する。数は少ないが内容は豊富で、単調な地名リストに混入された「大きな異物」の観がある。それらの項目の多くはダランベールによって書かれており、ビュフォンからの引用を含んでいるケースが目立つ。たとえば、「大陸 CONTINENT」（IV, 113b）、「地球の形状 FIGURE DE LA TERRE」（VI, 749b–761b）、「河川 FLEUVE」（VI, 868a–874a）、「海 MER」（X, 358b–361b）(4)などが該当する。

このように、自然地理学は『百科全書』において執筆者・分量・典拠の面で別扱いを受けている。それは自然地理学と地名学が別々の学問として発展を遂げてきたからではないだろうか。自然地理学に属する項目が地理辞典を典拠としていない事実は、そのことを示唆しているように思われる。もしそうであれば、『百科全書』に先行するいくつかの地理辞典において、自然地理学はどのような扱いを受けてきたのだろうか。それを調べることによって、地理辞典がどのような知識を伝えようとしていたかが見えてくるのではないだろうか。

2　十八世紀初頭までの地理辞典およびブリュザン・ド・ラ・マルティニエールによる短評

「地理上の発見」によって世界中の地域に関する知識が増大すると、これを整理しようとする欲求が起こる。その方法がアルファベット順であれば、知識の集約は地理辞典という形を採ることになる。『百科全書』が刊行された段階で、最も完成度が高かったのは、ブリュザン・ド・ラ・マルティニエールによる『地理大辞典』である。[5] その序文には、十八世紀初頭までに刊行されたさまざまな地理辞典についての短評が記されている。そもそも、スペイン王フェリペ五世お抱えの地理学者が屋上屋を架す形で独自の地理辞典を著したのは、既存の辞典に不満を抱いていたからにほかならない。したがって、ブリュザンの辞典評を手がかりにすれば、彼が考える理想的な地理辞典のあり方がどのようなものであったか、それまでに刊行された地理辞典にはどのようなものがあって、それぞれがどのような特徴を備えていたかを辿ることができる。

ブリュザンが最初に言及するのは、十六世紀末にアントウェルペンで刊行されたラテン語の『地理宝典』[6] である。著者のアブラハム・オルテリウスは著名な地図製作学者で、最初の近代的地図と言われる「世界の舞台」（*Theatrum orbis terrarum*）を完成させたことで歴史に名をとどめている。ブリュザンは『地理宝典』について、「正確だが、古代人の歴史地理と文法地理に限定されている」と述べている。[7]

次に俎上に乗せられるのは、セルヴィト会修道士フィリッポ・フェラーリの遺著となった『地理語彙集』[8] である。「近代」地理に関しては新味があるものの、古代地理についてはオルテリウスに劣ると断じられている。フェラーリの欠点はそれだけにとどまらない。フェラーリはあまり知られていない項目を放棄したが、そうした項目は「まさにその理由によって、優先的に辞典に収録しなければならない」[9]。ここには、辞典に対するブリュザンの考え方が明確に表明されている。

このフェラーリの著作は、後続の地理辞典の叩き台となった。まず、ミシェル＝アントワーヌ・ボードランが増補改訂に着手する。古代地理と近代地理の両面において、大幅に項目が増やされる。一六七〇年に刊行された版[10]では依然としてフェラーリの名前が著者として掲げられていたが、一六八二年の新版においてようやくフェラーリの名前が消滅し、ボードラン固有の辞典となった[11]。ブリュザンはボードランの関与に対して厳しい評価を下す。古代地理に関してはオルテリウスに劣り、近代地理に関してはサンソン一族が作成した地図の受け売りにすぎないという[12]。

ボードランの欠点を解消することに努めたのが、シャルル・マティである。それまでの地理辞典はすべてラテン語で執筆されており、マティの『総合地理辞典』[13]の出発点はボードランをフランス語に訳すことだった。マティは献辞の末尾にしか自分の名前を掲げていない。ボードランにとらわれておらず、その欠陥を受け継いでもいない。その意味で、ボードランの原著よりもすぐれている[14]。そして、この辞典がすぐれていたことは、後続の諸辞典の多くがマティをそのまま引き継いだという事実が証明している。後続の辞典とは、モレリの補遺であり、コルネイユであり、『トレヴー辞典』である。実際、『トレヴー辞典』では巻頭の参考文献一覧にマティを含めており、項目内でも出典がマティであることを明記している場合が多い。

そして、ブリュザンが最も強く意識したのが、トマ・コルネイユによる『地理・歴史総合辞典』[15]である。偉大な兄の跡を追って劇作に励んだこの人物は、晩年にはさまざまな辞典の編纂に携わる。そのうち最もよく知られているのは一六九四年に出版された『技芸・学問辞典』であるが、コルネイユはこれだけで満足しなかった。なぜなら、「辞典は大いに有用なので、個別の分野を扱ったものが作られるのが望ましい[16]」からである。コルネイユはそのために「地理に関するあらゆること[17]」をあまたの著作のなかに追い求め、それを秩序立てて自分の辞典に盛り込んだと自負している。ところが、コルネイユに対するブリュザンの評価は非常に低く、「桁外れの欠点[18]」という表現まで持ち出すほどである。何がそれほどブリュザンの気に入らなかったのだろうか。

注目に値するのは、「地理に関するあらゆること」という表現である。つまり、コルネイユの認識では、この辞典に盛り込んだことが地理学のすべてということになる。それは具体的に何を指しているのだろうか。その筆頭に挙げられるのは、旅行家が言及する地上のあらゆる地名である。そこに付け加えられたのが、ヨーロッパの各王国を治めた歴代君主の事績であり、諸民族の習俗や宗教である。そうした特徴は、何よりもまずこの辞典の長々しい正式標題に現れている(19)。また、コルネイユが最も多くを負ったと述べているのはオーディフレの『古代・近代・歴史的地理』(一六八九―九四年)であり、その標題からもコルネイユの関心が歴史地理へと傾斜していることが見て取れる。

コルネイユに対するブリュザンの批判は、以下の二点に集約される。第一に、意図はよかったが、実際がそれに応えられていない。とくに古代地理の内容がひどく、古代の著述家に言及するときには、原典に当たっている形跡が見られない(20)。第二に、「用語の説明がほぼ完全に欠落している(21)」。ここで言う用語とは、厳密には地理用語である。ブリュザンは序文のもう少し先の方でこの問題に触れており、本論でも後に詳しく検討することにしよう。

3　ブリュザン・ド・ラ・マルティニエールの生涯と作品

先行する地理辞典を一刀両断に切り捨てるブリュザン・ド・ラ・マルティニエールとは、いったいいかなる人物なのだろうか。

生没年については諸説あり、確定が難しい。ミショーの『人名辞典』は、デマルケの著作(22)に基づいて、一六六二年に生まれたとする説を採用する(23)。他に一六八四年と一六八九年が生年に関する見解として掲げられているが、『地理大辞典』の序文と合致するのは一六八四年説である(24)。一方、没年に関しては、ミショーは一七四六年説を採用するが、一七四九年説にも言及している(25)。

この人物のフルネームは、アントワーヌ＝オーギュスタン・ブリュザン・ド・ラ・マルティニエールであり、ブリュザン以下全体が苗字である。しかし、同時代においては、ラ・マルティニエールまたはマルティニエールと表記されることが多かった。『百科全書』でもラ・マルティニエールとして言及されるのが一般的であり、上記ミショーの『人名辞典』では、項目はMの部で立てられている。

ブリュザンは、聖書研究で名を残したオラトリオ会士リシャール・シモン（一六三八―一七一二）の甥に当たり、その教育を受けた。歴史や地理の研究を始めたのも、叔父の助言による。一七〇九年、ドイツ北部のメクレンブルク公の宮廷にフランス使節として赴き、公の死後にデン・ハーグに移住した。ここで培った人脈を活かして、スペイン王の筆頭地理学者に任命される。当時のスペイン王は、ルイ十四世の孫に当たるフェリペ五世（在位一七〇〇―一七四六）であり、『地理大辞典』の献辞はフェリペ五世に向けられている。

『地理大辞典』以外にも多くの著作を残している。ミショーが「疲れを知らぬ書き手」あるいは「多産な書き手」と評したように、評論、詩、歴史など、脈絡なしに何でも書いた。しかし、その主著が『地理大辞典』であることに、異論の余地はない。初版は一七二六年から一七三九年にかけて、全一〇巻で刊行された。刊行地はゆかりの深いデン・ハーグである。続いて、改訂版が一七三九年から一七四一年にかけて、今度はパリを出版地として全六巻で刊行される。『百科全書』の典拠は、この改訂版の方である。

さて、すでに触れたように、その序文では先行するさまざまな地理辞典に対する評価が述べられるとともに、地理学のあり方に関する見解が表明されている。この点について、少し詳しく検討してみよう。

4　ブリュザンの問題意識――「地理学は何を対象とすべきか」

ブリュザンは、古代地理の記述が正確かどうかをしきりに問題視している。というのも、彼が地理の研究に身を投じたそもそものきっかけは、ゲルマン諸民族の歴史に関心をもったからである。その目的に到達するための鍵となるのが、地理学にほかならない。ブリュザンは言う。「私は歴史を研究するに当たり、地理の研究から始めた。そして、それが近代人の誰一人として充分には解明していない題材であることに気がついた」[26]。そこから、次のような定式が導かれる。すなわち、「よい歴史学者は真の地理学者である」[27]。歴史と地理の密接な関係を端的に表明した言葉である。

こうした認識は、ブリュザンが提唱する地理学の分類にそのまま反映されている。ブリュザンによれば、地理学は四つの分野に区分される[28]。そして、それらはすべて地理辞典に含まれるべきである。四つの分野とは、聖書の地名を扱う神聖地理学[29]、教区の境界や位置を扱う教会地理学[30]、古代・中世・近代に関する世俗・政治地理学[31]、詩や神話に登場する地名を扱う詩的地理学[32]である。ブリュザンによるこの分類は、地理学という学問に対する認識を示していて興味深い。この分類のなかには自然地理学が存在しないことにも、留意しておきたい。そして、ブリュザンは自らの分類を次のような「系統樹」にまとめて提示する[33]。

地理学
- 神聖地理学
- 教会地理学
- 世俗・政治地理学
  - 古代
  - 中世
  - 近代
- 詩的地理学

この図からは『百科全書』の「人間知識の体系図解」が想起されるが、両者ははっきりと異なっている。周知の通り、『百科全書』は人間の知性のうちに三つの異なる能力を認めている。すなわち、記憶・理性・想像力である。そして、そのそれぞれに、歴史・哲学・詩という学問の領域を対応させている。ブリュザンが地理学を歴史学と関連づけているのに対して、『百科全書』はこの「地球の記述」を歴史学から派生する学問としてではなく、哲学の一部門として位置づけている。その枝分かれの仕方は、次の通りである。哲学——自然の学問——数学——混合数学——幾何学的天文学——宇宙形状学——地理学。最後の部分については、ディドロが『百科全書』の「趣意書」においてこのように説明している。「天体の運動を量においてとらえると、幾何学的天文学が生まれる。そこから、宇宙形状学すなわち宇宙の記述が生まれる。この学問は、天空の記述たる天空学、水界の記述たる水界学、そして地理学に区分される」(34)。

その一方で、『百科全書』における歴史学の下位区分の仕方は、ブリュザンが提示した地理学の分類を想起させる。次の図は、『百科全書』の「人間知識の体系図解」のうち、歴史学の分岐の最初の部分だけを抜き出したものである。

歴史学
- 神聖歴史学
- 教会歴史学
- 世俗的古代・近代歴史学
- 自然歴史学（博物学）

二つの樹形図は、その語彙と構造の点で、驚くほどの類似を示している。もし、『百科全書』がブリュザンのシステムを維持していたならば、地理学は歴史学と関連づけられていたかもしれないのである。

ここで、一つの疑問が生じる。十八世紀前半において、地理学の枠組みに大きな変動が起きたのであろうか。それとも、『百科全書』の学問分類は理念先行にすぎず、実態を伴っていないのだろうか。それとも、地理学と「自然の学問」との間の関連は、すでにブリュザンにも存在しており、それが区分としては明示されていなかっただけなのだろうか。こうした問いに答えるうえで参考になるのが、ブリュザンが重視した上述の「用語」である。

『地理大辞典』の序文において、ブリュザンは自身の著作の特徴を二八カ条にわたって展開している。まず強調するのが地理用語の重要性であり、それらは先行する諸辞典では充分に考慮されていないものだった。

ボードラン氏は自身の著作の序文に、地理用語の定義をいくつか掲げた。そのため、書物の本体部分には地理用語を含めなかった。コルネイユ氏は地理用語を本体に含めたが、大多数を入れ忘れてしまった。「地理」という語さえ、見受けられないのである。私はそれらの語を自然な順序のもとに組み入れ、しかも彼らの誰よりも多くの数を取り上げた。そして私は固有名詞と区別するために、それらにこの☞という記号を添えた。何らかの原理が見出される場合や、有用性が当該項目にとどまらない場合には、同じ記号を欄外に置いた[35]。

ここでは、二つの点が注目に値する。第一に、地理用語は固有名詞と対比されている。第二に、ブリュザンはこれら地理用語の提示方法に特別な注意を払っている。それらは「自然な順序」に従って配置され、指さし記号で識別されている。ここで言う自然な順序とは、アルファベット順にほかならない。というのも、後に展開される方針第二五において、「自然な順序」は「巻末」と対比されているからである[36]。したがって、ブリュザンにとって地理用語は本体の外に別立てで示されるべきものではなく、辞典の項目として説明されるべきものと認識されていたことになる。

それでは、ここでいう地理用語とは、いったいどのようなものだろうか。一見したところ、ブリュザンは自然現象が問題とされる項目にこの「指さし記号」を付しているように思われる。しかし、その用法は必ずしも首尾一貫していない。記号を添える基準は何だろうか。そして、記号を有する項目では、どのようなことが書かれているのだろうか。ブリュザンの『地理大辞典』からいくつかの項目を抽出し、同じ見出し語の項目をコルネイユの『地理・歴史総合辞典』、さらには『百科全書』と比較検討してみよう。三つの辞典を対比することによって、十八世紀前半に地理学の対象がどのように変化したかを浮き彫りにできるだろう。

5　三つの辞典の対比的読解

1　項目「河川」――「文法地理」からの脱皮を図れるか？

まずは、コルネイユの項目「河川 FLEUVE」の全文を掲げる。

河川（フルーヴ）。大きな川（リヴィエール）、とくに他の川に合流することなく河口が海に注ぎ込む川のことを、このように呼ぶ。フルーヴという同じ名称は、アラクスやイステルのような古い川にも付与される。ヨーロッパにおける主な河川は以下の通りである。ドナウ、ライン、エルベ、オーダー、ヴェーザーは、ドイツを貫いている。ローヌ、ガロンヌ、ロワール、セーヌは、フランスの諸地方を潤している。マースとスヘルデはネーデルラントを流れている。テムズはイングランドを流域としている。エブロ、テージョ、グアダルキビール、グアディアナは、エスパーニャ諸国を洗っている。ポーはイタリアの一部を横切っている。ヴィスワはポーランドを二つに分けている。ドニエプルはロシアの広大な平原を通っている。ドン別名タナイスはアジアとヨーロッパを隔てている。そしてヴォルガはモスコヴィアに発している。

アジアにおける著名な河川は、ユーフラテス、チグリス、韃靼の名前のもとになったタルタル、インダス、ガンジスである。

ナイルとニジェールは、アフリカでは最もよく知られている。セント＝ローレンス、アマゾン、ラプラタは、アメリカで名高い河川である。オーディフレ『地理』第一巻。(37)

ここにあるのは、四大陸の「主な河川」の列挙にすぎない。しかも、お気に入りの典拠であるオーディフレからの引き写しである。コルネイユは項目冒頭で河川についての簡単な定義を示しているが、それにしても慣習的な用法にとどまる。河川がどのようなメカニズムによって形成されるかという問題には、まったく興味を示さない。それでは、ブリュザンのアプローチの仕方はどのような点で異なっているだろうか。『地理大辞典』の同名項目を見てみよう。

河川（フルーヴ）。大きな川（リヴィエール）。フルーヴとリヴィエールの違いについては、いまだに合意が得られていない。同じ河床に流れる水量によって区別するのだと主張すれば、充分小さい川であるにもかかわらず、かつて詩人がフルーヴの名を与え、散文作品においてもフルーヴとして通っているものがある。水源から海まで名前を変えることなく注ぐ川にこの名が適合すると言うなら、ラインはそのままの名前では大海に注がないので、フルーヴの称号は似つかわしくないということになる。他の川と合流したときにも名前を失わず、他の川の方が名前を失うような場合にのみこの名前が適していると言う人もあるが、それに対しては次のような反論がありうる。つまり、セーヌ、ロワール、マースなどはこの条件を満たしているにもかかわらず、通常の慣用ではそれらをフルーヴとは呼ばない。サンソン氏は議論をさらに一歩進めている。彼がフルーヴの名を認めるのは、大きな船舶を浮かべることができて、その流れが無視できないほどの川であり、その場合は水が直接海に注いでいなくても構わないという。サヴァやドラーヴァはドナウのうちに、マインやモーゼルはラインのうちに、それぞれ消え入るといった具合である。コルネイユ氏は、この名称はアラクスやイステルのような古い川にも付与されると述べている。しかし、新しい川などというものがあるだろうか。すべての川は同じように古いのではなかろうか。おそらく、彼が言いたかったのは、イステルやアラクスといった昔の名前で呼んでいる川ということなのだろう。この二つの川は、今ではそれぞれドナウ、アラスと呼ばれている。それなら話は分かる。こうした呼び方は高尚な文体で用いられるものであり、フルーヴという語はいかにも似つかわしい。大きな川の場合はなおさらで、そうなるとフルーヴだけが適切な語と言える。さらに指摘しておかなければならないのは、フルーヴの方がリヴィエールよりも詩的だということである。そういうわけで、詩人はほんのちょっとしたせせらぎにもフルーヴの名を濫発するのである。リヴィエールに関して言えば、この名称は大きな川にも小さな川にも適用される。ロワールにもゴブランにも、同じようにリヴィエールという言い方をする。この問題について一般的に述べるべきことについては、項目「リヴィエール」に回すことにする[38]。

コルネイユとは違って、ブリュザンは川の名前を列挙したりはしない。関心の所在はフルーヴとリヴィエールという二つの語の使い分けに限られているが、それでいて合理的で確固たる指針を示すには至っていない。フルーヴという言い方は「古い川」に適用されるというコルネイユの説に対しては、ほとんど言いがかりのような批判を展開している。しかし、ブリュザンにしたところで、河川が形成される自然的要因には無頓着である。この項目には指さし記号が付されておらず、ブリュザンが地理用語を定義する場と見なしていなかったことが分かる。ブリュザンはオルテリウスを評して「古代人の歴史地理と文法地理に限定されている」と述べていたが、二つの呼称の使い分けに拘泥している点で、「文法地理に限定されている」という批判がそのままこの項目におけるブリュザンにも当てはまる。

『百科全書』は、別の角度からこの問題を取り上げている。「河川 FLEUVE」の見出しのもとには四つの項目が集められているが、本論との関連では最初の二つが注意を惹く。最初の項目「河川 FLEUVE, RIVIERE」は見出し語を二つ立てており、類義語を扱う一連の項目の一つに数えられる。必然的に、執筆者ジョクールの関心は二つの語の区別に向けられる。

> 河川（フルーヴ、リヴィエール）。類義語。ここに掲げたのは二つの類義語だが、その違いについてはいまだに合意が得られていない。もっとも、合意に達することができるとしての話だが。この違いを同じ河床に流れる水量から導くのだと主張すれば、充分小さい川であるにもかかわらず、散文作品においてかつて詩人が与えたフ

ルーヴの名を保持しているものがある。〔…〕そしてコルネイユ氏は、この名称がアラクスやイステルのような古い川に付与されるよう望んでいる。しかし、新しい川などというものがあるだろうか。すべての川は同じように古いのではなかろうか。したがって、フルーヴとリヴィエールという二つの語の区別を定めることは不可能である。せいぜいのところ、慣例に従って次のように言えるだけである。第一、フルーヴは大きな川にしか用いられない。第二、リヴィエールは詩においては高貴ではない。第三、古代の川に言及するときはフルーヴという語を使う。その結果、アラクス、インダス、ガンジスなどをフルーヴと呼ぶ。第四、リヴィエールは大きな川にも小さな川にも適用される。というのも、ロワールにもせせらぎにすぎないゴブランにも、同じようにリヴィエールという言い方をするからである。ジョクール騎士による項目[39]。

一見して明らかなように、ジョクールはブリュザンの名前を表に出すことなく、コルネイユに対する揶揄まで含めて、その文章を引き写しにしている。引用の途中を省略したのは、ジョクールの文章がブリュザンのそれと同じだからである。ここで展開される説明には、新しいものが何も付け加えられていない。ジョクールは「類義語」という分類符号にあくまでも忠実であり、その枠からはみ出さない。

この項目の直後に置かれているのが、ダランベール執筆による項目「河川 FLEUVE」である。見出し語は一つだけだが、分類符号は二つに増えている。すなわち、自然学と地理学である[40]。

河川（フルーヴ）。男性名詞。（自然学および地理学。）〔…〕

私たちがこの項目で論じるのは、河川の起源、方向、変動、氾濫、流域、等々である。

河川の起源。せせらぎ、あるいは小さな川の場合、まとまった量の雨や溶けた雪に端を発することが時としてある。主として山に覆われた場所であり、アフリカや両インド、スマトラ島などで見受けられる通りである。し

かし、一般的に河川（フルーヴやリヴィエール）は泉から来る。「泉 SOURCE」を見よ。〔…〕

河川の方向。一般的に言って、大きな山は大陸の中央部を占めている。そして、旧大陸においては、大きな山脈は東西方向に走っている。同様に、大きな河川も大きな山脈と同じ方向に走っている。〔…〕

河川の現象と変動。一年のさまざまな季節に従って、そして時には一日のうちに、河川は大きな変動に見舞われる。こうした変動は、通常は雨や溶けた雪によって引き起こされる。〔…〕

一部の河川に見られる周期的な氾濫。一年のうち特定の季節に水かさを増し、その結果として氾濫を起こして周辺の土地を水浸しにする河川がある。〔…〕

河川の運動法則一般について。近代の哲学者たちは、河川の運動と流れを厳密な法則によってとらえようと努めてきた。そのために、幾何学と機械学を研究に適用してきた。その結果、河川の運動に関する理論は、近代自然学の一分野になったのである。〔…〕

河川の速度の測り方。自然学者や幾何学者は、そのためにさまざまな方法を模索してきた。〔…〕水の速さを知るための最も簡単で最も確実な方法は、水とほぼ同じ重さの物体、たとえば蠟の球を用意して、これを水のなかに投げ入れ、球の速さによって水の速さを判断するというものである。というのも、蠟の球はすみやかに、ほとんど一瞬のうちに、水の速さにほぼ等しい速さを獲得するからである。このように、実際的な事柄についてあれこれと創意工夫に身をやつしたあげくに、最初に思いついたことに回帰せざるをえないことがよくあるものである。グリエルミーニの著作集、ヴァレニウスの著作、およびビュフォン氏の『自然誌』を見よ。本項目はそこから引かれている。署名（*O*）[41]

ダランベールは項目冒頭で、フルーヴとリヴィエールの違いについて口を挟まずにはいられないが、「前の項目を見よ」という参照指示とともにその話題を切り上げて、本題に移る。そして、分類符号に即して項目の構成を予告する。実際、この項目はイタリック体で記された六つの小見出し（上記引用では傍点を付した）によって、明確に構造化されている。アレクサンドル・ギルボーによると、最初の四つが地理学の観点から、後の二つが自然学の観点から、河川をめぐるさまざまな問題を論じているという[42]。ここにおいて初めて自然地理学的な視点が導入されたことになり、河川を自然現象としてとらえようとする姿勢が見て取れる。項目末尾にビュフォンを含めた自然学者の名前が列挙されていることも示唆的である。ダランベールの項目は、コルネイユ、ブリュザン、ジョクールのいずれとも対照的である。

2　項目「山」――自然地理学的関心の萌芽か？

ブリュザンは項目「河川」において語句の問題にとらわれて、それ以外の要素を等閑に付してしまった。しかし、『地理大辞典』には自然地理学的な視点の萌芽を認めうるような項目が一定数存在する。この観点から、「山」を見出し語とする項目を三つの辞典で比較検討してみよう。

コルネイユの口調に変化はない。項目「河川」の場合と同じく、最初にごく簡単な「山」の定義を掲げるが、その後はひたすら実在の主要な山を列挙するだけである。オーディフレの名前を明示する締めくくり方も同じである[43]。

一方、ブリュザンは「山 MONTAGNE」の見出し語の前に、指さし記号を添えている。ここで提示する説明について、「有用性が当該項目にとどまらない」と判断している証拠である。ブリュザンは山を表す二つの類義語（モン mont とモンターニュ montagne）の用法に若干の行数を割いた後で、語彙をめぐる考察よりも重要な論点へと読者を導く。「山に関しては、考察すべきことがいくつかある。高さ、諸民族の境界になることが多い〔尾根の〕長さ、産物と利用法、地球上の他の山との関連や差異などである」[44]。項目はその通りに四つの小見出しによって分節されている。

このような構造化は、ダランベールの項目「河川」を想起させる。しかし、類似は表面上のことにすぎない。なぜなら、ブリュザンは決して自然学者として語っているのではないからである。たとえば、次のような一節がある。

「こうした規則は見事なものと言える。しかし、それらを理解できるのは幾何学者だけであり、私の読者の大多数にとっては無用であろう」[45]。ブリュザンの記述は、理論的な解明を目指したものというより、博識の披露と見なしうるとはいえ、ブリュザンは自然地理学に向けた一歩を踏み出したと言えるのではないだろうか。

『百科全書』は「山」の見出しのもとに複数の項目を集めているが、最初の二つが質量ともに他を圧倒している。議論の都合上、ジョクール執筆の第二の項目「山 MONTAGNES」から先に検討することにしたい。例によって、ジョクールはブリュザンに基づいて項目を仕立てている。

山（モンターニュ）。女性名詞。（地理学。）前の項目では、山を自然学者として考察した。本項目では、地理学との関係で山を考察することにする。すなわち、その位置、高さ、諸民族の境界になることが多い〔尾根の〕長さ、〔他の山との〕関連などである[46]。

この導入部において、ジョクールはブリュザンが敷いたレールから逸れることなく、論じるべきテーマを並べている。しかし、細部に着目すると、ブリュザンには見られなかった要素が二つ入りこんでいることに気づく。一つは「地理学」という分類符号であり、もう一つは自然学と地理学の対比である。したがって、ジョクールはブリュザンの論じ方を自然学者のものではなく、地理学者のものであると捉えていたことになる。

それでは、自然学者のアプローチとはどのようなものであろうか。ジョクールはその実例を「前の項目」のうちに見出していた。実際、ドルバックはその項目「山 MONTAGNES」に「自然誌、地理学、自然学、鉱物学」という四つの分類符号を添えている[47]。ドルバックが試みたのは造山運動の解明であり、その際に「博物学者の見解」に言及したり、「何人かの自然学者」を引用したりする[48]。そして最終段落では、ルエルの「システム」を紹介する。

ルエル氏の仮定によると、事物の本源において、私たちの地球を構成する物質は流体の状態で漂っていた。大きな山を構成する同様の部分は、お互いに接近して、水底で結晶作用を起こした。このように、ルエル氏はあらゆる原初の山を結晶体のようなものと見なしている。それらの結晶体は、塩のように集合して一体化することもあれば、隔絶されることもある。(49)

ドルバックは、この機会に自らの判断を加味することを忘れない。「この見解は大きな蓋然性を獲得するであろう(50)」。ルエルの説に信憑性を与えているのは、「物質」、「流体」、「結晶作用」といった自然科学の語彙である。そうした言葉遣いは、ブリュザンにもジョクールにも見られないものだった。

ここまでの議論を整理しよう。「山」を見出し語とする項目は、主題の扱い方によって三つに分けられる。第一に、コルネイユは固有名詞にしか興味を示さない。第二に、ブリュザンとジョクールは「地理学的」視点から問題を論じている。そして第三に、ドルバックは造山運動に関心を集中させ、自然学者として議論を展開した。ダランベールによる項目「河川」が「自然学および地理学」という分類符号を有していたことを思い起こそう。その二つの側面は、項目「山」において、言うなればドルバックとジョクールに配分されているのである。

3　項目「潮の満ち引き」——自然学に限定された主題か？

一部の用語では、固有名詞がまったく問題にならない。たとえば、潮の満ち引きといった自然現象が該当する。三つの辞典は、このテーマについてどのようなことを記しているだろうか。

コルネイユは一言も触れていない。確かに、世界各地の著名な干満の名称を挙げることなどできそうにない。コルネイユは潮の満ち引きという見出しで項目を立てる必要性を感じなかった。項目の欠如は、コルネイユが地理について抱いている観念によって、容易に説明がつく。

ブリュザンは、このテーマを決して無視はしなかった。しかし、項目「潮の満ち引きFLUX & REFLUX」は別の項目への参照指示を掲げるだけで、中身は何もない[51]。一方、参照先の項目「海MER」には指さし記号が添えられており、項目「山」の場合と同様の扱いを受けている。ブリュザンはまず、どのような角度からこの問題を論じるかを予告する。「私はすでに〔ラテン語由来の見出し語である〕「海MARE」のところで、古代の人々がこの語を用いたときのさまざまな意味を述べた。ここでは地理学と関連づけて、海に関することを説明する。もう一方の項目で述べたことは繰り返さない[52]」。このように宣言した後で、ブリュザンは項目の大半を割いて、あらゆる既知の海の「説明」を試みる。ブリュザンは以前の参照指示を忘れてはいない。しかし、第三巻の「潮の満ち引き」から第五巻第二部の「海MER」に辿り着いた読者は、次のような一文に遭遇するのである。「潮の満ち引きに関することは、地理学というよりむしろ自然学に属する[53]」。この断り書きの後でブリュザンが記すのは、潮の満ち引きについての詳細な観察記録であるが、この現象のメカニズムを解明しようとする姿勢は見られない。ブリュザンにおいて看取されるこのような自然学と地理学との対比は、越えがたい一線のようである。

『百科全書』では、ダランベールがこの問題を受け持っており、自然学者の立場からその解明が目指される。項目「潮の満ち引きFLUX ET REFLUX」は、語の定義と記述目的の提示から始められている。

潮の満ち引き。男性名詞。（自然学および水界学。）海水について観察される一日単位の規則的かつ周期的な運動であり、その詳細と原因とが、本項目の目的となる[54]。

ここで問題となっているのは、現象の描写ではなく、その原因の探求である。実際、ダランベールはあらゆる手段を駆使して、干満の理論を説明しようと努力する。「図版」に参照指示を送って幾何学的な説明を試みたかと思えば、ニュートンやオイラーといった自然学者を引用することもある。複雑な計算式を並べ立てることも厭わない。このようなアプローチの仕方は、コルネイユにもブリュザンにも見られなかった。

以上のことから、どのような結論を引き出すべきだろうか。潮の満ち引きは自然学の専権事項であって、地理学の対象ではないと言うべきだろうか。そうとも言えるし、そうでないとも言える。そうと言えるのはなぜか。ダランベールは自らの項目を地理学には関連づけなかった。彼が選んだ分類符号は、「自然学」と「水界学」である。そうでないと言えるのはなぜか。もしダランベールが『百科全書』「趣意書」において宣言された通りに「人間知識の体系図解」を受け止めていたならば、この項目の分類符号は「地理学」と「水界学」だったかもしれない、あるいはそうあるべきだったからである。ディドロは宇宙形状学から三つの学問、すなわち天空学、水界学、地理学を分岐させていたのではなかったか。さらに、ダランベールが参照させようとするのは、地理学の図版である。(55) 自然学と地理学とは、交換可能なほどに近接していたのではないだろうか。したがって、項目「潮の満ち引き」におけるダランベールは、事実上、「自然地理学者」として発言していたのである。

おわりに

地理学はまず、地名に関する知識を経験に基づいて集約することによって発達した。古代の著述家が言及している地名の場合、研究は歴史学に接近し、古代地理学が深められる。それは十八世紀初頭に至るまで、地理学における特権的な部門だった。その時期までに刊行された「地理」の名を冠する辞典は、ブリュザン・ド・ラ・マルティニエールの短評に見られた通り、古代地理を重視した。古い地名に対する関心は、語源研究の道を開く。その結果、もう一つの隣接分野が花開く。すなわち、文法地理学あるいは地名学である。

ブリュザンが地理学にもたらした革新は、研究対象を拡張し、理論的な内容を盛り込んだ点に存する。その際に効果を発揮したのが、辞典の本体部分に取り込まれた地理用語だった。しかし、何をもって地理用語と見なすか、その基準は不安定なままだった。一方において、指さし記号の導入によって、著者がしかじかの自然現象を説明しようと試みていることが明瞭に示される場合がある。項目「山」がその一例である。他方において、議論が語彙面に終始して、指さし記号が添えられないこともある。項目「河川」が典型的である。いずれにしても、ブリュザンはそれらの自然現象の原因を解明するには程遠い。

『百科全書』に項目を寄稿した人々は、地理学に生じた必然的な革新に対して、充分に意識的だった。「人間知識の体系図解」においては、この学問はもはや歴史学の一部門とは見なされず、明確に自然の学問に関連づけられていた。しかしながら、このような知の再編成は『百科全書』の本体でも一貫して尊重されていたわけではない。項目寄稿者たちは、地理学を自然学と対比させる傾向を脱することができなかった。地理学を博識に限定し、自然現象の分析を自然学の領域に閉じ込めていたのである。

十八世紀を通じて、地理学はこのようにして少しずつ自然科学に近づいていった。この緩やかな変化は、ブリュザン・ド・ラ・マルティニエールの『地理大辞典』における地理用語の扱いのうちにも、『百科全書』の「人間知識の体系図解」のうちにも、等しく見て取ることができる。しかし、地理学をめぐる知的枠組みの転換はまだ完成の途上にあった。

＊本研究は科研費（課題番号 24520083）の助成を受けたものである。

注

（1） François-Léopold Vosgien, *Dictionnaire géographique portatif*, nouvelle édition, Paris, Didot, 1749.

（2） 小関武史「『百科全書』地理項目の典拠を求めて――ディドロによる四つの事典の利用」、*REEL* 第一号、二〇一二年、九五―一一四頁。

（3） 自然地理学という符号を有する項目は、『百科全書』には二つしか存在しない。「垂直の裂け目 FENTES PERPENDI-

CULAIRES」(VI, 492ab, ダランベール筆)および「泉 FONTAINE」(VII, 81b–101a, デマレ筆)である。

(4) 項目「海」に関しては、ダランベールの担当部分は三五九頁左欄の一〇行目までで、そこから先はドルバックが見出し語を改めることなく記述している。

(5) Antoine-Augustin Bruzen de La Martinière, *Grand Dictionnaire géographique, historique et critique*, La Haye, P. Gosse, R. C. Alberts, P. de Hondt, 1726–39, 9 tomes en 10 vol. in-fol.

(6) Abraham Ortelius, *Thesaurus geographicus, recognitus et auctus*, Antverpiae, ex Officina Plantiniana apud Viduam, et Ioannem Moretum, 1596.

(7) Bruzen, *op. cit.*, t. 1, p. IX.

(8) Filippo Ferrari, *Lexicon geographicum: in quo Vniuersi orbis oppida, vrbes, regiones, prouinciae & regna, emporia, academiae, metropoles, fontes, flumina & maria antiquis recentibusque nominibus appellata suisq[ue] distantijs descripta recensentur…: cum indice copiosissimo Latino-Italico*, Mediolani, apud Iacobum Comum, 1627.

(9) Bruzen, *op. cit.*, t. 1, p. IX.

(10) Filippo Ferrari, Michel-Antoine Baudrand, *Lexicon geographicum*, Parisiis, apud F. Muguet, 1670.

(11) *Michaelis Antonii Baudrand Parisini Geographia Ordine litterarum disposita*, Parisiis, Michalet, 1682.

(12) Bruzen, *op. cit.*, t. 1, p. X.

(13) Charles Maty, *Dictionnaire géographique universel, tiré du Dictionnaire géographique latin de Baudrand, des meilleures relations des plus fameux voyages, et des plus fideles cartes*, Amsterdam, F. Halma, 1701, 2 tomes en 1 vol. in–4°.

(14) Bruzen, *op. cit.*, t. 1, p. IX.

(15) Thomas Corneille, *Dictionnaire universel géographique et historique*, Paris, Jean-Baptiste Coignard, 1708, 3 vol. in-fol.

(16) Corneille, *op. cit.*, t. 1, « Préface », page non numérotée.

(17) *Ibid.*

(18) Bruzen, *op. cit.*, t. 1, p. XI.

(19) 逐一日本語に訳すことは避けて、原題のみを掲げる。*Dictionnaire universel, geographique et historique contenant la description des royaumes, empires, estats, provinces, pays, contrées, deserts, villes, bourgs, abbayes, chasteaux, forteresses, mers, rivieres, lacs, bayes, golphes, détroits, caps, isles, presqu'isles, montagnes, vallées. La situation, l'estenduë, les limites, les*

distances de chaque pays; les religions, les moeurs, les coustumes, le commerce, les ceremonies particulières des peuples, & ce que l'histoire fournit de plus curieux touchant les choses qui s'y sont passées. Le tout recüeilli des meilleurs livres de voyages & autres qui ayent paru jusqu'apresent.

（20）Bruzen, *op. cit.*, t. 1, p. XI.

（21）*Ibid.*

（22）Desmarquetz, *Mémoires chronologiques pour servir à l'histoire de Dieppe*, Paris, 1785, 2 vol. in-12, t. 2, p. 37.

（23）Michaud, *Biographie universelle ancienne et moderne*, nouvelle édition, t. 27, 1854, p. 161.

（24）Bruzen, *op. cit.*, t. 1, p. I. ブリュザンは一七〇九年に二五歳だったと述べている。

（25）フランス国立図書館のオンライン蔵書目録に付随した著者注釈では、ミショーに依拠した生没年が掲げられている。

（26）Bruzen, *op. cit.*, t. 1, p. VII-VIII.

（27）*Ibid.*, p. XVII.

（28）*Ibid.*, p. XV.

（29）*Ibid.*

（30）*Ibid.*, p. XVI.

（31）*Ibid.*, p. XVII.

（32）*Ibid.*, p. XXI.

（33）*Ibid.*, p. XV.

（34）Denis Diderot, *Prospectus de l'*Encyclopédie, *DPV*, V, 114.

（35）Bruzen, *op. cit.*, t. 1, p. XXI-XXII.

（36）Bruzen, *op. cit.*, t. 1, p. XXVII. ブリュザンはこのように記している。「ボードラン氏のラテン語の辞典は、巻末に大都市、大司教区、司教区、自由都市、皇帝直轄都市、大学等々の一覧表を掲げている。フランス語の辞典においても、それらを無視すべきではなかっただろう。私はといえば、これらの一覧をアカデミー、大司教区、選挙、総主教代理区、都市、大学等々（ACADEMIE, ARCHEVECHÉ, ELECTION, EXARCHAT, VILLE, UNIVERSITÉ &c.）といった語句のもと、自然な順序で配置した」。改めて指摘するまでもなく、アカデミー以下の語（辞典の見出し語）はアルファベット順に配置されている（UとVは同じ文字として扱われる）。

(37) Corneille, *op. cit.*, t. 2, p. 103–104.
(38) Bruzen, *op. cit.*, t. 3, p. 81b–82a de la lettre F. Article « FLEUVE ».
(39) *Enc.*, VI, 867b–868a. Article « FLEUVE, RIVIERE ».
(40) Physique の訳語として，本論では「物理学」ではなく「自然学」を採用した。
(41) *Enc.*, VI, 867b–868a. Article « Fleuve ». 項目末尾に置かれたOは，ダランベールの執筆者符号である。
(42) 本書第8章「ダランベールの項目「河川」——項目の制作工程と河川の運動への数学の応用」を参照。
(43) Corneille, *op. cit.*, t. 2, p. 720b. Article « MONT ou *Montagne* ».
(44) Bruzen, *op. cit.*, t. 5, seconde partie, p. 516a. Article « MONTAGNE ».
(45) *Ibid.*, p. 516b.
(46) *Enc.*, X, 676a. Article « Montagnes ».
(47) *Enc.*, X, 672b. Article « MONTAGNES ».
(48) *Ibid.*
(49) *Ibid.*, p. 676a.
(50) *Ibid.*
(51) Bruzen, *op. cit.*, t. 3, p. 97a de la lettre F. Article « FLUX & REFLUX ».
(52) Bruzen, *op. cit.*, t. 5, seconde partie, p. 287b. Article « MER ».
(53) *Ibid.*, p. 288a.
(54) *Enc.*, VI, 902a. Article « FLUX ET REFLUX ».
(55) *Recueil de Planches*, Quatrième Livraison, 1767, Planche de la Géographie, figure 6.

第6章　『百科全書』の制作工程

ダランベールと引用の系譜学

井田　尚

はじめに

十八世紀のフィロゾフないし学者の専門家であれば、『百科全書』のなかに、その著者の哲学的ないし科学的概念を予示する萌芽状態の言説を探し求めたくなる誘惑に駆られがちである。しかし、『百科全書』をある著作の「典拠」として引用する場合には注意が必要である。なぜなら、すべての辞書と同様に、『百科全書』の多くの項目も、しばしば既存の辞典類、論文、著作を引用・編纂する編集作業の産物であることが、数多くの研究によって明らかになってきたからだ。[1] たとえば、逸見龍生は、項目「霊魂 AME」への編集者による補遺のなかで、ディドロがいかに霊魂の所在をめぐる多様な見解を紹介し、権威の過剰な増殖によって問題系そのものを揺るがそうとしているかを、典拠を特定しつつ論証した。[2]

こうした事実を考え合わせると、『百科全書』の共同編纂者にして科学項目の主要な著者でもあったダランベールの執筆項目にもディドロのケースに類する編纂作業が介在したと考えたくなるのが自然であろう。そこで、ダランベールが行った明示的・非明示的借用の事例をパターンに分類してダランベールの項目執筆手順の概要を可視的に「再現」し、『百科全書』の「制作工程」の一端を明らかにしたいと思ったのが、拙論執筆の単純な動機である。(3)

検証作業の出発点となったのは、英国のイーフレイム・チェンバーズによる百科事典『サイクロペディア』(Ephraim Chambers, *Cyclopaedia*) である。(4)『百科全書』の刊行計画は、もともとチェンバーズの百科事典をフランス語に翻訳する企画に端を発する。ディドロとダランベールは刊行計画の当初よりチェンバーズ百科事典のフランス語訳を入手していた。(5)ダランベール自身も『百科全書』の項目を執筆するのに頻繁にチェンバーズ百科事典を参照・引用したため、ダランベールが行った加筆や切り貼りなどの編集作業は、ダランベールが『百科全書』にもたらした個人的な要素を見分ける手がかりとして興味深い。この問題系に関する最近の研究成果としては、たとえば、フランスのダランベール研究を牽引するイレーヌ・パスロンによる項目「アバクス」と「地球の形状」の生成過程に関する論文、およびアレクサンドル・ギルボーによる項目「河川」への数学の応用を分析した論文が示唆に富んでいる。(6)

フランスの『百科全書』研究の第一人者マリ・レカ＝ツィオミスが指摘したように、剽窃同然の引用・借用が横行する一方で、辞典を含む書物が文芸共和国の共有財と見なされた大らかな時代の産物にふさわしく、項目を互いに自由に借用し合った十八世紀の辞典類に、現代的な「引用」や「典拠」の概念を当てはめるのは難しい。(7)

こうした事情を踏まえ、以下の本論では、検討対象の『百科全書』の項目本文の文言や内容が、『サイクロペディア』の対応項目および他の参照文献とほとんど同じ場合には、原則として「借用」と呼ぶことにする。また、「借用」が使用した文献もしくは著者の参照指示を伴う場合には「明示的借用」、参照指示が見られない場合には「非明示的借用」と呼ぶことにする。

1　チェンバーズからの明示的借用

1 翻訳＝ペーストによる項目(8)

まず、『サイクロペディア』からの借用の最も確実な印であるチェンバーズへの明示的な参照指示記号が見られる項目から検討しよう。『百科全書』がもともと『サイクロペディア』のフランス語訳として構想されたとは知っていても、チェンバーズの翻訳＝ペーストだけからなる項目がいくつもあるのを目の当たりにすると、なかなか衝撃的である。

デカルト主義者たちが存在を仮定した精妙な物質を定義・説明する項目「精妙な（自然学における）SUBTIL *en Physique*」は、いくつかの加筆、削除、修正などの編集作業を除けば、ほとんどチェンバーズの『サイクロペディア』の項目「精妙なSUBTILE」の翻訳版コピーである。以下に、『百科全書』の項目「精妙な（自然学における）SUBTIL *en Physique*」をチェンバーズの項目「精妙なSUBTILE」と並べて異同を検証してみよう。なお、読者の便のために、最初の数項目では『百科全書』のフランス語原文の和訳をあらかじめ添え、『サイクロペディア』から翻訳されたと思われる箇所には下線を施し、異同に関わる重要箇所は太字で強調した。

精妙な、形容詞。自然学では、動物精気や匂いのする物体の放散物のように、極度に小さく微細な物体を指す。項目「精神」、「流出物」、「放散物」などを参照せよ。

物質の一部分が他の部分よりも精妙なのは、その部分をさらに細かい小部分に分割できる場合に限る。そうした小部分は他の物体の細孔に、より容易に入り込む。項目「粒子」などを参照せよ。

デカルト主義者たちは、精妙な物質なるものを自分たちの第一元素としている。項目「デカルト主義」、「元素」および「精妙な物質」を参照せよ。

デカルト主義者たちはその物質が極度に微小で、ガラスやその他の個体のどれだけ小さな細孔にでも浸透する、と仮定していたので、自然界の現象の大半をこの物質によって説明できると主張している。項目「真空」、「充

満」などを参照せよ。チェンバーズ。（*O*）

SUBTIL, adj. *en Physique*, signifie un corps extrèmement petit, fin & délicat ; tels que sont les esprits animaux, les émanations des corps odorans, & c. *Voyez* ESPRIT, ECOULEMENS, EMANATIONS, &c. Une portion de matiere n'est plus *subtile* qu'une autre, qu'en se qu'elle ce divise〔sic〕en parties plus petites ; ces parties s'insinuent plus aisément dans les pores des autres corps. **Voyez PARTICULE, &c.** Les Cartésiens prennent pour leur premier élément une matiere subtile. *Voyez* CARTÉSIANISME, ÉLÉMENT & MATIERE SUBTILE. Ils la supposent si excessivement fine, qu'elle pénetre les plus petits pores du verre & des autres corps solides ; & il prétendent expliquer par son moyen la plûpart des phénomenes de la nature. *Voyez* VUIDE, PLEIN, & c. *Chambers.*（*O*） （*Enc.*, XV, 594ab）	SUBTILE, in physicks, intimates a thing exceedingly small, fine, and delicate ; such as the animal spirits, the effluvia of odorous bodies, & c. are supposed to be. See SPIRITS, EFFLUVIA, & c. One kind of Matter is only more subtile than another, in that being devided into smaller Parts, and those, too, more agitated; on the one hand, it makes less resistance to other bodies ; and on the other, insinuates itself more easily into their pores. **See MATTER, PARTICLE, ATOM, &c.** The Cartesians suppose a *subtile* matter for their first element. See CARTESIAN and ELEMENT. This they lay down as so exceedingly fine, that it penetrates the minute pores of glass, and other solid bodies ; and from this they account for most of phænomena of nature. See VACUUM, PLENUM, SUCTION, & c.〔...〕（*Cyclopædia*, 1741-43, II, 737ab〔1728, II, 144b〕）

ダランベールやその他の執筆協力者たちが用いた『サイクロペディア』のフランス語訳は現存しないが、両項目のテクストを比較すると、文章と内容が改行箇所に至るまでそっくりであることが分かる。このようなケースについては、ダランベールが仏語訳を介して『サイクロペディア』の対応項目をコピーし、チェンバーズのマークを付けたと考えて構わないだろう。

ダランベールが用いた仏訳の元になった『サイクロペディア』の版本を特定することは容易ではない。だが、『サイクロペディア』の初版（一七二八年）、第二版（一七三八年、ロンドン版）、第三版（一七四〇年、ダブリン版）、第四版（一七四一年、ロンドン版）、第五版（一七四一―四三年、ロンドン版）の該当箇所を比べてみると興味深いことが分かる。先に引用したフランス語と英語の二列の文章を対照してみよう。右側の列に見られる「項目「物質」、「粒子」、「原子」などを参照せよ」という参照指示はチェンバーズ初版には存在しない。このことから、『百科全書』の「項目「粒子」などを参照せよ」という参照指示は、チェンバーズの初版以外のいずれかの版に見られる項目「粒子」への参照指示の翻訳と思われる。

実際に用いられた版本の特定は難しいが、ディドロによる『百科全書』「第一趣意書」（一七四五年）に含まれるチェンバーズの項目の仏語試訳を元に版の特定に挑んだ鷲見洋一の推定によれば、「第一趣意書」の底本になったのは、第五版（一七四一―四三、ロンドン版）と一七四二年ダブリン版の可能性が高い[9]。チェンバーズの仏語訳は、ディドロとダランベールの前任者ギュア・ド・マルヴが『百科全書』の刊行元の四書店と編纂者として契約を結んだ一七四六年にすでに書店が保有している旨が契約に記されている[10]。「第一趣意書」の配布時期（一七四五年）およびディドロとダランベールによる『百科全書』の編纂作業の開始時期（一七四七年）も踏まえると、当時チェンバーズの最新版はやはり第五版（一七四一―四三、ロンドン版）、あるいは一七四二年ダブリン版ということになるので、『百科全書』の仏語本文との比較項としての両版の資料的価値は高い。以上の前提から、実際に『百科全書』本文の翻訳に使用された版は別として、本論ではチェンバーズ初版および第五版を『百科全書』本文の比較項として用いることにした。

項目「物質（形而上学および物理学）MATIÈRE（*Métaph. & Phys.*）」は、チェンバーズへの明示的な参照指示を伴った翻訳＝ペーストによる項目のもうひとつの典型例となっている。

> 物質、女性名詞（形而上学および哲学）延長をもち、固形で分割可能で、動的かつ受動的で、あらゆる物質的事物の第一元素として、そのさまざまな配列と組み合わせによって**すべての物体を形作る**。項目「物体」を参照、

せよ。

ホッブズ、スピノザらは宇宙のあらゆる存在は物質的であり、違いはそれらの多様な変化と運動等に由来するにすぎないと主張し、それゆえ、極度に精妙な物質は、非常に激しい運動によって揺り動かされると、思考することができると想像した。項目「霊魂」におけるこの見解の反駁を参照せよ。物質の存在については、項目「物体」および「存在」を参照せよ。チェンバーズ。

MATIERE, s. f. (*Métaph. & Phys.*) substance étendue, solide, divisible, mobile & passible, le premier principe de toutes les choses naturelles, & qui par ses différens arrangemens & combinaisons, **forme tous les corps.** *Voyez* CORPS. 〔...〕 Hobbes, Spinosa 〔sic.〕, *&c.* soutiennent que tous les êtres dans l'univers sont matériels, & que toutes leurs différences ne viennent que de leurs différentes modifications, de leurs différens mouvemens, *& c*, ainsi ils imaginent qu'une *matiere* extrêmement subtile, & agitée par un mouvement très-vif, peut penser. ***Voyez à l'article*** **AME, la réfutation de cet opinion.** 〔sic.〕 〔...〕 Sur l'existence de la *matiere, voyez les articles* CORPS& EXISTENCE, *Chambers.* (*O*) (*Enc.*, X, 189b–191a)	MATTER, MATERIA, *BODY* ; or an extended, solid, divisible, moveable and passive substance, the first principle of all natural things, from the various arrangements and combinations whereof, **all bodies are formed** 〔1728 : all natural Things are formed〕. 〔...〕 Hobbes, Spinosa 〔sic.〕, *&c.* maintain all the beings in the universe to be *material*, and their differences to arise from their different modifications, motions, *& c.* Thus *Matter* extremely subtile, and in a brisk motion, they conceive, may think ; 〔...〕 **See SPIRIT**. 〔...〕 (*Cyclopædia*, 1741–43, II, 92b–93b 〔1728, II, 510b–511b〕)

チェンバーズの初版、第二版（未確認）、第三版、第四版、第五版（一七四一―四三、ロンドン）を比較すると、あ

る点が注意を引く。『百科全書』項目「物質」の「すべての物体を形作る」という文章は、チェンバーズの初版に見られる「あらゆる自然物は形作られる」というよりは、(おそらく第二版を含めた)第三版から第五版に見られる「すべての物体は形作られる」のフランス語訳に近い。

項目「物質(形而上学および哲学)」では、単語の定義に、物質の本質に関する古今の哲学者の見解の歴史的紹介が続いている。興味深いのは、「思考する物質」の概念の歴史的紹介の後に、ダランベールによって「項目「霊魂」における見解の反駁を参照せよ」との参照指示が付け加えられていることだ。この参照指示の場所は、チェンバーズの項目「物質、マテリア、物体 MATTER, MATERIA, BODY」の「項目「霊魂」を参照せよ」という参照指示に対応している。

しかし、ダランベールが加えた参照指示は、チェンバーズの項目「霊魂 SPIRIT」、すなわち項目「物質、マテリア、物体 MATTER, MATERIA, BODY」の対義語への参照指示の単なる仏語訳ではない。ダランベールの参照指示は、項目「霊魂」の特定の箇所(*Enc.*, I, 334b–336a, 特に 335b–336a)に言及しているからである。該当箇所で項目執筆者のイヴォン師は、エピクロス、スピノザ、ホッブズが支持した「思考する物質」という仮説を、あるいは皮肉を込めて「見事な理論」と褒めたかと思えば、露骨に「ばかげた体系」ないし「背理」と決めつけて反駁している。だが、「思考する物質」なる仮説を反駁する行為そのものが、ロックの考えとされ、フランスではヴォルテールの『哲学書簡』(一七三四年)によって広まったあの名高い唯物論的見解に読者の注意を引きつける結果になることは否めない。もし項目「霊魂」の編集者ディドロが、反駁のこの「宣伝効果」を意識していたとしたら、これ以上ふさわしい項目執筆者の選択はない。神学者の権威によって保証された反駁は、検閲を恐れずに唯物論の哲学的射程について読者を啓蒙する最も安全な方策のひとつだからだ。

これはあくまでも状況証拠を元にした仮説にすぎないが、ダランベールは、ディドロによる編集補遺の論争的効果および参照指示のシステムの啓蒙的役割を存分に意識しながら、チェンバーズ百科事典から翻訳された項目「物質

（形而上学および哲学）」の末尾に、項目「霊魂」におけるイヴォン神父による唯物論の反駁への参照指示を加筆したとは考えられないだろうか。

2　ダランベールの個人的指摘を伴った翻訳＝ペーストによる項目群

多くの場合、ダランベールはチェンバーズ仏訳からの借用に最新の情報や参照指示を追加しているが、個人的に介入してチェンバーズの内容に反論・応答する場合もある。項目「宇宙的な（性質）COSMIQUES.（*Qualités*）」はその一例である(11)。

この項目で、ダランベールは『サイクロペディア』の項目「宇宙的性質 COSMICAL *Qualities*」を引用している。同項目によると、「宇宙的性質」とは、宇宙全体の構成に依存する物体の諸性質とされるが、ボイルによれば、物体は宇宙の外部に移動されると、こうした宇宙的性質の一部を失いながら、新たな宇宙的性質を獲得する可能性があるという。

チェンバーズからコピーしたこのボイルの仮説の論理的可能性は認めつつも、ダランベールは項目末尾に加えた哲学的コメントのなかで哲学者や読者に対し、別の宇宙における物質の特性について無根拠な推論を立てるのを控え、ニュートンらのおかげで人類が地上で獲得したごくわずかな知識で満足しようと勧めている。この哲学的なコメントによって、ダランベールは、事実の観察に基づいた実験科学の有用性を再確認しつつ、形而上学的な性質を一掃しようとしている。それは、自然法則のみによって説明されるべき物理世界の自律性を強調しようとする、いかにも物理学者ダランベールらしい身振りと言える。

ダランベールのコメントは項目「宇宙的（性質）」のように数段落にわたることもあるが、個人的な加筆が極端に少ないのでチェンバーズの翻訳からそのままコピーしたと思いたくなる項目も存在する。たとえば、項目「エーテル ETHER」のケースを見てみよう。

エーテル〔ÉTHER〕、男性名詞（物理学）通常この単語は、複数の哲学者によれば地球の大気の外縁から始まり、天空の全空間を占める精妙な物質を意味する。項目「空」、「宇宙」等を参照せよ。

宇宙の大半が完全に真空であると考えられないらしい複数の哲学者は、宇宙をエーテルと呼ばれる一種の物質で満たしている。何人かの哲学者は、このエーテルを、天体の隙間の真空を埋めるためだけに存在する特異な種類の物体と見なしている〔…〕。〔下線部：Art. ÆTHER, *Cyclopædia*, 1741–43, t. 1, 70b–71a ; *Cyclopædia*, 1728, t. 1, 41ab.〕これらすべては純粋に推論的であることが分かるが、その点については、「重さ」(PESANTEUR)、「重力」(GRAVITÉ) などの項目を参照せよ。（O）[12]

ほとんど全体がチェンバーズの項目「イーサー ÆTHER」の翻訳＝ペーストによる明示的借用からなるこの項目では、デカルト主義者によれば天空のエーテル層を占め、真空をまったく残さずに宇宙空間を満たすとされる精妙な物質の定義とニュートンによるその部分的反駁が紹介されている。ニュートンは、エーテル層の存在を認めつつ、精妙な物質はデカルトが想定した以上に希薄で弾力があると反論し、宇宙の充満なる概念（いわゆる真空嫌悪の概念）を否定している。

ダランベールは、『サイクロペディア』の同名の項目からコピーしたこれらの議論に、わずか一行の短いコメントを除けばほとんど何も付け加えていない。ニュートンが意外にもエーテルの概念を採用し、重力や物体の弾性までエーテル界の影響によって説明した事実を説明した段落に、ダランベールは「これらすべては純粋に推論的であることが分かる」という指摘だけを付け加えている。この指摘の直後には、チェンバーズからコピーされた項目「重さ PESANTEUR」と「重力 GRAVITÉ」への参照指示が見られる。

ニュートンの引力理論を評価したダランベールがこのようにニュートンの理論に否定的な留保を加えるのは珍しいが、その理由ははっきりしている。物質世界におけるエーテルの存在を証明することもエーテルの影響力を計算することもできないのに対し、引力は、それ自体としては仮説的な隠れた原因にすぎなくとも、その存在を仮定した天体の運行の計算結果が経験によって観察される天文現象と一致する点で、自然法則の要件を満たしている。

結局のところ、ダランベールは、デカルト哲学の要石であるエーテルの概念の仮説的・疑似科学的性質を指摘した上で、項目「重さ」と「重力」で紹介されているニュートンの引力説へと読者を誘導することで、引力説の科学理論としての「真性さ」を強調しようとしたのであろう。

物理学、天文学などの進歩につれて、十八世紀の前半にはニュートンの体系の要素の一部は、『自然哲学の数学的原理』（一六八七年）と『百科全書』の最初の数巻の刊行とを隔てる六〇年以上の年月によって時代遅れのものとなっていた。こうした思想の翻訳・輸入に伴う時代的文脈のずれを考慮に入れると、ダランベールによる加筆は、事情に通じていない同時代の読者から形而上学的誤謬との指摘を受けるのを避けるための予防措置でもあったとは考えられないだろうか。

2　チェンバーズからの非明示的借用

1　翻訳＝ペーストによる項目

ダランベールは、たとえば、項目「加速 ACCELERATION」を典型とする、チェンバーズの翻訳からの非明示的借用も数多く行っている。こうした翻訳＝ペーストによる項目は、時にダランベールが借用した典拠ないしチェンバーズの版に関する手がかりを与えてくれる。たとえば、項目「北風 BORÉE」はチェンバーズの項目「北風 BOREAS」の翻訳によるコピーである。

北風〔BORÉE〕、男性名詞（物理学）はギリシア語に由来する名詞で、通常北風を指すのに用いられる。項目「風 VENT」と「北 NORD」を見よ。

語源学者たちはこの語がギリシア語の *βοή* 喧噪、騒音、ないし *βοία*、*esca* 食物に由来するとしている。この風が食欲を与えると思われていたためか、あるいはこの風がわれわれに糧をもたらす大地の産物に好適だと思われていたためである。この語がヘブライ語の *biojah* 食物、ないし *beri* 静寂、ないし *bor* 純粋さ、ないし *bar* 麦、に由来するとしている者たちもいる。古代人はこの風が主としてトラキアで感じられると考えていた。ペズロンは古代において *borée* は北風を意味し、夏至の間この地の諸国に吹いていたと指摘している。ペズロンは、この語がケルト語の *bore* 朝、に由来すると付け加えている。夏には曙光が北東に見え、普通はこの方位からこの風が吹き始めるからである。〔下線部：*Cyclopædia*, 1741–43, t. 1, art. BOREAS, 274b.〕（*O*）[13]

だが、チェンバーズの初版と第五版に至るそれ以外の諸版の間には、いくつかはっきりした文面の違いが見られる。初版では項目が一段落からなり、単語の定義にフランス人の年代記作者ペズロンの考察が続き、語源の説明で締めくくられているのに対し、（おそらく第二版を含め）第三版から第五版では、語源がアステリスクを伴った独立した注として、単語の定義とペズロンによる考察の間に挿入されているのだ。『百科全書』の項目「北風 BORÉE」は、後者のテクスト構成を忠実に守っている。

しかし、チェンバーズ初版の項目「北風」は明らかに『トレヴー辞典』一七二一年版の項目「北風 BORÉE」からの借用と思われるだけに、事はそう単純ではない。チェンバーズの（おそらく第二版を含め）第三版から第五版は、トレヴー辞典一七二一年版とのテクスト構成の順序に至るまでそっくりである。語源が詳しく論じられている項目だけに、ダランベールは、マリ・レカ＝ツィオミスが示したように、『百科全書』の語源に関する項目群の借用元となったトレヴー辞典を直接コピーしたものと思いたくなるところだ。

この「二重の典拠」の問題を解決するヒントを与えてくれるのもまた、ダランベールによる項目の文章と編集に関する細部である。『百科全書』の項目「北風 BORÉE」には、「項目「風」および「北」を参照せよ」(«Voyez VENT & NORD.»)との参照指示が見られる。この参照指示は、初版以外のチェンバーズ諸版の項目「北風 BOREAS」に見られる参照指示(«See WIND and NORTH.»)のフランス語訳である。

ダランベールが用いている語彙も、チェンバーズからの直接の借用の形跡を留めている。この単語が物音や食べ物の概念と関係が深い語源をもつことを説明した文章には、「われわれに糧をもたらす大地の果実」(«les fruits de la terre qui nous donnent la nourriture»)という表現が見られる。この表現は、まさしくチェンバーズの(«the fruits of the earth, which yield us food»)という英語の表現に対応するものであり、トレヴー辞典による「われわれの糧をなす大地の恵み」(«les biens de la tèrre, qui font nôtre nourriture.»)という語源の説明とはやや語彙や表現が異なっている。

こうした点から、『百科全書』の項目「北風 BORÉE」のテクスト構成に関してトレヴー辞典が用いられた可能性は排除できないものの、同項目の執筆作業に、チェンバーズからの非明示的な翻訳=ペーストが大きな役割を果たしていることは確かだろう。

2　ダランベールの個人的コメントを伴う翻訳=ペーストによる項目

チェンバーズからの非明示的借用がダランベールの個人的なコメントを伴うケースも存在する。項目「弾性の(物理学)ELASTIQUE(*Physique*)」では、同項目の三分の二を占めるチェンバーズの項目「弾性の物体 ELASTIC *body*」(*Cyclopædia*, 1741-43, I, 638b ; *Cyclopædia*, 1728, I, p. 283a(636a))からの翻訳=ペーストに続いて、ダランベールが一人称で介入し、物体の弾性について二点の考察を加え、二つめの考察では、マリオットの『物体衝突論』に基づいて、なぜ鐘を棒で叩くと衝撃から最も離れた箇所が潰れるのかを説明している。(14)

項目「流体力学 HYDRAULIQUE」にも同種のチェンバーズからの借用が見られる。まずは引用を見てみよう。

> 流体力学、女性名詞（百科全書の秩序　悟性　理性　哲学ないし科学、自然科学、数学、混合数学、力学　流体動力学、流体力学）**流体の運動を考察し、河川から導水したり、河川の水が湧き出るようにしたり、あるいはその他の目的で揚水したりする方法を教える力学の分野である。**
>
> **この語はギリシア語の *ὕδωρ, aqua* 水と *αυλος, tibia* フルートからなる *ὕδραυλος* 鳴り水に由来する。**この語源の理由は、流体力学が古代人においてはオルガンのおもちゃの作り方を教える学問に他ならず、**オルガンの最初期においてはふいごの応用が発明されておらず、水の落下を利用してオルガンに風を送り込んで鳴らしていたからである。**項目「オルガン ORGUE」を見よ。〔太字部分：*Trévoux*, 1721, art. HYDRAULIQUE, p. 735.〕〔下線部：*Cyclopædia*, 1741–43, I, art. HYDRAULICKS, 1004a ; *Cyclopædia*, 1728, I, Art. HYDRAULICKS, 271a（1022a）.〕
>
> 流体力学は河川の導水と揚水やそのために適した機械類についてのみならず、流体の運動の一般的な法則も扱う。項目「運動 MOUVEMENT」を見よ。〔下線部：*Cyclopædia*, 1741–43, I, art. HYDRAULICS, 1004a ; *Cyclopædia*, 1728, I, Art. HYDRAULICKS, 271a（1022a）.〕しかし、数年来、数学者たちは流体の運動の一般科学に流体動力学の名を与え、流体力学の名を特に水の運動、すなわち生活のさまざまな必要に応じて導水、揚水、治水する技術に関係する諸科学に限定するようになった。項目「流体」（FLUIDE）、「流体動力学」（HYDRODYNAMIQUE）で流体一般の運動法則を参照されたし。

流体静力学は、したがって静止状態にある流体の均衡を考察するものであり、均衡が破れると運動が生じ、そこから流体動力学が始まるのである〔…〕。

揚水する技術と、サイフォンやポンプや注射器や噴水や吹き上げなど、この用途に供するさまざまな機械は、それぞれの箇所で記述されている。項目「サイフォン」（SYPHON）、「ポンプ」（POMPE）、「注射器」（SERINGUE）、

「噴水」(FONTAINE)、「吹き上げ」(JET-D'EAU) などを参照せよ。流体力学の機械類が論じられている本項目の続きも参照せよ。

流体力学を開拓し完成させた主な著者たちは、『水その他の流体の運動に関する論考』におけるマリオット、『水流計測論』で流体力学の非常に複雑な原理を実用化したグリエルミーニ、項目「流体 FLUIDE」を参照せよ、『自然哲学の数学的諸原理』におけるニュートン氏、『科学アカデミー論集』におけるヴァリニョン氏〔下線部：*Cyclopædia*, 1741-43, t. 1, art. HYDRAULICKS, 1004b ; *Cyclopædia*, 1728, t. 1, art. HYDRAULICKS, p. 271A (1022a).〕、ストラスブールで一七三八年に刊行された『流体動力学』という論考におけるダニエル・ベルヌーイ氏、一七四三年にローザンヌで刊行された四つ折り本、全四巻の著作集の最終巻として刊行された『流体力学』におけるジャン・ベルヌーイ氏である。私もこのテーマに関して、『流体の均衡と運動論』という題名の著作を執筆した。項目「流体動力学 HYDRODYNAMIQUE」を参照せよ。(O)[15]

同じチェンバーズからの非明示的引用とはいっても、本項目では、チェンバーズからの借用部分がダランベールの個人的介入によって度々寸断されているため、項目全体がチェンバーズからの借用とダランベールの加筆の交互の反復からなるパッチワークの様相を呈している。さらに、項目冒頭における単語の定義が、『トレヴー辞典』の項目「流体力学」からの借用とダランベールが挿入した文章の組み合わせからなることも指摘しておかねばならない。おそらく、ダランベールは流体力学の語の定義を『トレヴー辞典』から借用し、項目の残りの部分については、チェンバーズからの借用の合間を自らの文章で補ったものと思われる。

この執筆プロセスがどちらかと言えばルーティン的な手法と言えることは、同項目を項目「流体動力学 HYDRODYNAMIQUE」と比べてみると、一層よく分かる。チェンバーズからの借用がまったく見られない項目「流体動力学」は、そのほとんどがダランベールの手になるからだ。

興味深いことに、「流体動力学」（hydrodynamicks）という単語は『サイクロペディア』の初版から第五版にも、一七五三年の『サイクロペディア補遺』にも載っていない[16]。ダランベールはチェンバーズに同名の項目が存在しないために項目全体を執筆する必要に迫られたと考えたくなるところだが、流体の動態を分析する当時比較的最新の理論的学問であり、自らの専門分野にも属する流体動力学を自分の言葉で定義し直したいと思ったのが真相に近いのではないか。

いずれにせよ、ダランベールには、自分がベルヌーイ、オイラーら先達に劣らず貢献したと自負していた分野における第一線の権威として振る舞う動機が充分にあった。というのも、アレクサンドル・ギルボーによれば、ダランベールは同項目の執筆にあたって、流体の運動に関する研究の歴史を総括することだけでなく、自らの流体理論を、『流体動力学』（一七四二年）の著者であるダニエル・ベルヌーイの反論から守ることを狙いとしたからだ[17]。

事実、項目「流体動力学 HYDRODYNAMIQUE」では、単語の定義にダニエル・ベルヌーイに不利な流体動力学の理論的歴史、さまざまな状況における液体の流動に関するダランベールの個人的考察の数々が続いた後、流体の運動に関する自らの理論の長所を強調した、『液体の均衡と運動論』（一七四四年）、『流体の抵抗についての新理論のための試論』（一七五二年）といった自著への参照指示で項目が締めくくられている。項目「流体動力学」にチェンバーズからの借用が明らかに見られないこと、ダランベールが個人的な介入を頻繁に行っている理由は、このように、ダランベールの強い個人的かつ論争上の動機によって説明しうるだろう。

チェンバーズからのコピーに基づく項目「弾性の ÉLASTIQUE」および項目「流体力学 HYDRAULIQUE」におけるダランベールの個人的なコメントの主な目的は、論じられているテーマに関する最新の科学的情報を提供し、チェンバーズからの借用の記述や文献参照情報を更新することを狙いとしたものである。これは必要な作業であった。なぜなら、『サイクロペディア』初版（一七二八年）の刊行から、「弾性の ÉLASTIQUE」（『百科全書』第五巻、一七五五年）の場合には三〇年弱、項目「流体力学 HYDRAULIQUE」に関しては約二七年もの時が経過していたからである。

3　チェンバーズを含む複数の典拠および自著からの借用

1　明示的な引用を含む項目

ダランベールは、ある項目がどの分野に属するかによって複数の文献を頻繁に利用した。ピエール・クレペルが論文「『百科全書』における〝物理学〟」で指摘したように、[18] ダランベールは物理学についてはミュッセンブルーク、天文学についてはルモニエを利用した。本研究でも、ダランベールがある項目をチェンバーズからの明示的もしくは非明示的な引用で始め、それをこうした参照文献や自らのコメントで補っているケースが複数確認された。

項目「発散物 EXHALAISON」は、ダランベールが執筆した項目に特徴的な編集技術を教えてくれる典型的な例である。

発散物、女性名詞（物理学）ある物体から発散したりただよったりして、空気中に拡散する煙ないし蒸気。項目「放射物」を参照せよ。

発散物と煙は通常区別されずに同じ意味で用いられるが、正確な著者は両者を区別する。彼らは水やその他の液体から立ち昇る湿った煙を蒸気と呼び、土や火や鉱石や硫黄や塩などの固体から放たれる乾いた煙を発散物と呼ぶ。項目「蒸気」を参照せよ。

ニュートン氏は、永続的な真の空気は非常に固く稠密な物体から立ち昇る発散物からできていると主張している。項目「空気」を参照せよ。ハリスおよびチェンバーズ。〔下線部：Art. EXHALATION, *Cyclopædia*, 1741–43, I, 712ab; *Cyclopædia*, 1728, I, p. 364a〕

ミュッセンブルーク氏によれば、時々、空気中にただ同じ一種類の発散物が非常に長くつながって漂うのが目

撃されている。そうした発散物には、以前地中で保っていた形に比して、もともとそうであった固体から流体に
なったという点、あるいはもともとそうであった凝縮された流体から、より希薄な流体へと変化し、部分部分が
互いに切り離されて空気中を漂って滞留できるようになった、という点だけしか違いがない。そうした流体は、
したがって、以前保っていた複数の特性、すなわち、希薄化によって変化しなかった特性を保持しているに違い
ない。[…]。[19] [波線部分：Art. DAMPS,

Cyclopædia, 1741-43, I, 519b-520a; Cyclopædia, 1728, I, 162b-163a] チェンバーズ

博物学者たちの著作には、こうした有害な発散物の効果の例が見られる。

[網かけ部分：Pierre Van Musschenbroek, *Essai de physique*, 1751, Leyden, t. 2, § 1491-1492, p. 714-715.]

以下は、一七〇一年の『科学アカデミー年誌』で報告されている内容である。[20] レンヌの町の井戸の近くで働い
ていた石工が井戸の中に槌を落としたので、それを拾いに作業員がやったら、水面に辿り着く前に窒息死してし
まった。遺体を探しに降りて行った二人目にも、三人目にも同じことが起こった[…]。[21] *O*

項目「発散物」は三種類の借用から構成されている。単語の定義と用例を示した項目冒頭の下線を施された文章は、
『サイクロペディア』の項目「発散物 EXHALATION」からの翻訳＝ペーストによる借用である。発散物のさまざま
な現象や効果が説明された次の段落のグレーに塗りつぶされた文章は、ダランベールのお気に入りの参照文献のひと
つであるミュッセンブルークの『物理学論』からの明示的借用である。

そして、発散物の有害な効果を示す波線部分のエピソードには、「一七〇一年の科学アカデミー年誌」とコナーの
『医学物理学論文』(*dissert. medic. physiq.*) への参照指示がついている。[22] だが、これらの参照指示に騙されてはなら
ない。なぜなら、このエピソードは参照先の文献からの直接の引用ではなく、『サイクロペディア』の項目「毒気

DAMPS」からの翻訳＝ペーストによる借用だからである。

ニュートン物理学の最も基本的な概念を説明した項目「引力ATTRACTION」も、項目「発散物」に似た編集原理に基づいている。

> 引力、女性名詞、*ad* と *traho* 私は引く、の合成からなる *attractio* ないし *tractio*、は力学において、動く物体を、それを動かす力が引き寄せたり近づけたりする動力の作用を意味する。項目「力」（PUISSANCE）と「運動」（MOUVEMENT）を参照せよ〔…〕。〔下線部：Art. ATTRACTION, ATTRACTIO, or TRACTIO, *Cyclopædia*, 1741–43, t. 1, 200b；*Cyclopædia*, 1728, t. 1, 171b–172a.〕
>
> 〔…〕さらに、それらに作用して動かす外的な原因がどうしても見つからないのに、物体同士が互いに近づくさまざまな場合があることが、観察によって知られている。したがって、この運動を外的な衝突に帰する者の誰もが、この原因をあまりに軽々しく仮定しているのである。したがって、〔…〕重力に関して証明されたように、この原理［衝突］によってこれらの現象を説明することが不可能か、もしくは非常に困難な場合には、なおさら、これらの現象を衝突のせいにしてはならない。Mussch. *Essay de Phys.*［ミュッセンブルーク『物理学試論』］〔以下参照：Musschenbroek, *Essai de physique*, 1751, Leyden, t.1, §535, p. 269.〕
>
> 〔…〕未知の、すなわち（結果は万人の眼前に存在するので）原因が分からない引力の原理は引力と呼ばれるものであり、この一般名詞には、衝突が起こらず、故に自然界の既知の法則によって説明できないさまざまな相互作用の傾向が含まれる。〔Art. ATTRACTION, ATTRACTIO, or TRACTIO, *Cyclopædia*, 1741–43, t. 1, 201ab; *Cyclopædia*, 1728, t. 1, 172ab.〕
>
> 〔…〕滴の形で一度も目撃されたことがない空気と火と光を除いて、流体のすべての部分は、それらの液体の滴のねばり強さと丸さから分かるように、互いに引きつけ合う。それらの同じ流体は、真空の中でも空気中でも滴

の形になり、固体を引きつけるとともに、固体からも引きつけられる。そのことから、引力がいたるところに及んでいることが分かる〔…〕。Mussch. *Essay de Phys.*〔ミュッセンブルーク『物理学試論』〕〔以下参照：Musschenbroek, *Essai de physique*, 1751, Leyden, t. 1, §539, p. 272.〕

〔…〕引力の原理および複数の哲学者たちが引力を応用したやり方を試すために、以下にニュートン氏、キール氏、フレンド氏らによって提出された主な法則を書き添えよう。

公理一　惑星や彗星を軌道につなぎ止める引力の他に、物体を構成するさまざまな部分が互いに引きつけ合う別の引力があり、この力は、距離の二乗の反比例以上に減衰する〔…〕。〔下線部：Art. ATTRACTION, ATTRACTIO, or TRACTIO, *Cyclopædia*, 1741–43, t. 1, 202a–203b ; *Cyclopædia*, 1728, t. 1, 174b–175a.〕

〔…〕本項目の冒頭でお約束したことを守るために、引力についてこう考えるべきだと思われる内容を以下に記す。すべての哲学者たちは、一次的な惑星を太陽に引き寄せる力と、二次的な惑星を一次的な惑星に引き寄せる力とが存在することに同意している。無用に原理を増やしては断じてならないし、衝突は、物体の運動の最もよく知られ、最も異論のない原理なので、哲学者が最初に思いつくのが、この力をある液体の衝突のせいにすることなのは明白だ。デカルトの渦動は、この考えから生まれた〔…〕。だが、いわば大雑把な現象を、それも曖昧なやり方で説明できれば仮説として充分というわけではない。細部こそが仮説の試金石なのであり、そうした細部こそがデカルトの体系の破滅の元となったのだ。項目「重さ PESANTEUR」、「渦動 TOURBILLON」、「デカルト主義 CARTESIANISME」、などを参照せよ〔…〕。

ニュートン主義の最も著名な支持者であるモーペルテュイ氏は、天体の形状に関する論考のなかで、引力の体系とこの体系についての数々の考察について見解を示した〔…〕。同著者は、『アカデミー論集一七三四年号』で、ローベルヴァル、フェルマー、パスカルの三氏が、ニュートン氏よりはるかに前に、重力が物体に内在する引力であると信じていたと指摘している〔…〕。こうした考察は、ニュートン氏の支持者の数を増やしこそすれ、氏

の栄光を何ら減ずるものではない〔…〕。(O)[23]

項目「引力」の四分の三はチェンバーズからの翻訳＝ペーストによる非明示的借用に占められ、特に冒頭部分では、チェンバーズからの非明示的借用とミュッセンブルークの『物理学試論』からの明示的な引用とが交互に引かれている。十八世紀フランスにおけるニュートン主義の影響力を考えると、項目「引力」にチェンバーズからの引用があまりに多い事実は、ダランベールによるニュートンの引力概念の独創的な定義や説明を期待する現代の読者を落胆させかねない。

しかし、紙幅の都合上詳細は省くが、筆者の典拠調査によれば、項目「引力」ではチェンバーズとミュッセンブルークの引用が確かに文章全体の八〇％を占めるとはいえ、ミュッセンブルークの明示的な引用には、文章表現を書き換えた形跡が顕著に見受けられる。また、ダランベールの個人的なコメントも二〇％、すなわち項目の約五分の一という辞書としては異例の量に達していることからも、ダランベールがいかに引力の概念に特段の関心を抱いていたかが分かる。

項目の末尾に見られるダランベールの個人的コメントは哲学的性格のものである。このコメントのなかでダランベールはデカルトの渦動説を斥け、ニュートンの万有引力説を、自然現象を最もうまく説明しうる仮説として評価しつつも、引力を「われわれには隠された原因」に帰し、ニュートンの万有引力説がいつの日か科学の進歩によって証明されることを祈念している。

ニュートン主義がフランスで本格的に普及するのは、エミリー・デュ・シャトレーによる『プリンキピア・マテマティカ』の全訳『自然哲学の数学的原理』が出版された一七五六年以降のことである。ダランベールが項目「引力」を執筆した段階では、科学界ではすでにデカルト主義に対するニュートン主義の優勢が決定的になっていたが、引力説は全面的な支持を受けていた訳ではなかった。項目「引力」におけるダランベールの党派的な論調は、デカルト主義者とニュートン主義者の対抗関係が、『百科全書』第一巻が刊行された一七五一年には未だアクチュアルなものであったことを示している。

ここでは詳述しないが、ダランベールが力学と物理学の項目の執筆に利用した代表的な典拠には、ドイツにおける哲学者ヴォルフの祖述者フォルメーの原稿も含まれている。『百科全書』の最初の編纂者であったギュア・ド・マルヴは、フォルメーが出版を計画していた哲学辞典の手稿を買い取った。『百科全書』の出版元の四書店の一七四七年一〇月一九日付の会合の議事録には、九月二五日付と一〇月三日付のフォルメーの書簡への回答として、ベルリン宛に『百科全書』を一部送ること、貸与した草稿を良好な状態で返却すること、『百科全書』の序文で自分の名前に言及すること、というフォルメーの要求をすべて呑んだ上で、フォルメーの資料の送料としてド・マルヴ神父が用立てた三〇〇リーヴルを神父に払い戻すよう定めた契約が結ばれた、との記述が見られる(24)。上述の契約に従って書店側から提供されたフォルメーの手稿は、チェンバーズ『サイクロペディア』のフランス語訳と並び、新たに『百科全書』の編纂に加わったディドロとダランベールにとって貴重な情報源になるとともに、その玉石混淆の内容は編纂作業の足枷ともなった。

ダランベールがチェンバーズの非明示的引用に『王立科学アカデミー年誌・論集』の明示的引用を組み合わせているケースも頻繁に見られる(25)。自身アカデミー会員であったダランベールにとって、『王立科学アカデミー年誌・論集』への依拠はごく自然なことだった。最新の科学知識・科学論争に通じていたダランベールは、仲間の会員の論文を引用するだけで、チェンバーズとの差異化を図るだけでなく、アカデミー会員の権威による保証を得た最高水準の科学知識を『百科全書』に反映させることができた。

たとえば、項目「弁、流体力学、気体学 SOUPAPE, *en Hydraulique, Pneumatique*」(26)は、チェンバーズと『王立科学アカデミー年誌・論集』からの複合的な借用からなる。単語の定義とこの空気ポンプの構成部品の描写を含む冒頭の四つの段落は、チェンバーズの項目「弁 VALVE」からの非明示的借用である。そして、おそらくダランベール自身が加筆した補足の説明と思われる次の段落を除いた最後の五つの段落は、『王立科学アカデミー年誌・論集』（一七三九年）に掲載された、「各種ポンプおよびポンプの構成部品の最良の釣り合いについて。カミュ氏による執筆」と題された論文からの明示的借用である。

このケースで注目に値するのは、ダランベールが科学アカデミーの論集そのものではなく、終身書記の執筆による年誌から借用していることである。P・ドゥムール著、『王立科学アカデミー年誌・論集に採録された題材の総覧』、第五巻（一七三一―一七四〇年）の見出し語「ポンプ Pompes」の欄には、以下の文献の参照指示が見られる。「各種ポンプおよびポンプの構成部品の最良の釣り合いについて。カミュ氏による執筆。一七三九年。『年誌』。四九頁[27]」

この選択の理由を推測することは難しくない。『総覧』でキーワードを探したダランベールは、この科学アカデミー年誌への参照指示を見つけ、終身書記が要約したポンプの描写のほうが、物理学・力学の専門家や愛好家向けに書かれたカミュの論文そのものよりも簡潔で再利用しやすいと判断したのであろう。ダランベールが予め『パリ王立科学アカデミー年誌・論集採録主題総覧』の文献情報に目を通し、自分の執筆項目の記述に利用できそうな論文および具体的な借用箇所の見当をつけた可能性を示唆する項目「弁」は、『百科全書』におけるダランベールの執筆作法を知る上で貴重な事例と言える。

2　ダランベールの自己引用を含む項目

物理学や力学の項目でダランベールが自分自身の著作の参照を指示し、自己引用を行っているケースがある。たとえば項目「動力学 DYNAMIQUE」で、ダランベールは一人称で介入し、物体の運動を均衡の法則によって説明した自らの力学理論の長所を称賛しながら自著の『動力学論』（一七四三年）の序文を引用し、『液体の均衡と運動論』（一七四四年）など他の自著への参照指示を行っている。こうした自己言及および自己引用は、項目「慣性力」、「活力あるいは運動中の物体の力」、「活力の保存」、「流体の抵抗」といった未分類の項目や、項目「希薄化」（力学用語）にも見られる。

なかでも、『百科全書』第七巻（一七五七年）の項目「活力あるいは運動中の物体の力 FORCE VIVE, *ou* FORCE DES CORPS EN MOUVEMENT」は、大変興味深い自己引用の事例となっている。

> 活力あるいは運動中の物体の力とは、実際に運動中の物体の力を、運動への傾向しかもたず、実際には運動しない物体の力と区別するためにライプニッツ氏が考案した用語なので、さらに詳細に説明する必要がある〔…〕。
>
> 活力の敵対者の体系において、運動中の物体の力は常に運動量の別名で呼ばれるもの、すなわち物体の質量に速度をかけたものに比例しているが、反対の体系において運動中の物体の力は運動量に速度をかけたものとされる。
>
> （一）この問題を最も単純な言述に還元すれば、ある速度で動いている物体の力は、速度が二倍になった時に二倍になるか四倍になるのかを知ることが重要なのである。ライプニッツ以前のすべての機械論者は運動中の物体の力が単純に二倍になると信じていたが、この偉大な哲学者は初めてこの力が四倍になると主張し、以下の推論によってそれを証明した〔…〕。
>
> 〔囲み部分：Jean Le Rond D'Alembert, « Mémoire historique sur la vie et les ouvrages de M. Jean Bernoulli... » (*Éloge de Bernoulli*), in *Mercure de France*, janvier 1748, p. 72.〕
>
> ベルヌーイ氏は、活力を擁護しながら、以下の項目「活力の保存」でお話しすることになる非常に興味深く重要な考察の数々によって、この新たな議論を強化した。この著作は、力の計測に関する学者間の一種の分裂の契機になった〔…〕。

読者諸氏は、『一七二八年の科学アカデミー年誌』、ペテルスブルク科学アカデミー年誌第一巻、その他の著作に書かれた活力についての賛否両論を参照されたい〔…〕。

(二) 運動中の物体の力を論じる時には、自分が話題にしている言葉に明確な概念をまったく添えていないか、運動中の物体が出会った障害に打ち勝ったり抵抗したりする特性をその言葉で一般的に指し示しているにすぎない。故に〔…〕、運動中の物体の力は、その物体が遭遇する障害と、それらの障害がその物体にもたらす抵抗によってのみ算出すべきなのである〔…〕。

〔囲み部分：Jean Le Rond D'Alembert, *Traité de dynamique, dans lequel les loix de l'equilibre & du mouvement des corps sont réduites au plus petit nombre possible ...*, Chez David L'aîné, Libraire, 〔1743, Discours préliminaire, p. xvii–xxi〕 seconde édition, 1758, Discours préliminaire, p. xviii–xxii.〕

名高い活力の問題について今述べた内容は、この問題がまだ学者の間で大いに議論されていた一七四三年に刊行された、われらが『動力学論』の序文からの引用である。今日では、幾何学者たちはほぼ全員一致で、当時われわれが主張していたこと、すなわち、これが言葉の論争であることに同意している。それに、これは言葉の論争でなくて何だというのであろう。なぜならば、

(三) 両陣営とも、おまけに均衡と運動の基本原理について完全に同意しているからである。事実、一方が活力の反論者、もう一方が活力の支持者である二人の有能な幾何学者に、動力学の問題の解決を持ちかけたとして、二人の解決法がもし正しいならば、両者は完全に一致するに違いないからだ。力の計測は、したがって、力学にとっても無益な問題なのだ。

〔囲み部分：Jean Le Rond D'Alembert, *Traité de dynamique, dans lequel les loix de l'equilibre & du mouvement des corps sont réduites au plus petit nombre possible* ..., Chez David L'aîné, Libraire, seconde édition, 1758, Discours préliminaire, p. xxiii–xxiv.〕

延長と運動の性質についての議論と同様に。この点については、項目「学問の基礎」、第五巻、四九三頁、一—二列を参照されたし。ある物体の運動の内にはっきり見て取れるのは、通過した空間と、物体がその空間を通過するのにかけた時間という二つのことだけである。力学のすべての原理を導き出すべきなのは、そして実際に導き出せるのはこの概念のみからである。項目「動力学」を参照せよ〔…〕。

(O)[28]

実際に運動中の物体の力を「死力」と呼ばれた運動への傾向と区別するためにライプニッツが考案した概念を定義した本項目で、ダランベールは一七四八年の『メルキュール・ド・フランス』誌に掲載された自らの「ベルヌーイ讃」を再利用し、自著『動力学論』（一七四三年）を明示的に引用している。罫線で囲まれた文章（一）と文章（二）がそれである。一層興味深いのは、これらの引用に続くダランベールの長いコメントには、一七五八年に刊行された『動力学論』第二版に追加されることになる文章、すなわち、罫線で囲まれた文章（三）が含まれていることである。『百科全書』第七巻は、『動力学論』第二版のちょうど一年前の一七五七年に刊行されたため、ダランベールが項目「活力あるいは運動中の物体の力」の文章を自著『動力学論』第二版で再利用したか、あるいは、『動力学論』第二版を増補するために準備していた下書きないし手稿を『百科全書』で引用したかのいずれかの可能性がある。項目「慣性力」にも同様に、『動力学論』（一七四三年）からの複数の引用に続いて『動力学論』第二版に存在する文章が見られる。項目の構成の成り立ちが項目「活力あるいは運動中の物体の力」によく似た項目には、たとえば項目「重力作用、物理学用語 GRAVITATION, *en terme de Physique*」がある。

ダランベールによる自己引用の最も顕著かつ印象深い事例のひとつと言えるのが、項目「物理・数理（科学）PHY-

SICO-MATHEMATIQUES（*Sciences.*）[29]」である。紙幅の都合上、引用は省くが、チェンバーズからの借用の形跡がまったく見当たらないように思えるこの項目では、物理・数理科学の各分野に関する文章のうち、項目冒頭の単語の定義、主題の新たな下位区分を導入するつなぎの文章、他の項目への参照指示を除くすべての文章は、ダランベールの個人著作から引用されている。本項目は、数学計算を観察に適用する科学の諸分野を指す単語の定義から始まる。だが、包括的な性格をもつこの項目においてダランベールは、物理数理科学の各分野を詳細に紹介するというよりも、自ら述べているように、本項目と対をなす見出し語「応用（幾何学と分析の物理学への）APPLICATION *de la Géométrie & de l'Analyse à la Physique*」の内容を原理的な考察によって補完しようとしている。

ダランベールはまず、自著の『液体の均衡と運動論』（一七四四年）と『文学・歴史・哲学論集』（一七五九年）および『百科全書』の見出し語「応用（幾何学の代数学への）APPLICATION *de la Géométrie à l'Algèbre*」の断片を引用しながら、幾何学的計算を観察対象となるある種の自然的事実に適用することの難しさと、原因を知りえない現象については経験によって知られる事実で満足することの大切さを指摘している。

それに次ぐ三つの段落は項目執筆者による個人的なコメントである。ダランベールは、より詳細な情報に関しては項目「数学 MATHMATHÉMATIQUE *ou* MATHÉMATIQUES」と『百科全書』第一巻の「人間知識の体系図解」の説明の参照を指示した上で、「力学、静力学、流体静力学、流体動力学ないし流体力学、光学、反射光学、屈折光学、気体計量学、音楽、音響学など」物理数理科学に属する科学の諸領域を列挙している。項目「流体力学」によれば、当時の数学者たちは、水を導いて高所へ持ち上げるための実践的な学問としての「流体力学」（hydraulique）と、流体の運動に関する一般的な学問としての「流体動力学」（hydrodynamique）を区別していたが、ダランベールは流体動力学を流体力学と同一視して両者を「ないし」という接続詞で結んでいる。

コメントの第三段落で、ダランベールは突如議論の焦点を天文物理学に絞る。天文物理学とは、ダランベールによれば、「渦動なる妄想ではなく、偉大なる重力理論による天文学的現象の説明」を意味する。ダランベールがニュートン主義の立場を取ることは、デカルトの渦動説を指し示すのに「幻想」という強い表現を用いていることや、ニュートンの「重力理論」が「偉大なる」という最大級の称賛を示す形容詞を冠していることからも明らかである。この段落の残りの文章は、ニュートンの天文物理学とその発見的な価値の賛辞に充てられているが、これは自著『宇宙の体系のさまざまな重要な点に関する探求』（一七五四年）からの非明示的な引用である。

その次の長い段落もまた、ダランベールのコメントを伴った自己引用のコラージュからなる。「重力の体系」が観察可能な諸結果を説明しうる理論的仮定として推奨されている最初の文章は、『ニュートン体系における春分点歳差と地軸の章動に関する探求』（一七四九年）からの非明示的引用である。それに続く三つの文章では、観察された諸現象と一致する惑星の運動の計算を可能にするニュートン体系の正確さが称揚されているが、この部分もまた、同書の序文から非明示的に引用されている。ダランベールはこれら三つの引用のそれぞれの末尾に哲学的考察を追加し、デカルトの渦動説の想像的性格と重力の体系の現実の有効性を強調している。

そして、ダランベールは同時代の哲学者たちを証人としながら、ニュートンの体系に有利となるように項目を締めくくっている。これが、フランスを席巻しつつあったニュートン主義の栄光を確固たるものにする科学的・哲学的プロパガンダでなくて何であろうか。項目「物理・数理（科学）」は、ニュートンの引力説に基づいたダランベールの天文学に関する業績のまとめになっているだけでなく、十八世紀前半における科学アカデミーおよび学問界におけるデカルト主義者とニュートン主義者の対抗関係を再現しつつ、公論をニュートン主義の味方につけようとする企図に発しているといっても過言ではないだろう。

『百科全書』におけるこうした自己言及や自己引用は、数学者・物理学者ダランベールにとって、『百科全書』が科学知識の普及の道具としてだけでなく、イレーヌ・パスロンが項目「地球の形状」について指摘したように、自らの概念や方法論の工房ないしショーウィンドーとして果たしていた重要な役割を物語っている。

おわりに

本章では、ダランベールの執筆とされる『百科全書』の物理・力学項目のうち、『百科全書』に雛形を提供した英国のチェンバーズ『サイクロペディア』への参照指示が見られる項目の本文を対象に、ダランベール本人による執筆部分と他のさまざまな文献からの借用部分とを腑分け・分類する作業を試みた。

その結果、ダランベールが、明示的借用・非明示的借用の違いを問わず、チェンバーズ百科事典の仏訳を、定義・記述など各項目の骨格部分に大規模に再利用しつつ、読者の理解を助け、同時代の最新の科学的知見によって内容を随時更新すべく、ミュッセンブルークらによる科学啓蒙書から『パリ王立科学アカデミー年誌・論集』など専門研究に至る各種の参照文献からの借用、さらには『動力学論』をはじめとする自著からの自己引用・自己借用を行っていることが判明した。殊にチェンバーズ百科事典からのほとんど項目丸ごとのコピーに近い借用の多さは当初の予期を上回るものであった。

しかし、作品や辞書が文芸共和国の共有財と見なされ、他の文献・辞典からの引用・借用に関する心理的な敷居が現代よりもはるかに低かった十八世紀の辞書編纂の慣行に照らせば、(O)の略号による署名を伴う執筆項目中に想像をはるかに上回る明示的借用・非明示的借用が見られるからといって、ダランベールがオリジナリティの欠如を非難されるいわれはない。むしろ、最新の科学知識を分かりやすく咀嚼し一般読者に提供しようとするその努力と成果は、ダランベールが科学者としてばかりか、編集者としても一流であったことを示すものと言える。さらに、今日においては客観的記述に終止するのが当たり前とされる辞書の項目中で、デカルト主義とニュートン主義の優劣に関するアカデミーの論争、あるいは流体動力学をめぐる自分自身とダニエル・ベルヌーイとの論争などを背景に、科学者としての自らの見解の正当性や権威が問われる場面になればなるほど、ダランベールが一執筆者の域を超えて項目内に介入し、自論・自説を雄弁に展開していることもわれわれは確認した。

　ダランベールの執筆項目が、本人の言説と各種の明示的・非明示的借用とを織り交ぜた多層的・多元的な文章構成からなる事実は、『百科全書』におけるダランベールの執筆作法に独自の編集技法が占める位置の重要さを示している。一方で、巧みな編集技法で構成された項目本文中に、時にニュートン派、時にフィロゾフとしての旗印を掲げ、自ら介入することを辞さなかった項目執筆者としてのその姿には、科学者ダランベールの自負、さらには啓蒙の科学知の論争的性格があらためて窺える。

＊本研究は科研費共同研究課題番号24320065および17H02321、科研費個人研究課題番号23520104および15K02085の助成を受けたものである。

注

（1）この問題を論じた包括的な研究としては、以下の二冊がある。Marie Leca-Tsiomis, *Écrire l'Encyclopédie. Diderot : de l'usage des dictionnaires à la grammaire philosophique*, Oxford, Voltaire Foundation, *SVEC*, 375, 1999. 寺田元一『「編集知」の世紀——一八世紀フランスにおける「市民的公共圏」と『百科全書』』、日本評論社、二〇〇三年.

（2）Tatsuo Hemmi, « Les références implicites dans le supplément éditorial de l'article AME de Diderot », *REEL*, n° 1, 2012, p. 41–60.

（3）本論は、二〇一三年刊行の*REEL*第二号に掲載したフランス語による論考（« Discours scientifique à voix multiples : organisation textuelle des articles de D'Alembert dans l'*Encyclopédie* »）をもとに、在外研究による渡仏中の研究成果を大幅に加え、日本語化したものである。

（4）項目の絞り込みには、賛否両論のあるシカゴ大学ARTFL Projectの電子版『百科全書』の検索エンジンも利用した。「チェンバーズ（Chambers/chambers）」の検索語でヒットした一一五四件に加え、八四件の検索語« Chamb./chamb. »のレファレンスデータも参照した。なお、実際の作業の大半は、肉眼による『百科全書』とチェンバーズなど典拠との一言一句のレベルの本文比較に終始した。

(5) Martine Groult, *D'Alembert et la mécanique de la vérité dans l'Encyclopédie*, Paris, Honoré Champion, 1999, p. 63–65.

(6) 本書第7章を参照。

(7) 以下を参照のこと。Marie Leca-Tsiomis, *Écrire l'Encyclopédie. Diderot: de l'usage des dictionnaires à la grammaire philosophique*, Oxford, Voltaire Foundation, *SVEC*, 375, 1999, p. 194–199, 206, 213–214.

(8) この「翻訳＝ペースト」という用語ないし呼称の採用は、ダランベールによる借用が単なる「コピー＆ペースト」とは異なるとのイレーヌ・パスロンの的確なアドバイスに基づくものである。

(9) 以下の論文を参照のこと。Yoichi Sumi, « L'*Encyclopédie* située à mi-chemin entre l'est et l'ouest, l'avant et l'après », *RDE*, 40–41, 2006, p. 31–53.

(10) Louis-Philippe May, *Documents nouveaux sur l'Encyclopédie*, Albin Michel, 1938, Introduction, p. 18–19.

(11) Art. COSMIQUES. (*Qualités*), *Enc.*, IV, 292ab.

(12) Art. ETHER, *Enc.*, VI, 51ab.

(13) Art. BORÉE, *Enc.*, II, 335ab.

(14) Art. ELASTIQUE, *Enc.*, V, 447b.

(15) Art. HYDRAULIQUE, *Enc.* VIII, 360b–361a.

(16) だが、ダランベールが論じている流体動力学の問題のいくつかはニュートンに遡る。以下の文献を参照のこと。Alexandre Guilbaud, « A propos des relations entre savoirs théoriques et pratiques dans l'*Encyclopédie* : le cas du problème de la résistance des fluides et de ses applications », *RDE*, 47, 2012, p. 207–242.

(17) 以下の文献を参照のこと。Alexandre Guilbaud, « La "république des hydrodynamiciens" de 1738 jusqu'à la fin du 18e siècle », *Dix-Huitième Siècle*, 40, 2008, p. 182–183.

(18) Pierre Crépel, « La "physique" dans l'*Encyclopédie* », *RDE*, 40–41, 2006, p. 251–283.

(19) 該当箇所の段落末に « Mussch. *essai de Physique, §. 1471–1493.* » との明示的な参照指示が付されている。ダランベールが実際にどの版を使用したかは不明だが、明示的な参照指示であることを確認できればよいので、注番号直後の〔 〕内の出典情報には、筆者が参照した版の書誌情報を参考までに示した。

(20) 以下を参照のこと。*L'Histoire de l'Académie des Sciences*, Année MDCCI, « Diverses observations de physique géné-

rale», IV–V, p. 17–18.

(21) Art. EXHALAISON, *Enc.*, VI, 253a–254b.

(22) ラテン語の略題は以下の著作への参照指示である。Bernard Connor, *Dissertationes medico-physicæ,* Oxford, Sheldonian Theatre, 1695.

(23) Art. ATTRACTION, *Enc.*, I, 846a–855b.

(24) Louis-Philippe May, *Documents nouveaux sur l'Encyclopédie*, Albin Michel, 1938, Introduction, p. 21–22.

(25) 『百科全書』におけるチェンバーズを媒介した『パリ王立科学アカデミー年誌・論集』の「コピー&ペースト」的な再利用については、寺田元一の以下の論文を参照せよ。Motoichi Terada, «Une «façon» copiée-collée de l'Encyclopédie ?: avatars de texte des *HMARS* à l'*Encyclopédie* par l'intermédiaire de E. Chambers», *REEL*, nº 1, 2012, p. 1–40.

(26) *Enc.*, XV, 407ab.

(27) *Table générale des matières contenues dans "l'Histoire & les Mémoires de l'Académie Royale des Sciences"*, par M. P. Demours, Paris, Compagnie des libraires, 1747, t. V (Années 1731–1740), p. 303.

(28) *Enc.*, VII, 112b–114b.

(29) *Enc.*, XII, 536b–537b.

第7章　アブラカダバクス

項目「アバクス ABAQUE」、「地球の形状 FIGURE DE LA TERRE」における翻訳、再構成、革新

イレーヌ・パスロン
（井田 尚 訳）

本章では、ダランベールの二つの項目をかなり詳細に分析しながら、項目のテクストとしての統一性、著者、典拠といったいくつかの「メタデータ」を論じたい。この検討は、編纂者、著者、編集者、翻訳者による執筆という、複雑に重なり合う四種の技術が駆使された構造体としてのダランベールの諸項目の「成り立ち」を検討する機会ともなろう。

1　著者・編集者ダランベール

『百科全書』ほど複雑な編集物に関する研究は、何らかの道標なしには考えられない。『合理的辞典』は、標題の頁からして、「文人の結社」の作品を標榜している。その文人たちは、数々の緒言や項目のなかで、あるいは「署名」

によって、あるいは明示された形で特定できる。同辞典はおまけに、二人のアカデミシャン、すなわちディドロと「数学の分野に関しては」ダランベールによって「編集、刊行された」と称している。ジャン・ル・ロン・ダランベールは、われわれが辞書の「見出し語」、すなわち（大文字の）「大見出し」ないし（スモール・キャピタルによる）大見出しの一部と見なす一七〇〇弱の項目に（丸を思わせる）「*O*」のサインを施している。

波瀾に満ちたその歴史の過程で、『百科全書』は第一巻の緒言の諸規則を変化させるというよりも修正した。だが、ダランベールの執筆項目のリストに取り組む前に、まずそれらの規則を再読することは無駄にはならない。

注　複数の項目が、同一の主題に属する結果として同一の人物によって執筆もしくは校訂され立て続けに並んでいる場合には、時にそれらの項目の最後の項目の末尾に識別記号を記すに留めた。それゆえ、項目「筋書」（文芸）と項目「筋書」（韻文詩における）はどちらも（*G*）の文字で印を付けられるはずだが、この文字は二つ目の項目の末尾にしか見られない。同様に、項目「逆接」の末尾に付された（*F*）の文字は、先行する項目群「副詞」、「副詞的な」、「副詞的に」と一体をなしている。（*Enc.*, I, xlvj.）

「同一の主題」。これこそ、分類の問題に取り組んだことがある者なら誰でも考え込んでしまう問題なのだが、その点には後で触れることにする。さしあたり、第一巻の緒言で挙げられている例から、もし「主題」が同一であり、その同一の主題が、「筋書」（文芸）、「筋書」（韻文詩における）のように、意味論的にも活字の上でもさまざまに変化する場合には、複数の項目への署名が次の見出し語で行われることもありうることを覚えておこう。この導入部の段落で用いなければならなかった括弧がよく示しているように、テクスト内容、ましてや著者の切り分けは、非常に慎重に行う必要がある。

しかし、本質的に編纂からなる辞書の執筆という営みについては、十全な意味で「著者」を論じることなどできるのだろうか。いかなる辞書の著者も隠そうとしないが、読んで、選んで、抜き出して、なかんずく、これから見てゆくように、組み合わせる作業になるので、大変なのは、巧みに仕上げることぐらいだからだ。辞典ないし百科辞典の著者たちが自分たちの作品の長所として誇るのはこの側面であり、幻想にすぎないばかりか好ましくない内容面の体系的な独創性ではない。それゆえ、現段階では回答を控えよう。

ダランベールの項目のリストを作成するには、したがって活字の署名、ここでは（*O*）という客観的かつ即物的基準から出発しなければならない。そして、先に引用した緒言に詳述されているように、ひとつもしくは複数の見出し語に属する、場合によってひとつもしくは複数の段落からなる文章の一部をその署名に結びつけなければならない。この再構成には、もちろん読者の解釈が介入することになる。さらに数々の脱落や誤りを補正しなければならない。このようなリストは、紙のフォーマットか[1]、あるいはデータベースの検索エンジンを通じて[2]バーチャルな形で入手可能である。それはここでの目的ではないので、こうしたリストは、考案者がどれほど用心をしようとも、辞書の項目の著者という概念をめぐる曖昧さを増幅してしまうことだけを指摘しておこう。

事態を厄介にしているのは、（一廉の作家、それも独創的な著作の著者という意味での）著者ダランベールが、編集者でもあることだ。『百科全書』「序論」の最初の数行には、そうしたメッセージを強調する意図が見られる。「われわれの編纂者としての仕事の大部分とは、主として、丸ごと自分たちに提供された素材に秩序をつけることなのだ」（*Enc.*, I, i）。「編纂者による序文」には署名がないが、ダランベールは、哲学的かつ系譜学的な計画を説明すべき場では、「わが同僚のディドロ氏が著者である」『百科全書』「趣意書」を「いずれにも好都合とわれわれに思えたさまざまな変更や加筆とともに」引用しながら一人称で語り、次いで「われわれ」に移行してから、最後の部分で「私」に戻っている。もっともダランベールは、自分が『百科全書』「序論」の著者の資格を満たしていると考えていたので、一七五三年に、アカデミー・フランセーズの門戸を自らに開くことになる自著『文学・歴史・哲学論集[3]』に、『百科全書』「序論」を代表作として収録している。

ここでは、ディドロとダランベールが挑んだ「二つの学問ないし二つの技芸を隔てる隙間を埋めて、連鎖をつなげる」という、「幾許かの知性を想定する」（*Enc.*, I, xxxv）編纂者の仕事に関する、魅力的だが、ほとんど資料が存在しない議論にも立ち入らないことにする。しかし、ダランベールが一七五八年に編纂の任を離れ、「Zの項目までの未払金」の支払いを一七六〇年に受けたことは指摘しておこう。[4] 歴史家にとって大変有益な四書店の「収支帳簿」には、「H. J. K. L. M. N.」の項目の分の千リーヴルの支払いが記されている。[5] 絶縁に続いて残りの執筆項目を提供することで、ダランベールは執筆者として編纂者としての参加を締め括った。項目「月 LUNE」の「われわれが本項目を執筆している現在（一七五九年一一月一五日）」（*Enc.* IV, 736a）という一節には、一七五九年に執筆が行われた痕跡が見られ、また、数段落先には、ダランベールには、この仕事に何も付け加える気がなかったことを思わせる証拠が見られる。

> この手稿は、間もなくわれわれの手を離れたまま、おそらく二度と戻らないので、今後は『百科全書補遺』において、われわれが本項目を執筆している一七五九年一一月以降、月の理論に付け加えられることになる内容を加筆するつもりである」（*Enc.*, IV, 737a）

おそらくダランベールは自らの参加の日付を書き込むことにこだわったのであろう。というのも、項目「並木の平行関係 PARALLÉLISME des rangées d'arbres」のダランベールの署名の下には、「ブーゲ氏の論文は、本項目に私がこの最後の数行を加筆している現在、すなわち一七五九年一二月にはまだまったく印刷されていない」（*Enc.* XI, 911a）、そして項目「金星 VÉNUS」には「以上の内容は一七六〇年七月に執筆された」（*Enc.*, XVII, 34b）とあるからだ。第八巻以降のすべての巻は一七六五年に刊行されるので、執筆から刊行までを隔てた六年間に、ダランベールが項目「月」にも項目「平行関係」にも手を加えなかったことが分かる。その代わりに、一七六二年の四書店による五〇〇リーヴルの支払いを裏付ける、数点の新たな項目や補遺を提供したものと思われる。そのうちいくつかの項目には、「一七六一年六月に見えた」「視差 PARALLAXE」（*Enc.*, XI, 904a）、「一七六一年七月に観察されたもうひとつの」「通過 PASSAGE」（*Enc.*, XI, 904a）といった痕跡が見られる。

一七六二年以降にダランベールが数点の補遺を提供した可能性は除外できないが、その痕跡は、刊行された項目にも四書店の帳簿にも見当たらない。それどころか、ダランベールは二度と参加しない旨を明言している。一七六〇年には「私は、〔アルファベットの〕最後の二文字〔の項目〕を除いて、数学分野の自分の仕事をほとんどすべて四書店に提供してきたのだから、何にも関与しないし、関与するつもりもない(6)」、一七六三年には「『百科全書』はどこかで印刷されるだろうが、四書店がZの項目まですべての手稿を握っている(7)」、一七六四年には「私はもうこの著作には全然参加していない(8)」、一七六六年に「『百科全書』はおそらく完成したのであろうが、私は一切参加しておらず、皆様にも、そのことをご存知いただきたい(9)」と記しているのだ。

ゆえに、ダランベールによる項目執筆と貢献は、『百科全書』の全体にわたって非常に不均等に分散している。ダランベールが十全たる執筆協力者および編纂者であった絶縁以前に刊行された『百科全書』の二つの項目を選んだのも、そのためである。

この変数は別としても、数学者＝哲学者の執筆項目の長さはまちまちである。そこで、〔三分の一列と〕短く、（*O*）の署名がなされた最初の項目のひとつである項目「アバクス ABAQUE」（*Enc.*, I, 1751, 9a）と、〔一二三列と〕非常に長大で、ダランベールが独創性を後にアピールした項目「地球の形状 FIGURE DE LA TERRE（*Enc.*, VI, 1756, 749b-761b）とを選んだ。両項目は、ダランベールが編纂者を務めた数学ないし物理学の項目である。いずれもチェンバーズの『サイクロペディア』に対応する見出し語があり、後で再び触れるように、ダランベールは同事典の翻訳に加わったものの、ここではごくわずかしか翻訳を用いていない。

2　ダランベールの最初の項目「アバクス」

この二つの項目を一読すると、記述のカテゴリーに払わねばならぬ配慮と、それらのカテゴリーの還元不能な不確実性とが分かる。

（*O*）という署名で終わる見出し語「アバクスないしピタゴラス表」は、項目名「アバクス　男性名詞　古代の数学者における」に続いているので、後者は同じ署名に帰することができる。一方で、次の見出し語「アバクス　古代人における」には署名がない。四つ目の「現用のアバクス」の前には、原則として、ディドロによる編集の加筆を示す星印がついているが、段落変えなしにマレ神父の署名（*G*）で終わっている。五つ目の「*アバクス〔…〕一種の桶」も編集の加筆である。最後の「アバクス〔…〕柱頭の頂板」には署名がなく、ハリス、すなわち、『百科全書』のもうひとつの起源である『技術語彙集（*Lexicon Technicum*）』への明示的な参照指示が見られる。先に引用した「チェンバーズとハリスの辞典のためのル・ブルトン氏、ダヴィッド氏、デュラン氏、ブリアソン氏の合同書店の収支帳簿」という副題は、同書の記憶を留めている。

結局、いずれも不確かな状況ばかりで、体系性はほとんど見られない。少々不確実ではあるが、最初の二つの見出し語はダランベールのもの、三つ目の見出し語は匿名、四つ目の見出し語はディドロとマレによる二重署名のもの、五つ目の見出し語はディドロ、そして最後の見出し語は、『百科全書』の執筆協力者ではないが、ハリスによるものとしよう。本項目のさまざまな典拠や構成を検討する際に、これらの異なる見出し語が複雑に絡まり合っていることが分かるだろう。

一方、「地球の形状 FIGURE DE LA TERRE」もまた、項目「形」の数多くの長い見出し語のひとつにすぎないとしても、この大見出し〔「形 FIGURE」〕のその他の構成要素は、かなり単純に特定・分類が可能である。「（物理学）（*Phy-*

sique)」、「幾何学において en Géométrie」に続く「第二の語義としての（幾何学）（Géom.）」が（O）の署名で終わっていることから、前者二つの見出し語もダランベールによるものと思われる。匿名の見出し語「算術における〔位〕en Arithmétique」に続く見出し語「三段論法の格 FIGURES DES SYLLOGISMES」では、順序をあまり重視する様子もなく「三段論法 SYLLOGISME」と「格 FIGURE（文法および論理学）Gramm. & Logiq」の参照が指示されており、その直後に（O）と署名された見出し語〔「地球の形状」〕が置かれている。〔「地球の形状」の〕後続の複数の見出し語も、分類項目や著者がはっきりしている。「占星術における en Astrologie」、「土占いにおける en Géomancie」に分類された見出し語は、「チェンバーズ Chambers」への参照指示で終わっており、「（神学）（Théolog.）」に分類された見出し語はマレ神父の署名（G）で区切られ、モルレ神父の署名（h）で終わっている。[10]「（論理学　形而上学）Logiq. Méta-phys.」に分類された見出し語は、明示的な「シュヴァリエ・ド・ジョクール氏による項目」という文言で終わっている。「修辞学、論理学、文法学の用語 terme de Rhétorique, de Logique é de Grammaire」に分類された見出し語はデュマルセの署名（F）で、「築城術における dans la Fortification」に分類された見出し語は「チェンバーズ Chamb.」とル・ブロンの署名（Q）で締めくくられている。「建築および彫刻における en Architecture & en Sculpture」に分類された見出し語はブロンデルの署名（P）で、「航海術 Marine」に分類された見出し語はベランの署名（Z）で、「生理学（Physiol.）」に分類された見出し語は「本項目はダブ・ド・キャブロール氏の執筆による」という文言で、「絵画の用語 terme de Peinture」は「本項目はワトレー氏の執筆による」という文言で閉じられている。「リボン製造業者において（Chez les Rubaniers）」に分類された見出し語は匿名で、「（紋章学において）（en Blason）」に分類された見出し語も、同様に匿名である。以上の理由から、複合的な分類項目「（天文学　地理学　物理学および力学）（Astron. Géog. Physiq. & Méch）」を特徴とする項目「地球の形状」を別個の大見出しの項目として論じることにしたい。

きわめて自明なことだが、これから検討する二つの項目の相対的な長さの違いは、二対二八という参照指示の回数の比率を正当化するものである。それらの参照指示の選択が入念に考えられていることもまた、後々分かるだろう。一方で、項目冒頭から、典拠の引用はさまざまなフォーマットを利用しているように思われる。

項目「地球の形状」は、言及された署名の網羅を目指さずに、要約的な参考文献リストで終わっているが、これは『百科全書』では稀なケースである。往々にして、題名や著者は、参考文献リストの有無にかかわらず、項目の途中で引用されるが、ここではまさにそのケースが当てはまる。「王立科学アカデミー論集一七一八年の続編」として出版されたジャック・カッシーニの論考『地球の大きさと形状について』（パリ、一七二〇年）は、文章の途中で、あるいは「〔…〕を参照せよ *Voyez* 〔…〕」という参照指示として、さまざまな形式で度々現れた後、項目末尾で「カッシーニ氏による地球の大きさと形状に関する論考、パリ、一七一八年」という文言によって繰り返されている。ニュートンやホイヘンス、ダランベールの同時代人のマクローリンやルモニエといった他の著者たちが、項目内に何度も繰り返し現れながら、項目末尾の参考文献リストに載っていないのは、彼らが地球の形状だけを論じた著作を執筆していないからである。アリストテレス（『天体論』第二巻、第一四章）のように歴史的な部分に現れる数多くの著者や著作は、直接的な典拠ではなく、たとえばカッシーニの著作をはじめとする引用著作の内に見られる参照指示であることが、読者にも暗黙裏に理解できる情報である。つまり、項目執筆協力者としてのダランベールは、編纂者による『百科全書』「趣意書」の説明を忠実に守っていることになる。

あらゆる作家のなかで、一般に最良と認められている作家を優先した。そこから原則が導き出された。彼らの明解で正確な説明に、さまざまな例や、絶えず受け入れられてきた数々の権威を付け加えた。通俗的な慣習では典拠を参照させるか、曖昧かつしばしば不正確でほぼ常に不明瞭なやり方で引用するので、ひとつの項目を構成するさまざまな部分のある点ないし別の点について、どの作家の本を読むべきなのか正確には分からないか、もしくは、それらの作家の本をすべて読まなければならないが、それでは検証が長く辛いものになってしまう。可能な限り、この不都合を避けるように努め、さまざまな項目の本文のなかで、その証言をわれわれが根拠とした作家たちの名前を挙げ、必要な場合には彼ら自身の文章を引用し、至るところでさまざまな見解を比較し、理由を比較考量し、懐疑を抱いたり懐疑から抜け出すためのさまざまな方法を提案し、時には決断さえ示し、われわれに能う限り誤謬や偏見を破壊し、何よりも、却下された意見を検討もせずに守ったり、定着した見解を理由もなしに禁じたりすることで誤謬や偏見を増やし、少しでも永続化させることがないように努めた。

(*Enc.*, I, xxxvij)

3 戦闘的な項目「地球の形状」

理由を比較考量し、懐疑を抱いたり懐疑から抜け出す方法を提案し、誤謬を破壊するという、この最後の参照指示の利用法を今から例示してみたい。大部分が自筆によるこの項目のなかで、ダランベールはまず、『百科全書』「序論」第一部に似た系譜学的な手法で、「まず〔…〕に人々は気づいた」、「やがてすぐに〔…〕が指摘された」、「それから〔…〕が認められた」、「そこから〔…〕と結論づけるのは容易だった」といった具合に、古代以来、地球が完璧な球体をなしているという見解の根拠とされたさまざまな観察や推論を辿っている(*Enc.*, VI, 750a)。だが、ダランベールは古代人・近代人論争に介入してフレレを、見解と証明を混同する軽率な博識学者の位置に置き直そうとしている。地球が完全な球体をなしていないことを示す例の力を借りて、ダランベールは、いかなる実践や具体的な実現とも無関係にうわべだけの共通の概念が明らかになるや否や、近代のあらゆる発見を古代人の手柄にする行為に対して、自らが項目「博識学 ERUDITION」で展開した議論の数々を補強することに成功している。この皮肉は非常にそっけないものに留まっている。フレレが一七五三年の論文でしか登場しない参照指示(「文芸アカデミー論集、第一八巻、九七頁を参照せよ」)と、巻内の参照指示ではなく、巻数と頁数を伴った文献の参照指示(「項目「博識学」、第五巻、九一八頁、第一列〕として示された『百科全書』の項目への参照指示との間に挿入された、「絶対に近代哲学のみに属する発見」という一文がそれである。一七五三年のフレレの論文と一七五五年のダランベールの項目は、まさにアリストテレスとマゼランとの隔たりを示す同時代的な文学論争そのものを反映しているのである。

本項目の全篇を通じて、ダランベールはこのように引用著作に基づいた歴史的総括と、自分自身の数学的かつ認識論的な分析とを交互に反復している。

哲学者の才能は、この点でその他の人間の才能とほとんど異ならないので、哲学者は、初めこそ、自分たちが観察している現象のなかに画一性も法則も求めまいとするが、それらの現象の内に何らかの規則的な歩みがあることに気づくか、あるいはそう疑うと、直ちに、この上なく完全かつ単純な歩みを想像する。だが、より持続的な観察によって誤りを悟ると、しばしば相当あたふたと、まるで悔しがるかのように、自分の最初の見解に立ち戻る。そして、長期間にわたる勤勉で偏見や体系を免れた研究によって真実の境界内に戻り、通常、現象の法則は、即座に認識できないほど複雑でもなく、誰もがそう考えたくなるかもしれないほど単純でもないことを知るのである〔…〕。（*Enc.*, VI, 751b）

ダランベールは、自然の諸法則の練り上げ、殊に天体力学の諸法則とそれらが適用される対象に関するこの鋭い考察を、確かにうまく書けてはいるが何ら独創的視点をもたない多くの項目に埋もれた長い見出し語の中途で読者に提示するだけでは、満足しなかった。もちろん、こうした名調子は、〔通常の〕編纂作業とは無縁な作者による自己編纂の結果なので、むしろ再利用、それも熟慮された二重の利用に帰するべきである。この文章および同じ性質をもつ他の数多くの文章は、ダランベールの『宇宙の体系のさまざまな重要な点に関する探求』第三巻の序文に見られる。(11) 本項目は、回転楕円体の重力の公式を導き出す特異な計算に関連して、その事実を明示している。

私は自著『宇宙の体系のさまざまな重要な点に関する探求』の第三部で、この重要な問題から非常に大きな結果を導き出した。同書は私が本項目を執筆している現在（一七五六年五月）印刷中であり、おそらくこの『百科全書』第八巻の刊行より先に出版されるであろう。

(*Enc.*, VI, 758b)

ダランベールを信ずるならば、同書は「印刷中」であり、事実、『探求』の王立科学アカデミーへの提出の日付と『百科全書』第六巻の刊行の日付は、前者が後者より少し前に出版されたに違いないこと、そしてつまりは、『探求』の序文の執筆が、実際に本項目の執筆に先立っていることを示している。本書の第6章で、井田尚がダランベールによる『動力学論』第二版の一部の再利用ないし二重利用に関して示唆したように[12]、羽ペンや鋏や糊を手にしての、いずれかの文章のコピーないし校正刷の使用から、同時進行ないしほぼそれに近い形での執筆まで、複数のシナリオが考えられる。確かなことは、やはり、一方で難解な計算を表現することと、他方で諸学問の連鎖について考察する意欲とが、相互に糧をもたらし合ったということである。

いずれの場合にも、ダランベールの出会ったさまざまな難問は、誤った体系や一般化の濫用に対する彼の嫌悪を掻き立てた。この不信感が、本項目および『探求』の序文を、地球の正確な形状（確かにおおよそ扁平度がきわめて少ない回転楕円体の形をしているが、その正確な寸法や対称性さえ確定的とは見なせない）に関する、科学的というよりは哲学的な結論へと導いたのだ。

いずれにせよ、以上が地球の形状に関して現在までに果たされた進歩の正確な歴史である。この大問題の根本的な解決が、いかに議論や観察や探求を未だに必要としているかが分かる。私は先人たちの業績に助けられながら、近著のなかで、論じ残した問題に関する素材を準備し、論じる手段を容易にするべく努めた。時がわれわれに新たな知識をもたらしてくれるまで、どうすればよいのだろうか。よく待ち、そして疑うことである。

(*Enc.*, VI, 761b)

結論に関しては「よく待つこと」、確かにこれはダランベールの懐疑的な足跡が見受けられる最後の言葉である。しかし、「近著」、すなわち自著の『探求』へのほのめかしには、宣伝と自己の優位の確保とを同時に気にかける知識人の焦燥をも見てとるべきではないだろうか。われわれが『百科全書』計画の時間的な長さをしばしば忘れたとしても、彼ら当事者は、日々この困難が先述のあらゆる困難に加わるのを目にしていた。彼らは執筆の途中で参照指示を予見できる一覧表をもっており、このリストの見出し語を増やし、重複を避けていたものと想定できる。この作業とその分配に関して、われわれは何も知らないばかりか、間接的な痕跡しか残されていない「関連づけ」を受け持った編纂者たちがその作業に携わった度合についても、ただ想像することしかできない。しかし、ダランベールの焦燥は、われわれにひとつの間接的な痕跡を提供してくれる。その痕跡は、項目「地球の形状」の冒頭に見られる。

われわれはこの言葉を項目「地球」に送り返さずに、別個の項目の対象にすべきだと信じた。というのも、項目「地球」は他のさまざまな対象について、相当な量の題材を提供してくれるからだ。

(*Enc.*, VI, 749b)

愉快な細部というべきか、「項目「地球」に」という活字は参照指示を示しているものの、実際には非参照指示ともいうべき、参照指示の拒否となっている。ダランベールはこうすることで、第一六巻に収まってもおかしくなく、またそうなるべきであった項目の第六巻への直接の挿入を正当化しているのだ。事実、すでに数々の激しい攻撃を受け、検閲を受けていた『百科全書』の刊行の見通しは、まったく不確かだった。一七五二年に〔『百科全書』から〕「離船」しかけ、一七五八年に実際に「離船」することになるダランベールが先行きを心配するのも当然だった。項目

「地球」が一七六五年になるまで刊行されなかったその後の展開は、ダランベールの正しさを示したのである。これは二重の拒否ですらある。なぜなら、たったひとつの身振りで、ダランベールは『サイクロペディア』の語彙リストを改変し、項目EARTHの「地球の形状 *The Figure of the* EARTH」と題された部分の翻訳を拒んだからである。

4　翻訳者ダランベール

そこで、『百科全書』計画の原点にあるチェンバーズの翻訳にダランベールが果たした役割に立ち戻らなければならない。

『百科全書』の「第一趣意書」は、まだディドロとダランベールが登場する以前の一七四五年に刊行された二巻の『サイクロペディア』の翻訳計画にすぎなかったものの、項目の翻訳例として、「大気ATMOSPHERE」、「神話FABLE」、「血液SANG」、「染色TEINTURE」を挙げている。(13) 一七四五年一月から八月にかけてという、ゼリウスとミルズの波瀾に富んだ協力関係のわずかな期間を踏まえると、この第一期から生まれた翻訳の量はあまり多くなかったに違いない。ル・ブルトン書店がゼリウスとミルズに次いで雇用した翻訳者の身元について、四書店の会議記録に示されたいくつかの手がかりのおかげでわれわれが知りうることといえば、彼らが一七四六年までは働き続けたかもしれないということだけである。(14) ちなみにダランベールと仲間の科学アカデミー会員ギュア・ド・マルヴは、ディドロより先にすでに支払いを受けている。

二〇〇五年まで未刊の文献だった、一七四六年から四七年のものと思われるジャン゠ポール・ド・ギュア・ド・マルヴの回想録のおかげで、(15) ル・ブルトンがゼリウスとミルズをお払い箱にし、嵩んだ翻訳費用を分かち合うために一七四五年一〇月にブリアソン、デュラン、ダヴィッド各書店と提携してから後の企図の成り行きを解明できるようになった。ギュア・ド・マルヴは、一七四六年六月二七日にル・ブルトンと編纂者の契約を交した際に、かなり進捗した翻訳を手にしていた。実際に、この日付からリヨン・アカデミーに回想録を送付する一七四七年三月九日、そしておそらくは一七四六年年末までの間に執筆された同書のなかで、ギュア・ド・マルヴは翻訳の修正と追加ばかり話題にしている。

六月二七日の署名の際に、ギュア・ド・マルヴは四書店が所有する翻訳を受け取っており、「残りも翻訳家諸氏によって翻訳され次第、同じく氏に渡さるべし」とあり、四書店がギュア・ド・マルヴに『トレヴー辞典』を一部、ラ・マルティニエールの〔地理〕辞典を一部、『〔サヴァリ〕商業総合辞典』を四部、モレリの〔歴史〕辞典一部、『アカデミー・フランセーズ辞典』一部、フェリビアンの〔建築・彫刻・絵画用語〕事典一部、『碑文アカデミー紀要』一部、一七一一年以降の『科学アカデミー年誌・論集』一部、〔プリューシュ神父の〕『自然の景観』一冊、『技芸・学問辞典』（コルネイユ）一部、その他数冊と、チェンバーズ一部およびハリス一部を」(16)貸与する旨が記されている。

一七四六年の四月・五月以降については、書簡の精細な時期特定によって、ダランベールの役割を明らかにすることができる。たとえば、ダランベールは『サイクロペディア』の翻訳に対して、明示的な形で報酬を支払われている。

もし毎日、英国の技芸辞典を一日一列ずつ翻訳するという（一月に三ルイになるとお話しした）ある種の物書きの仕事がなかったら、私は今頃羽ペンも碇《いかり》も持たない文人になっていたことでしょう。(17)

「羽ペンもインク〔encre〕も持たない」ではなく「羽ペンも碇《いかり》〔ancre〕も持たない」と書く気の利いた言葉遊び（ないし書き間違い）を超えて、四書店の帳簿に記載されたこの翻訳の報酬が、手元不如意のダランベールをパリに「碇《いかり》で繋ぎ止めていた」のは明らかである。一七四六年にダランベールが、死去した後見人ルイ・カミュ・デトゥーシュ(18)の家族から支払われる年額一二〇〇リーヴルと科学アカデミーの五〇〇リーヴル以外の年金を持たなかったことを思い起こそう。ダランベールはそのため、わずかな収入を頼りに、乳母でガラス職人ルソーの妻エティエネット・ガブリエル・ポンティユ[19]の自宅の小部屋で暮らしていた。したがって、一列単位の翻訳報酬が寄与するところは無視できないほど大きく、ダランベールが四書店の支払いを受けるあの翻訳チームに属していた可能性はきわめて高い。ダランベールに三ルイ、すなわち七二リーヴルをもたらすあの月々三〇列の翻訳を、彼に支払われた一九二二リーヴルの総額が記載された一七四五年一二月から一七四六年一二月にかけての四書店の「収支帳簿」と比較してみると、われらが翻訳者が自らの羽ペンとインクの収益性を上げて年金を倍加させつつも、労苦を惜しまなかったことが分かる。当時ダランベールが友人と呼んでいたディドロも、おそらく同等の報酬を得ていたがために、〔アデマール〕侯爵が持ちかけた〔ロレーヌ地方〕リュネヴィルにおけるスタニスラス公（スタニスラス・レッチンスキ）の次男以下の子弟の数学教師の仕事を受けられない旨が、アデマール宛の同書簡には、以下のように説明されている。

ディドロは、自分が英国の医学辞典〔ロンドンで一七四三年に刊行され、ディドロ、エドゥー、トゥッサンの翻訳で一七四六―一七四八年にブリアソン書店から出版されたロバート・ジェームズの『医学総合辞典』〕と英国の技芸辞典〔チェンバーズの『サイクロペディア』〕の翻訳のためにこちらで交した契約のせいで、あなたのご厚意の恩恵に浴することができないことを大変残念がっております。

同じ一七四五年一二月から一七四六年一二月にかけての時期に、『百科全書』の四書店は、ディドロに総額一六三八リーヴルを、またエドゥーにも九四八リーヴルを、トゥッサンに六四七リーヴルを、クレローに五二五リーヴルをまずおそらく翻訳のために支払っているのに対し、同期間の半分は正式の編纂者であったギュア・ド・マルヴは、四四三〇リーヴルを得ている。ダランベールがギュア・ド・マルヴと交わした契約には、翻訳の出来が悪い項目を新たに訳してもよい旨が明記されていたので、ダランベールが『百科全書』の科学部門全体を翻訳したのではないにせよ、おそらく、そのかなりの部分を自ら訳したか、訳し直したものと思われる。

5　ダランベールと「翻訳＝ペースト」

『百科全書』の数学・物理学部門の編纂者であるダランベールは、この翻訳をどのように利用したのだろうか。この点については、本論集の井田尚の論文を参照されたい。同論文では、ダランベールのいくつかの項目が『サイクロペディア』の対応項目と比較されており、ド・ギュアの回想録のおかげでわれわれが知る仕様書通り、常に正確で、ほぼ常に忠実な翻訳の質の高さが分かる。このことは驚くに値しない。編纂者たちは、ハリスのような既存辞典、それから特にチェンバーズが自らの辞典を刊行する数年前に抜粋を出版したパリ王立科学アカデミーを含む、各種アカデミーの論集をはじめとする、チェンバーズが蒐集したあの素材の長所を称賛していたからだ。チェンバーズが自らの説明のなかでニュートン主義的な視点を強調したために、ダランベールは、大半のケースでこの選択を是認するほかなかった。編纂者＝翻訳者〔ダランベール〕は、「翻訳＝ペースト」と呼んでもよい『サイクロペディア』の翻訳にほぼ直接由来するすべての項目にチェンバーズへの言及を体系的に加えたわけではないが、「翻訳＝ペースト」の二重ハイフンが隠している再配置の作業を全般的に行っている。〔『百科全書』「序論」にある、一七五〇年の「趣意書」を再現した部分に、ダランベールはこの作業を描写した以下の一段落を挿入している。

数学部門は最も保存するに値するようにわれわれには思われたが、かなりの変更が加えられていることから、この部門と他の諸部門が正確な修正を必要としていたことをお分かりいただけるだろう。　(*Enc.*, I, xxxv)

確かにチェンバーズ（の項目「地球 EARTH」）から項目全体の二五行のうち四分の一列に当たる一段落しか再利用していない「地球の形状」のような項目はこの方向性を実現しているが、（*O*）の署名が施された全項目のなかで、このタイプのものはごくわずかである。ダランベールは一五年後に、生前は未刊のままになり、計画の状態に留まった著作集の巻頭におそらく採録されるはずだった自らの回想録のなかで、まさにこのように自分の仕事を描写している。

彼は『百科全書』の数学部門と一般物理学部門の全体を再点検し、他の書物に探しても無駄ないくつかの重要で新しい内容を含む項目を、全部あるいはほとんど書き直しさえした。「還元不能の場合 *cas irreductible*」、「曲線 *courbe*」、「等式 *Equation*」、「微分の *differentiel*」、「**地球の形状 *figure de la terre***」[20]、「幾何学 *Geometrie*」、「無限 *Infini*」、その他多くの項目を例として挙げることができる。これらの項目の他に、ダランベール氏は、『百科全書』に数多くの、純粋に文学的あるいは哲学的な項目も提供した。同義語数点は別として、「学問の要素 *Elemens des sciences*」、「博識学 *Erudition*」、「辞書 *dictionnaire*」、その他のそれほど重要ではない項目を、例として挙げることができる。[21]

その上、項目「地球の形状」の現代的な意味における著者は、項目の出来を結構誇らしく思っていたようで、ヴォルテールに一読を勧めている。ダランベールは、一七五六年の夏にヴォルテールから、沢山の揉め事の元になった自らの項目「ジュネーヴ GENÈVE」の発想を得ていた。

『百科全書』に話を戻しましょう。あなたの項目「歴史」が、新しい検閲官たちの下で通るかどうか、私は甚だ訝っておりますので、いつでもお望みの折に、あなたが考えておられる変更を加えていただけるように、同項目をご返送申し上げます。ですが、急ぐ必要はまったくございません。第八巻は決して完成しないのではないかと思っております。山ほど執筆できない項目があるのをご覧下さい。異端、ヒエラルキー、免償、無謬性、不死、非物質的、ヘブライ人、ホッブズ主義、イエス・キリスト、イエズス会士、異端審問、ジャンセニスト、不寛容、等々です。繰り返しますが、このぐらいにしておかねばなりません。お暇な時にどうか第六巻の地球の形状にお目通し下さい。[22]

陳腐な項目に関するダランベールの編集作業を把握するために、アドレス「アバクス」に戻って、チェンバーズの項目あるいはその他のそれらしく思われる「典拠」との比較を試みよう。対照してみてまず分かるのは、『サイクロペディア』の大見出しに対して、『百科全書』には大見出しが二つあるということ、すなわち、「アバクス ABAQUE」はもちろんとして、三頁前には「アバコ ABACO」もあるので、後者がダランベールによる正真正銘の最初の項目になるということである。

マリ・レカ＝ツィオミスは、『百科全書』の語彙リストが『トレヴー辞典』の一七四三年版と一七五二年版に負うもの、もっと正確に言えば、最初はフュルティエール、あるいはより正確にはバナージュ・ド・ボーヴァルの辞典の一七〇一年版[23]の無断のコピーにすぎなかった内容を、イエズス会士の執筆者たちが「貪欲」ではないまでも「大掛かりな編纂」で増補しようとしたその意志を、いかに百科全書派が、反論と説得を試みながら利用したかを明らかにした。羅列によるものとは異なる論理に基づいて作業を進め、『百科辞典』(*Dictionnaire universel*) から『合理的辞典』(*Dictionnaire raisonné*) に移行すること、それこそがまさに、ここに具現化されている二人の編纂者の共通の目的である。

実際に、『サイクロペディア』のさまざまな版、ましてや『技術語彙集 (*Lexicon Technicum*)』には、「アバコ ABACO」という項目は見当たらないが、その一方、一七四三年版の『トレヴー辞典』の項目「アバコ ABACO」の内容との間には、ある種の意味の類似が見られる。同項目は、一七〇一年版のフュルティエール『総合辞典』にすでに見られた内容の逐語的なコピーに、『サイクロペディア』一七二八年版、それ以上に『百科全書』に見られる情報を追加しただけのものであった。

こうしてわれわれは一足飛びに、単純に見えるこの小項目が提起する問題の核心、すなわち、計算を容易にする算アバコ，男性名詞。一部の古代の作家が算術を表すのにこの言葉を用いた。イタリア人も同じ意味でこの言葉を用いている。項目「アバクス」および「算術」を参照せよ。

アバコ，男性名詞。この言葉はルイヤールでは算術を意味する。イタリア人は同じことを表現するのにアバコとも言う。古代人が図形や数を描いた滑らかな小さな板のことである。この板は算術の原理を学ぶのに役立った。古代人はこの板をピタゴラス表と呼んだ。
（『総合辞典』1701年版）

アバコ，男性名詞。アバクス。この言葉はルイヤールでは算術を意味している。イタリア人は同じことを表現するのにアバコとも言う。古代人が図形や数を描いた滑らかな小さな板のことである。この板は算術の原理を学ぶのに役立った。古代人はこの板をピタゴラス表と呼んだ。イタリア人におけるアバコとイギリス人におけるアバカスはA，B，Cをも意味する。
（『トレヴー辞典』1743年版）

盤ないし盤を指す現代のアバクスの技術的定義からはほとんど予測できなかった多義性へと辿り着いた。

実際にアバコという単語は、『百科全書』に先行する辞典では、無差別に三つの意味（学問としての算術、記号を記すための滑らかな板、ピタゴラス表）、そして『トレヴー辞典』の項目「初歩」（ABÉCÉ）では四つの意味さえ包含している。同項目は、一七二八年にチェンバーズが定義した「また従って、使用の観点における合意から、アバクスとアバコという名詞はイギリス人とイタリア人によって、アルファベット、ないしABC等の意味で利用されている」（項目「アバカス ABACUS」）[24]という語義を取り込んでいる。

ダランベールは、この雑然とした羅列を根本的に断ち切り、項目「アバコ」には古い語義しか残さなかった。残りのすべての語義は、以下でチェンバーズと対照しながら検討する項目「アバクス」に回されている。

比較を容易にするために、以下、〔『サイクロペディア』の〕見出し語「アバカス ABACUS」をカットして、〔『百科全書』の項目〕「アバクス ABAQUE」の順序に貼り合わせたが、もともとはC-A-B-Fの順番に構成されている。

	A	B
『百科全書』一七五一年版	アバクス、男性名詞　古代の数学者たちの間では、埃に覆われた小さな盤を意味した。マルティウス・カペラやペルシウス『諷刺詩』第1巻、第一三一詩句によれば、彼らはその盤の上に図や数字を描いた。 砂ノ盤ノ上ニ刻マレタ数字ヤ円ヲ／笑ッタリデキル剽軽者ハ この単語はフェニキア語の〔フェニキア語の単語〕アバック〔*abak*〕、埃ないし粉に由来するように思われる。	アバクス、ないしピタゴラス表、***abacus Pythagoricush*** は、算術の原理をより容易に学ぶための数字表であった。この表はピタゴラスが発明したので、ピタゴラス表と名付けられた。〔右記の文章は『百科全書』には存在しない〕 ピタゴラス表は、おそらくわれわれが掛け算表と呼ぶものに他ならなかったものと思われる。項目「ピタゴラス表」を参照せよ。 ルドルフは、アバクスないし表を用いずに掛け算をする複数の方法を提案したが、それらの方法は、日常的な計算に利用するには長くて複雑すぎる。項目「掛け算」を参照せよ。 (*O*)
チェンバーズ一七四一年版(25)	アバカス＊は特に数学者たちの間で、埃で覆われた小さな盤の意味で用いられた。彼らはその上に図や数字を描いた。 〔*facto* という語を *secto* と読むべきペルシウスの引用文は、チェンバーズではなく、ハリスの一七〇八年版とモレリの一七一八年版にすでに見られる。〕 ＊この意味で、この単語はフェニキア語〔フェニキア語の単語〕アバック〔*abak*〕、埃から作られたように思われる。	アバカス・ピタゴリクス、算術の原理の手っ取り早い学習のために考案された数字表。発明者のピタゴラスから、ピタゴリクスと命名された。 そこからさらに、使用に関する合意から、アバカスないしアバコという名詞はラテン語作家やイタリア人の作家たちの間でアルファベットないしABC等の意味で用いられるようになった。 アバカス・ピタゴリクスは、まず間違いなく、われわれが掛け算表と呼ぶものに他ならないだろう。項目「表」を参照せよ。 ルドルフスやヴォルフィウスは、アバカスを用いずに掛け算をする方法を提案したが、それらの方法は、計算の通常のケースに用いるにはあまりに骨が折れる。項目「掛け算」を参照せよ。

C	D	E	F
アバクス。**古代人において、この言葉は**さまざまな用途に供する**戸棚ないし食器戸棚を指した。**〔以下省略した一一行分の文章はチェンバーズには存在しない〕**だが、ギシャールは、さらに昔に遡っている。**〔チェンバーズの語源記述に相当する七行にわたる語源記述〕**ティトゥス・リウィウスとサッルスティウスは、アジア征服の後のローマ人の奢侈を論じながら、**自分たちの善良な祖先が見知らぬそうした食器棚を非常に貴重な木で制作させ、**金の薄片で覆ったローマ人の趣味を非難している。**	*会計や計算に用いられるアバクスは、一種の長い枠であり〔…〕〔二行分の文章で、チェンバーズには存在しない〕	*アバクス。大アバクスは一種の桶でもある〔…〕〔二行分の文章で、チェンバーズには存在しない〕	ハリスと、ハリスに基づいたトレヴーの著者たちの定義によれば、アバクスとは、柱の柱頭の上部ないし冠である。〔二〇行分の文章で参照指示はひとつもない〕
アバカス*は、古代人において、一種の戸棚ないし食器棚であった。項目「食器棚」を参照せよ。 ***この単語はラテン語だが、ギリシア語から作られている**〔…〕〔ギシャールの語源を含む八行分の語源記述〕**この意味で、リウィウスは、ローマ人たちがアジア征服の後に腐敗して陥った奢侈を叙述しながら、ローマ人たちが金を張りつめた**アバキ〔食器棚〕やベッドを**持っていたと述べている。『ローマ建国史』第三九巻。**			建築において、アバカスとは、柱の柱頭の上端の部材である。〔四六行分の文章で一七個の参照指示がある〕

この比較からはさまざまなことを教えられるが、なかでも最も重要な点は、ここでの主たる編集作業が意味の再構成であり、語義を差異化し再分類し、廃れた語義を片付けて見出し語「アバコ ABACO」にしまい、語源（砂で覆われた小さな板）と（物質的な小さな板としての語義Aから数字表としての語義Bへの）換喩的な最初の派生による語義の区別の提案を狙いとしているということである。この区別は他の辞典には存在せず、チェンバーズでも素描されている

だけである。『百科全書』は、新たな語義（先の表のEとD）を出現させる一方で、既知の、そして建築辞典類では非常に詳細に定義されている語義（『アカデミー・フランセーズ辞典』一七六二年版に唯一採録されている語義F）を徹底的に切り詰め、ハリス『技術語彙集』の参照を指示するに留めつつも、『トレヴー辞典』の定義がこうした情報のコピーにすぎないことを忘れずに指摘している。

6　編集物と著者——「どこまでも逃げ去る起源の探求という戯れ」

ある〔『百科全書』の〕項目に、それぞれ版を重ねながら、相互の借用と再利用によって作り上げられてゆく辞典類が利用された場合に、「典拠」の特定が不可能である事態を指す鷲見洋一の「どこまでも逃げ去り、研究者の視線から身を隠す起源の探求という戯れ」[26]という言葉を、結論として繰り返したい。マリ・レカ＝ツィオミスによって論証されたこの事態は、項目「アバクス ABAQUE」の構成のうちにも具体的に見られる。半ば著者自身の執筆による項目「地球の形状 FIGURE DE LA TERRE」から、本論集でオリヴィエ・フェレ、アレクサンドル・ギルボー、逸見龍生、井田尚、小関武史が論じた異なるタイプの項目群に及ぶさまざまな項目の構成方法は、『百科全書』の「制作工程」の多様性を示している。

だが、それらの構成方法には、必ず実現しているとは言えないが、権威の羅列ではなく選択が重要となる新たな編集物の作成を通じて知識を再構成しようとする意志、という共通点がある。『百科全書』第三巻「緒言」のダランベールの指摘によれば、「時にはそれぞれの分野における最良の著作中の数冊全体さえも〔提供すべきである〕。その選択が知識と節度をもって行われたことだけが、読者にとって重要だからである」。というのも、「これほどの大著を全部独創による著作にしようなどと思ったら、災いあるのみだ！」（*Enc.*, III, vij）からだ。著者の足跡たる独創があるとしたら、その大半は、選択された抜粋の構成と削除と再構成および参照指示による、それらの文章の関係づけである。

「ありふれたものの考え方を変える」という〔項目「百科全書 ENCYCLOPÉDIE」の〕ディドロの有名な表現は、より一般的に、利用されるものもあれば無視されるものもある、さまざまな著者や著作の、この再回収ないし収用の形態にも当てはめることができよう。

> これらの裏付けと反駁のための参照指示が前もって巧みに準備されれば、それらは『百科全書』に、優れた辞書がもつべき特徴をもたらすだろう。その特徴とは、ありふれたものの考え方を変えることである。
>
> （*Enc.*, V, 642b）

注

（1）今日、最も完成度の高いリストは、以下の文献である。*Inventory of Diderot's Encyclopédie*, R. N. Schwab, W. E. Rex, Oxford, Voltaire Foundation, 1972（後年題名を *Inventory of Diderot's Encyclopédie* に縮約）, *SVEC*, 93, p. 9-18.

（2）たとえば ARTFL がそうだが、同データベースの成果は、今のところ、質問項目がプログラム化されている基準によってまちまちである。

（3）*Mélanges de littérature, d'histoire et de philosophie*, [Paris, Briasson], Berlin, 1753, in 12°, 2 vol., tome I, p. 1-242.

（4）Louis-Philippe May, « Documents nouveaux sur l'Encyclopédie », *Revue de synthèse*, XVI-2, octobre 1938, p. 73（以降、May, 1938 と省略）。

（5）May, 1938, XVI-2, p. 72.

（6）ダランベールの書簡、一七六〇年五月六日付、ヴォルテール宛、n° 60.06 de l'*Inventaire analytique de la correspondance*, *Œuvres complètes de D'Alembert*, série V, vol. 1, I. Passeron, avec la collaboration d'A. M. Chouillet et J. D. Candaux, Paris, CNRS Editions, 2009（以下 *O.C. D'Al.*, vol. V/1 に省略）.

（7）ダランベールの書簡、一七六三年九月二一日付、ルイ・ネッケル宛、n° 73.72, *O.C. D'Al.*, vol. V/1.

（8）ダランベールの書簡、一七六四年一一月、エカチェリーナ二世宛、n° 64.57, *O.C. D'Al.*, vol. V/1.

（9） ダランベールの書簡、一七六六年四月二九日、ラット宛、n° 66.23, *O.C. D'Al.*, vol. V/1.

（10） *Inventory of Diderot's Encyclopédie*, *SVEC*, 85, p. 435を参照のこと。ARTFLでは本項目の執筆者がヴネルとされているが、これはOCR（光学文字認識ソフト）による（b）と（h）の混同の結果なので信用してはならない。

（11） 本項目とこれらの借用のより詳細な分析に関しては、以下を参照のこと。I. Passeron, «"Savoir attendre et douter": l'article FIGURE DE LA TERRE», *RDE*, 21, 1996 (abrégé en Passeron, 1996), p. 131–144 (http://bit.ly/VjKHyA).

（12） Hisashi Ida, «Discours scientifique à voix multiples: organisation textuelle des articles de D'Alembert dans l'*Encyclopédie*», in *REEL*, n° 2, 57–76.

（13） これらの翻訳と『百科全書』のそれぞれの項目との比較分析に関しては、鷲見洋一の以下の論文を参照のこと。Yoichi Sumi, «De la *Cyclopædia* à l'*Encyclopédie* : traduire et réécrire», *Sciences, musiques, Lumières, Mélanges offerts à Anne-Marie Chouillet*, CIES, Ferney-Voltaire, 2002, p. 409–415 (abrégé en Sumi, 2002).

（14） May, 1938, XVI-1, p. 31.

（15） Christine Théré et Loïc Charles, «Un nouvel élément pour l'histoire de l'*Encyclopédie* : Le «Plan» inédit du premier éditeur Gua de Malves», *RDE*, 39, 2005, p. 104–123.

（16） Registre de délibérations〔会議記録〕, May, 1938, XVI-1, p. 18, 20.

（17） 一七四六年五月のアデマール侯爵宛のダランベールの書簡（n° 46.04, *O.C. D'Al.*, vol. V/1, in *O.C. D'Al.*, vol. V/2, 2015）。

（18） ダランベールの家系とデトゥーシュ家が演じた役割に関する詳細かつ未出の情報については、以下を参照せよ。Françoise Launay, «Les identités de D'Alembert», *RDE*, 47, 2012, p. 243–289.

（19） ダランベールの乳母の身元および現在のミシェル＝ル＝コント通りにあたる住所の特定に関しては、以下を参照のこと。F. Launay, «D'Alembert et la femme du vitrier Rousseau, Etiennette Gabrielle Ponthieux (*ca* 1683–1775)», *RDE*, 45, 2010, p. 75–107.

（20） 太字による強調はわれわれによるものである。

（21） «Le mémoire de D'Alembert sur lui-même», édité par I. Passeron, *RDE*, 38, 2005, p. 17–31. 今日フランス国立図書館に保存されているこの手稿はおそらく一七七三年頃に執筆された。

（22） 一七五八年一月二八日付、ヴォルテール宛ダランベール書簡（n° 46.04, *O.C. D'Al.*, vol. V/1）。

（23） 以下を参照のこと。 Marie Leca-Tsiomis, *Écrire l'Encyclopédie. Diderot : de l'usage des dictionnaires à la grammaire philosophique*, Voltaire Foundation, Oxford, 1999, chap. 5, « Le Dictionnaire universel français et latin de Trévoux, 1704 » (abrégé en Leca-Tsiomis, 1999).

（24） 〔アバカスは英語読みの片仮名表記〕以下が『サイクロペディア』一七二八年版のオリジナルの書体による文章である。« Hence also, from an Agreement in point of Use, the Name *Abacus* and *Abaco*, are used among the *English and Italians* for an *Alphabet*, or A B C, *&c.* » (ABACUS)

（25） 『サイクロペディア』第五版（第一巻が一七四一年刊行、第二巻が一七四三年刊行のロンドン版、一七四二年刊行の二巻本のダブリン版の二つの版が存在する〔いくつかの大文字や省略を除けば、参照指示を含め、両者は同一の版〕）が、おそらく翻訳に利用された版である。ここに書体を含めて転記したのはロンドン版である。

（26） Sumi, 2002, p. 410.

第8章　ダランベールの項目「河川」

項目の制作工程と河川の運動への数学の応用

アレクサンドル・ギルボー
（小関武史 訳）

『百科全書』第七巻（一七五七年刊）に収められた項目「河川 FLEUVE」は、大見出し「河川」にまとめられた項目群の最初の小項目であり、「男性名詞（自然学および地理学）」と添えられている（*Enc.*, VII, 868a-874a）。ダランベールは、どのようにしてこの項目を執筆したのだろうか。また、どのような意図をもっていたのだろうか。

周知の通り、百科辞典的な著作の項目を研究するうえで、制作工程の問題は避けては通れない前提条件を構成している。借用を実践することが、取りも直さず生産方法の一部を成すことになる。したがって、百科全書派が用いた典拠を特定し、研究対象となる項目一つ一つと綿密に比較照合することが、この前提条件の核心となる。項目執筆者は何をもたらし、その独自性はどこにあるのか。また、執筆中の筆者を突き動かしていた意図は何だったのか。それらを厳密に画定することは、こうした条件が満たされて初めて可能となる。

言うまでもなく、このような典拠の探求や、典拠を取り込む方法の研究を進めようとすると、数多くの難題がもち上がる。典拠の特定は時として困難であるが、問題はそれだけにとどまらない。借用のプロセスはさまざまであり、しばしば複雑な様相を呈する。それを再構成するだけでも、それなりに厄介である。執筆者が自分の依拠した典拠を示すために添えた記載事項は信頼性に乏しく、うっかりすると騙される。これから見るように、項目「河川」はまさにこうしたケースに該当する。

この項目は、テーマを二つの角度から順を追って論じている。すなわち、地理学と自然学の見地からであり、二つの分類符号が示す通りである。本章では、ダランベールによる項目作成をまず明らかにする。ついで、そのような解明が得られると、どのような点で自然学の部分が提起する科学的論点の理解が深まるかを示す。すなわち、ダランベールの構想では、河川の運動という研究領域における数学の位置と応用がどのようなものであったかを、よりよく理解できるようになる。

1　手始めの解読

項目を最初に一通り読んでみると、重要な情報がある程度得られる。導入部に当たる二つの段落は、用語の定義および河（フルーヴ）と川（リヴィエール）を区別するものは何かという問題に充てられている。その後に見出されるのは、イタリック体で記された六つの小見出しであり、一定の間隔で配置されている。項目で検討される六つのテーマのそれぞれに、正確に標識を立てていることになる。六つのテーマとは、「河川の起源」、「河川の方向」、「河川の現象と変動」、「一部の河川に見られる周期的な氾濫」、「河川の運動法則一般について」、「河川の速度の測り方」である。したがって、全体は明確に構造化されているように見える。さらに、明示的ではないものの、初めの四つと後の二つの小見出しはそれぞれが重要なまとまりを形成しており、地理学の観点と自然学の観点から問題を論じている。つまり、項目の標題の直後に見られる二つの分類符号に対応しているという点で、非常に整合性がある。文章のいちばん最後には、唯一の署名である（*O*）という記号があり、執筆者はダランベールであるという情報が得られる（項目本文でダランベール自身の著作が明示的に参照されていることによっても、執筆者情報が正しいことを確認できる）。また、署名の前の記載事項は、使用された典拠をかいつまんで掲げている。「グリエルミーニの著作集、ヴァレニウスの著作、およびビュフォン氏の『自然誌』を見よ。本項目はそこから引かれている」（*Enc.*, VII, 874a）。しかしながら、この記述が曲者なのである……。

項目各所に分散して存在する記載事項にこの書誌記述を当てはめて、必要な比較作業を遂行してみると、確かにグリエルミーニとヴァレニウスの諸著作が間接的な典拠に相当することが判明する。しかし、その位置づけについては厳密に検討するのが望ましい。逆説的なことに、概要を掲げたこの一覧にしても、本文中に散りばめられた記載事項全体にしても、大々的に活用された内容を省略していることが確認できる。それはつまり、イーフレイム・チェンバーズの『サイクロペディア』に収録された大見出し項目「河川（地理学における）」と、それに続く最初の小項目「河川（自然学における）」である[1]。

2　定義および見出し語一覧の問題

すでに述べた通り、最初の二つの段落では、「河（フルーヴ）」という語の定義[2]が示された後に、これを「川（リヴィエール）」という語と区別するものは何かについての詳細な説明が与えられている。チェンバーズの『サイクロペディア』に収録された大見出し項目「河川（地理学における）」の冒頭部分と照らし合わせてみると、二つの段落はダランベールによる逐語訳であることが判明する。英語の原文には三つの項目「水 WATER」、「海 SEA」、「大洋 OCEAN」への参照指示が存在したが、ダランベールはこれらを消去したうえで、新たに「前の項目を見よ」という指示を付加している。問題となるのは大見出し項目「河川 FLEUVE, RIVIERE」であるが、そこでも二つの語句の用法の違いが取り上げられている。執筆者ジョクールはこれに「類義語」という分類符号を割り当てており、細部に立ち入る前に、単刀直入にこう述べている。「ここに掲げたのは二つの類義語だが、その違いについてはいまだに合意が得られていない。もっとも、合意に達することができるとしての話だが」(*Enc.* VII, 867b)。もちろん、この問題に関するさまざまな説明と、ダランベールがチェンバーズの項目「河川」を利用したことの間に直接的なつながりがあるかどうかは、簡単には決められない。とはいうものの、『百科全書』の同じ大見出し項目のなかで、二つの語句を同一視したり、同等に扱ったりするのを正当であると見なしていることは、大いに注目に値する。

3　地理学部分の制作工程

それではここで、項目の地理学部分が形成されたプロセスを検討してみよう。すぐに目につくのは、さらに四つのパートに分割されていることである。それらは順に、河川の起源、方向、変動、周期的な氾濫に充てられている。われわれの調査結果はこの論文の付録図表として図示した通りであるが、ダランベールは二つの典拠に頼っていることが明らかとなった。一つは『サイクロペディア』の大見出し項目「河川(地理学における)」であり[3]、もう一つはビュフォンの『一般と個別の自然誌(博物学)』第一巻(一七四九年刊行)の第一〇条「河川について」である。河川の起源に関する第一部は、チェンバーズを翻訳した一つの段落と、それに続く『自然誌』から引かれた二つの文章群によって成り立っている。河川の方向に関する第二部は、全体がビュフォンの文章から取られている。第三部は二つの典拠のパッチワークであり、第四部は『サイクロペディア』の一箇所からの引用と『自然誌』の二箇所からの引用によって構成されている。

比較対照によってさらに分かるのは、どうやらチェンバーズのテクストが導きの糸として活用されており(ダランベールによる項目「河川」における借用は、原文の叙述の順序を尊重している)、主題に応じて『自然誌』からの引用が不足を補っている、ということである(チェンバーズの場合とは反対に、項目はビュフォンによる説明の本来の順序に従っていない)。これは見過ごせない情報である。項目の地理学部分の構成においては、『サイクロペディア』が主導的な役割を演じたことを示しているからである。

その他に、ダランベールによって追加された部分があるので、それを検討してみよう。それらは三つのタイプに分かれる。

まず、それらの追加のいくつかは、項目の構造化と関わっている。導入部となる短い段落で、ダランベールはこれから扱うのが「河川の起源、その方向、その変動、その氾濫、その流れ等々」であることを明確に述べる配慮を示し、文章の構成を予告している。地理学部分の標識となる四つの小見出しのうち、三つはダランベールによるものである(第三の小見出し「河川の現象と変動」だけは、『サイクロペディア』に由来する)。

第二のタイプの追加は、チェンバーズとビュフォンから採り入れた内容を補足することを目的として、限定的に介入した箇所である。地理学部分には三箇所しかなく、全体で一〇行程度にすぎない。ほんのわずかだが、この分野におけるダランベールの知識が貧弱であることを考えれば、何も驚くには当たらない——後に見るように、項目の自然学部分では、ダランベールが個人的に行う追加は目に見えて増大している。まず、河川の起源に関連して、ダランベールはミュッセンブルークが『物理学試論』のなかで報告している実験に触れている。その実験は、水の年間蒸発量の測定に関わるものである。[4] 自分のお気に入りの自然学者を引き合いに出して、ビュフォンから借用した説明を補強するという手法である。[5] 次に、「河川の現象と変動」の部分では、ダランベールは項目「金」に参照指示を出しているという手法である。チェンバーズを補って、フランスの一部の河川「たとえばアリエージュ川は〔…〕砂金を運んでいる」という事実を指摘するとともに、「レオミュール氏は、この問題に関する報告を一七二一年に科学アカデミーで行った」と述べている。[6] さらに、同じ部分で短い段落を一つ追加して、「河川の水」の「さまざまな性質」、「固有の重量」、および「色」に関するあらゆることについては、項目「水」を参照するよう促している。

最後のタイプの追加は、ダランベールが自らの典拠について与える指示である。項目末尾の署名に先立つ部分に置かれた概略的なリスト、およびそれがはらむ問題については、すでにひとこと述べる機会があった。他の典拠指示についてはどうだろうか。

最も単純なものから始めてみよう。そしてこの百科全書派がビュフォンから借用した箇所を実に律儀に示していることを、まず指摘しておこう。段落の末尾にはイタリック体で書かれた参照指示が溢れており、しかもその大半は正確である。河川の起源の問題を扱った部分を締めくくるのは「ビュフォン氏の『自然誌』第一巻およびヴァレニウス『地理学』」という指示であるが、こちらは一転して問題含みである。われわれが同定した二つの典拠をふまえるなら、『自然誌』第一巻への言及は正当化されるように見える。しかし、二つ目の言及の方は、どう説明すればよいだろうか。これはベルンハルドゥス・ヴァレニウスとその有名な著書『一般地理学。そこでは地球の一般的配置が説明される』を省略した形である。さらには、項目全体の末尾に置かれた概略的リストとも完全に符合しており、これをどう説明すればよいだろうか。

最初に強調しておくべきなのは、一六五〇年にラテン語で出版されたヴァレニウスの本が準拠すべき文献だったということである。数多くの再版や翻訳が出現したことが、それを物語っている(7)。ラテン語の新しい版が二つ(依然として一巻本で)、一六六四年と一六七一年に出版された。一六七二年のラテン語版(一巻本)はニュートンの説明によって増補されており、今度はこれが一六八一年と一六九三年に重版している。さらに別のラテン語版が一七一二年に発行されたが、これを準備したジャリンは付録を足した。ショーによる英訳二巻本は、ニュートンとジャリンの解釈を統合し、版を重ねること四度に及んだ(最初の重版は一七三三年で、残り三度は一七三四年、一七三六年、一七六四年である)。最後に、フランス語訳はこの英訳をもとにしており、一七五五年に次のタイトルで発行された(四巻本)。『一般地理学。ベルナール・ヴァレニウスによってラテン語で書かれ、アイザック・ニュートンによって見直され、ジェームズ・ジャリンによって増補され、これらの著者がラテン語で著した諸版をもとに英語に訳され、[…]このたび英語からフランス語に翻訳された』。

地理学部分の二つの典拠をひもといて事態をはっきりさせるなら、奇妙なことに、ヴァレニウスの著書の内容はそれらの典拠を媒介とする限りにおいて、項目に反映されている。言い換えれば、ダランベールは『一般地理学』に依拠したと称しているとき、自分自身の典拠ではなく、チェンバーズとビュフォンが使用した典拠を引用しているのである……。

ヴァレニウスと項目「河川（地理学における）」を比較してみると、確かにチェンバーズが同書の第一六章「河川一般について」を大々的に採り入れていることが判然とする。チェンバーズは叙述の順序まで受け継いでいるのだ。『サイクロペディア』第五版（一七四三年）の項目に含まれる文章は、若干の表記上の異文を別にすれば、一七二八年に発行された初版の項目の文章とまったく同一である。したがって、この点を考慮に入れれば、イギリスの百科辞典作者はそれ以前に刊行された『一般地理学』のラテン語版のいずれかを用いたことになる（正確にどの版と特定することは不可能だった）。次に、ここが重要なのだが、『サイクロペディア』の文章とダランベールの文章を突き合わせてみると、『百科全書』の項目「河川」が『サイクロペディア』から借用した箇所の全体は、チェンバーズが『一般地理学』の抜粋（英語に翻訳されたもの）をもとに構成した部分なのである。ビュフォンから借用したいくつかの断片的文章についても、同じことが言える。『自然誌』の第一〇条にもまた、『一般地理学』への明示的な参照指示が含まれている。そのうちの一つである「ヴァレニウス『一般地理学』四三頁を見よ」(8)という参照指示は、これによって締めくくられる段落全体とともに、ダランベールが丸ごと写し取ったものであり、項目「河川」の典拠指示の特徴をそのまま備えているのである。

こうしてわれわれは、ある一つの典拠について明示的な参照指示が繰り返されているのに直面するが、あらゆる点から考えて、ダランベールはヴァレニウスの『一般地理学』を直接には読んでいない――あるいは、実際に目の前にこの文献を置いていたとしても、直接には頁を繰っていない、と考えざるをえない。さらに、この参照指示は著者ダランベールが現実に利用した二つの文献のうちの一方を差し置いて表に出たものである。チェンバーズの項目「河川（地理学における）」は完全に沈黙に付されているが、すでに見たように、項目の地理学部分の作成と構造化にとっては第一義的な――ビュフォンの『自然誌』と比べても支配的な――役割を果たしている。検証をさらに続け、自然学部分の制作工程に移ることにしよう。

4　自然学部分の制作工程

第一に、項目「河川」の自然学部分は同じ典拠に基づいている。すなわち、チェンバーズによる小項目「河川（自然学における）」（ダランベールが地理学部分で利用した大見出し項目「河川（地理学における）」の続きを成すものであることを指摘しておこう）、およびビュフォンの『一般と個別の自然誌』第一巻第一〇条「河川について」である。先の地理学部分とは異なり、自然学部分でダランベール自身が行った追加は、はるかに重要な位置を占めている。この学者が自分の書いたものを、「河川の運動法則一般について」と「河川の速度の測り方」という二つの大きな部分に分けていたことを思い起こそう。ダランベールの文章を二つの典拠と照合すると、以下に示すような区切り方ができる。圧倒的な分量を占める第一の部分は、チェンバーズの小項目「河川（自然学における）」から相当な長さの抜粋を借用することで書き始められている。それはグリエルミーニが『河川の本性についての自然数学的論考』（一六九七年）で提示した理論を要約したものである。その後に続くのはダランベールによる長い寄与であり、『自然誌』の数節を複雑に錯綜させた段落によって締めくくられる。第二の部分はどうかと言えば、全体が河川の速度をどのように測定するかという問題についてのダランベール自身の文章になっている。

河川の運動の理論に関するダランベールの追加および数学がそこで果たしている役割については、後ほど（文章の作成についての検討に照らして）調べることにしよう。その前に、典拠への言及に関する学者自身の指示がどうなっているか、詳しく見ることにしたい。

項目の地理学部分と同じく、ダランベールが『サイクロペディア』の小項目「河川（自然学における）」を利用したことを見抜けるような手掛かりや言及は何一つない。したがって、今度もまた、ダランベールはチェンバーズについては沈黙を守ろうと決めたことになる。さらに、「河川の運動法則一般について」の部分の結論に相当する段落を形成するにあたってビュフォンから借用しているのだが、先に確認したこととは異なり、そのことを示していない。とはいえ、総合と再構成の作業は重要であり、したがってダランベールの目にはそれだけで自分が依拠した文献に言及しない理由としては十分だと映ったのであろう。

自分の典拠について学者が行った唯一の追加は、チェンバーズの小項目「河川」からの長い借用が三分の二ほど過ぎた辺りでなされている。「以上が、河川の運動に関するグリエルミーニの理論の要点である。フォントネル氏は、一七一〇年のアカデミー論文集にその抜粋を掲載している」。戸惑いを招くが、相変わらず項目末尾の概略的なリストとは辻褄が合っている。この参照指示によるならば、われわれが『サイクロペディア』からの借用であると突きとめたものが、結局はフォントネルの文章に由来するとでもいうのだろうか。もちろん、事態ははるかに複雑である。

確認してみたところ、ダランベールが引き合いに出す文章は、「グリエルミーニ頌」(9)であることが明らかになった。確かにこれはフォントネルが書いたものであり、パリ科学アカデミーの『年誌』一七一〇年の部に掲載されている。われわれが実施したさまざまな比較照合によると、(10)問題の部分は、ダランベールが示唆しているようにこの典拠をもとに形成されたのではなく、チェンバーズの小項目「河川」をもとにしている。明示された借用箇所はチェンバーズに由来しているのである。ここでもまた、『一般地理学』について行ったのと同じように、ダランベールは自分がふまえた文献ではなく、自分が活用した典拠がふまえた文献に言及している。

ヴァレニウスの場合とは逆に、『サイクロペディア』の項目には、チェンバーズがフォントネルの文章を利用したことを思わせる手掛かりはまったく見当たらない。とはいえ、チェンバーズはグリエルミーニの名前と著作には触れている。ダランベールは項目「河川」にこうした指示を書き加えることによって、『サイクロペディア』がアカデミー論文を利用したことに言及せずにいたことの不足を補ったことになる。フォントネルがイタリア人学者に捧げた追悼文をダランベールが知っていたことの証左であるが、いずれにせよ、英国の先駆者がフォントネルから直接的に着想を得ていたことに、ダランベールは自分で気づきもしたし、確認もしたであろう。

その一方で、ダランベールは『河川の本性についての自然数学的論考』を読んでいたのだろうか。グリエルミーニはこの論考と『流水の新たな測定方法の探求』（一六九〇年）で河川の測定方法を提示しているが、ダランベールが項目の最後の部分でその方法に言及しているところからして、読んでいたように思われる（もちろん、書評に依拠していた可能性もなくはないが）。しかしながら、どうやらダランベールは『河川の本性について』の新しい版を知らなかったらしいのだ。それは一七三九年に出版され、別のイタリア人水力技師マンフレーディが膨大な数の注釈をつけたものである。

いずれにせよ、チェンバーズが利用した「グリエルミーニ頌」は、このような次第で、また非常に奇妙な形で、相次いで二度にわたって翻訳された。最初にフランス語から英語の『サイクロペディア』へと翻訳され、次に英語からフランス語の『百科全書』へと翻訳されたことになる。なぜダランベールは直接「源泉に」さかのぼらなかったのだろうか。簡単には答えられない。とはいえ、こうした間接的借用は、『百科全書』のなかで特殊なやり方というわけではない。少し前にアラン・チェルヌスキが明らかにしたように[11]、チェンバーズを経由して間接的に取り込むという現象は、かなり頻繁に見られるものであり、パリ科学アカデミーの論文集の内容と関わっていることが多い。『サイクロペディア』では欠落していた書誌情報をダランベールが追加したことは、かなり珍しいケースであると言えるだろう。

項目「河川」の二つの部分（地理学と自然学）の作成方法については、その概要を確認した通りであり、付録図表によって全体を見渡すことができる。これによって、チェンバーズの『サイクロペディア』に収められた大見出し項目「河川（地理学における）」およびその最初の小項目「河川（自然学における）」がどのような役割を果たしたか、見積もることができる。あらゆることが示しているように、それら二つがダランベールの出発点になったと考えられる。ダランベールはそれらを二つの分類符号に対応させつつ同一項目のなかで融合させ、（チェンバーズによる当初の叙述の順序を損なうことなく）内容を補足するにあたっては、ビュフォンの『自然誌』第一巻から借用したり、個人的な追加（地理学部分ではきわめて限定的であり、自然学部分ではもっと重大である）を行ったり、さらには構成を予告する短い段落や構造を明確にするためにイタリック体で表記された小見出しを付したりしている。それでは、チェンバーズにはひとことも触れずに沈黙しているのは、いったいなぜであろうか。

ここで想起しておくべきは、百科全書派の人々にとって、『サイクロペディア』は他と同列に扱えるような典拠ではなかった、ということである。そこから借用したことを伝える参照指示には方々で出くわすものの、ある項目の全体または一部が一切の断りなしにチェンバーズをもとに組み立てられていることも、決して稀ではない。そもそもダランベールは、項目「河川」の他にもその手の署名項目をいくつか寄稿している。たとえば、「降下あるいは転落 DESCENTE *ou* CHUTE」（*Enc.*, IV, 874a-876a）、「流体の抵抗 RÉSISTANCE *des fluides*」（*Enc.*, XIV, 175b-178a）、「管 TUBE」（*Enc.*, XVI, 732b-733a）などである。[12] したがって、この学者の項目でチェンバーズへの言及が欠けていても、それだけでは何も驚くには当たらない。しかし、それ以上に驚くべきなのは、ヴァレニウスとグリエルミーニの著作への言及が繰り返されていることである。なぜ、自分の書いた文章の三つの典拠のうちの二つはこれだと、ダランベールはわざわざ前面に押し出したのであろうか。

この問いに答えるためには、ダランベールが借用や参照指示をどのように実践していたかについて、さらに系統的に調べてみる必要がある。とりわけ、『サイクロペディア』に関することが重要であるが、つい今しがた見た通り、これは慎重な配慮を払うべき問題であり、罠に陥らないようにしなければならない。[13] これまでの分析は必要なステップではあったものの、それだけで十分というわけではない。ある項目がどのように構成されているかを理解するためには、項目の内容およびその学術的な論点をめぐってどのような選択がなされているかを考慮しなければならない。これら二つの道筋を結びつけることによって、執筆者の意図に限りなく接近することが可能になると期待される。その点を、項目の自然学部分について見てみることにしよう。

5　河川の運動への数学の応用

初めに思い起こしておかなければならないが、項目の自然学部分の冒頭で取り上げられる河川の運動法則の問題は、当時はもっと大きな論点と関わっていた。つまり、数学を自然現象に応用するという論点である。ダランベールはここでチェンバーズの原文を逐語的に翻訳しているが、最初の段落からそのことに注意を喚起している。

> 近代の哲学者たちは、厳密な法則によって、河川の運動と流れを定義しようと試みてきた。そのために幾何学と数学をこの探求に応用してきたのである。その結果、河川の運動の理論は、近代自然学の一分野となった。
>
> (*Enc.*, VII, 871a)

ダランベールの項目は「自然学」という分類符号を引き継いでいる。河川の運動の理論を述べたものを自然学の領域に分類するということは、この符号によって裏づけられているとはいえ、黙って見過ごせるようなものではない。理論があるとして、その探究に幾何学(最も広い意味においてとらえるべきであり、したがって代数学や解析学をも含む)や力学が応用されるとしても、なぜこの項目を「自然数学的諸学問」のなかに配置しなかったのであろうか。ダランベールが書いた「序論」によれば（*Enc.*, I, vi）、この学問は幾何学と力学を自然界に存在するさまざまな物体に応用することによって生まれたばかりだというのだから、そのことを思い起こせば、なおさらなぜそうしなかったのかが疑問である。

最近のいくつかの研究[14]によれば、自然学と自然数学的諸学問の間の境界が『百科全書』においてどれほど流動的で相互浸透的であったかが分かる。ダランベールは最初の七巻において自然学と数学[15]の執筆と監修に当たっていたのだから[16]、そのことと無関係ではありえない。同じ研究が明らかにしたことによると、この点で――とくに力学と水力学の項目に関して――ダランベールが行った区別には一貫した論理はまったく見られず、自分の手許にある典拠（とくにチェンバーズとミュッセンブルーク）や扱うべき主題に応じて、その場その場で分類を決めている節がある。項目「河川」についてはどうであろうか。自然学という分類符号を維持したことや、チェンバーズが与えた説明をそのまま翻訳したことから考えて、これは学者が意識的に行った選択であると思われる。もしその通りなら――これから見るように、ダランベールが行った加筆はこの仮説を支持しているように見える――、残された問題は項目の内容とその作成方法によってその理由を説明できるかどうかを探ることである。

手始めに、項目のこの部分の典拠の問題に立ち戻ろう。と同時に、ドメニコ・グリエルミーニの『河川の本性についての自然数学的論考』（一六九七年）が占めている中心的な位置を探ることにしよう。この点については第二段落に記述があり、ダランベールは相変わらずチェンバーズの文章に手を加えることなく訳すにとどめている。

この領域ではイタリアの著述家たちが抜きん出ており、成し遂げられた進歩はもっぱら彼らに負うところが大きい。そのなかでも、グリエルミーニは『河川の本性について』において、この問題に関する膨大な数の探求と観察を行っている。（*Enc.*, VII, 871a）

実際のところ、グリエルミーニの論文は紛れもなく河川の研究の領域において準拠すべき文献であり、しかも十八世紀の大半を通じてそうであり続けた。そのことは、たとえば誰しもが認めるベリドールの『水工学の建築』(一七三七―一七三九年)を見ても明らかであり、河川の本性について割かれた一章では、もっぱらその内容に基づいたことが表明されている。

ボローニャ大学の首席数学者であり、一七一〇年に亡くなったかの有名なグリエルミーニ、および、トスカーナ大公国の技師であったファミアーノ・ミケリーニが、このテーマについて書き残している。そこで私は、この章を執筆するにあたって彼らの知識を利用し、彼らが述べたことのうちで最も有益なものを理解しようと努めた。それも主として前者を利用した。[17]

三〇年以上も後に、著名な水力学者にしてダランベールの弟子でもあったシャルル・ボシュ師は、自著『水力学基本論集』(一七七一年)の第二巻で、あらためてグリエルミーニの論文の重要性を確認している。師はさらに重要な情報も伝えている。

河川の水がその運動に際してどのような法則に従っているかを探求することは、水工学の一分野であり、数多くの著作を産み出した。とりわけ、イタリア人によってこの探求は深められた。〔…〕この領域における最良の著作の一つは、グリエルミーニによる河川の本性についての論文であり、それは一六九七年に初版が発行された。一七三九年には再版が出たが、エウスタキオ・マンフレーディ氏による非常に有益な注釈が添えられている。河川の運動については、ビュフォン氏も自然誌において新しく興味深いコメントをいくつか行っている。[18]

ダランベールが項目「河川」においてどのような戦略に基づいて典拠の引用を行っていたかについて、この一節は信任状を与えているも同然である。グリエルミーニの論文に依拠し（すでに見た通り、どれほど間接的なものであったにせよ）、ビュフォンの『自然誌』からいくつかの要素を付け足すという選択は、疑いもなく、ボシュが手早くまとめた見取り図に似通っている。

グリエルミーニの論文の要旨は項目のなかで二頁（すなわち自然学部分の三分の二）に及んでいるが、利用された典拠の役割によって二つにまとめられる。第一の典拠はフォントネルの「グリエルミーニ頌」を透過したものであり、河川の運動に影響を与える主な自然学的現象（斜面の勾配、障害物と遭遇したときに受ける影響、水の内的粘性、水流による河岸と河床の掘削、二つの水流の合流等々）についてイタリア人学者が行った観察を総括している。第二の典拠はチェンバーズ（他の典拠を利用したのでなければ）であり、グリエルミーニの理論の要点を示している。その理論が立脚しているのは、恒久的な状態で流れると想定された河川[19]を数学的に表現したものである。つまり、「際立った摩擦もなく」、その河床は「規則的」で、二つの側面は互いに平行な関係を保って切り立っており、「底面は平らで水平に傾斜している」（*Enc.*, VII, 872b）ような河川である。その一方で、こうした表現を正当化するうえで、「河川の運動において遭遇し」、「無限に変化しうる不規則性」も強調されている。そして、このように説明されるのだ。「この点に関して、規則を立てることは不可能である。河川の一般的速度を決定しようとすれば、不規則な要因をことごとく脇に置いて、水流の一般的運動だけを考慮に入れなければならない」（*Enc.*, VII, 872b）。

ダランベールが下す結論は、借用部分の終わりと彼自身による内容の濃い追加の始まりを画すものであるが、まさにこの問題へと立ち帰る。論文で採り入れられた数学的表現と、運動のなかにある河川が現実に示すふるまいの間を、どのように適合させるべきか。ダランベールは記す。「以上が河川の速度に関するグリエルミーニの理論であるが、これは純粋に数学的な理論であって、自然学的な周辺状況がそこに多大な変質を迫らずにはいないのである」(*Enc.*, VII, 873a)[20]。

実際、この後で本人が明言している通り、ダランベール自身もこの問題に取り組んだことがある。『風の一般的原因についての考察』(一七四七年)および『流体の抵抗についての新理論のための試論』(一七五二年)において、ダランベールは流体の運動を方程式化するための新たなアプローチを発展させている。そのアプローチの土台となるのは、解析学が近年になって獲得した道具の応用である。すなわち、多変数関数を微分法と積分法によって計算することである[21]。この方法のおかげで非常に一般的な理論(その後、一七五五年にオイラーがベルリンのアカデミーに提出した三つの有名な論文で一般化することになる理論)を獲得することができたものの、解析学的な道具立てでは解決できないような方程式に行き当たってしまう。要するに、袋小路に入り込んだわけで、決定的な(そして入手可能な実験データと突き合わせることができるような)結論に到達することはできなかった。そういうわけで、ダランベールは自分の前進を項目のなかで示しつつも、その限界を明確にしている。

『流体の抵抗についての試論』(パリ、一七五二年)において、私は河川の速度を任意の場所で数学的に決定するための一般的な方法を、他に先駆けて提示した。自然学的なものを捨象するとしても、あらゆる周辺状況を問題のなかに組み込もうとすると、この方法は非常に複雑な解析を必要とする。(*Enc.*, VII, 873b)

こうして見ると、ダランベールが直面した二重の障害を理解することができる。一方において、河川の運動に数学を応用するには、際立って複雑な道具を総動員しなければならない(それでいて、学者は明言していないが、説得力のある何らかの結論に至ることはない)。他方において、同じこの数学的方法では、それがどれほど一般的なものであれ、現象の自然学的周辺状況を決して説明することができない。その結果、この百科全書派がグリエルミーニの理論に関して数行先に確認することと、多かれ少なかれ同じことが確認されるだけである（唯一の違いは、後者の理論が樹立されたのは十七世紀末であり、それはつまりライプニッツとニュートンによって開拓された微分と積分の計算がヨーロッパに広まり始めたばかりの時期であるから、明らかにその理論は数学的な洗練の度合いが同じ程度に達していない、ということである）。そうなると、数学化のプロセスは自然学的特徴に影響を及ぼしていないのに、それらを正確に跡づけようと試みる以外に、いったい何をすればよいというのだろうか。

それこそまさしく、ダランベールが次の段落で没頭することである。その際に活用されるのは、ビュフォンが『自然誌』第一巻の三四一頁から三五一頁にかけて伝えている観察結果である。ビュフォンが目指しているのは、「河川の流れのさなかにある水の運動が、この問題について数学的な理論を提示しようと試みてきた著作家たちが想定していたのとは異なる方法で推移する」理由を述べることである。[22] ダランベールは項目「河川」において、ビュフォンの該当箇所を総括したうえで、六つの理由を挙げて「河川の流れのさなかにある水の運動が幾何学的理論から大きくかけ離れている」のはなぜかを示している。その理由の一つとして、たとえば河川の表面が水平ではないことが挙げられる。「それは河川の中央部と両端で速度が異なっていることに由来する」。かくして、近年の探求によってもたらされたそれら六つの理由は、フォントネルによる「グリエルミーニ頌」をもとにして作成されたばかりのリストを補足することになる。

遭遇した難点を考慮すると、救済がありうるとすれば、それは実験の領域をおいて他にない。ビュフォンが『自然誌』の該当箇所を締めくくるのは、次のようなコメントによる。「流れる水の運動に関する理論は、依然として数々の難点や不明な点に行き当たる。あらゆる個別的事例に当てはめられる一般的規則を提示することは、非常に難しい。そういうわけで、思弁よりも実験の方が必要とされるのである」。[23] 一見したところ、ダランベールも同意見であり、それに見合う形で項目を補完している。しかし、ビュフォンの著作にも、この箇所まで慎重に足取りをたどってきたチェンバーズの項目「河川」にも、信を置くことはできない。そこで、最後の部分は丸ごと全部自分自身で追加して、河川の研究における主要な実験の論点の一つを取り上げることになる。すなわち、速度の測定である。

ここでもまた、補足のために持ち出されたことは、あまり楽観的なものではない。グリエルミーニが『河川の本性についての論考』および『流水の測定』で提案した手法は、[24]ダランベールの目には「あまりにも複合的で、あまりにも不確実」と映る。振り子を水に浸して「おもりが上昇する量、すなわち垂れ糸が対直方向と成す角度によって、水の速度」を判断するという手法については、「二つの河川の速度を全体として比較するには優れているが、それぞれの河川の絶対的な速度を得るためには向いていない」と判断している（*Enc.*, VII, 873b）。残されたのは、「ピト氏が一七三二年のアカデミー論文集で提案した」手法である。その要点は、湾曲した管の上部を垂直方向に、下部を水平方向に整え、水に浸すことにある（水工学の法則のおかげで、垂直になった部分に上がってくる水の高さによって速度を測定することができる）。この近年の方法はベリドールが『水工学の建築』において称賛したものであるが、ダランベールは項目のなかでベリドールの名を持ち出すこともなく、この方法を「まったくの誤り」であると見なしている。水平部分と垂直部分を結ぶ肘型の継ぎ目を通過するとき、管の内壁で水が摩擦を起こすからである。ダランベールは次のように結論づける。「このように、実際的な事柄についてあれこれと創意工夫に身をやつしたあげくに、最初に思いついたことに回帰せざるをえないことがよくあるものである」。すなわち、それはダランベールが「水の速さを知るための最も簡単で最も確実な」方法と判断したものであり、その要点は「水とほぼ同じ重さの物体、たとえば蠟の球を用意して、これを水のなかに投げ入れ、球の速さによって水の速さを判断する」ことにある（*Enc.*, VII, 874a）。

結論

ダランベールが項目の自然学部分で行った追加は、結局のところ、河川の運動についての研究を進展させる可能性について、確信的な悲観論を示している。グリエルミーニのものであれ、自分が論文で発表したものであれ、学者は次から次へと理論を断罪する。それらの理論が「純粋に」思弁的だから、つまり、研究対象となる現象の「自然学的周辺状況」を考慮に入れられないからである。要するに、数学の応用がその目的を達成できないと述べているのに等しい。

『百科全書』「序論」においてダランベールが明言していたのは、自然学は「それが実験と観察を理性に基づいて集積したものにすぎないという点で、自然数学的諸学問とは異なっている」(*Enc.*, I, vij) ということであった。それと同じような考え方が、項目「河川」から導き出されているように見えるし、まさにそのために、項目を自然学の領域に分類することが正当化されるように思われる。的確な数学的規則なり法則なりを定式化できないことを考慮すれば、河川の研究において何よりもまず求められるのは、河川の運動を特徴づける不規則性や諸現象について、もっと詳しく知ることである。そういうわけで、ダランベールはビュフォンの見解を取り入れることになる。ビュフォンは『自然誌』において、この問題についての自分の新たな考え(これはダランベールによって項目のなかで総括されている)をまとめた後で、次のように結論づけている。「同様の観察結果を数多く集めることが望ましい。そうすれば、この問題を解明し、河川を制御・抑制するための確かな規則を提示するに至るかもしれない(25)」。

最後に付け加えておくなら、この項目は十八世紀の半ばに重要視されていたもう一つの問題にひとことも触れていない。つまり、河川(とくに航行可能な河川)の改修のような問題と結びつく諸相に関わる問題である。われわれが以前に指摘したところによると、ダランベールが流体の抵抗の問題を扱う際にも、その問題が潜在的には『百科全書』のさまざまな領野で応用可能と思われる場合でも、理論と実践的考察の間にかなりはっきりした裂け目が看取される(26)。本章での研究対象となった項目「河川」もまた、その傾向から逃れてはいない。それはもちろん、接することのできた理論の実現可能性に関して学者が留保をつけていたことによって説明がつくし、われわれが提示した説明を再確認することにもなる。つまり、ある種の実践的領域(たとえば水工学や造船業)における数学的諸学問の有用性について、ダランベールは悲観論にはっきりと傾いていたのである。さらに確証が必要とあれば、項目の制作工程を研究すればよい。手掛かり（間接的ではあるが）がもう一つ見つかる。実際、「グリエルミーニ頌」を読むと分かることだが、ダランベールは（チェンバーズから借用した）解説を、フォントネルがイタリア人学者の『河川の本性についての自然数学的論考』に関して付したコメントによって補足する必要を感じていなかった。

以上が、『河川の本性についての論考』の最も一般的な原理である。著者はこれらの原理を、自らが「水の建築」と呼ぶものに応用している。水の建築とは何かと言えば、水を対象とするあらゆる構造物、河川同士の新たな連結、必要とする土地を灌漑するための運河、閘門、湿地の乾燥等々である。[27]

興味深いことに、河川の改修や連結の問題と同じく、『百科全書』にはこうした他の実践的テーマについても、掘り下げて論じた項目は一つも含まれていないことを指摘しておこう。

付録図表　ダランベールの項目「河川」を直接的典拠および間接的典拠との関連で区切ったものの視覚化

この付録図表は、『百科全書』に収録されたダランベールの項目「河川」七頁を再現したものである（*Enc*., VII, 868a-874a）。左右両側に配置された縦線およびその脇に必ず添えられている記載事項は、典拠（丸括弧の中に該当箇所が示されている）と対応範囲（多くの場合、段落または段落の集まり）を示している。典拠が間接的なものである場合、それらは角括弧に入れて（ダランベールが用いた典拠の下に）表示した。また、以下の通り、略号を使用した。

Buffon　ビュフォン『一般と個別の自然誌（博物学）』第一巻（一七四九年）の第一〇条「河川について」

Chambers　チェンバーズ『サイクロペディア』の大見出し項目「河川（地理学における）」およびその最初の小項目「河川（自然学における）」

D'Alembert　ダランベール自身による追加（記載事項が縦線を伴っていないこともあるが、それは該当する範囲がきわめて限られている場合である）

Fontenelle　フォントネル「グリエルミーニ頌」

Varenius　ヴァレニウス『一般地理学。そこでは地球の一般的配置が説明される』（版不明）第一六章

お断りしておくと、この図は典拠との関連で項目を区切ったものを大まかに視覚化しているにすぎず、二つの難点がある。第一に、この再現方法では、ダランベールによるあまりにも短い追加部分を視覚化できない（とくに数多くの段落を区切るための文章が該当する）。第二に、そのまま写された箇所とダランベールによって再構成された箇所を、縦線が区別なく示してしまう（さらには翻訳された部分かどうかも区別できない）。

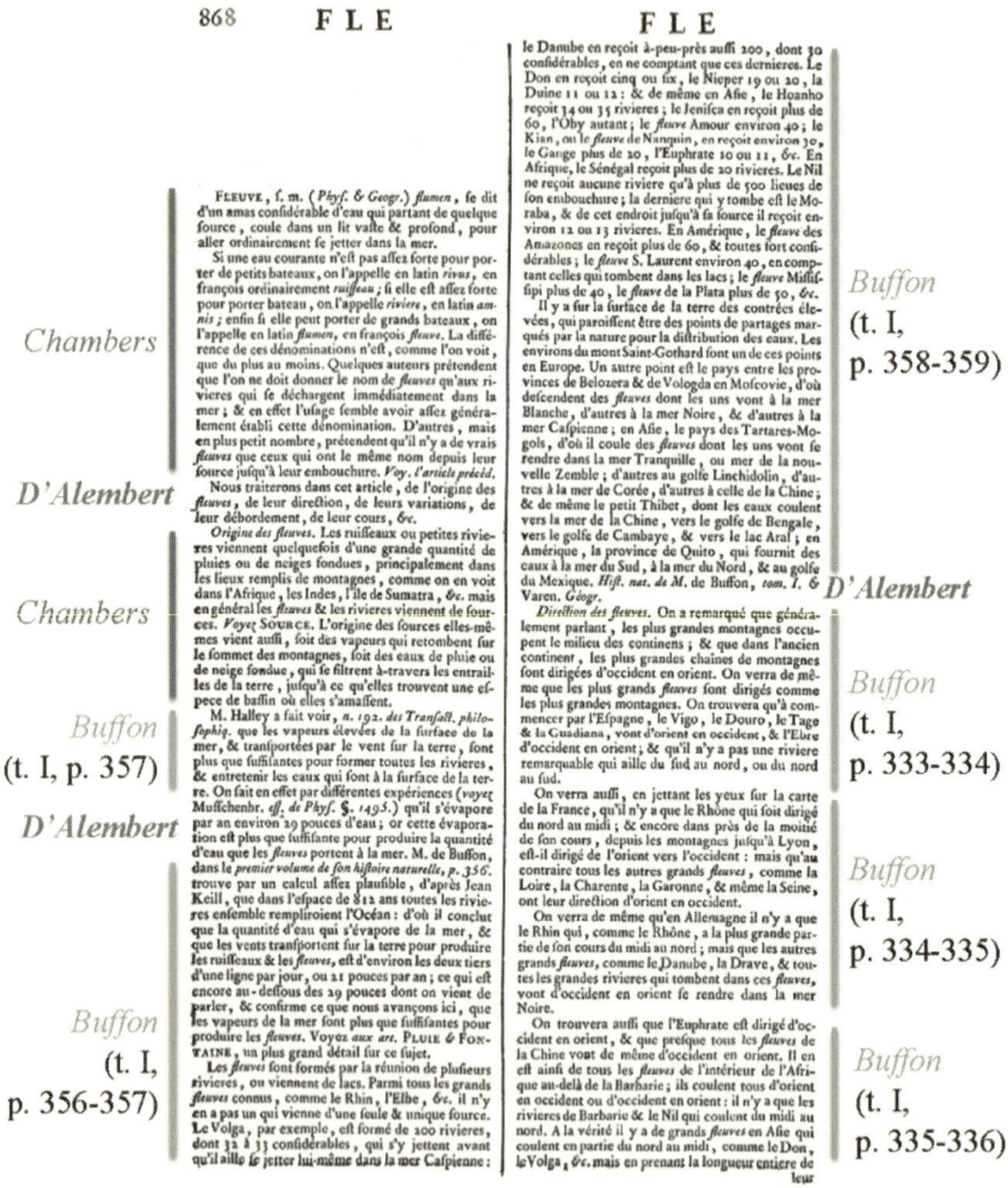

868 FLE FLE

FLEUVE, f. m. (*Phyf. & Geogr.*) *flumen*, fe dit d'un amas confidérable d'eau qui partant de quelque fource, coule dans un lit vafte & profond, pour aller ordinairement fe jetter dans la mer.

Si une eau courante n'eft pas affez forte pour porter de petits bateaux, on l'appelle en latin *rivus*, en françois ordinairement *ruiffeau*; fi elle eft affez forte pour porter bateau, on l'appelle *riviere*, en latin *amnis*; enfin fi elle peut porter de grands bateaux, on l'appelle en latin *flumen*, en françois *fleuve*. La différence de ces dénominations n'eft, comme l'on voit, que du plus au moins. Quelques auteurs prétendent que l'on ne doit donner le nom de *fleuves* qu'aux rivieres qui fe déchargent immédiatement dans la mer; & en effet l'ufage femble avoir affez généralement établi cette dénomination. D'autres, mais en plus petit nombre, prétendent qu'il n'y a de vrais *fleuves* que ceux qui ont le même nom depuis leur fource jufqu'à leur embouchure. *Voy. l'article précéd.*

Nous traiterons dans cet article, de l'origine des *fleuves*, de leur direction, de leurs variations, de leur débordement, de leur cours, *&c.*

Origine des fleuves. Les ruiffeaux ou petites rivieres viennent quelquefois d'une grande quantité de pluies ou de neiges fondues, principalement dans les lieux remplis de montagnes, comme on en voit dans l'Afrique, les Indes, l'île de Sumatra, *&c.* mais en général les *fleuves* & les rivieres viennent de fources. *Voyez* SOURCE. L'origine des fources elles-mêmes vient auffi, foit des vapeurs qui retombent fur le fommet des montagnes, foit des eaux de pluie ou de neige fondue, qui fe filtrent à-travers les entrailles de la terre, jufqu'à ce qu'elles trouvent une efpece de baffin où elles s'amaffent.

M. Halley a fait voir, *n. 192. des Tranfact. philofophiq.* que les vapeurs élevées de la furface de la mer, & tranfportées par le vent fur la terre, font plus que fuffifantes pour former toutes les rivieres, & entretenir les eaux qui font à la furface de la terre. On fait en effet par différentes expériences (*voyez* Muffchenbr. *eff. de Phyf.* §. *1495.*) qu'il s'évapore par an environ 29 pouces d'eau; or cette évaporation eft plus que fuffifante pour produire la quantité d'eau que les *fleuves* portent à la mer. M. de Buffon, dans le *premier volume de fon hiftoire naturelle, p. 356.* trouve par un calcul affez plaufible, d'après Jean Keill, que dans l'efpace de 812 ans toutes les rivieres enfemble rempliroient l'Océan: d'où il conclut que la quantité d'eau qui s'évapore de la mer, & que les vents tranfportent fur la terre pour produire les ruiffeaux & les *fleuves*, eft d'environ les deux tiers d'une ligne par jour, ou 21 pouces par an; ce qui eft encore au-deffous des 29 pouces dont on vient de parler, & confirme ce que nous avançons ici, que les vapeurs de la mer font plus que fuffifantes pour produire les *fleuves*. Voyez *aux art.* PLUIE & FONTAINE, un plus grand détail fur ce fujet.

Les *fleuves* font formés par la réunion de plufieurs rivieres, ou viennent de lacs. Parmi tous les grands *fleuves* connus, comme le Rhin, l'Elbe, *&c.* il n'y en a pas un qui vienne d'une feule & unique fource. Le Volga, par exemple, eft formé de 200 rivieres, dont 32 à 33 confidérables, qui s'y jettent avant qu'il aille fe jetter lui-même dans la mer Cafpienne: le Danube en reçoit à-peu-près auffi 200, dont 30 confidérables, en ne comptant que ces dernieres. Le Don en reçoit cinq ou fix, le Nieper 19 ou 20, la Duine 11 ou 12: & de même en Afie, le Hoanho reçoit 34 ou 35 rivieres; le Jenifca en reçoit plus de 60, l'Oby autant; le *fleuve* Amour environ 40; le Kian, ou le *fleuve* de Nanquin, en reçoit environ 30, le Gange plus de 20, l'Euphrate 10 ou 11, *&c.* En Afrique, le Sénégal reçoit plus de 20 rivieres. Le Nil ne reçoit aucune riviere qu'à plus de 500 lieues de fon embouchure; la derniere qui y tombe eft le Moraba, & de cet endroit jufqu'à fa fource il reçoit environ 12 ou 13 rivieres. En Amérique, le *fleuve* des Amazones en reçoit plus de 60, & toutes fort confidérables; le *fleuve* S. Laurent environ 40, en comptant celles qui tombent dans les lacs; le *fleuve* Miffiffipi plus de 40, le *fleuve* de la Plata plus de 50, *&c.*

Il y a fur la furface de la terre des contrées élevées, qui paroiffent être des points de partages marqués par la nature pour la diftribution des eaux. Les environs du mont Saint-Gothard font un de ces points en Europe. Un autre point eft le pays entre les provinces de Belozera & de Vologda en Mofcovie, d'où defcendent des *fleuves* dont les uns vont à la mer Blanche, d'autres à la mer Noire, & d'autres à la mer Cafpienne; en Afie, le pays des Tartares-Mogols, d'où il coule des *fleuves* dont les uns vont fe rendre dans la mer Tranquille, ou mer de la nouvelle Zemble; d'autres au golfe Linchidolin, d'autres à la mer de Corée, d'autres à celle de la Chine; & de même le petit Thibet, dont les eaux coulent vers la mer de la Chine, vers le golfe de Bengale, vers le golfe de Cambaye, & vers le lac Aral; en Amérique, la province de Quito, qui fournit des eaux à la mer du Sud, à la mer du Nord, & au golfe du Mexique. *Hift. nat. de M.* de Buffon, *tom. I.* & Varen. *Géogr.*

Direction des fleuves. On a remarqué que généralement parlant, les plus grandes montagnes occupent le milieu des continens; & que dans l'ancien continent, les plus grandes chaînes de montagnes font dirigées d'occident en orient. On verra de même que les plus grands *fleuves* font dirigés comme les plus grandes montagnes. On trouvera qu'à commencer par l'Efpagne, le Vigo, le Douro, le Tage & la Guadiana, vont d'orient en occident, & l'Ebre d'occident en orient; & qu'il n'y a pas une riviere remarquable qui aille du fud au nord, ou du nord au fud.

On verra auffi, en jettant les yeux fur la carte de la France, qu'il n'y a que le Rhône qui foit dirigé du nord au midi; & encore dans près de la moitié de fon cours, depuis les montagnes jufqu'à Lyon, eft-il dirigé de l'orient vers l'occident: mais qu'au contraire tous les autres grands *fleuves*, comme la Loire, la Charente, la Garonne, & même la Seine, ont leur direction d'orient en occident.

On verra de même qu'en Allemagne il n'y a que le Rhin qui, comme le Rhône, a la plus grande partie de fon cours du midi au nord; mais que les autres grands *fleuves*, comme le Danube, la Drave, & toutes les grandes rivieres qui tombent dans ces *fleuves*, vont d'occident en orient fe rendre dans la mer Noire.

On trouvera auffi que l'Euphrate eft dirigé d'occident en orient, & que prefque tous les *fleuves* de la Chine vont de même d'occident en orient. Il en eft ainfi de tous les *fleuves* de l'intérieur de l'Afrique au-delà de la Barbarie; ils coulent tous d'orient en occident ou d'occident en orient: il n'y a que les rivieres de Barbarie & le Nil qui coulent du midi au nord. A la vérité il y a de grands *fleuves* en Afie qui coulent en partie du nord au midi, comme le Don, le Volga, *&c.* mais en prenant la longueur entiere de leur

FLE

Buffon
(t. I, p. 336-337)

leur cours, on verra qu'ils ne ſe tournent du côté du midi, que pour ſe rendre dans la mer Noire & dans la mer Caſpienne, qui ſont des lacs dans l'intérieur des terres.

Dans l'Amérique, les principaux *fleuves* coulent de même d'orient en occident, ou d'occident en orient : les montagnes ſont au contraire dirigées nord & ſud dans ce continent long & étroit ; mais, ſelon M. de Buffon, c'eſt proprement une ſuite de montagnes paralleles, diſpoſées d'orient en occident. *Hiſt. nat. génér. & partic. t. I. p. 334. & ſuiv.*

Chambers
[Varenius
prop. IV]

Phénomenes & variations des fleuves. Les *fleuves* ſont ſujets à de grands changemens dans une même année, ſuivant les différentes ſaiſons, & quelquefois dans un même jour. Ces changemens ſont occaſionnés pour l'ordinaire par les pluies & les neiges fondues. Par exemple, dans le Pérou & le Chili il y a des *fleuves* qui ne ſont preſque rien pendant la nuit, & qui ne coulent que de jour, parce qu'ils ſont alors augmentés par la fonte des neiges qui couvrent les montagnes. De même le Volga groſſit conſidérablement pendant les mois de Mai & de Juin, de ſorte qu'il couvre alors entierement des ſables qui ſont à ſec tout le reſte de l'année. Le Nil, le Gange, l'Inde, *&c.* groſſiſſent ſouvent juſqu'à déborder ; & cela arrive tantôt dans l'hyver, à cauſe des pluies ; tantôt en été, par la fonte des neiges.

Chambers
[Varenius
prop. VI]

Il y a des *fleuves* qui s'enfoncent bruſquement ſous terre au milieu de leur cours, & qui reparoiſſent enſuite dans d'autres lieux, comme ſi c'étoit de nouveaux *fleuves* : ainſi quelques auteurs prétendent que le Niger vient du Nil par-deſſous terre, parce que ce *fleuve* groſſit en même tems que le Nil, ſans qu'on puiſſe trouver d'autre raiſon que la communication mutuelle de ces *fleuves*, pour expliquer pourquoi ils groſſiſſent en même tems. On remarque encore que le Niger, quand il vient au pié des montagnes de Nubie, s'enfonce & ſe cache ſous ces montagnes, pour reparoître de l'autre côté vers l'occident. Le Tigre ſe perd de même ſous le mont Taurus.

Ariſtote & les Poëtes anciens font mention de différens *fleuves*, à qui la même choſe arrive. Parmi ces *fleuves*, le *fleuve* Alphée eſt principalement célebre. Les auteurs grecs prétendent que ce *fleuve*, après s'être enfoncé en terre & avoir diſparu, continuoit à couler ſous la terre & la mer, pour aller juſqu'en Sicile ; que là il reparoiſſoit auprès de Syracuſe, pour former la fontaine d'Aréthuſe. La raiſon de cette opinion des anciens étoit que tous les cinq ans pendant l'été la fontaine d'Aréthuſe étoit couverte de fumier, dans le tems même qu'on célébroit en Grece les jeux olympiques, & qu'on jettoit dans l'Alphée le fumier des victimes.

Buffon
(t. I, p. 368-369)

Le Guadalquivir en Eſpagne, la riviere de Gottemburg en Suede, & le Rhin même, ſe perdent dans la terre. On aſſûre que dans la partie occidentale de l'île de Saint-Domingue il y a une montagne d'une hauteur conſidérable, au pié de laquelle ſont pluſieurs cavernes où les rivieres & les ruiſſeaux ſe précipitent avec tant de bruit, qu'on les entend de ſept ou huit lieues. *Voyez* Varenii *geograph. gener. pag. 43.*

Au reſte, le nombre de ces *fleuves* qui ſe perdent dans le ſein de la terre eſt fort petit, & il n'y a pas d'apparence que ces eaux deſcendent bien bas dans l'intérieur du globe ; il eſt plus vraiſſemblable qu'elles ſe perdent, comme celles du Rhin, en ſe diviſant dans les ſables, ce qui eſt fort ordinaire aux petites rivieres qui arroſent les terreins ſecs & ſablonneux : on en a pluſieurs exemples en Afrique, en Perſe, en Arabie, *&c. Hiſt. nat. ibid.*

Chambers
[Varenius
prop. VII]

Quelques *fleuves* ſe déchargent dans la mer par une ſeule embouchure, quelques autres par pluſieurs à-la-fois. Le Danube ſe jette dans la mer Noire par

Tome VI.

FLE 869

ſept embouchures ; le Nil s'y jettoit autrefois par ſept, dont il n'y en a plus aujourd'hui que deux qui ſoient navigables ; & le Volga par 70 au moins. La cauſe de cette quantité d'embouchures vient, ſelon Varenius, des bancs de ſable qui ſont en ces endroits ; & qui s'augmentant peu à-peu, forment des îles qui diviſent le *fleuve* en différens bras. Les anciens nous aſſûrent que le Nil n'avoit d'abord qu'une ſeule embouchure naturelle par laquelle il ſe déchargeoit dans la mer, & que ſes ſix autres embouchures étoient artificielles.

Il y a dans l'ancien continent environ 430 *fleuves* qui tombent immédiatement dans l'Océan, ou dans la Méditerranée & la mer Noire ; & dans le nouveau continent on ne connoît guere que 180 *fleuves* qui tombent immédiatement dans la mer. Au reſte on n'a compris dans ce nombre que des rivieres grandes au moins comme l'eſt la Somme en Picardie.

Buffon
(t. I, p. 340)

Les *fleuves* ſont plus larges à leur embouchure, comme tout le monde ſait ; mais ce qui eſt ſingulier, c'eſt que les ſinuoſités de leur cours augmentent à meſure qu'ils s'approchent de la mer. On prétend qu'en Amérique les Sauvages jugent par ce moyen à quelle diſtance ils ſont de la mer.

Sur le remous des *fleuves*, *voyez* REMOUS ; ſur leurs cataractes, *voyez* CATARACTE.

Chambers
[Varenius
prop. VIII]

Varénius prétend & tâche de prouver que tous les lits des *fleuves*, ſi on en excepte ceux qui ont exiſté dès la création, ſont artificiels, & creuſés par les hommes. La raiſon qu'il en donne, eſt que quand une nouvelle ſource ſort de terre, l'eau qui en coule ne ſe fait point un lit, mais inonde les terres adjacentes ; de ſorte que les hommes, pour conſerver leurs terres, ont vraiſſemblablement été obligés de creuſer un lit aux *fleuves*. Cet auteur ajoûte qu'il y a d'ailleurs un grand nombre de *fleuves* dont les lits ont été certainement creuſés par les hommes, comme l'hiſtoire ne permet pas d'en douter. A l'égard de la queſtion, ſi les rivieres qui ſe jettent dans d'autres y ont été portées par leur cours & leur mouvement naturel, ou ont été forcées de s'y jetter étant détournées dans des canaux creuſés pour cela, Varénius croit ce dernier ſentiment plus probable ; il penſe auſſi la même choſe des différens bras des *fleuves* & des contours par leſquels le Tanaïs, le Volga, *&c.* forment des îles.

Chambers
[Varenius
prop. IX]

Il examine enſuite pourquoi il n'y a point de *fleuves* dont l'eau ſoit ſalée, tandis qu'il y a tant de ſources qui le ſont. Cela vient, ſelon lui, de ce que les hommes n'ont point creuſé de lit pour les eaux des ſources ſalées, pouvant ſe procurer le ſel à moins de frais & avec moins de peine. *Voyez* SEL.

Chambers
[Varenius
prop. XVIII]

Pluſieurs *fleuves* ont leurs eaux impregnées de particules métalliques, minérales, de corps gras & huileux, *&c.* Il y en a qui roulent du ſable mêlé avec des grains d'or : de ce nombre ſont 1°. un *fleuve* du Japon : 2°. un autre *fleuve* dans l'île Lequeo, proche le Japon : 3°. une riviere d'Afrique appellée *Arroe*, qui ſort du pié des montagnes de la Lune où il y a des mines d'or : 4°. un *fleuve* de Guinée, dont les Negres ſéparent le ſable d'avec l'or qu'il renferme, & le vendent enſuite aux Européens qui vont en Guinée pour faire ce trafic : 5°. quelques rivieres proche la ville de Mexique, dans leſquelles on trouve des grains d'or, principalement après la pluie ; ce qui eſt général pour tous les autres *fleuves* qui roulent de l'or, car on n'y en trouve une quantité un peu conſidérable que dans les ſaiſons pluvieuſes : 6°. pluſieurs rivieres du Pérou, de Sumatra, de Cuba, de la Nouvelle-Eſpagne, & de Guiana. Enfin dans les pays voiſins des Alpes, principalement dans le Tirol, il y a quelques rivieres des eaux deſquelles on tire de l'or, quoique les grains d'or qu'elles roulent ne paroiſſent point aux yeux. Le Rhin, dans

SSsss

870 FLE FLE

quelques endroits, porte, dit-on, un limon chargé d'or. *Voy.* Or. En France nous avons quelques rivieres, comme l'Arriege, qui roulent des paillettes d'or. M. de Reaumur a donné à l'académie des Sciences un mémoire sur ce sujet en 1721.

D'Alembert

A l'égard des *fleuves* qui roulent des grains d'argent, de fer, de cuivre, de plomb, il y en a sans doute aussi un grand nombre de cette espece, & les vertus medicinales des eaux minérales viennent pour la plûpart des parties métalliques que ces eaux renferment. Nous ne devons pas oublier de parler d'un *fleuve* d'Allemagne qu'on prétend avoir la propriété de changer le fer en cuivre. La vérité est pourtant que le fer n'est point réellement converti en un autre métal par les eaux de ce *fleuve*, mais que les particules de cuivre & de vitriol qu'elles contiennent, rongent le fer, en désunissent les parties au moyen du mouvement des eaux, & reparoissent à la place des parties du fer qu'elles ont divisées.

Chambers [*Varenius* prop. XVIII]

Le mélange des différentes matieres que contiennent les eaux des *fleuves*, est ce qui constitue leurs différentes qualités, leurs différentes pesanteurs spécifiques, leurs différentes couleurs. *Voyez* Eau.

D'Alembert

Débordement périodique de certains fleuves. Il y a des *fleuves* qui grossissent tellement dans certaines saisons de l'année, qu'ils débordent & inondent les terres adjacentes. Parmi tous ces *fleuves*, le plus célebre est le Nil, qui s'enfle si considérablement qu'il inonde toute l'Egypte, excepté les montagnes. L'inondation commence vers le 17 Juin, & augmente pendant environ 40 jours, puis diminue pendant 40 autres; durant ce tems les villes d'Egypte qui sont bâties sur des montagnes, paroissent comme autant d'îles.

C'est à ces inondations que l'Egypte doit sa fertilité; car il ne pleut point dans ce pays, ou au moins il n'y pleut que fort peu. Ainsi chaque année est fertile ou stérile en Egypte, selon que l'inondation est plus grande ou moindre. La cause du débordement du Nil vient des pluies qui tombent en Ethiopie; elles commencent au mois d'Avril, & ne finissent qu'en Septembre; durant les trois premiers mois le ciel est serein pendant le jour, mais il pleut toute la nuit. Les pluies de l'Abyssinie contribuent aussi à ce débordement; mais le vent du nord en est la cause principale: 1°. parce qu'il chasse les nuages qui portent cette pluie du côté de l'Abyssinie: 2°. parce qu'il fait refouler les eaux du Nil à leur embouchure. Aussi dès que ce vent tourne au sud, le Nil perd en un jour ce qu'il avoit acquis dans quatre.

Chambers [*Varenius* prop. XX]

Les autres *fleuves* qui ont des débordemens considérables dans certains tems marqués sont, 1°. le Niger qui déborde dans le même tems que le Nil. Léon l'afriquain dit que ce débordement commence vers le 15 Juin, qu'il augmente durant 40 jours, & qu'il diminue ensuite pendant 40 autres. 2°. Le Zaire, *fleuve* du royaume de Congo, qui vient du même lac que le Nil, & qui par conséquent doit être sujet aux mêmes inondations. 3°. Le Rio de la Plata dans le Bresil, qui, selon la remarque de Maffée, déborde dans le même tems que le Nil. 4°. Le Gange, l'Indus; le dernier de ces *fleuves* déborde en Juin, Juillet, Août; & les habitans du pays recueillent alors une grande quantité de ses eaux dans des étangs, pour s'en servir le reste de l'année. 5°. Différens *fleuves* qui sortent du lac de Chiamay dans la baie de Bengale, & qui débordent en Septembre, Octobre, & Novembre. Les inondations de tous ces *fleuves* fertilisent les terres qui en sont voisines. 6°. Le *fleuve* Macoa en Camboya, le *fleuve* Parana ou Paranaguasa, que quelques-uns prétendent être le même que le *fleuve* d'Argent: différens *fleuves* sur la côte de Coromandel dans l'Inde, qui débordent dans les mois pluvieux de l'année, parce qu'ils sont alors grossis par les eaux qui coulent du mont Gatis: l'Euphrate qui inonde la Mésopotamie certains jours de l'année: enfin le *fleuve* de Sus en Numidie.

« Les plus grands *fleuves* de l'Europe sont le Volga, qui a environ 650 lieues de cours depuis Reschow jusqu'à Astracan sur la mer Caspienne; le » Danube dont le cours est d'environ 450 lieues depuis les montagnes de Suisse jusqu'à la mer Noire; » le Don, qui a 400 lieues de cours depuis la source » du Sosna qu'il reçoit jusqu'à son embouchure dans » la mer Noire; le Nieper, dont le cours est d'environ 350 lieues, qui se jette aussi dans la mer Noire; » la Duine, qui a environ 300 lieues de cours, & qui » va se jetter dans la mer Blanche, *&c.*

» Les plus grands *fleuves* de l'Asie sont le Hoanho » de la Chine, qui a 850 lieues de cours en prenant » sa source à Raja-Ribron, & qui tombe dans la mer » de la Chine au midi du golfe de Changi; le Jenisca » de la Tartarie, qui a 800 lieues environ d'étendue » depuis le lac Selinga jusqu'à la mer septentrionale » de la Tartarie; le *fleuve* Oby, qui a environ 600 » lieues depuis le lac Kila jusque dans la mer du nord, » au-delà du détroit de Waigats; le *fleuve* Amour de » la Tartarie orientale, qui a environ 575 lieues de » cours, en comptant depuis la source du *fleuve* Kerlon qui s'y jette, jusqu'à la mer de Kamtschatka où » il a son embouchure; le *fleuve* Menamcon, qui a son » embouchure à Poulo-Condor, & qu'on peut mesurer depuis la source du Longmu qui s'y jette; le » *fleuve* Kian, dont le cours est environ de 550 lieues » en le mesurant depuis la source de la riviere Kinxa » qui le reçoit, jusqu'à son embouchure dans la mer » de la Chine; le Gange, qui a aussi environ 550 » lieues de cours; l'Euphrate qui en a 500 en le prenant depuis la source de la riviere Irma qu'il reçoit; l'Indus, qui a environ 400 lieues de cours, » & qui tombe dans la mer d'Arabie à la partie occidentale de Guzarat; le *fleuve* Sirderoias, qui a une » étendue de 400 lieues environ, & qui se jette dans » dans le lac Aral.

» Les plus grands *fleuves* de l'Afrique sont le Sénégal, qui a 1125 lieues environ de cours en y » comprenant le Niger, qui n'en est en effet qu'une » continuation, & en remontant le Niger jusqu'à la » source du Gombarou qui se jette dans le Niger; le » Nil, dont la longueur est de 970 lieues, & qui » prend sa source dans la haute Ethiopie, où il fait » plusieurs contours: il y a aussi le Zaire & le Coanza, desquels on connoît environ 400 lieues, mais » qui s'étendent bien plus loin dans les terres du » Monoemugi; le Couama, dont on ne connoît aussi » qu'environ 400 lieues, & qui vient de plus loin, » des terres de la Cafrerie; le Quilmanci, dont le » cours entier est de 400 lieues, & qui prend sa source dans le royaume de Gingiro.

» Enfin les plus grands *fleuves* de l'Amérique, qui » sont aussi les plus larges *fleuves* du monde, sont la » riviere des Amazones, dont le cours est de plus de » 1200 lieues si l'on remonte jusqu'au lac qui est près » de Guanuco, à 30 lieues de Lima, où le Maragnon » prend sa source; & si l'on remonte jusqu'à la source de la riviere Napo, à quelque distance de Quitò, le cours de la riviere des Amazones est de plus » de mille lieues. *Voyez* le *voyage* de M. de la Condamine, *pag. 15. & 16.*

» On pourroit dire que le cours du *fleuve* S. Laurent en Canada est de plus de 900 lieues depuis » son embouchure en remontant le lac Ontario & le » lac Erié, de-là au lac Huron, ensuite au lac Supérieur, de-là au lac Alemipigo, au lac Cristinaux, » & enfin au lac des Assiniboils: les eaux de tous ces » lacs tombent les unes dans les autres, & enfin dans » le *fleuve* S. Laurent.

» Le *fleuve* Mississipi a plus de 700 lieues d'éten-

Buffon (t. I, p. 352-354)

Buffon (t. I, p. 352-354)

» due depuis son embouchure jusqu'à quelques-unes » de ses sources, qui ne sont pas éloignées du lac » des Assiniboils, dont nous venons de parler.

» Le *fleuve* de la Plata a plus de 800 lieues depuis » son embouchure jusqu'à la source de la riviere Par- » na qu'il reçoit.

» Le *fleuve* Oronoque a plus de 575 lieues de cours, » en comptant depuis la source de la riviere Caketa » près de Pasto, qui se jette en partie dans l'Orono- » que, & coule aussi en partie vers la riviere des » Amazones. *Voyez* la *carte* de M. de la Condamine.

» La riviere Madera qui se jette dans celle des » Amazones, a plus de 660 ou 670 lieues. *Hist. na- » tur. tome I. page 352 & suiv.*

Buffon (t. I, p. 357-358)

Les *fleuves* les plus rapides de tous, sont le Tigre, l'Indus, le Danube, l'Yrtis en Sibérie, le Malmistra en Cilicie, *&c. Voyez* Varenii *géograph. page 178*. Mais, comme nous le dirons plus bas, la mesure de la vîtesse des eaux d'un *fleuve* dépend de deux causes; la premiere est la pente, & la seconde le poids & la quantité d'eau : en examinant sur le globe quels sont les *fleuves* qui ont le plus de pente, on trouvera que le Danube en a beaucoup moins que le Pô, le Rhin & le Rhône, puisque tirant quelques-unes de ses sources des mêmes montagnes, le Danube a un cours beaucoup plus long qu'aucun de ces trois autres *fleuves*, & qu'il tombe dans la mer Noire, qui est plus élevée que la Méditeranée, & peut-être plus que l'Océan. *Ibid.*

Chambers

Lois du mouvement des fleuves & rivieres en général. Les philosophes modernes ont tâché de déterminer par des lois précises le mouvement & le cours des *fleuves*; pour cela ils ont appliqué la Géométrie & la méchanique à cette recherche; de sorte que la théorie du mouvement des *fleuves* est une des branches de la physique moderne.

Les auteurs italiens se sont distingués dans cette partie, & c'est principalement à eux qu'on doit les progrès qu'on y a faits; entr'autres à Guglielmini, qui dans son traité *della natura de' fiumi*, a donné sur cette matiere un grand nombre de recherches & d'observations.

Chambers [Fontenelle]

Les eaux des *fleuves*, selon la remarque de cet auteur, ont ordinairement leurs sources dans des montagnes ou endroits élevés; en descendant de-là elles acquierent une vîtesse ou accélération qui sert à entretenir leur courant : à mesure qu'elles font plus de chemin, leur vîtesse diminue, tant à cause du frotement continuel de l'eau contre le fond & les côtés du lit où elles coulent, que par rapport aux autres obstacles qu'elles rencontrent, & enfin parce qu'elles arrivent après un certain tems dans les plaines, où elles coulent avec moins de pente, & presque horisontalement. Ainsi le Reno, *fleuve* d'Italie, qui a été un de ceux que Guglielmini a le plus observé, n'a vers son embouchure qu'une pente très-petite.

Si la vîtesse que l'eau a acquise est entierement détruite par les différens obstacles, ensorte que son cours devienne horisontal, il n'y aura plus rien qui puisse produire la continuation de son mouvement, que la hauteur de l'eau ou la pression perpendiculaire qui lui est toûjours proportionnelle. Heureusement cette derniere cause devient plus forte à mesure que la vîtesse se ralentit par les obstacles; car plus l'eau perd de la vîtesse qu'elle a acquise, plus elle s'éleve & se hausse à-proportion.

L'eau qui est à la surface d'une riviere, & qui est éloignée des bords, peut toûjours couler par la seule & unique cause de sa déclivité, quelque petite qu'elle soit : car n'étant arrêtée par aucun obstacle, la plus petite différence dans le niveau suffit pour la faire mouvoir. Mais l'eau du fond qui rencontre des obstacles continuels, ne doit recevoir presque au-

Tome VI.

Chambers [Fontenelle]

cun mouvement d'une pente insensible, & ne pourra être mûe qu'en vertu de la pression de l'eau qui est au-dessus.

La viscosité & la cohésion naturelle des parties de l'eau, & l'union qu'elles ont les unes avec les autres, fait que les parties inférieures, mûes par la pression des supérieures, entraînent à leur tour celles-ci, qui autrement dans un lit horisontal n'auroient aucun mouvement, ou n'auroient qu'un mouvement presque nul, si le canal n'avoit que très-peu de pente. Ainsi les parties inférieures, en ce cas, rendent aux supérieures une partie du mouvement qu'elles en reçoivent par la pression : de-là il arrive souvent que la plus grande vîtesse des eaux d'une riviere est au milieu de la profondeur de son lit, parce que les parties qui y sont, ont l'avantage d'être accélérées par la pression de la moitié de la hauteur, sans être retardées par le fond.

Pour savoir si l'eau d'une riviere qui n'a presque point de pente, coule par le moyen de la vîtesse qu'elle a acquise dans sa descente ou par la pression perpendiculaire de ses parties, il faut opposer au courant un obstacle qui lui soit perpendiculaire : si l'eau s'éleve & s'enfle au-dessus de l'obstacle, sa vîtesse vient de sa chûte; si elle ne fait que s'arrêter, sa vîtesse vient de la pression de ses parties.

Les *fleuves*, selon Guglielmini, se creusent presque tous seuls leur lit. Si le fond a originairement beaucoup de pente, l'eau acquiert en conséquence une grande vîtesse; elle doit par conséquent détruire les parties du fond les plus élevées, & les porter dans les endroits plus bas, & applanir ainsi peu-à-peu le fond en le rendant plus horisontal. Plus l'eau aura de vîtesse, plus elle creusera son fond, & plus elle se fera par conséquent un lit profond.

Quand l'eau du *fleuve* a rendu son lit plus horisontal, elle commence alors à couler elle-même horisontalement, & par conséquent agit sur le fond de son lit avec moins de force, jusqu'à ce qu'à la fin sa force devienne égale à la résistance du fond. Alors le fond demeure dans un état permanent, au moins pendant un tems considérable, & ce tems est plus ou moins long selon la qualité du sol; car l'argille & la craie, par exemple, résistent plus long-tems que le sable & le limon.

D'un autre côté, l'eau ronge continuellement les bords de son lit, & cela avec plus ou moins de force selon qu'elle les frappe plus perpendiculairement. Par cet effort continuel, elle tend à rendre les bords de son lit paralleles au courant; & quand elle a produit cet effet autant qu'il est possible, elle cesse alors de changer la figure de ses bords. En même tems que son courant devient moins tortueux, son lit s'élargit, c'est-à-dire que le *fleuve* perd de sa profondeur, & par conséquent de la force de sa pression : ce qui continue jusqu'à ce qu'il y ait équilibre entre la force de l'eau & la résistance des bords; pour lors le *fleuve* ni les bords ne changent plus. Il est évident par l'expérience, qu'il y a réellement un tel équilibre, puisque l'on trouve que la profondeur & la largeur des rivieres ne passe point certaines bornes.

Le contraire de tout ce qu'on vient de dire peut aussi quelquefois arriver. Les *fleuves* dont les eaux sont épaisses & limoneuses, doivent déposer au fond de leur lit une partie des matieres hétérogenes que ces eaux contiennent, & rendre par-là leur lit moins profond. Leurs bords peuvent aussi se rapprocher par la déposition continuelle de ces mêmes matieres. Il peut même arriver que ces matieres étant jettées loin du fil de l'eau, entre les bords & le courant, & n'ayant presque point de mouvement, forment peu-à-peu un nouveau rivage.

Or, ces effets contraires & opposés semblent presque toûjours concourir, & se combiner différem-

SSsss ij

872 **F L E** **F L E**

ment enſemble, ſelon les circonſtances; auſſi eſt-il fort difficile de juger de ce qui en doit réſulter. Il eſt cependant néceſſaire de connoître fort exactement de quelle maniere ces effets ſe combinent, avant de faire aucun travail qui tende à produire quelque changement dans une riviere, ſur-tout lorſqu'il s'agit d'en détourner le cours. Le Lamone qui ſe jette dans le Pô, ayant été détourné de ſon cours pour le faire décharger dans la mer Adriatique, a été ſi fort dérangé par ce changement, & ſa force ſi diminuée, que ſes eaux abandonnées à elles-mêmes, ont prodigieuſement élevé leur lit par la dépoſition continuelle de leur limon; de maniere que cette riviere eſt devenue beaucoup plus haute que n'eſt le Pô dans le tems de ſa plus grande hauteur, & qu'il a fallu oppoſer au Lamone, des levées & des digues très-hautes pour en empêcher le débordement. *Voyez* DIGUE, LEVÉE.

Chambers
[Fontenelle]

Un petit *fleuve* peut entrer dans un grand, ſans en augmenter la largeur ni la profondeur. La raiſon de ce paradoxe eſt, que l'addition des eaux du petit *fleuve* peut ne produire d'autre effet, que de mettre en mouvement les parties qui étoient auparavant en repos proche des bords du grand, & rendre ainſi la viteſſe du courant plus grande, en même proportion que la quantité d'eau qui y paſſe. Ainſi le bras du Pô qui paſſe à Veniſe, quoiqu'augmenté du bras de Ferrare & de celui du Panaro, ne reçoit point d'accroiſſement ſenſible dans aucune de ſes dimenſions. La même choſe peut ſe conclure, proportion gardée, de toutes les augmentations que l'eau d'un *fleuve* peut recevoir, ſoit par l'eau d'une riviere qui s'y jette, ſoit de quelqu'autre maniere.

Un *fleuve* qui ſe préſente pour entrer dans un autre, ſoit perpendiculairement, ſoit même dans une direction oppoſée au courant de celui où il entre, eſt détourné peu-à-peu & par degrés de cette direction, & forcé de couler dans un lit nouveau & plus favorable pour l'union des deux rivieres.

L'union de deux rivieres en une doit les faire couler plus vîte, par la raiſon, qu'au lieu du frotement de quatre rivages, il n'y a plus que le frotement de deux à ſurmonter, & que le courant étant plus éloigné des bords coule avec plus de facilité; outre que la quantité d'eau étant plus grande & coulant avec plus de vîteſſe, doit creuſer davantage le lit, & même le rendre ſi profond que les bords ſe rapprochent. De-là il arrive ſouvent que deux rivieres étant unies, occupent moins d'eſpace ſur la ſurface de la terre, & produiſent par-là un avantage dans les terreins bas, par la dépoſition continuelle que ces terreins y ſont des parties bourbeuſes & ſuperflues qu'ils renferment; ils forment par ce moyen une eſpece de digue à ces rivieres, qui empêche les inondations.

D'Alembert

Sur quoi *voyez l'article* CONFLUENT, où l'on fait voir que le phyſique dérange ici beaucoup le géométrique.

Chambers

Ces avantages ſont ſi conſidérables, que Guglielmini croit que la nature les a eus en vûe, en rendant la jonction & l'union des rivieres ſi fréquente.

D'Alembert

Tel eſt l'abregé de la doctrine de Guglielmini, ſur le mouvement des *fleuves*, dont M. de Fontenelle a fait l'extrait dans les *mém. de l'acad. 1710.*

Chambers

Pour déterminer d'une maniere plus préciſe les lois générales du mouvement des *fleuves*, nous obſerverons d'abord qu'un *fleuve* eſt dit demeurer dans le même état, ou dans un état permanent, quand il coule uniformément, de maniere qu'il eſt toûjours à la même hauteur dans le même endroit. Imaginons enſuite un plan qui coupe le *fleuve* perpendiculairement à ſon fond, & que nous appellerons *ſection du fleuve. Voyez Planche hydroſtatiq. fig. 34.*

Cela poſé, quand un *fleuve* eſt terminé par des bords unis, paralleles l'un à l'autre & perpendiculaires à l'horiſon, & que le fond eſt auſſi une ſurface plane, horiſontale ou inclinée, la ſection ſera des angles droits avec ces trois plans, & ſera un parallelogramme.

Or, lorſqu'un *fleuve* eſt dans un état permanent, la même quantité d'eau coule en même tems dans chaque ſection. Car l'état du courant ne ſeroit pas permanent, s'il ne repaſſoit pas toûjours à chaque endroit autant d'eau qu'il vient de s'en écouler. Ce qui doit avoir lieu, quelle que ſoit l'irrégularité du lit, qui peut produire dans le mouvement du *fleuve* différens changemens à d'autres égards, par exemple, un plus grand frotement, à proportion de l'inégalité du lit.

Les irrégularités qui ſe rencontrent dans le mouvement d'une riviere, peuvent varier à l'infini; & il n'eſt pas poſſible de donner là-deſſus des regles. Pour pouvoir déterminer la vîteſſe générale d'un *fleuve*, il faut mettre à part toutes les irrégularités, & n'avoir égard qu'au mouvement général du courant.

Chambers

Suppoſons donc que l'eau coule dans un lit régulier, ſans aucun frotement ſenſible, & que le lit ſoit terminé par des côtés plans, paralleles l'un à l'autre, & verticaux; enfin que le fond ſoit auſſi une ſurface plane & inclinée à l'horiſon. Soit *A E* le lit, dans lequel l'eau coule, venant d'un réſervoir plus grand, & ſuppoſons que l'eau du réſervoir ſoit toûjours à la même hauteur, enſorte que le courant de la riviere ſoit dans un état permanent; l'eau deſcend de ſon lit comme ſur un plan incliné, & s'y accélere continuellement; & comme la quantité d'eau qui paſſe par chaque ſection dans le même tems, doit être la même par-tout, il s'enſuit que la hauteur de l'eau doit diminuer à meſure qu'elle s'éloigne du réſervoir, & que ſa ſurface doit prendre la figure *iqs*, terminée par une ligne courbe *iqs*, qui s'approche toujours de plus en plus de *CE*.

Pour déterminer la vîteſſe de l'eau dans les différens endroits de ſon lit, ſuppoſons que l'origine du lit *ABCD* ſoit fermée par un plan: ſi on fait un trou dans ce plan, l'eau jaillira plus ou moins loin du trou, ſelon que le trou ſera plus ou moins diſtant de la ſurface de l'eau du réſervoir *hi*; & la vîteſſe avec laquelle l'eau jaillira, ſera égale à celle qu'acquerroit un corps peſant en tombant de la ſurface de l'eau juſqu'au trou; ce qui vient de la preſſion de l'eau qui eſt au-deſſus du trou: la même preſſion, & par conſéquent la même force motrice ſubſiſte quand l'obſtacle *A C* eſt ôté, & chaque particule de l'eau coule dans le lit avec une vîteſſe égale à celle qu'elle auroit acquiſe en tombant de la ſurface de l'eau juſqu'à la profondeur où eſt cette particule. Chaque particule ſe meut donc comme ſur un plan incliné, avec un mouvement accéléré, & de la même maniere que ſi, tombant verticalement, elle avoit continué ſon mouvement à la même profondeur au-deſſous de la ſurface de l'eau, à compter du réſervoir de la riviere.

Donc ſi on tire la ligne horiſontale *is*, les particules de l'eau auront en *r* la même vîteſſe qu'acquerroit un corps, qui tombant de la hauteur *IC*, parcourroit la ligne *Cr*; vîteſſe qui eſt égale à celle qu'acquerroit un corps en tombant le long de *tr*. Par conſéquent on peut déterminer en quelqu'endroit que ce ſoit la vîteſſe du courant, en tirant de cet endroit une perpendiculaire au plan horiſontal, que l'on conçoit paſſer par la ſurface de l'eau du réſervoir de la riviere; la vîteſſe qu'un corps acquerroit en tombant de la longueur de cette perpendiculaire, eſt égale à la vîteſſe de l'eau qu'on cherche, & cette vîteſſe eſt par conſéquent d'autant plus grande, que la perpendiculaire eſt plus grande. D'un point quelconque, comme *r*, tirez *rs* perpendiculaire au fond du lit, cette ligne meſurera la hauteur ou la profondeur de la riviere. Puiſque *rs* eſt inclinée à l'horiſon, ſi des différens points de cette ligne on tire des perpendiculaires à *i t*, elles ſeront d'autant plus courtes qu'elles ſeront plus diſtantes de *r*, & la plus courte de toutes ſera *s u*; par conſéquent les vîteſſes des parties de l'eau dans la ligne *r s*, ſont d'autant moindres qu'elles ſont plus proches de la ſurface de la riviere, & d'autant plus grandes qu'elles en ſont plus éloignées.

Cependant la vîteſſe de ces parties approche de plus en plus de l'égalité, à meſure que la riviere fait plus de chemin : car les quarrés de ces vîteſſes ſont comme *r t* à *s u*; or la différence de ces lignes diminue continuellement, à meſure que la riviere s'éloigne de ſon origine, parce que la profondeur *r s* diminue auſſi continuellement à meſure que ces lignes augmentent. Donc puiſque la différence des quarrés des vîteſſes diminue continuellement, à plus forte raiſon la différence des vîteſſes doit diminuer auſſi, puiſqu'un quarré eſt toûjours en plus grand rapport avec un quarré plus petit que les racines de ces quarrés ne le ſont entr'elles.

Chambers

Si l'inclinaiſon du fond eſt changée à l'origine de la riviere, que le fond, par exemple, devienne *y z*, & qu'une plus grande quantité d'eau coule dans le lit, le lit deviendra plus profond dans toute la longueur de la riviere, mais la vîteſſe de l'eau ne changera point. Car cette vîteſſe ne dépend point de la profondeur de l'eau dans la riviere, mais de la diſtance qu'il y a de la particule mûe, au plan horiſontal, qui paſſant par l'origine, eſt continué au-deſſus de cette particule ; & cette diſtance eſt meſurée par la perpendiculaire *r t* ou *s u* : or ces lignes ne ſont point changées par la quantité d'eau plus ou moins grande qui coule dans le lit, pourvû que l'eau demeure à la même hauteur dans le réſervoir

Suppoſons que la partie ſupérieure du lit ſoit fermée par quelqu'obſtacle comme *X*, qui deſcende un peu au-deſſous de la ſurface de l'eau : comme l'eau n'a pas en cet endroit la liberté de couler à ſa partie ſupérieure, elle doit s'y élever ; mais la vîteſſe de l'eau au-deſſous de la cataracte n'augmentera point ; & l'eau qui vient continuellement, doit s'élever toûjours de plus en plus, de maniere qu'à la fin elle débonde, ou au-deſſus de l'obſtacle, ou au-deſſus de ſes bords. Si on élevoit les bords auſſi-bien que l'obſtacle, l'eau s'éleveroit à une hauteur au-deſſus de *i t*; juſqu'à ce que cela arrive, la vîteſſe de l'eau ne peut augmenter : mais quand une fois l'eau ſe ſera élevée au-deſſus de *i t*, la hauteur de l'eau dans le réſervoir ſera augmentée. Car comme on ſuppoſe que la riviere eſt dans un état permanent, il faut néceſſairement qu'il entre continuellement autant de nouvelle eau dans le réſervoir, qu'il s'en échappe pour couler dans le lit : ſi donc il coule moins d'eau dans le lit, la hauteur de l'eau doit augmenter dans le réſervoir, juſqu'à ce que la vîteſſe de l'eau qui coule au-deſſous de l'obſtacle ſoit tellement augmentée, qu'il coule par-deſſous l'obſtacle autant d'eau qu'il en couloit auparavant dans le lit, lorſqu'il étoit libre. *Voyez* ONDE.

Voilà la théorie de Guglielmini, ſur la vîteſſe des rivieres, théorie purement mathématique, & que les circonſtances phyſiques doivent altérer beaucoup. Avant que d'entrer là-deſſus dans quelque détail, je remarquerai 1°. que dans mes *réflexions ſur la cauſe générale des vents*, Paris 1747, j'ai démontré *p. 179*, qu'un fluide qui par une cauſe quelconque ſe mouvroit horiſontalement & uniformément entre deux bords verticaux, ne devroit pas toûjours s'accélérer dans les endroits où ſon lit viendroit à ſe retrécir, mais que ſuivant le rapport de ſa profondeur avec l'eſpace qu'il parcourroit dans une ſeconde, il devoit tantôt s'abaiſſer dans ces endroits, tantôt s'y élever ; que dans ce dernier cas, il augmenteroit plus en hauteur en s'élevant, qu'il ne perdroit en largeur, & que par conſéquent au lieu d'accélerer ſa vîteſſe, il devroit au contraire la ralentir, puiſque l'eſpace par lequel il devroit paſſer, ſeroit augmenté réellement au lieu d'être diminué.

D'Alembert

Je remarquerai 2°. que dans mon *eſſai de la réſiſtance des fluides*, Paris 1752, j'ai donné le premier une méthode générale pour déterminer mathématiquement la vîteſſe d'un *fleuve* en un endroit quelconque ; méthode qui demande une analyſe très-compliquée, quand on veut faire entrer dans le problème toutes ſes circonſtances, quoiqu'on faſſe même abſtraction du phyſique. *Voyez* l'ouvrage cité *art. 156 & ſuiv.*

D'Alembert

Le mouvement des eaux dans le cours des *fleuves*, s'écarte conſidérablement de la théorie géométrique. 1°. Non-ſeulement la ſurface d'un *fleuve* n'eſt pas de niveau d'un bord à l'autre, mais même le milieu eſt ſouvent plus élevé que les deux bords ; ce qui vient de la différence de vîteſſe entre l'eau du milieu du *fleuve*, & les bords. 2°. Lorſque les *fleuves* approchent de leur embouchure, l'eau du milieu eſt au contraire ſouvent plus baſſe que celle des bords, parce que l'eau des bords ayant moins de vîteſſe, eſt plus refoulée par la marée. *Voyez* FLUX. 3°. La vîteſſe des eaux ne ſuit pas à-beaucoup-près la proportion de la pente ; un *fleuve* qui a plus de pente qu'un autre, coule plus vîte dans une plus grande raiſon que celle de la pente : cela vient de ce que la vîteſſe d'un *fleuve* dépend encore plus de la quantité de l'eau & du poids des eaux ſupérieures, que de la pente. M. Kuhn, dans ſa *diſſertation ſur l'origine des fontaines*, s'eſt donc trompé en jugeant de la pente des *fleuves* par leur vîteſſe, & en croyant, par exemple ſur ce principe, que la ſource du Danube eſt de deux milles d'Allemagne plus élévée que ſon embouchure, *&c.* 4°. Les ponts, les levées & les autres obſtacles qu'on établit ſur les rivieres, ne diminuent pas conſidérablement la vîteſſe totale du cours de l'eau, parce que l'eau s'éleve à la rencontre de l'avant-bec d'un pont, ce qui fait qu'elle agit davantage par ſon poids pour augmenter la vîteſſe du courant entre les piles. 5°. Le moyen le plus ſûr de contenir un *fleuve*, eſt en général de retrécir ſon canal, parce que ſa vîteſſe par ce moyen eſt augmentée, & qu'il ſe creuſe un lit plus profond ; par la même raiſon on peut diminuer ou arrêter quelquefois les inondations d'une riviere, non en y faiſant des ſaignées, mais en y faiſant entrer une autre riviere, parce que l'union des deux rivieres les fait couler l'une & l'autre plus vîte, comme on l'a dit ci-deſſus. 6°. Lorſqu'une riviere groſſit, la vîteſſe augmente juſqu'à ce que la riviere déborde : alors la vîteſſe diminue, ſans doute parce que le lit eſt augmenté en plus grande proportion que la quantité d'eau. C'eſt par cette raiſon que l'inondation diminue proche l'embouchure, parce que c'eſt l'endroit où les eaux ont le plus de vîteſſe.

Buffon
(assemblage d'extraits, p. 341-350)

De la meſure de la vîteſſe des fleuves. Les Phyſiciens & les Géometres ont imaginé pour cela différens moyens. Guglielmini en propoſe un dans ſes ouvrages, qui nous paroît trop compoſé & trop peu certain. *Voyez* ſon traité *della natura de' fiumi*, & ſon *aquarum fluentium menſura*. Parmi les autres moyens, un des plus ſimples eſt celui du pendule. On plonge un pendule dans l'eau courante, & on juge de la vîteſſe de l'eau par la quantité à laquelle le poids s'éleve, c'eſt-à-dire par l'angle que le fil fait avec la verticale. Mais cette méthode paroît meilleure pour comparer enſemble les vîteſſes de deux *fleuves*, que pour avoir la vîteſſe abſolue de chacun. Les tangentes des angles ſont à la vérité entr'elles, comme les quarrés des vîteſſes, & cette regle eſt aſſez ſûre : mais il n'eſt pas auſſi facile de déterminer directement la vîteſſe

D'Alembert

874 **F L E** **F L E**

D'Alembert

du *fleuve* par l'angle du fil. *Voyez* RÉSISTANCE DES FLUIDES & FLUIDE.

Un autre moyen est celui que M. Pitot a proposé dans les *mémoires de l'académie de 1732*. Il prend un tuyau recourbé, dont la partie supérieure est verticale, & l'inférieure horisontale. Il plonge cette derniere dans l'eau, ensorte que l'eau entre par la branche horisontale. Selon les lois de l'Hydraulique, l'eau doit s'élever dans le tuyau vertical, à une hauteur égale à celle dont un corps pesant devroit tomber, pour acquérir une vitesse égale à celle de l'eau. Mais on sent encore que ce moyen est assez fautif: 1°. l'eau sera retardée par l'angle qui forme la partie horisontale avec la verticale: 2°. elle le sera encore le long du tuyau par le frotement, ainsi elle s'élevera moins qu'elle ne devroit suivant la théorie; & il est très-difficile de fixer le rapport entre la hauteur à laquelle elle s'éleve, & celle à laquelle elle doit s'élever, parce que la théorie des frotemens est très-peu connue. *Voyez* FROTEMENT.

Le moyen le plus simple & le plus sûr pour connoître la vitesse de l'eau, est de prendre un corps à-peu-près aussi pesant que l'eau, comme une boule de cire, de le jetter dans l'eau, & de juger de la vitesse de l'eau par celle de cette boule; car la boule acquiert très-promptement & presqu'en un instant, une vitesse à-peu-prés égale à celle de l'eau. C'est ainsi qu'après s'être épuisé en inventions sur des choses de pratique, on est forcé d'en revenir souvent à ce qui s'étoit présenté d'abord. *Voyez les ouvrages de* Guglielmini, celui de Varenius, & l'*histoire naturelle de* M. de Buffon, d'où cet article est tiré. (*O*)

Fin de l'article

FLEUVE ou RIVIERE D'ORION, (*Astronomie.*) est le nom qu'on donne quelquefois dans l'Astronomie à une constellation, qui s'appelle aussi *éridan. Voyez* ERIDAN. (*O*)

FLEUVE, (*Myt. Icon. Litt.*) Il y avoit peu de *fleuves*, surtout dans la Grece & dans l'Italie, auxquels on ne trouvât des statues & des autels consacrés au dieu du *fleuve*, où on alloit faire des libations, & quelquefois même des sacrifices. « Les Egyptiens, dit Maxime de Tyr, » honorent le Nil à cause de son uti» lité; les Thessaliens, le Pénée (aujourd'hui Selem» bria), à cause de sa beauté; les Scythes le Danu» be, pour la vaste étendue de ses eaux; les Eto» liens l'Achéloüs, à cause de son combat avec Her» cule; les Lacédémoniens l'Eurotas (aujourd'hui » Vasilipotamo), par une loi expresse qui le leur » ordonnoit; les Athéniens l'Ilissus, par un statut de » religion ».

A ce détail, nous pouvons ajoûter le Rhin, qu'on trouve représenté dans les médailles avec ces mots, *deus Rhenus*; le Tibre, qui étoit pour ainsi dire une des divinités protectrices de Rome; le Pamise, *fleuve* du Péloponnese, à qui les Messéniens offroient tous les ans des sacrifices; & enfin le Clitomne (aujourd'hui Clitonne), petite riviere d'Italie dans l'état de l'Eglise & en Ombrie, qui non-seulement passoit pour dieu, mais même rendoit des oracles. Il est vrai que c'est le seul des *fleuves* qui eût ce privilége; car la Mythologie ni l'Histoire ancienne ne font mention d'aucun autre oracle de *fleuve* ou de riviere.

Voici comme Pline le jeune, *liv. VIII.* parle de ce dieu Clitomne, & c'est un trait d'histoire qui mérite d'être cité. « A la source du *fleuve* Clitomne » est un temple ancien & fort respecté; Clitomne » est là habillé à la romaine: les sorts marquent » la présence & le pouvoir de la divinité: il y a à» l'entour plusieurs petites chapelles, dont quelques» unes ont des fontaines & des sources; car Clitom» ne est comme le pere de plusieurs autres petits *fleu» ves* qui viennent se joindre à lui. Il y a un pont qui » fait la séparation de la partie sacrée de ses eaux » avec la profane: au-dessus de ce pont, on ne peut » qu'aller en bateau; au-dessous il est permis de se » baigner ».

Hésiode dit que les *fleuves* sont enfans de l'Océan & de Thétis, pour nous marquer qu'ils viennent de la mer comme ils y rentrent. Ils sont décrits sous la figure de vénérables vieillards, pour marquer qu'ils sont aussi anciens que le monde; c'est pour cela que les poëtes latins les appellent du nom de pere: *da nunc Tybri pater*, dit Virgile. Ils ont la barbe & la chevelure longues & traînantes, parce qu'on les suppose mouillées. Ils sont couronnés de jonc, couchés à terre, appuyés sur une urne d'où sort l'eau qui forme la riviere. C'est encore de cette maniere qu'on les représente dans nos ballets où il y a des entrées de *fleuves*.

Les anciens ont aussi donné des cornes aux *fleuves*, soit parce qu'ils sont appellés les *cornes de l'Océan*, ou plûtôt parce que la plûpart se partagent ordinairement en plusieurs canaux avant que d'entrer dans la mer: c'est pourquoi Virgile a dit, *Rhenus bicornis*, parce que le Rhin n'avoit de son tems que les deux canaux qui formoient l'île des Bataves, avant que Drusus Germanicus en eût ouvert un troisieme pour joindre ses eaux avec celles de l'Issel. Mais aujourd'hui que nous ne peignons plus les *fleuves* avec des cornes, je ne crois pas qu'il fût permis aux poëtes modernes de parler dans leurs vers des cornes des *fleuves*; parce que la Poésie ne doit étaler que des images nobles & connues: il est au contraire très-permis aux Peintres & aux Graveurs, de représenter les *fleuves* par des figures humaines debout, ou couchées sur le gason, *&c. Article de M. le Chevalier* DE JAUCOURT.

FLEXIBLE, adj. *en Physique*, se dit proprement des corps qui peuvent se plier. Il y a des corps *flexibles* sans effort, comme les fils, les cordes non-étendues; & des corps *flexibles* avec plus ou moins d'effort, comme les côtes de baleine, les ressorts, *&c.* Ces derniers reprennent leur figure dès qu'on les abandonne à eux-mêmes. *Voyez* ELASTICITÉ & RESSORT.

Un corps de cette derniere espece qui est plié, forme deux leviers; & le point où il plie, peut être regardé comme le point fixe commun aux deux leviers. Il suit de-là que plus la puissance motrice est éloignée de ce point, plus elle a de force: ainsi plus un corps *flexible* est long, plus il cede aisément à la force qui le *fléchit*. C'est pour cette raison qu'un grand bâton que l'on tient horisontalement par un bout, se *fléchit* souvent par son propre poids. *Voyez* ELASTIQUE, RESSORT, & RÉSISTANCE DES SOLIDES.

On peut aussi donner le nom de *flexible* aux corps ductiles, & en général, avec M. Musschenbroek, à tout corps dont la figure peut être changée, alongée, ou raccourcie, sans qu'il s'y fasse aucune séparation de parties. *Voyez* DUCTILITÉ. (*O*)

FLEXIBILITÉ, s. f. (*Physiol.*) Un corps flexible est un corps dont les parties élémentaires sont tellement co-hérentes, qu'elles peuvent prendre toutes sortes de figures sans se rompre: or les parties du corps humain ont dû nécessairement avoir cette propriété. Dans l'homme, la *flexibilité* dépend de deux choses: 1°. du peu de contacts réciproques des élémens, car les cohésions sont en raison des surfaces; ainsi la cornée est une lame flexible, mais les fragmens d'os sont fragiles: 2°. de la glu qui joint les élémens solides; lorsqu'elle abonde, comme dans le jeune âge, les os mêmes se plient sans se rompre: mais quand la glu s'est identifiée avec les élémens mêmes, & qu'elle s'est ossifiée comme eux, il en résulte une si grande fragilité, dans l'âge avancé principalement, que les os peuvent se rompre par le milieu à la moindre chûte.

注

（1）私は『サイクロペディア』の第五版をもとに比較を行った。これは一七四一年と一七四三年にロンドンで発行された二巻本であり、パリのアルスナル図書館が所蔵する版と同一である。百科全書派が翻訳した版そのもの、あるいはそのうちの一つは、おそらくこれであろう。以下の論考を参照のこと。Yoichi Sumi, « De la *Cyclopaedia* à l'*Encyclopédie* : traduire et réécrire », dans *Sciences, musiques, Lumières, Mélanges offerts à Anne-Marie Chouillet*, Ferney-Voltaire, Centre international d'étude du XVIIIe siècle, 2002, p. 409–419 ; Irène Passeron, « Quelle(s) édition(s) de la *Cyclopædia* les encyclopédistes ont-ils utilisée(s) ? », *RDE*, 40–41 (2006), p. 287–292.

（2）定義は以下の通りである。「何らかの源から発し、広さと深さを備えた床を流れ、通常は海へと注ぐ相当量の水の集積を言う」（*Enc.*, VII, 868a）。

（3）ダランベールが項目「河川」を執筆するに際して、チェンバーズの大見出し項目「河川（地理学における）」を利用していたことは、私が以下の論文を書いたときには把握できていなかった。« A propos des relations entre savoirs théoriques et pratiques dans l'*Encyclopédie* : le cas du problème de la résistance des fluides et de ses applications », *RDE*, 47 (2012), p. 207–242. したがって、この主題に関して以前の論文の二二四頁で述べたことは、本論文で訂正する。

（4）Pieter von Musschenbroek, *Essai de physique*, trad. fr. P. Massuet, t. II, Leyden, Samuel Luchtmans, 1751, § 1495, p. 716–717.

（5）『百科全書』におけるダランベールによるミュッセンブルークの『物理学試論』の利用については、以下の論考を参照のこと。Coste, Alain, « Air, *the making of* », *RDE*, 44 (2009), p. 9–14 ; Crépel, Pierre, « La 'physique' dans l'*Encyclopédie* », *RDE*, 40–41 (2006), p. 251–283.

（6）René Antoine Ferchault de Réaumur, « Essais sur l'Histoire des Rivieres & des Ruisseaux du Royaume qui roulent des Paillettes d'Or », *Mémoires de l'Académie royale des sciences pour l'année 1718* (1721), p. 68–88. ダランベールがここで示しているのは、アカデミーの論文集が出版された年であることに注意しておこう（われわれの知る限り、それは通常のケースではない）。これより先、パリ科学アカデミーの「年誌」の部と「論文集」の部は、それぞれ *HARS* および *MARS* という略号によって示す。〔訳注〕会員がアカデミーで行う報告はその年のうちに活字になるわけではなく、報告と論文集の間には数年の時差が生じる。このケースで言えば、レオミュールが報告を行ったのは一七一八年であり、それが一七二一年刊行の論文集に掲載された。このような場合、報告が読み上げられた一七一八年を掲げるのが一般的である。

（7） 以下のリストは網羅的なものではない。

（8） Buffon, *Histoire naturelle*, tome I, Paris, 1749, p. 359.

（9） Bernard Le Bouyer de Fontenelle, « Eloge de Guglielmini », *HARS année 1710* (1712), p. 152–166.『サイクロペディア』の項目「河川」に対応する抜粋は、「頌」の一五九―一六三頁より引かれている。

（10） われわれが注意深く確認したところによると、当然のことながらダランベールの項目本文はチェンバーズの項目（英語）に依拠しているのであって、フォントネルが書いた「頌」（フランス語）を写したものではない。

（11） Alain Cernuschi, « La *Cyclopædia*, un intermédiaire entre les Mémoires de l'Académie des sciences et l'*Encyclopédie* », *RDE*, 45 (2010), p. 129–143.

（12） 以下を参照。Alexandre Guilbaud, « A propos des relations entre savoirs théoriques et pratiques dans l'*Encyclopédie* », *RDE*, 47 (2012), p. 207–242.

（13） 従来は、一部の項目あるいは項目群について、断片的な研究がなされているにすぎなかったが、井田尚がこの分野の研究に取り組んでいる。その最初の成果は、本書に「『百科全書』の制作工程――ダランベールと引用の系譜学」として収められている。

（14） これらの研究は、『ディドロ・「百科全書」研究』の第四〇―四一合併号に掲載されている。この号は二〇〇六年に発行され、全体が分類符号の問題に割かれている。以下の論考を参照のこと。Pierre Crépel, « La 'physique' dans l'*Encyclopédie* », p. 251–283 ; Alain Firode, « Les catégories de la mécanique dans l'*Encyclopédie* », p. 179–192 ; Irène Passeron, « D'Alembert refait le MONDE (*Phys.*) : parcours dans les mathématiques mixtes », p. 155–177.

（15） 「数学」という語は、ここでは『百科全書』における意味で用いられている――この先でも同様である。したがって、そこには「純粋数学」と「自然数学的諸学問」（あるいは「混合数学」、この場合は二つの用語は同一視しうる）の両方を含む。

（16） 一七五八年に編集者の役割を放棄してからは、基本的にダランベールは数学関係の項目を執筆するにとどまった。

（17） Bernard Forest de Bélidor, *Architecture hydraulique, ou l'art de conduire, d'élever et de ménager les eaux pour les différens besoins de la vie*, t. II, Paris, 1739, livre IV, p. 273–274.

（18） Charles (Abbé) Bossut, *Traité élémentaire d'hydrodynamique*, t. II, Paris, 1771, chap. VIII : Du cours des Rivières,

p. 246–247. ここに掲げた評言は、一七七五年に発行された同書の第二版でも、また『水力学の理論的実験的論集』（一七八七年）第二巻に付録の形で収められた「水の流れに関するイタリア人の著作集に関する覚書」にも、そのままの形で受け継がれている。

（19） すなわち、河川の運動を特徴づける大きさ（たとえば速度）が時間の経過によって変化しないという仮説に基づいている。

（20） フォントネルから（チェンバーズを経由して）長々と借用した後で、ダランベールは他項目への参照指示を送っているが、二つの河川の合流の問題に関連して、すでに似たようなコメントを付している。「この点に関しては、項目「合流」を参照のこと。そこで示されているのは、自然学的なものが幾何学的なものを大いに狂わせていることである」（*Enc.*, VII, 872a）。

（21） ダランベールによるこれら二篇の論文について、さらに一般的に十八世紀における水力学の理論構築のプロセスについて、さらに詳しく知るためには、とりわけ以下の論考を参照のこと。Olivier Darrigol, *Worlds of Flow. A history of hydrodynamics from the Bernoullis to Prandtl*, Oxford University Press, 2005 ; Julian Simon Calero, *The Genesis of Fluid Mechanics 1640-1780*, *Studies in History and Philosophy of Science*, vol. 22, Springer, 2008.

（22） Georges Louis Leclerc de Buffon, *Histoire naturelle, générale et particulière*, t. I, Paris, 1749, article X, p. 341.

（23） Buffon, *Histoire naturelle*, t. I, 1749, p. 351.

（24） Guglielmini, *Aquarum fluentium mensura nova methodo inquisita*, 1690.

（25） Buffon, *Histoire naturelle*, t. I, p. 351.

（26） Alexandre Guilbaud, « A propos des relations entre savoirs théoriques et pratiques dans l'*Encyclopédie* », *RDE*, 47（2012）, p. 207–242.

（27） Fontenelle, « Eloge de Guglielmini », *HARS année 1710*（1712）, p. 163.

第9章　消費から制作へ

項目「ガーゼ」をめぐる『百科全書』と『商業総合辞典』の比較

小嶋竜寿

はじめに――工芸はいかにして一般知識として共有されたのか

ルネサンス以降、ヨーロッパの人々は好奇心を全方位に向け、自然と人工を問わず、世界の事物を一切合切占有しようと日々明け暮れていた。狩猟の手は空間上にとどまらない。大地を掘りおこし、化石や古物をつうじて、聖書の記述をこえる時間の厚みをも発見しようとしていた。だが時空認識を拡張する一方、探求の眼差しは身近で世俗的な営みにも向けられた。その対象の一つが職人の知識である。

従来、職人技術に関する知識の多くは、ギルドや個々の作業場といった環境において、親方から弟子へと口承されてきた。門外漢にとって入り込む余地のない、閉鎖的な人間関係のなかでのみ共有された特殊な知識といえよう(1)。また学者の間でも、手仕事に属する技術にまつわる知は学術的な理論知にくらべて格下とみなされ、考察の俎上に載せられることもなかったため、やはり特殊という位置づけとされた。だがこの時期、闇に埋もれた知識に光が当てられようとしていた。フランシス・ベーコンやライプニッツといった哲学者により、工芸の復権が謳われ、その普遍性が問われるようになったのだ。フランスでも、王立科学アカデミーを筆頭に、機械＝道具の構造や使い方の集積・公開に向けた胎動がはじまった。先達の計画が実践に移された十七世紀後半以降、知識編纂の手段として隆盛した辞典類が陸続と刊行されるなか、その到達点ともいえる『百科全書』では、工芸に関する知識はいかにして記述されたのだろうか。

『百科全書』とは、学問の共和国[2]という、国境をこえた、社会階級やギルドなどの社団とも異なる人的ネットワークのなかで醸成された文化的産物といえる。印刷術の発明により情報が爆発的に増加した時代、知識は身分や職業の垣根をこえて交換、蓄積されるようになっており、『百科全書』の多くの項目もまた、既存の知識を基につくりあげられていた。そしてこのことはまた、辞典の項目執筆者が先行文献の読者であったことも意味する。したがって、『百科全書』を典拠と比較・検討すれば、十八世紀中葉期における、技芸の詳述をめぐる知識編纂の一端をうかがうことができるのではないか。典拠の特定は依然として途上過程にあるとはいえ、手がかりが皆無というわけではない。その一例として、ジャック・サヴァリ・デ・ブリュロンの『商業総合辞典』（初版一七二三―三〇年）が挙げられる。

『百科全書』に記載された機械に関する記述内容の多くは、十七世紀末から十八世紀初頭までの知見にとどまるという。サヴァリの辞典もまた同時期の知識の集成であり、ともにコルベールによる重商主義政策の最終局面期を反映する内容とされてきた[3]。にもかかわらず、両辞典の記述は相違する。そこで本論では、『百科全書』で『商業総合辞典』を参照した旨が明記されている項目「ガーゼ GAZE」を手がかりに、『百科全書』での受容様態を検討し、両辞典の差異に潜む意味を探りたい。

1　『商業総合辞典』

1　『商業総合辞典』の誕生

旧体制下、対外貿易収支面でイギリスの後塵を拝していたとはいえ、フランスはヨーロッパ屈指の産業国の一つであった。イギリス以上に生産品流通の国内市場が充実しており、必ずしも国内製造業の生産量がイギリスにひけをとっていたわけではない[4]。交易をつうじて獲得した外貨や貴金属の蓄積を目指す重商主義政策も、自国の生産量増加を後押しした。産業革命以前、商工業への関心はすでに高く、とりわけ、鉱山業や繊維・織物業に期待感を募らせていたようだ[5]。そして十七世紀後半、コルベール主導によるこの政策を背景に、職人技術の中央集権的な掌握が推進されるようになった。

経済史的状況のほか、知識編纂史上の変化も見逃せない。ベーコンやライプニッツたちの提起した問題意識やプログラムが実行に移され、知識全般にわたる収集や整理、記述を実践する一つの場として、辞典が編纂されるようになった。だが残念ながら、技術的な知識の集約をめぐり、その先陣を切ったはずの王立科学アカデミーの作業はいっこうに進捗しなかった。その間隙をついたのが、元アカデミー・フランセーズ会員のアントワーヌ・フュルティエールである。フュルティエールが刊行した『総合辞典』（一六九〇年）の収録語彙は、規範的に用いられるべき日常語のみならず、特殊な専門用語にまで拡張された。そして、この取り扱い範囲の変化がもたらした衝撃は小さくなかったようだ。すぐにアカデミー・フランセーズが、劇作家ピエール・コルネイユの弟トマ・コルネイユに命じて、『技芸・学問辞典』（一六九四年）を編纂させたからである。このように専門用語の編纂に先鞭がつけられたのち、交易や機械技芸に関わる、広範かつ詳細な百科事典的記述に漕ぎつけたのが、『商業総合辞典』であった。

この辞典は、パリ税関監督官ジャック・サヴァリ・デ・ブリュロン（弟）が着手し、サン＝モール司教座聖堂参事会員フィレモン＝ルイ・サヴァリ（兄）が完成させた。弟の役職が示しているとおり、『商業総合辞典』に国策的な性質を認めることは否定できないだろう。事実、辞典項目は、税関監督官の任務として収集した情報を出発点として いる。のちに兄のフィレモン＝ルイの力を借り、二人は国内各地の監督官から寄せられる情報などを基に、文字に記されてこなかった私的な実践知識を、アルファベット順に配列したのである。資料の収集は十七世紀末に着手されていたものの、実際の刊行は一七二三年までずれこんだ。初版はフォリオ判三巻本から構成され、のちにヨーロッパ各地で増補改訂、翻訳が重ねられた。そして最終的な決定版として、コペンハーゲンでフォリオ判五巻本（一七五九―六五年）が刊行され、後続辞典にも影響を与えた。(6)

ガーゼについて紙幅を割いて、その製造機械を記述したのは、この『商業総合辞典』がはじめてである。先のフュルティエールやアカデミー・フランセーズの辞典では、生地について簡潔に定義されるにすぎなかった。一方、『サイクロペディア』（チェンバーズ）、『技術語彙集』（ジョン・ハリス）、『技芸・学問辞典』（トマ・コルネイユ）など、『百科全書』の主だった典拠とされる専門辞典では、項目すら存在しない。まず項目の構成を確認しよう。

2　項目「ガーゼ」の構成

『商業総合辞典』における項目「ガーゼ GAZE」は、初版第二巻二二〇―二二二頁に、『百科全書』が参照したとおぼしき一七四一年あるいは四八年に刊行されたパリ版第二巻の一四五二―一四五四頁（初版とともに、各頁二段組の両段に頁番号が付されている）に記載されている。いずれの版本の間にも記述の相違はない。分量はともにフォリオ判で一頁ほどである。段落は全一四段落一二五行から構成されており、記述内容は以下のようになっている。

［第一段落（一三行）］ガーゼ製品について：衣服や装飾品、［第二段落（一〇行）］製造職人の区分＝組合について、［第三段落（三行）］原材料、［第四段落（四行）］一六六七年の法令による品質の規定について、［第五段落（一〇行）］織り機の描写（一）：整経機の外観と用途、［第六段落（一三行）］織り機の描写（二）：糸の巻き棒と玉つき綜絖について、［第七―一三段落］ブロケード紋様用のガーゼ織り機について（以下の各段落で詳細が記述される）、［第七段落（二三行）］機械の各部位の機能、［第八段落（五行）］ブロケード専用の道具について：平織り用の道具との区別、［第九段落（一一行）］文様のつくりかた［第一〇段落（八行）］仕上げ、［第一一段落（八行）］製造に必要とされる綜絖の量について、［第一二段落（五行）］綜絖の部品の仕入れ先、［第一三段落（六行）］ガーゼの取引価格、［第一四段落

（六行）」国外産のガーゼ製品について。

項目では、生産から流通へと、原材料や機械の部品から国内外の製品にいたるまで、フランス各地からパリに集まる情報を基にして整理された、いわば当時のガーゼ産業の全体像をうかがうことができる。生地に関する簡略な定義にとどまってきた従来の辞典にくらべ、『商業総合辞典』の記述範囲の拡大は一目瞭然である。だがそれ以上に、ブロケードと呼ばれる浮紋様の作り方を公開するなど、ガーゼをたんなる生地ではなく、交換価値のある商品とみなすようになった認識の変化を指摘しておきたい。記述の新規性とともに、ここに項目「ガーゼ」の存在理由の一つを確認できると思われるからである。奢侈品をはじめとする国内製造品の輸出を目論む国の政策からすれば、むしろ商品価値が認められない製品など、立項されなかっただろう。

工芸知識の編纂という観点から、製造用の機械や道具に関する説明がはじめて記載された、第五―一〇段落も注目に値する。とりわけ第六段落では、「玉つき綜絖」lisse à perles（以下、綜絖と表記）という、ガーゼ製造に必要とされる独自の部品が言及され、ほかの絹製品と一線を画す点として指摘されている。だがガーゼ織り機に関する記述は、第五―七段落に限られ、全体の約三分の一を占めるにすぎない。実際、第八段落以降で話題はブロケード紋様の話題に移行してしまう。また綜絖についても、第一一、一二段落で再び俎上に載せられるものの、機械の説明とは直接関係のない言及にとどまっている。

このように『商業総合辞典』の項目「ガーゼ」は、時代の趨勢を反映させた新規性が認められる反面、全体的に網羅的な記述が目指されているため、多くの情報が分断されているきらいがあるといえよう。たとえ機械技芸に関する記述が項目の中心的な位置にあるとしても、その印象は変わらない。技術への関心を示し、織り機について記述しながら、織り方の細部を詳らかにしない傾向は、ほかの項目でも確認できる。たとえば「機械織り靴下 Bas au métier」では、製造方法や機械の操作法よりも、靴下製造業界に関する法制度の変遷に紙片の大半が割かれている。[7] では『百科全書』はこの典拠をいかに受容したのだろうか。

2　ガーゼ産業からガーゼ製造機へ――『百科全書』の項目について

1　『百科全書』における『商業総合辞典』の受容――継承と差異

『百科全書』の項目「ガーゼ」は、一七五七年に刊行された第七巻五三二a―五三三a頁（各頁二段組）にある。項目の上位概念をあらわす「分類符号」はマニュファクチュールであり、ディドロが執筆した。また、一七七二年刊行の図版の最終巻にあたる第一〇巻に、ガーゼ織り機についての図版四枚が収録されている。頁構成だけを比較すると、記述量は『商業総合辞典』の約一・五倍に相当する。しかし、文字は『百科全書』のほうが小さく、実質的な分量差は約二倍程度といえよう。段落は全二〇段、二三〇行から構成される。内容は生地の描写と『商業総合辞典』への批判（第一段落・九行）ではじまり、ほかの絹織物との比較（第二―六段落・三八行）、ガーゼ織り機の象徴となる綜絖の機能を含めた、整経から織りまでの作業工程の詳述（第七―一一段落・七四行）が続く。詳述は図版を参照しながら展開されるが、それとは別に、図版の参照を前提としない描写が後置されている（第一二―一六段落・六〇行）。その後、ブロケード紋様ならびに外国産製品への言及がなされ（第一七―一九段落・四三行）、最後は、発明者への賛美（第二〇段落・六行）で締めくくられる。

『商業総合辞典』の受容を検討するにあたり、項目第一段落は示唆的といえよう。

> この種の生地の製造はたいへん手が込んでいるが、これまでガーゼを論じた者たちのうち、間近で機械を検証した者はいなかった。サヴァリの『商業総合辞典』を読んでガーゼを理解しようにも、ほかの布地やサテン織りと区別しにくい。(8)

項目執筆にあたって、サヴァリの辞典を参照したディドロは、のちに確認するように、機械の描写という記述法を受け継いでいるにもかかわらず、ほかの織物との混同を指摘し、ガーゼの特性に関する説明が不十分だとして先行辞典を批判する。そしてサヴァリの不備を補うために、ディドロが機械の詳述を重視する理由は、『百科全書』第二巻に載録された項目「技術ART」に確認される。

とても簡単な機械が使われるだけで、きわめて複雑な作用を生み出すことがある。〔…〕（その場合）機械の詳述から効果の理解へと（叙述を）進めるほうが適切だろう。機械の詳細をはっきりすれば、その効果はすぐにわかるからだ。反対にこの手続きを経なければ、効果を理解することは無理だろう。これまでの観察が正しいと納得してもらうためにも、ガーゼ製造機に関する知識を前提とせず、ガーゼとは何かを正確に定義してみてほしい。(9)

完成された生地について述べるより、機械の詳述こそが対象の正確な理解をもたらす。とりわけ、ガーゼ織り機の分析を進めて、類似する機械から逸脱するガーゼ製造独自の機能を発見し、記述することにより、対象の概念を際立たせることができるというわけである。

そこでディドロは綜絖に着目する。綜絖とは、ガーゼ製造の骨子として、経糸と緯糸がもつれずに格子状の空洞をつくり出す部品であり、ほかの織物からガーゼを区別する特徴だという。だが、この指摘だけではサヴァリの記述を克服するには不十分だ。なぜなら、すでに触れたとおり、綜絖の重要性についても『商業総合辞典』で言及されていたからである。つまり、機械の詳述という記述方法のみならず、対象の特性を指摘した点でも、『百科全書』と『商業総合辞典』とは軌を一にしていたといえるのだ。

では、両辞典の相違点はどこに存在するのか。先行辞典の問題点を克服するため、ディドロはいかなる操作をおこなったのだろうか。項目執筆にあたり、方法と着眼点とを典拠と共有するディドロは、機械の検証不足を解消するため、一つの指標を表明する。(10)「より簡潔 simple かつ明晰 clair に描きだそう(11)」。以下、この観点を手がかりに、『百科全書』の項目を検討する。

2 記述の簡潔化——参照指示と情報の取捨選択

対象を簡潔に記述しようとするディドロの実践について、以下の記述を比較してみよう。ガーゼ製造の準備段階にあたる整経機の設定について、『商業総合辞典』の第五、六段落では、以下のように記されている。

使用する絹糸を整経するために、整経機と呼ばれる縮充用杵つき機の一種を用いて、整経機に絹の経糸を巻きとる。この杵つき機は木製でおよそ六ピエの高さがあり、垂直方向にスピンドル（軸棒）が取りつけられ、そこに六個の大きなフランジ（輪状の金具）がついている。このフランジの上を前もってボビンに巻きつけられた絹糸が回転するのだが、これは大きなプーリーと連動して、スピンドルが回転することにより作動する。プーリーはスピンドルの足元にあるので視界に入らない。

ガーゼ作りに求められる大きさに応じて、絹糸すべてが杵つき機のフランジに巻きとられたら、巻き芯と呼ばれるもう一つの道具を使い、機械の上部にある二本の織り機ビームに再び巻きとる。二本の織り機ビームのうち、一本はガーゼ用であり、もう一方は地の部分用である。続いて、ホウロウ製の小さな球に絹糸をとおして数本の糸束をつくり、作り手の手元に唯一ある三本目の織り機ビームでその絹糸を巻く(12)。

一方『百科全書』では、

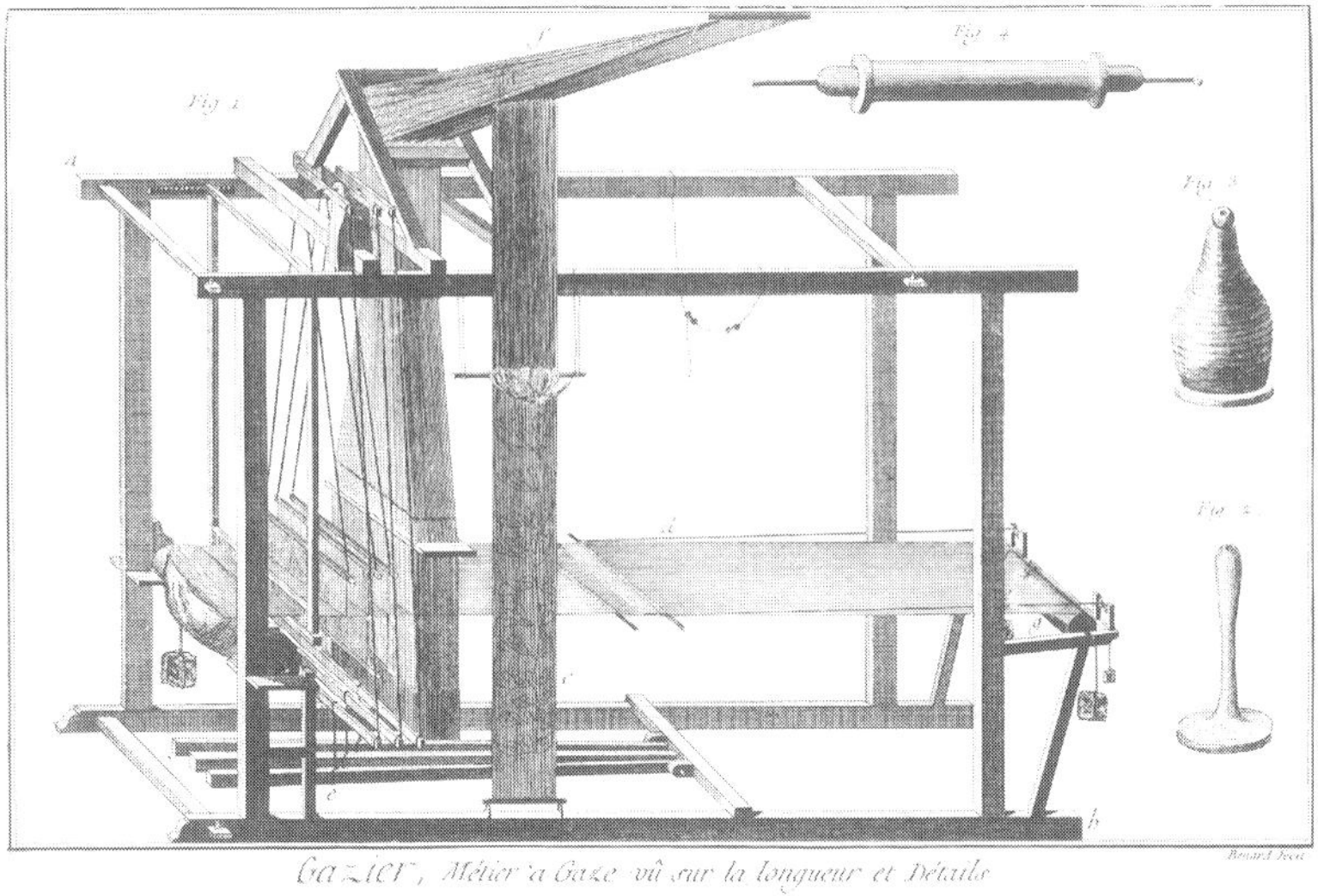

図1　横からみたガーゼ織り機と細部

ガーゼをつくるには、まずほかの絹織物製造と同様、経糸を整えて並べなければならない。要は経糸を整経機に巻きとり（「整経機」を参照）、整経機から巻き芯へ（「巻き芯」を参照）、巻き芯から織り機ビームへと送ったのち、経糸を上下にひらいて、杼口をつくり、機械を設定する。[13]

と、織物製造全般と比較して、そこで共通する一般的な機械操作が整理されている。機械の詳述における簡潔性の追求が、項目「技術」で確認したような、対象の特性への傾注を目的とするものであるならば、『百科全書』の項目で実践された一般的な性質に関する記述の節約は、まさしくその反映といえよう。もう少し詳細を検討すると、整経機や巻き芯のようなほかの織り機と共通する部品は、別の見出し語として立項され、参照指示を出されることにより、記述の煩雑さが回避されていることがわかる。項目として術語が細分化される結果、一項目内で使用される術語が、必要最低限で済むようになるのである。右の例に限らず、項目「絹 SOIE」や「ビロード VELOURS」など、「ガーゼ」の上位あるいは隣接概念で説明を集約する際や、あるいは図版による記述の節約が図られる場合にも、参照指示が援用されている。「もしガーゼ製造機の図版1、2[14]と絹産業の

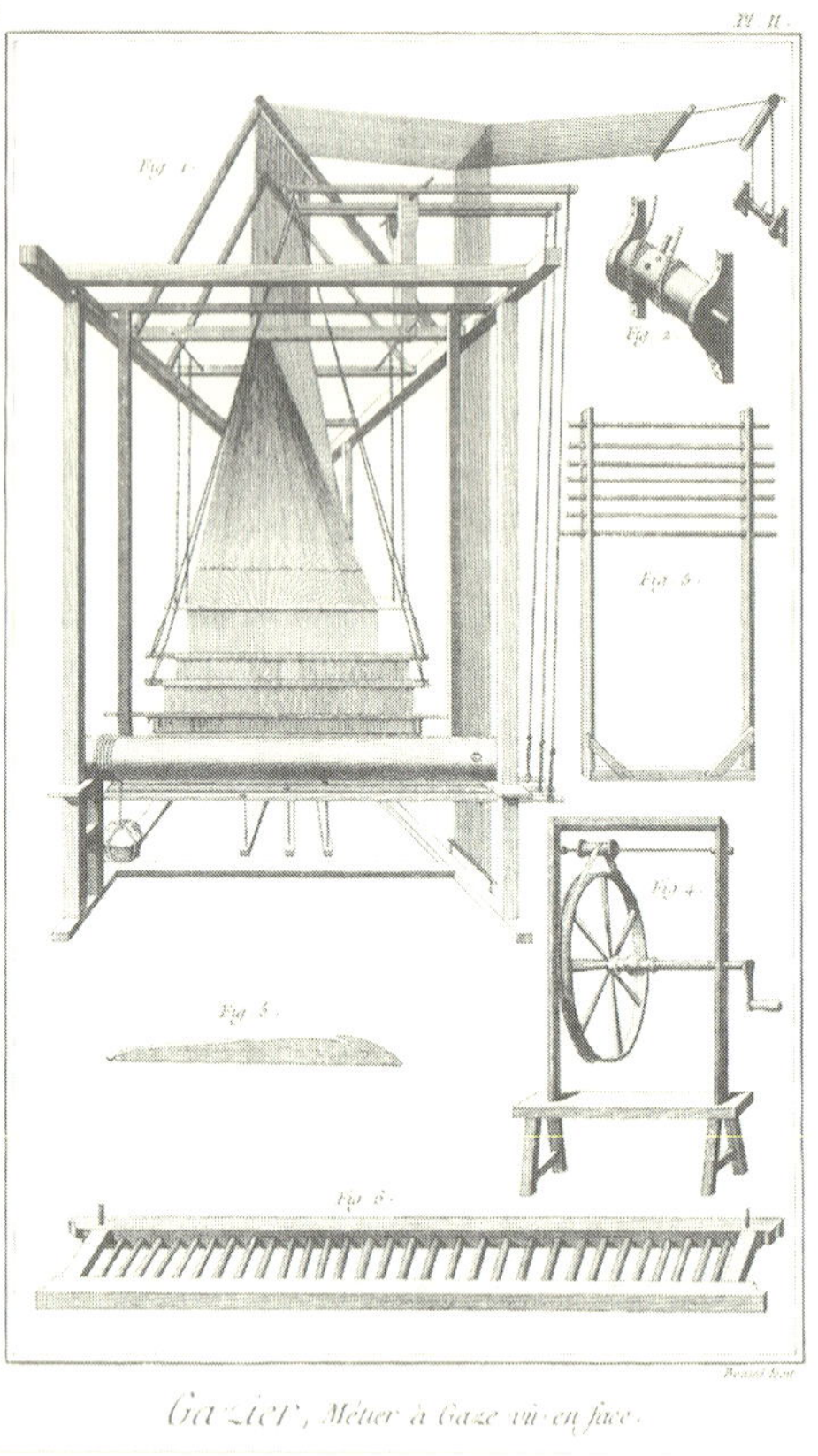

図2　正面からみたガーゼ織り機

図版とをくらべれば、ガーゼ織り機とほかの織り機の共通点は一目瞭然だろう(15)」。

さらに『百科全書』における記述の簡潔化は、項目全体の構成でも認められる。『商業総合辞典』にくらべて、記述対象となる領域の大幅な縮小を指摘できるからだ。具体的に『百科全書』では、『商業総合辞典』の項目の第一—四、一〇—一三段落に該当する内容が抜け落ちている。つまり先行辞典の約三分の二を削除することにより、技芸の詳述を際立たせる効果を生みだしていると考えられるのである。当然ながら、『百科全書』における技術関連の記述量の増加そのものが、ディドロにとって機械技芸がいかに重要であるかを裏付けているともいえよう。またこの省略によって、『商業総合辞典』で看取できるガーゼの属性、すなわち商品という性質がほとんど放棄されているという点も指摘できる。既存の権威の再検討という『百科全書』の性質に鑑みて、ケネーをはじめとする重農主義者たちの『百科全書』への参加や、ジョクールによるリベラリズム擁護(16)など、反重商主義政策の痕跡の発見が容易である以上、ディドロのレトリックに、記述の簡略化以上の意図を読みとることはあながち無理ではないだろう。

記述対象の簡潔化の試みは、ディドロが執筆するほかの項目でも確認できる。たとえば『百科全書』第二巻に収録された「靴下編み機BAS」を挙げてみよう。『商業総合辞典』では、項目「ガーゼ」と同じく、素材別の製品に関する概要、法令の変遷や規則といった製造をとりまく環境があまねく言及されている。一方『百科全書』では、言及される範囲は大幅に狭められ、機械の構造と部品および操作法が記述の大半を占める[17]。技芸の詳述をめぐり、サヴァリの辞典に向けた批判は認められないものの、商品から制作への関心の変移と、記述および言及範囲を限定しようとする意図がすでに表明されているのである[18]。

とはいえ、これまで確認してきた『百科全書』による『商業総合辞典』の受容傾向の一般化は難しい。たとえば分類符号「商業」に属する多くの項目では、執筆者を問わず、サヴァリの記述がなんら手を加えられないまま引用されている[19]。また技芸についてみても、ジョクールの項目で、一字一句違わずサヴァリの辞典が引用される例が認められている[20]。つまり、この受容様態は、本論の以降の内容も含めて、技芸の詳述におけるディドロの執筆項目に限定されると想定しておくのが、現時点では穏当だと思われる。

3　明晰性の追求——知識の秩序化

もう一つの指標として示された明晰化の実践についても検討しよう。綜絖について、『商業総合辞典』では、「特筆すべきは、あらゆる絹織物のなかでも、真珠と呼ばれる玉のついた綜絖で製造されるのはガーゼだけだということである[21]」と述べられる。続いて、ガーゼ織り機についての記述が導入される。綜絖の描かれ方は以下のとおりである。

> ガーゼ織り機は四角く、機織り工の機械にきわめて似ている。ただガーゼ織り機には踏み木が三本しかない。一本はガーゼ用、もう一本は織り地用、三本目は絹糸を下げるためのものである。織り機は、筬《おさ》とそれをフレームとして抱え込むスレー、二つの先端部すなわち絹の綜絖という四つの部分からなり、綜絖には一つにつき千個、つまり二千個の玉が結びつけられている[22]。

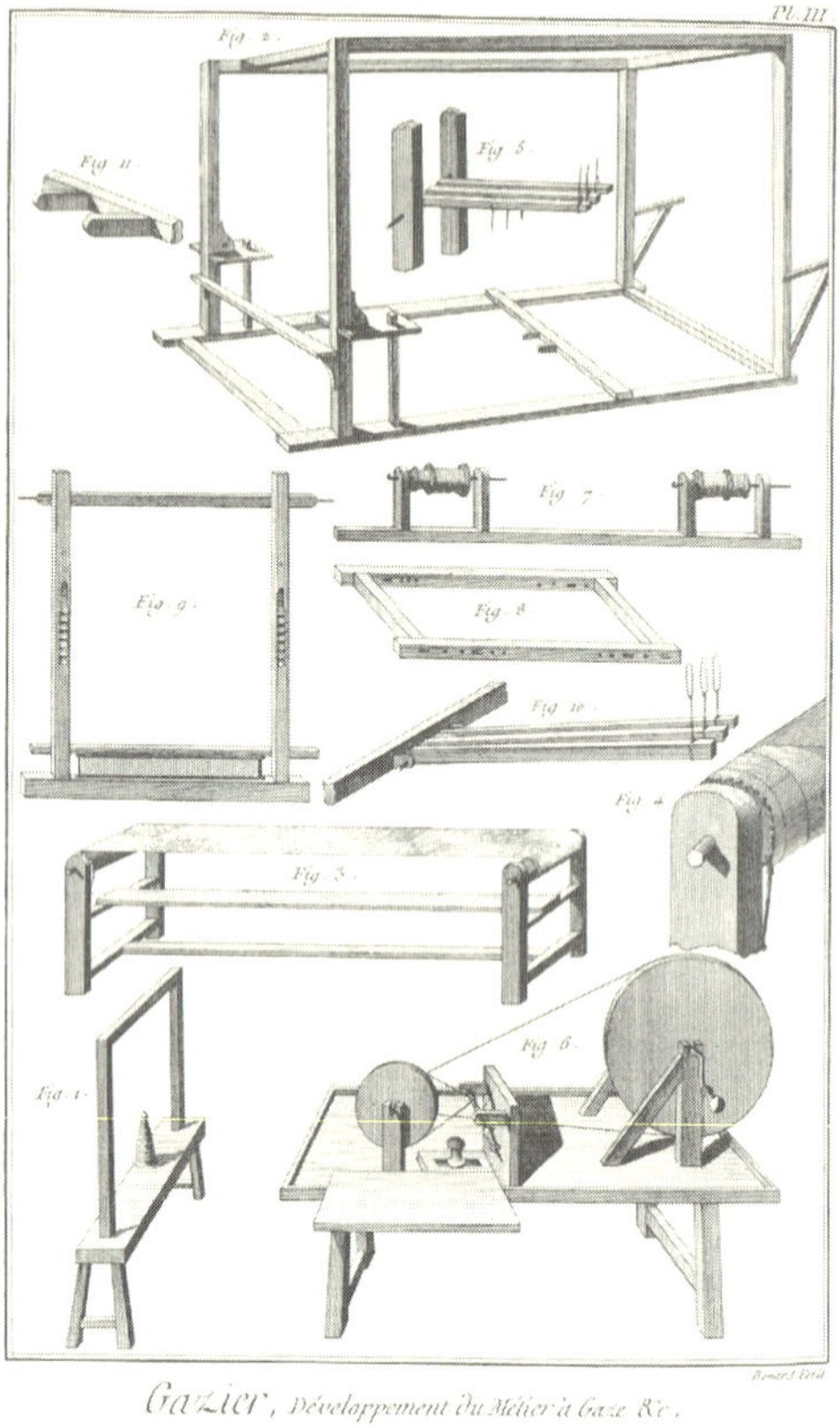

図3　展開図

記述は機械を構成する部品の羅列に終始する。ガーゼ製造の特徴である綜絖についても、部品の一つとして提示されるにすぎない。どのようにして使われ、機能することでガーゼがつくられるのか、関連する部位と連動する様子がまったく描写されないのである。綜絖はのちに再び言及されるものの、製作するガーゼ幅に応じて必要な玉の数や、玉の仕入れ先について説明されるだけで済まされてしまう。

一方『百科全書』の項目では、記述開始早々、参照指示が送られる。『商業総合辞典』における機械の検証の不備を解消するため、ディドロが選択したのは、参照先の図版に基づく詳述であった。「ガーゼ織り機 *Gazier*」の図版四枚のうち、図1、2についてはすでに触れた。図3は織り機を構成する主要部位であり、そして、図4で表現されている内容こそ、玉つき綜絖を用いたガーゼの織り方である。[23] 俯瞰的な視点に立脚したサヴァリの記述と異なり、図3は機械の内部組織を腑分けし、図4はガーゼ織り機独自の機構を映し出す。『百科全書』の記述にあわせて図4を左から右へ、一段下がって再び左から右へと丹念に追うと、『商業総合辞典』のような部品の羅列ではなく、生地を織る過程の、糸の繰り方と部品の連動する様子をつぶさに観察できるようになっている。項目「ガーゼ」に限っていえば、図版は本文の補足どころか、図版あっての本文の記述とみなすほうが自然であるように思われる[24]。

ところで、ディドロの描写はすべて本人による記述といえるのだろうか。よほど機械に通暁していない限り、ディドロが図版を見ただけで機械の動きを説明するには無理があるだろう。ディドロの説明が図版によるものであるとすれば、図版のほかにその説明文も存在していた可能性があるのではないか。そして、この仮説が認められれば、サヴァリの記述よりも明晰な記述を獲得するために、ディドロはさらに別の文献を利用したことになるだろう。だが残念ながら、この図版は『百科全書』独自の作品と特定されていないが、またその典拠も明らかになっていない。ディドロが職人の工房へ出向き、説明を受けたことも否定できないが、その可能性はどうやら低いようだ[25]。明晰性を獲得するための他文献の使用という仮説は魅力的だが、現時点でこれ以上追求するのは難しい。しかしいずれにせよ『百科全書』の記述は、機械技芸の描写という面で、一連の製造過程における機械の動きと、個々の部品の関連づけを明示できるようになり、『商業総合辞典』よりも理解しやすくなったといえるだろう[26]。

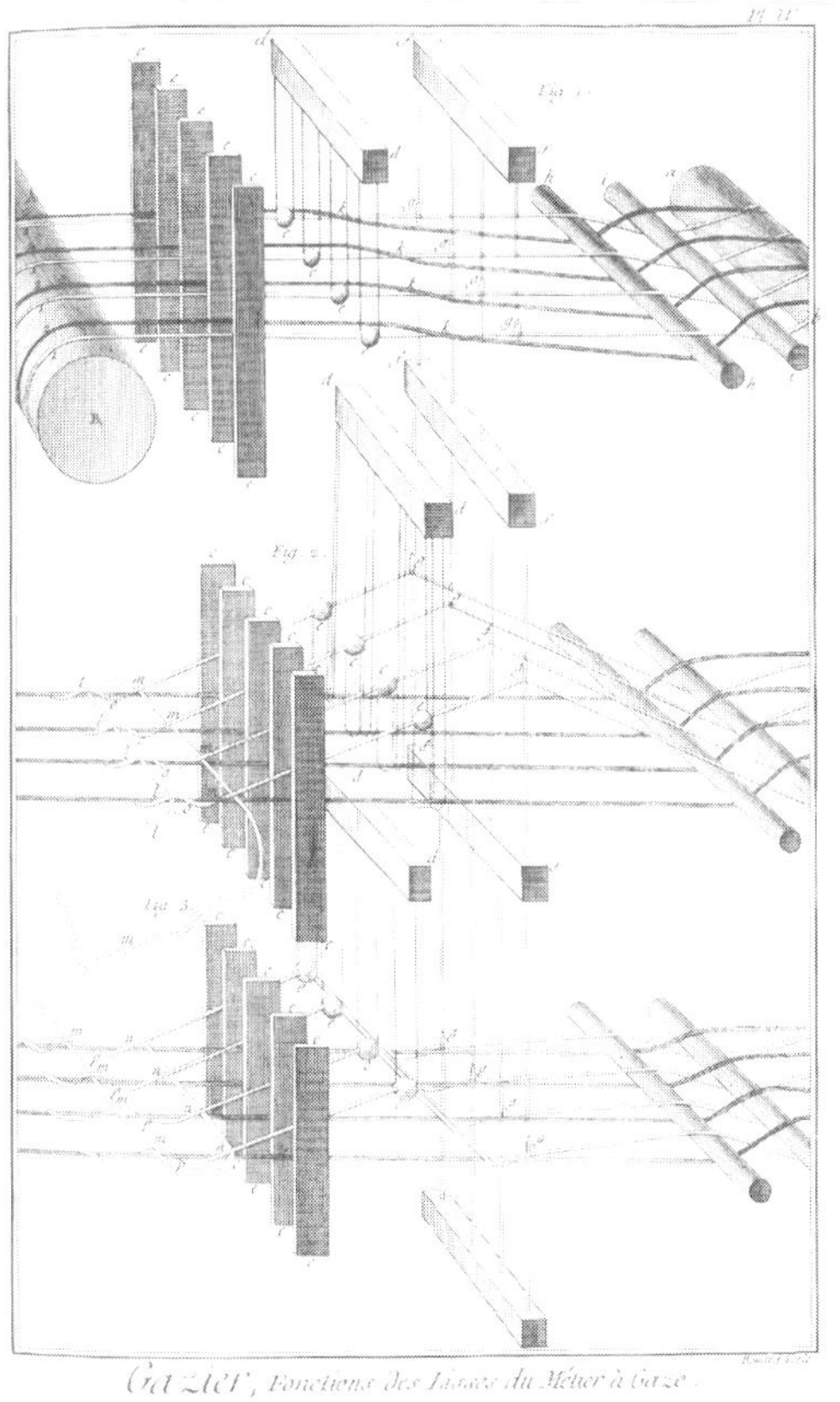

図4　玉つき綜絖の機能

技芸の詳述に機械の動きが導入されることにより、『百科全書』の記述は六段落分にまで膨れあがった。この記述を概略すると、操作順に、まず玉つき綜絖や輪つき綜絖を経由させる二本一組からなる経糸の設定方法が述べられる。そして、綜絖がそれぞれ取りつけられた二本の筬の上げ下げによりつくられる二本の経糸の位置、そして、ナベットにより緯糸をとおしたときにできる杼口、および杼口による緯糸間の距離の確保についての説明が続く。そして最後に、距離の確保により平織物やサテン織とは異なる、目のつまらない状態、要するにガーゼ独特の格子状の形成へといたる。これら一連の操作は、ナベットによって生み出される糸の往復運動の往路として表現され、次段落以降で、二本の経糸の位置とナベットの投げ込まれる方向が逆になるだけの、まったく同様の動きが再び克明に描かれ、復路を形成する。その後、図版がなくとも理解できるよう、要約がさらに続く、といった具合である。

機械の動きを描写しようとするディドロの配慮として、位置表現の多用による、個々の部品の関連づけについても指摘しておきたい。単調ともいえる機械の反復運動を丹念にとらえようとする『百科全書』の項目では、上下、前後、左右、〜のなかへ、といった表現により、部品の位置関係と動作手順が明瞭になっている。そして、前節で確認した、必要最小限にまで制限された機械の器具が、各々の機能に区別されたのち、一つ一つ結びつけられ、連動しはじめる。すなわち部品の機能が機械の動きとともに説明されるのだ。たとえば、図3で提示された部品や綜絖は、糸の位置変化の起点やガーゼの特殊性をもたらすといった、それぞれの役割が織りの工程とともに描かれることで、部品としての定義と工程のなかでの役割が分断されず、相補的な理解が可能になっているのである。つまり、明晰性の追求は知識の秩序化としても理解できるといえよう。

前節とあわせ、サヴァリの記述は、綜絖の機能と機械の動きを中心とするガーゼ製造法に書き換えられた。まずディドロは簡潔性を求め、記述すべき部品を必要最小限まで細分化して、整理した。その際、商品としての色合いはほぼ排除され、機械の描写に記述が特化されるようになった。そして、網羅的だが分散的ともいえる情報の寄せ集めから、個々の情報が連動する秩序づけられた知識へと変貌を遂げていたのである。

3　知識編纂の背景

1　記述意識の変化

では、『百科全書』で実践された記述の簡潔化に、商品性や奢侈性といった重商主義を背景とする記述の大幅な削減を看取できたように、知識の秩序化に意識の変化を認めることはできるだろうか。

『百科全書』の項目「ガーゼ」は「人間知識の体系図解」において、既述のとおり、「マニュファクチュール」に分類される。これは当該項目が商品としてではなく、製造を主題とする記述対象として認識された証とみなされよう。そしてその上位概念には「自然の利用」および「博物誌」が附置されている。製造を自然資源の利用の歴史とみなしているのである。この「博物誌」に関わる項目「博物陳列室 CABINET D'HISTOIRE NATURELLE」で、事物の収集について、ディドロは以下のように述べている。

博物陳列室をつくるには、目に入る博物学の対象を手当たり次第に収集し、美的センスも蔑ろにして、でたらめにうず高く積み上げるだけでは不備が残る。取り除くべきものと残さなければならないものを区別し、逐一適切に配置できなければならない[27]。

まず、事物の無秩序な羅列、寄せ集めを難じる姿勢は、サヴァリの記述に向けて表明した見解と矛盾しない。そして、ディドロが項目「ガーゼ」を記述するうえで実践した、簡潔性の追求と容易に結びつく。適切な配置と明晰性の追求すなわち知識の秩序化についても、前節で確認したとおりである。必要最小限にまで整理された機械の個々の部品が、操作手順に沿って、位置関係の確認とともに連動する様子を想起すれば、配置と明晰性の親縁性は理解に難くないだろう。

さらにこのディドロの考えは、ビュフォンやドーバントンが試みた博物誌の記述法と共鳴するようだ。これは従来から教条化していた博学的知識の編纂を超克するための方法論上の変化ともいえ、秩序を欠いた個々の事物の集積にすぎず、哲学的営為の予備作業にとどまる歴史学としての博物誌から、事物間の関連性と全体性を探求して記述する哲学的営為そのものとしての博物誌への転換を意味している。(28)

記述とは、適切に限度が守られ、なんらかの規則に準ずる限りにおいてのみ、有用でありうる。〔…〕ある存在を記述する際、自然界のほかの存在との関係性を観察しなければならないだろう。そうして比較することにより、はじめて両者の類似点や相違点を発見でき、全般的な知識をもたらす諸事実を確認できるのだ。(29)

まず記述が有用になるために挙げられた条件は、先に引用した「取り除くべきものから残さなければならないものを区別」、つまりガーゼの特性を論ずるために切り詰めた、記述範囲に符合するといえまいか。またほかの存在との関係性とその比較についても、ほかの絹製品との比較（第二段落から第六段落）のみならず、ガーゼ製造法の説明での綜統の区別や、機械の動きを描く際の、部品間の関係性の明示に認められよう。以上のように、自然の産物を加工する技芸の詳述には、体系上の上位概念である博物誌において実践された、自然界の記述法が投影されている。そして、ディドロによるサヴァリの記述の書き換えには、当時の、博物誌を舞台にした歴史記述の変化との同時代性を指摘できるのである。

2　商品から制作へ

サヴァリの辞典では、すでに確認したとおり、当時のガーゼ産業全体に関する情報が網羅的に収集されていた。完成品、織り機、関連する法律、法定価格、原料の仕入れ先など、知見が可能な限りつぎこまれ、いわば、同時代の産業の見取り図が提供されている。その一方で、事実に基づいた経験的知識の積み重ねに終始し、技芸の詳述という観点では、ディドロのような意図は認められない。だが視点を変えると、製品、製造、原料、価格、流通といったサヴァリの描き出すガーゼは、まさしく商品のもつ相貌以外の何ものでもない。そして、物としての対象に向けるサヴァリの眼差しは、同時代の収集文化について論じたクシシュトフ・ポミアンの指摘する、コレクションの対象にはならない物質に対する人間の振る舞いと符合するように思われはしないだろうか。

一方には「物」、すなわち有用な品物がある。それらは消費されたり、生活の糧を得るために用いられたり、原料を消費可能にするために加工したり、あるいは環境の変化から保護したりすることができるような品物である。これらの品物はすべて、手で取り扱われ、物理的な目に見える変化を起こしたり受けたりする。つまりそれらは消耗するのである。[30]

フランス国内外の交易や商工業の情報集約を目的として編纂された『商業総合辞典』の性質を踏まえれば、ガーゼにおける有用性として、コレクションの対象になるような希少性ではなく、実用品としての価値をサヴァリが見いだしたのも当然といえるだろう。また、サヴァリの重視する有用性はいつの時代でも求められるという意味に解釈すれば普遍的心性ともいえるが、『商業総合辞典』の記述はあくまでも同時代で必要とされる「物」に限定され、歴史的な配慮は認められない。

そう仮定すると、ガーゼ製造の要点となる綜絖に注目しながら、機能の詳述に踏み込まなかった理由を理解できるように思われる。まず、サヴァリの記述する綜絖が、物流サイクルのなかで描出されていたことを想起しよう。サヴァリは、綜絖をあくまでも原料の加工、商品価値を獲得するための製造過程の一部とみなしたため、完成品としてのガーゼほどの価値を認めなかった可能性が考えられる。また、ガーゼの特性として重視した綜絖の描写が、先に確認したように、「真珠と呼ばれる玉のついた綜絖でつくられるのはガーゼだけ」、「綜絖には一つにつき千個、つまり二千個の玉が結びつけられている」といった外見的な描写に終始することから、サヴァリの関心は、綜絖の機能面より、目視可能なほかの織り機からの表面的な逸脱と、それにより生みだされる商品としてのガーゼに向けられていたと想定することができるからだ。

ではガーゼ製造法に記述を特化したディドロの関心の的はどこにあるのだろうか。

玉つき綜絖を考案し、それを用いて経糸を隣の糸にくぐらせることにより、経糸間に空間を確保し、スレーの揺動により緯糸が近づかないようにして、穴のあいた織物を創りだした人物は、織物技術の神髄につうじたのだ。[31]

項目最終段落でディドロが言及するのは、綜絖を発明した人物への賞賛と技術の本質についてであった。この観点は、『商業総合辞典』ではいっさい存在しない。あくまでも消費価値を重視するサヴァリにくらべ、ディドロの視線は、綜絖という物質の先にある、制作技術における革新の契機、すなわち自然資源を利用する人間の能力の転換点に向けられている。博物誌という人間を含む自然界の記述法に伴走する工芸の記述のなかでディドロが重視したのは、事物間の関連性だけではなかった。さらに、自然に対峙する人類の位置づけを認識するための思索が、記述に仮託されていたといえるのではないだろうか。つまり先行辞典に向けたディドロの批判とは、たんなる描写の不正確さに対する不満ではなく、物そのものに付随する使用価値から、形象化された人間精神へ、目に見えるものから見えないものへの、対象に向けた関心とその記述方法の変化の表出として指摘できるのではないだろうか。

以上のことから、『商業総合辞典』と『百科全書』の項目には、同時代的な事物を前にしながら、互いに異なる心性が反映されていたことがわかる。事実を重視して記述の出発点とする点で共通するとはいえ、従来の経験的知識の野放図な編纂に異議を唱え、事物の秩序立った記述を目指すのみならず、人類史の一局面を対象に投影するディドロの記述は、事物の分類とその記述法において、先行辞典とおおいに性格を異にしていたといえよう。

おわりに

ガーゼという、一見したところ知的営為とはかけ離れているように思われる日常的な題材だが、このような素材にも、先行辞典とは異なる『百科全書』の知識編纂上の操作を読みとることができるようだ。『百科全書』の項目「ガーゼ」は『商業総合辞典』の批判的受容をつうじて形成された。たしかに、当時の博学的知識という観点から、事実に基づく経験的知識の重視は、両辞典に共通していたといえる。また、同じ機械＝道具を前にして、技芸の詳述および綜絖というガーゼ製造における特質に注目する点でも、両者は変わらない。しかし、『百科全書』の項目で実践された記述上のレトリックを検討すると、『商業総合辞典』と『百科全書』との間で、消費を主眼とするガーゼ産業全般の記述が、綜絖を軸とする製造技術の記述に変貌を遂げていることが認められる。そしてその変化の背景に、重商主義の軛に対する反省と、博物誌の方法論に影響を受けた、知識編纂のための操作法の変容を指摘することも可能になった。『百科全書』には、秩序づけられることのない知識から、個々の知識を連結し、関連性を整理しようとする変化の局面が映し出されていたのである。さらに、その心性には、自然の資源を活用する人類の精神史で契機となる象徴を見いだそうとする関心が刻み込まれていた。

その後、ディドロによって書き換えられた項目内容は、『「百科全書」のビジネス』[32]の成功にともない、産業革命が達成されるまで、ヨーロッパ各地に伝播することになった。サヴァリの辞典も『百科全書』に追随した。一七五九年から一七六五年にかけて刊行されたその決定版の項目が、『百科全書』の記述に置き換えられているのである。『商業総合辞典』からの引用が頻繁におこなわれていた『百科全書』であるが、今度は自身が先行辞典となり、サヴァリ兄弟の死後に改定された版本の典拠となったのだ。借用の判断基準は判然としないものの、結果として、世紀後半、『商業総合辞典』もまた、『百科全書』の記述の伝播に加担することになった(33)。

のちの商業を中心にした大量消費社会を知るわれわれにとって、商品としての対象記述に徹した『商業総合辞典』のほうが、むしろ現代に直結していたようにも思われるかもしれない。だがそれは後世からのあとづけにすぎない。ガーゼという生産物に、自然を統御する人類の制作能力を見いだした『百科全書』もまた、時代の動きを如実に映し出す鏡だったのである。

注

(1) 閉鎖性への反証として、職人の遍歴による知識の伝播を挙げることもできるが、伝達対象となる人数やその地理的規模において、印刷物を媒体とした知識の交換と大きく異なるため、本論では考察の対象に含まない。

(2) 「学問の共和国」という概念については以下参照。ハンス・ボーツ、フランソワーズ・ヴァケ『学問の共和国』池畑次郎・田中滋男訳、知泉書館、二〇一五年。

(3) Jacque Proust, *Diderot et l'Encyclopédie*, Albin Michel, 1995, p. 163.

(4) I・ウォーラーステイン『近代世界システムⅡ』川北稔訳、名古屋大学出版会、二〇一三年、一一五―一一七頁。

(5) Denis Woronoff, *Histoire de l'industrie en France*, Seuil, 1998, p. 69–142.

(6) Jean-Claude Perrot, *Une histoire intellectuelle de l'économie politique*, Edition de l'école des hautes études en sciences sociales, 1992, p. 98–104.

(7) *Dictionnaire universel de commerce*, article « Bas au métier », Tome I, 1748, p. 870–885.

(8) *Enc.*, VII, 532a–533b.

(9) *Enc.*, I, 715b. カッコ内は筆者による付加。

(10) ここで示されるディドロが掲げる指標とは、文体の意匠に関するものであるとジャック・プルーストは指摘している。それは専門家の使用にも耐えうる正確性の追求という技術論文や辞典記述の志向とは異なり、機械技芸の記述方法そのものの探求が重視されているという。ジャック・プルースト『百科全書』平岡昇・市川慎一訳、岩波書店、一九七九年、二〇一―二〇七頁。

(11) *Enc.*, VII, 532a.

(12) *Dictionnaire universel de commerce*, article « GAZE », Tome II, 1748, p. 1453.

(13) *Enc.*, VII, 532a.

(14) *Enc.*, XXVIII.

(15) *Enc.*, VII, 532a.

(16) Francine Markovits, « Portrait de Jaucourt en économiste », dans *Le Chevalier de Jaucourt – L'homme aux dix-sept mille articles –*, sous la direction de Gilles Barroux et François Pépin, Société Diderot, 2015, p. 143-168.

(17) *Enc.*, II, 98a-113b, *Dictionnaire universel de commerce*, article « BAS », Tome I, 1748, p. 869-885.

(18) 機械を構成する個々の部品の説明と、部品の組み合わせから生まれる運動の描写をめぐり、項目「靴下」を例に挙げてディドロの試みは失敗に終わっていると、ジャック・プルーストは指摘した。この批判はおそらく項目「ガーゼ」にも適用されるだろう。しかしここでは、機械技芸の記述法の成否以上に、先行辞典との差異から産出される意味を重視したい。ジャック・プルースト『『百科全書』から『ラモーの甥』へ』鷲見洋一訳、『ディドロ著作集』第四巻、法政大学出版局、二〇一三年、四九一―五五九頁。

(19) 拙論、« Le Dictionnaire universel de commerce dans l'*Encyclopédie* », *REEL*, nº 2, 2013, p. 259-271.

(20) 機械の部品や分量の短い項目ではとりわけ全文がコピーされている確率が高い。例として項目「巻き芯 PLIOIR」(*Enc.*, XII, 772a) など。

(21) *Dictionnaire universel de commerce*, article « GAZE », Tome II, 1748, p. 1453.

(22) *Ibid.*

(23) *Enc.*, XXVIII.

(24) のちに起こる剽窃問題に起因する図版の差し替えにより、本文と図版の齟齬がめずらしくない『百科全書』だが、項目「ガーゼ」については、双方の記述のあいだに食い違いはほとんど認められない。そのため、「ガーゼ」の図版が準備された時期も『百科全書』の企画初期にあたると推測される。

(25) ディドロが技術の詳述をおこなう際、もっとも常套的にとられた手段は、先行文献をまとめることであったとされている。Madeleine Pinault, « La fabrique de l'*Encyclopédie* », dans *Tous les savoirs du monde*, sous la direction de Roland Schaer, Bibliothèque nationale de France, Flammarion, 1996, p. 383–410 参照。

（26）ただし残念なことに、刊行直後に辞典を手にした当時の読者は、未刊行の図版を想像しながら項目を読まなければならなかった。その点、本文だけを読むだけで機械の動きを理解できた読者がどれほどいたのか甚だ疑問といえる。しかし、本文と図版の刊行時期のずれは結果的なものであり、本来有していた両者の協同性を否定する必要はないだろう。

（27）*Enc.*, II, 490a.

（28）以下の引用はドーバントンにより書かれた項目であるが、ここでは博物誌の記述をめぐり、問題意識を共有していたビュフォンの方法論について以下を参照した。Thierry Hoquet, *Buffon : histoire naturelle et philosophie*, Honoré Champion, 2005, p. 77–78.

（29）*Enc.*, IV, 878a.

（30）クシシュトフ・ポミアン『コレクション』吉田城・吉田典子訳、平凡社、一九九二年、五二頁。

（31）*Enc.*, VII, 533b.

（32）Robert Darnton, *L'aventure de l'Encyclopédie*, Librairie Académique Perrin, 1982.

（33）ただし、サヴァリの辞典では最後まで図版が採用されなかったので、『百科全書』の記述におけるディドロの渾身の工夫といえる、図版を参照した機械の操作部分の掲載は、残念ながら見送られた。

第三部　諸学の交叉と転位

第10章　中国伝統医学とモンペリエ生気論

モンペリエ学派による中国伝統医学の受容と生気論の確立

寺田元一

はじめに

中国伝統医学とモンペリエ生気論の関係にかんする初期の研究は一九六二年に出版されたグルメクの有名な論文に始まる[1]。中国脈学の長い歴史と西洋脈学の歴史、さらには中国脈学の西洋医学への導入の歴史が全般的に論じられている。その主張は次の三点に集約される。1．十八世紀の後半まで、西洋の知識人は西洋的文脈、すなわち分利(crise)の脈の予後(prognostic)的認知の枠組みで[2]、中国脈学に関心を抱いてきた。その後、それは実地に応用可能な診断方法として扱われるようになった。その代表者はシャルル・ジャック・サヤンで、十八世紀モンペリエのテオフィル・ド・ボルドゥ(一七二二―七六)とアンリ・フーケ(一七二七―一八〇六)の生気論的脈学に基づいて、自説を展開した。2．フーケは「器官の脈(pouls organique)」という新概念を、それまで「分利の脈(pouls critique)」にしか関心のなかった伝統的な西洋脈学に導入した。中国脈学がその思考法を決定づけており、その結果、この新たな脈学は十九世紀後半までヨーロッパで存続することになった。3．しかし、早くも十八世紀末から、中国脈学を実地に応用可能な診断法とは見なさない傾向が成長し、中国脈学は単に歴史的かつ民族学的エピソードと見なされてしまった。さらに二十世紀になると、診断法の機械化と視覚化が導入され、医者は脈学への関心を喪失した。

グルメクの論文は脈学の主要動向を概観するには確かに有用だが、十八世紀において中国脈学と西洋医学が重要な関係にあったことを精確に知るには不十分である。

近年になって、フランスでの生気論の成立を論じたロズリーヌ・レイの研究と、中国と西洋の両脈学の歴史的交錯や比較を扱ったエリック・マリエの研究が登場した。(3) これらの研究のおかげで、われわれの十八世紀の生気論と脈学の理解は大いに進展したが、両研究ではまだ、「生気論と脈学の関係がどうなっていたか」という重要な問いへの答えがない。換言すれば、生気論の成立に脈学が果たした役割が残念ながら無視され、それとともに、ビシャ（一七七一—一八〇二）、ベルナール（一八一三—七八）らによって展開された近代西洋生理学の重要な生気論的一面も、無視されたままになっている。

一般的に言って、脈学を生気論を構成する主要な契機と考える見方が、近年では見られなくなってしまった。たとえば、レイは「科学的潮流と哲学的源泉、とりわけライプニッツ」という二種類に生気論の源泉を分類したが、脈学には言及せず、このもう一つの生気論の源泉を見逃している。(4)

二〇〇八年には、ジャック・プルーストの「ディドロと百科全書派における知られざる共感の通路」という論文が死後出版された。(5) 筆者は二〇〇六年に、この論文を参照して「プルーストは従来の見方を転換し、〔中国脈学に〕新たな観察事実、発見的価値、必要な迂回、仮説的性格を見出し、中国医学で中心的役割を演じる共感概念を通じて生気論の普遍性を拡張していくことになる。だが、中国医学が生気論の形成にいかなる貢献をしたかは、今後の研究課題として残っている」とした。(6)

プルーストの論文は画期的だった。中国脈学の導入を生気論の成立との関連で体系的に検討しているからだ。プルーストは、中国伝統医学は生気論の新たな身体観の成立に発見的役割を演じ、西洋伝統医学の非常に重要な観念でありながら、十七世紀以来の機械論の壊滅的影響で失われた観念――共感――の新たな典拠となったとする。だが、後述するように、「万物同気（*sympnoia panta*）」あるいは「共感」という新ヒポクラテス主義の理念は、十八世紀前半における機械論の支配にもかかわらず、底流のように流れ続けていた。筆者はモンペリエ生気論における中国伝統医学と西洋医学の関係について、主としてプルーストの図式に依拠して二つの論文を執筆したが[7]、その後、生気論は、中国脈学以上に、新ヒポクラテス主義と近代的生理学的身体観に、主に依拠して生成したのであり、中国脈学の役割は西洋土着の源泉に比べると二義的だったと、考えるようになった。

そこで、従前の見方を修正して、この論文では生気論の成立に貢献した複雑な歴史文脈を示した上で、中国伝統医学という外発的原因以上にヨーロッパの内発的な原因を重視して、両者の関係を考察し直すことにしたい。そこから、中国脈学が生気論の身体観の概念的表象を豊かにし強化するという、二義的だが無視できない役割を演じたことが明らかになろう。

個々の歴史的文脈を論じる前に、ヨーロッパ人の生気論研究者ですら忘れがちな内発的文脈の存在を指摘しておくのがよいだろう。既述のように、プルーストやレイのような優れた学者でも、新ヒポクラテス主義のある種の面、とりわけ「万物同気」の理念にほとんど注意してこなかった[8]。もちろん、あらゆるモンペリエ生気論研究者は新ヒポクラテス主義一般の重要性を認めている。それは通常モンペリエ学派においては以下の点に存すると見なされている。「観察医学の父としてのヒポクラテス、臨床で病人に忠実に耳を傾けるヒポクラテス、自然の声そのものとしてのヒポクラテス」だ[9]。しかし、新ヒポクラテス主義の忘れられがちな一面である「万物同気」と、生気論と関わるそのダイナミズムに注意する必要がある。ここで筆者が参照したいのは、逸見龍生が『思想』（岩波書店）の「ディドロ特集」に発表した論文「時間、知識、経験」である[10]。逸見の見方が優れているのは、新ヒポクラテス主義を観察重視、自然主義、臨床重視と定義するのではなく、全体論と捉える点にある。それによれば、ヒポクラテスにとって病気は身体の一部に限定されるのではなく、身体の動物エコノミー（économie animale）を構成する全部分の間の調和不全なのである。だからこそヒポクラテスは、病気の過去、現在、未来を経験的な仕方で追求する技術である予後を重視しただけでなく、身体の全的調整も重視した。だから、逸見にとって新ヒポクラテス主義で肝腎なのは、全部分の協力、すなわち「万物同気」という全体論的身体観なのである。そうしたある種の新ヒポクラテス主義は、ライプニッツのような合理主義哲学者のうちにも見出すことができる。ライプニッツ『人間知性新論』を引用しながら、逸見は以下のように述べる、「モナドの解釈者と同じく、予後における熟練した観察者もまた「現在は未来を孕み過去を担っていること、ヒポクラテスが言うように、万物は同気している……」ことを知っているのである」[11]。

それゆえ、ヒポクラテスに観察重視、自然主義、臨床重視などを認めるだけでなく、とりわけ全体論的視点を読みとることが枢要である。その視点に立って、新ヒポクラテス主義の医者や哲学者は、十八世紀に病気や人間身体を捉えたからである。だからこの視角においては、「未来を孕み」全身体を孕むその経験論のゆえに、ライプニッツを新ヒポクラテス主義に位置づけるのに何も不自然なところはない。もちろん逸見も指摘するように、多くの新ヒポクラテス主義者はライプニッツのような神の眼を要請しなかった。モンペリエ学派の生気論者は、ライプニッツらによってヒポクラテスに見出された「万物同気」という側面をもっとベーコン主義的な仕方で継承するのである[12]。

この視角からは、新ヒポクラテス主義の潮流の一つであるモンペリエ生気論に、以下の二つを統一する傾向を見出すのは当然のことである。1.「未来を孕む」経験論に基づく予後を示そうとする傾向、2. すべての感性の協働を強調する生気論的身体観——それは有名な「分封するミツバチ（grappe d'abeilles）」の隠喩で示される——を示そうとする傾向。「万物同気」を想起させるこの隠喩は、モンペリエ学派の創立者の一人であるボルドゥ（一七二二—七六）によって『腺の位置とその活動に関する解剖学的研究』（一七五一年）で用いられたが、この著作は生気論宣言とも言える著作だった。ボルドゥは身体を「分封するミツバチ」に喩えることで、「ミツバチは全員が同気し合って（*conspireront toutes*）互いに順序よく均衡をとって身を寄せ抱き合い、一全体を構成し、邪魔が入るまでそのままでいる」と語る[13]。この「全員が同気し合って」という表現には、ボルドゥが「万物同気」を参照したことが、明確に伺える。同じ概念は、後述するように、彼以外の生気論者にも見出される。たとえば、ジャン・ジョゼフ・メニュレ（一七三九—一八一五）は、後述するように、『百科全書』の項目「動物エコノミー」や「脈」で、自身の身体像を示すために「万物同気」を参照している。

同時に、モンペリエ生気論者は、脈診に際して、新ヒポクラテス主義の予後論に忠実であろうとした（次第にそれを乗り越えてゆくのだが）。彼らは脈のような徴候を通じて病気の予後と、器官の相互連携を捉えることに強く執着した。だからこそ、脈診法に非常な関心を抱き、国際的なネットワークを通じて到来した中国脈学を積極的に受容することにもなった。その際にも、後述するように、器官同士が分利のために「同気し合」って「合成された」脈を形成するという「万物同気」理念が、その土台となった。

だから、重要だが忘却されがちだった新ヒポクラテス主義の内発的文脈に注目して、生気論と中国医学の関係を再考する必要がある。生気論者が中国脈学に関心を示したのは新ヒポクラテス主義の帰結であり、それは生気論にとって一種の必然とも言えるものだった。「万物同気」なる内発的文脈を認めてこそ、中国伝統医学という外発的要素の受容の内実は明確になる。本論文はこのような新たな視角から、十八世紀モンペリエ生気論と中国医学との関係を再考することをめざすものである。

1　モンペリエ生気論が中国脈学と遭遇した歴史的文脈

この点については、注の（6）と（7）で紹介した論文ですでに論じたことがあるので、新ヒポクラテス主義の文脈に新たに留意しながらも、以下では両論文を要約する形で、歴史的文脈を示していくことにしたい。

まずは生気論脈学の存在と発展を要約することが必要である。というのも、その存在が医学史家にすらあまり知られていないからである。中国脈学から独立に、ボルドゥは生気論だけでなく脈学も発展させた。脈診に関する主著は

『分利に関わる脈の研究』（一七五六年）である。それ以前のボルドゥにはまだアニミズムの影響が残り、統制力（*tonos* あるいは ton）」といった概念を用いていたが、新ヒポクラテス主義の文脈やハラーの刺激反応性・感性概念の受容、分泌腺研究の成果もあって次第にアニミズムを脱し、生気論的生命観を抱くようになり、その生命観を通じてスコットランド人ジェームズ・ナイヘルが紹介したフランシスコ・ソラノ・デ・ルケ（一六八四―一七三八）の脈診法を解釈し直していった。ボルドゥはまだ中国脈学の受容には消極的だったが、身体表面（脈）と身体の深部を結ぶ、中国脈学の共感ネットワーク観には、注目していた。

生気論脈学はその後メニュレに継承された。彼は脈の実験的研究を自ら行うかわりに、生気論に類した中国脈学の生命観を自らの生命観と結合し、ボルドゥの身体像を中国の観念や隠喩によって豊富にし、アニミズム的残滓を捨て去り、生物を「全部分がそれぞれの仕方で全身体の生命に合流し、互いに影響し合い、互いに応答し合う」という、相互関連の相で捉えた(14)。この引用にも「万物同気」の影響が看取される。そして最後にフーケ、モンペリエ生気論脈学の最重要人物が登場する。彼の理論の特徴は以下の点にある。1．中国脈学だけでなく鍼も受容し、生気論脈学と生気論生命観とを拡張し豊富にした。2．生気論の研究プログラムに従って、生気論脈学を理論面でも実証研究の面でも進歩させた。3．中国伝統医学の提供する共感的生命観を、西洋生理学の脳神経学や組織学と連関させて解釈し直した。4．西洋医学の土台の上で、中国伝統医学を、ある意味不可避的に、ある意味偶然的に文化受容した結果として、生気論脈学――というよりも生気論そのもの――がフーケによって確立された。

そして以下の三文脈――文脈3はさらに二つに細分される――が、彼らが生気論（脈学）を展開する際の知的源泉となった。1．中国伝統医学のフランスへの導入（一六五一―一七五〇）。これには二つのルートがあった。中国ルートと日本ルートである。中国ルートは主としてイエズス会士を通じたルートであり、これを通じて脈診法とそれに関わる身体観が伝達された。日本ルートは主としてオランダ東インド会社の医師を通じたルートで、これによって主として鍼灸とそれに関わる身体像が導入された。この両ルートから情報を得た人々は、同じ要素が西洋医学に欠けているのを見出した。身体諸部分間の共感である。たとえば、テン・ライネは「この諸部分の和合、共感は、ヨーロッパの医者には未知の脈管の配列や分布に依存しているのだ」と語り、[15] ケンペルは「互いにあれほど離れかつ異なる諸部分の特別な連携（communication）が何かを探求したとしたら、最優秀な解剖学者ですら間違いに陥りかねない」が、それでもその探求が必要であることを強調した。[16] 他方で、中国ルートに位置するダントルコルは、この二人の出島の医師と同様に、「人間身体のエコノミーは知覚不能な無数のバネに依存し、あっと驚くような何千もの隠れた道がある」と述べた。[17] さらにデュ・アルドは、中国人は「身体を神経、筋肉、静脈、動脈を媒介とする一種のリュートのようなものだと見なしている」と断言した。[18]

両ルートに位置したイエズス会士と東インド会社の医師の証言は、興味深い符合を示している。だが実際は、上述のように、この共感なる要素は西洋医学に欠けていたわけではなく、西洋では主として新ヒポクラテス主義という伏流となって生き残り続けていた。

2．非機械論的な生命現象の発見と新たな有機体観構築の試み。十八世紀の西洋生理学や自然誌は機械論の発展にも寄与したが、同時に機械論で説明できないような生命現象の発見にも貢献した。とりわけ、ボネによるアリマキの単為生殖の発見、トレンブリによる淡水ポリプの再生の発見、ニーダムの自然に内在する力の発見が重要である。そこから、機械論批判と非機械論的身体像の探求が、ヨーロッパ規模で十八世紀中葉に生じた。そのなかに、日中両ルートを通じて東アジアから伝播した中国伝統医学に影響され、医機械論者によって無視されていた身体部分間の未知なる連絡通路を見出そうとした、フランスの知識人たちの努力も含まれる。この同じ路線に沿って、モンペリエ学派の医師たち（とりわけメニュレとフーケ）は、一七五〇—七〇年代に中国伝統医学を全体として受容しようとした。

3．医学の応用分野（脈学）や基礎（感性観）における新展開の文脈。3—a．予後論的視点からのソラノの新脈学の構築。これについては、すでに簡単に言及したが、ここでもう少し詳しく、生気論脈学成立以前の十八世紀脈学展開の文脈を押さえておきたい。グルメクはソラノの業績を以下のように評価する、「ソラノは重拍の脈が鼻血を予知し、間欠的脈が屎尿の排泄を予知することを観察した。こうした観察を一般化することで、彼は脈だけを使ってすべての分利と分利の働く仕方を予言できると想像した」[19]。ソラノ説はスペイン語で出版され[20]、ナイヘルによる英語での紹介と[21]、そのラヴィロットによる仏訳のおかげで、英仏に普及することになった。ここでは紹介を省くが、ナイヘルの著作の目次を参照すれば、ソラノが分利の予後に主たる関心を抱いていたことが、よくわかる。現状では、ソラノとナイヘルが同時代の新ヒポクラテス主義といかなる関係にあったのかは定かでない。しかし、彼らが、おそらく新ヒポクラテス主義とは独立に、新脈学を病気、とりわけ分利の予後法として定式化しようとしたことは確かであろう。そして、そうした新脈学がまさに、モンペリエ学派のような新ヒポクラテス主義者に必要とされていた。その先駆者であるボルドゥは『腺の解剖学的研究』(一七五一年)で、新ヒポクラテス主義の「万物同気」の新たな生気論ヴァージョンをなんとか定立したが、そこにその理論的土台と符合する脈学であるソラノ説が出現したのである。

そこで以下では、「万物同気」の生気論ヴァージョンについて、ハラーの刺激反応性‐感性観を感性一元論的に読み直した、生気論医学の理論的基礎として、文脈論的考察を施しておきたい。3―b.ハラーの刺激反応性‐感性観をより生気論的にした新たな感性観の形成。生気論的感性観・動物エコノミー観が「分封するミツバチ」の比喩とともに、『腺の解剖学的研究』に現れていることはすでに序論で述べた。『分利に関わる脈の研究』にはこの隠喩も「万物同気」の理念も見出されないが、同じ身体観をボルドゥがもち続けたことは疑いない。というのも、彼は「分封するミツバチ」なる表現を死ぬまで用い続けたからである。そして、同様の生気論的身体メタファーはメニュレにもやはり認められた。後述するように、フーケ『脈試論』(一七六七年)では、神経系に媒介されて身体内で現実化したヒポクラテスの「万物同気」概念だけでなく、ボルドゥによって発展させられた部分の「共感(consentement)」という生気論ヴァージョンも見出される。しかも、その共感は、生気論者が重視した上腹部(横隔膜)の役割に依存している。だから、モンペリエ生気論がソラノの新脈学を受容した際に、それを新ヒポクラテス主義的――さらには生気論的――に解釈したことは疑いない。彼らは脈によって、身体諸部分からくる多様な予後的徴候(感性)を読みとろうとしたのだ。

周知のように、刺激反応性－感性という図式は、フランシス・グリソンによって十七世紀に提起され、その後アルブレヒト・フォン・ハラーとモンペリエ学派によって別様に展開された。前者は刺激反応性と感性を明確に区別したが、後者は区別を曖昧にし、両者を感性概念に統一し、その結果、身体の各部が独自の感性（生命）を有することになった。だから、身体全体は身体諸部分がまとまって形成する大きな感性（生命）とされた。これがヒポクラテスの「万物同気」の新ヴァージョンであることは、言うまでもない。ただ忘れてならないのは、刺激反応性をめぐる問題が、新たに獲得された生理学的身体観、とりわけ脳神経系、筋肉系、内分泌外分泌系（腺）に関する同時代の近代的認識に依拠していたことである。事実ボルドゥは、分泌に関する機械論的見方を拒否し、新たに展開された生気論的分泌観を採用することで、生気論を旗揚げしている。

以上のように、三点にわたって時代の文脈を検討したことで、モンペリエ学派が中国伝統医学をいかに受容し、それとの関連で生気論（脈学）をいかに形成したかを問うための、文脈論的準備が整った。以下では、中国伝統医学の受容にとりわけ留意しながら、生気論（脈学）の形成過程をボルドゥ、メニュレ、フーケの順で追うことで、本章の主題に答えていくことにしたい。

2　ボルドゥとその神経中心主義的身体観

まず、『腺の解剖学的研究』以前の生命観を検討しておきたい。ボルドゥの博士論文の一つ『一般的に考察された感覚に関する生理学的論考』（一七四二年）では、その反機械論的生命観において、神経系がすでに主要な地位を占めている。ボルドゥは以下のように述べる、「脳の構造、脊髄、種々の神経が中心的器官をなしており、自分が感覚とか感性とか呼ぶ生命の弁別的機能はそこで生じる」、「生命諸部分の知覚や反応の能力と関わる神経系の活動は、生命衝動の産物でなければならない」[22]。このように、『腺の解剖学的研究』の一〇年前にボルドゥは、神経と感覚という二つのキータームによって固有の生命観を構築していた。しかし、それはまだ生気論と呼ぶには時期尚早でアニミズムと見なすべきである。

『腺の解剖学的研究』において、ボルドゥはアニミズムから生気論へと移行する。その際に、ボルドゥと並んでモンペリエ生気論の創始者とされる、いとこのルイ・ド・ラカーズの影響などがあったことが多くの研究者によって推定されているが、両者の関係について詳細は不明である。いずれにせよ、『腺の解剖学的研究』の段階になると、諸器官や腺が固有の生命を有するという新たな生気論的生命観に依拠して、ボルドゥは内分泌・外分泌の機械論的説明を批判し、分泌現象をその新たな生命観に基づいて解釈するに至る。この著作によって、ボルドゥは生気論的生命観を定立し、モンペリエ生気論学派を創始したと言えよう。それぞれの腺や器官は固有の感性を有し、それが内外の分泌をコントロールするのだ。身体の動物エコノミーは「分封するミツバチ」と見なされる。「すべてのミツバチは凝集してかなり固い一身体を形成するが、各ミツバチはそれぞれ個別の活動を行う」[23]。しかもボルドゥは、感性を独立した精神力の一種とはもはや見なさず、「有機体の統一を構成する断片的な諸機能の過程」を通じて「ある器官に介入する、諸力の相互作用と平衡作用」のトータルな結果と見なしている[24]。だからボルドゥは、ある種の生命力である器官の感性を、他の諸器官と、したがって身体の有機構成（organisation）や動物エコノミー全体と連関させ、なんとか文脈化しようとしたのだ[25]。この著作にモンペリエ生気論の成立を認めることができるが、それは、新ヒポクラテス主義の「万物同気」理念と合致したのみならず、新たに獲得された近代的な身体像——身体は多様な相関的系からなる——とも合致したものだった。

しかしながら、この段階のボルドゥの生気論はまだ真に生気論的とするには不十分だった。というのも、まだ二種類の異なる感性が残存するからである。それはアニミズムの残滓と見なせよう。なぜなら、ボルドゥの外分泌には、基礎レベルの感性だけでなく、「統制力（ton）」という上位レベルの感性も必要だったからである。「言わば、自分に関わりのまったくないものには無感覚だが注意深い神経に指導された括約筋は、善を証したものだけを通過させる。すべてが止められ、よいものは採られ、悪しきものは放逐される」のだから[26]、内外の分泌を「統制力」が監視し規制するのである。この「統制力」は、ファン・ヘルモントが要請した「アルケウス」のようなアニマを想起させる。ボルドゥはこの著作でそうしたアニミズム的原理を全面的に捨て去っていなかったのだ。ブリによれば、「統制力」は、「ストア派の「トノス」を自説に適合させたもので〔…〕、身体は物質が散逸するのを妨げる内的力のおかげで、ある統一を保つ。この力の実体は「プネウマ」で、その活動様式が「トノス」である〔…〕」[27]。要するに、「統制力」は諸部分を協働させるプネウマの活動様式なのである。「統制力」概念に依存するこの時期のボルドゥの生命観は、まだアニミズムから脱し切れていない。

　では、ボルドゥはいかにしてアニミズムから脱却していくのだろうか。その過程で脈学の文脈の重要性が浮かび上がってくる。脈学を深め、それに合わせて、ボルドゥは身体観を生気論的に発展させることができたのである。その考察に移る前に、脈学の土台にいかなる身体像、病気観、分利観があったかを、『分利に関わる脈の研究』に即して、あらかじめ検討しておこう。

　ボルドゥ説によれば、身体には三つの中心、下腹部、胸、頭部がある。彼は「全部分が心臓と血管の活動に影響し、したがって、脈の運動に影響する。種々の部位にある諸部分は〔身体に〕種々の変化を生み出すはずである」と考えた[28]。たとえば、横隔膜の上に位置する器官に生じた分利の外分泌を示す脈は、横隔膜の下で分利の外分泌を示す脈とは異なる。ボルドゥの上の脈と下の脈の分類は、そうした区別に由来する。予後論的観点から、ボルドゥは脈と分利の排出との多様な関係を定めようとした。だが、分利の排出は、ある器官に生じるはずとはいえ、そこには他の器官の複合的だがしばしば矛盾した努力（影響力）も及んでいる。

　だからボルドゥにとって、病気とは「諸器官の自然なとしか思えない不協和によって生じた、一連の結果に由来するものに他ならない」ことになる[29]。この不協和は脈に反映される。さらには、それぞれの脈はほぼ、種々の器官に生じた種々の結果から構成されている。この予後論的視角から、分利を予知するために、分利の脈、換言すれば、脈－分利関係を、経験的仕方でボルドゥは弁別しようとした。だからこそボルドゥは、脈－器官関係に対して、中国の医師――あるいは後期のフーケ――のようには生理学的関心を抱かなかった。つまり、ここでボルドゥは、新ヒポクラテス主義の脈診への予後論的アプローチに依拠し、かつ、新動物エコノミー観、すなわち、動物エコノミーを、諸器官のときに対立矛盾した努力から生じた均衡とする見方に立って、「万物同気」的相から、ソラノ脈学を生気論脈学に転換しようとしていたのである。

では、ソラノ脈学にはどんな問題があったのか。ナイヘルを通じてソラノ脈学を知ったボルドゥは、それを高く評価しつつも、厳しい批判も投げかけている。

> ソラノは分利の脈も分利でない脈も論じていない。分利の嘔吐を予示する脈も観察せず、生理の脈についても一言も語らず、痔の脈についても緘黙した。彼は複雑な脈も知らなかったが、それらはやはり明確に区別するのが肝要である。ソラノは脈に対する薬の作用についても語らなかった。健康状態の脈についてコメントすることも省いてしまった[30]。

事実ソラノは、特に分利の脈を論じたが[31]、「複雑な脈」と「健康状態の脈」は無視した。その点でボルドゥの指摘は的を射ている。要するに、ボルドゥはソラノが脈の理論的研究に無頓着であるのに我慢ならなかった。彼は脈学を近代生理学によって基礎づけたかったからである。

それでは、ボルドゥの視角では、西洋生理学や感性との関係で、健康な脈はどう位置づけられるのか。それは身体の全部分の調和に由来する脈である。ボルドゥは語る、「全部分の活動から帰結する調和が、この完全な脈が持続し続けるのを生み出し維持すると思われる[32]」。だから脈は、分利の脈も含めて、全体としての身体の調子を反映するのである。「動脈の膨張と収縮は、おそらく全感覚的部分の永続的な拮抗作用（contre-balancement）の結果にすぎない」[33]。ここでボルドゥが、脈学研究において身体の動的全体性に鋭い注意を払っているのが、容易に認められる。言い換えれば、「全感覚的部分の永続的な拮抗作用」という近代的な生気論的身体像に担保された「万物同気」に、彼は注意したのである。

それゆえボルドゥはソラノとの方法論上の差異を強調した。ソラノが単に「いくつかのばらばらな観察」しかしなかったのに対し、ボルドゥは自分がある種の総合に向かっていると考えた。「それゆえ、この著書の全部分に含まれる素材間の連結こそが、私の著書とソラノの著書を区別するのだ」[34]。こうした評言にも、ボルドゥが新ヒポクラテス主義の伝統の継承者であることが看取できる。

では、新ヒポクラテス主義者としてボルドゥは、上述した三つの歴史文脈のうちの二つ、すなわち、中国伝統医学の導入と、新たな西洋脈学ならびに刺激反応性‐感性の新図式の登場に対して、いかに対処したのだろうか。ボルドゥが『分利に関わる脈の研究』を書いた主要目的は、予後論的――すなわち分利的・病理的――視点から脈を調べ、分利を予知し、生気論やソラノの著作に従って適切な治療を施すことにあった。そこから、脈診法一般への彼の関心と、特に中国の脈診法への関心が生じた[35]。だが、後述するように、中国脈学一般はボルドゥから高い評価も肯定的評価も受けなかった。

ただ、モンペリエ生気論は徐々にそれを吸収して、ボルドゥから始まった予後論、診断法、病理学の脈研究を、生理学的方向でさらに深めていくだろう。そこから、脈に関する新たな生理学的研究プログラムも立ち上がっていく。

ボルドゥは、脈学には常に関心を抱きながら、脈の原因を――ソラノがしたように――個別の器官に還元するのに反対し、性、年齢、体質などを考慮しながら、それをからだ全体と関連づけた（ただし、彼はそこではまだ、有機構成と動物エコノミーという生気論の二つのキーワードを用いてはいない）。それを通じて、ボルドゥは古代のストア派に由来する「統制力」概念を放棄することへと前進した。脈はもはや「統制力」という、脳神経系に潜む精神の監視下には置かれていない。脈は、単に分利を予知させるだけでなく、器官あるいは系の相互関係の結果も表現する、指標あるいはしるしとなったのだ。相互関係はむろん、神経系に媒介されているが、「統制力」にもはや規制されていない。それゆえ、脈は生理学的に「全部分の活動から帰結する調和」と関連づけられ[36]、「いくつもの楽器の均斉ある響き合いに由来する調べ」に準えられることになる[37]。ここには確かに新ヒポクラテス主義の「万物同気」観が見られる。だが、ソラノが脈にアプローチした病理学的予後論的視角は、ボルドゥにおいて、脈（表面）と動物エコノミーあるいは有機構成（深部）との、脳神経系を通じた関係の生理学的説明へと変化している。近代生理学、とりわけ刺激反応性－感性図式のおかげで、ボルドゥは、新ヒポクラテス主義の予後論的脈学から解放されて、脈への生理学的アプローチへと前進できたのだ。同時に、「統制力」なる形而上学的概念はついに放棄され、器官の交感神経による相互作用や、相互作用に関する観察や実験結果に置き換えられることになった。

したがって、この著作によってモンペリエ生気論は一つの研究プログラムになり、研究プログラムのなかで脈学が、生気論的予後論と生理学的研究の主導的分野となった。だから、予後論的脈学に関する同時代の論争の合流点で、生気論的身体像に向けて偉大な一歩が踏み出されたと言える。その身体像では、あらゆる脈が単なる器官とだけでなく、身体全体と関連づけられた。他方で、感性を備えた諸器官は、神経系に支えられ、脈を通じた共感による調和を実現することになる。だからこそボルドゥは「万物同気」への関心に忠実に、中国脈学を、脈と器官との一対一関係を見出そうとするものとして、批判した。彼は書く、「ある種の歴史家たちの報告によれば、中国人医師は脈の種々の状態によって病気を診断する習慣を有しており、肝臓に特有の脈があると確言するとのことだ。〔…〕この点で彼らの言うことは注意に価しない[38]」。新ヒポクラテス主義者のボルドゥにとって、脈象を含む自然は、はるかに複雑でかつ流動的であった。「要するに、種々の器官に見出される不都合を追い出そうと努力しながら、自然が奇妙な不確実性の中を漂っていると、当然のように見なせる実例が見られるのだ。あるときは、自然は一度に多くの器官で分利を引き起こそうとするように思われ、またあるときは、ある器官を捨てて他の器官と結託する[39]〔…〕」。このようにボルドゥは、中国脈学を予後論的で新ヒポクラテス主義的な観点に押し込めてしまった。

ボルドゥはこうして、この著作で生気論的脈学を開始し、反機械論的生命観、西洋脈学、感性概念を総合しようとした。だが、その総合はまだ不安定であり、いわばクリティカルだった。脈学に関しては、ボルドゥは相変わらず「分利の脈」に囚われており、フーケがその後行ったように、研究の射程を他の脈へと自由に拡張できなかった。感性に関しては、完全に生気論的な仕方では、脈を有機構成や動物エコノミーと関連させることができなかった。楽器の比喩にもかかわらず、ボルドゥは、中国人の医者やメニュレのように、からだの表面と深部を連結する共感ネットワークのうちに、脈を位置づけることができなかった。

これらの不十分さの理由を、ボルドゥが中国伝統医学を過小評価した点に求めることは当然である。既述のように、ボルドゥは中国脈学を固有の視角から批判したが、その視角は脈－分利関係に強く依存するものだった。彼は中国鍼灸を誤解してもいた。「［肉に差し入れる鋭い道具を使って］彼らは炎症の中心をいくつも作り出す。神経が眠りこけている粘膜組織や蜂巣状組織（tissu cellulaire）を覚醒させ、皮膚に与えられたこの刺激を使って、彼らは血液にある量の粘液を回帰させるのである」[40]。実のところ鍼とは、ボルドゥにとって、ホッテントットが保持した療法と大して変わらない野蛮な療法にすぎなかった[41]。

3　メニュレの中国伝統医学評価と、それによる生気論的生命観の深化

『百科全書』のメニュレの項目「脈 POULS」が興味深いのは、それがボルドゥに特徴的だった脳神経系中心主義を脱却している点である。そのおかげで彼は、中国脈学の身体観を積極的に採り入れることもできた。しかもその身体観は、身体中に広がった共感のコミュニケーション・ネットワークなる隠喩によって、豊かにイメージされている。この項目は後に『脈新論』（アムステルダム、一七六八年）という著書として出版されるが、『百科全書』でももっとも

長い項目の一つである。それは若き生気論者メニュレが、脈学の五大流派（ガレノス派、機械論派、音楽派、中国派、生気論派）を批判的に要約したもので、それらの理論的特徴を詳細に分析している。だからこの項目には、観察や実験に基づく脈の病理学的考察はあまり登場しない。つまり、この項目は種々の脈学派の理論的検討からなる。メニュレがとりわけ重視するのが五流派のうちの二つ、中国脈学と生気論脈学である。これら二つの学派の合流点で、「万物同気」の近代的生理学的ヴァージョン、すなわち、まさしく生気論的な――「分封するミツバチ」の――身体像が、ヨーロッパに中国医学を紹介する諸著作と本格的に出会うことになった。メニュレは中国脈学からとられた隠喩によって、生気論の生命像を深化させ強化していった。

　メニュレのボルドゥに対する全般的評価は注記に価する。「ただひたすら事実を集め実践的規則を定めることに熱中し、ボルドゥ氏はほぼ全面的に理論的部門、脈の原因論を無視してしまった[42]」。ボルドゥの後継者の一人として、メニュレは脈の実際的探求を行うのではなく、理論的貢献を行うために、この項目を書いた。だから、彼はそこで主要な二つの脈学説を比較し、そこから共通の原理を引き出し、人体内の秘密の連絡経路を探し求め、決定的な生気論的身体像を示そうとした。いやむしろ、問題は身体の新たな動的機能連関の発見にあったから、身体像と言うより動物エコノミー観とした方が適切だろう。とはいえ、すでに見たように、メニュレは他の生気論者同様に、他方では新ヒポクラテス主義の伝統に従い、全体論的視角から身体のうちに近代的な「万物同気」をやはり見続けていた。

　だから、メニュレは『百科全書』の項目「動物エコノミー（ŒCONOMIE ANIMALE）」で、ヒポクラテスを参照しながら、以下のように述べる、「「身体においてすべてが一致し、すべてが共感し、すべてが同気し合う」というのは、ヒポクラテスの偉大なる格率だった。「動物エコノミー」を説明するのに卓越した、たいへん有益かつ真なる格率だった[43]」。そして項目「脈」でも、同じ格率を繰り返した。「ガレノスが言うには、大ヒポクラテスによれば、一つの合流、一つの同気しかない。全部分は他の部分と互いに共感し合っている[44]」。

　メニュレの中国脈学に関する最大の情報源は、イエズス会士デュ・アルドの編纂した『中国帝国全誌』である。メニュレがそれをいかに用いたかを詳細に知るには、この大著の中国伝統医学叙述を彼の項目と精緻に比較する必要があろう。とはいえ、大雑把な比較によっても、両者の間の否定しがたい影響関係は一目瞭然である。たとえば、中国人の楽器的身体像を表現する以下の著名な一節は、ほぼ逐語的にデュ・アルドから採られている。

中国人によれば、人間は神経、筋肉、静脈、動脈を媒介とする一種のリュートあるいは和声楽器のようなものだ。その諸部分は異なった音を出す、というより、その形、配置、種々の用途に合わせて、それらに固有のある種の体質をもっている。種々の脈はその楽器の出す種々の音、種々の鍵や指板のようなものであり、脈によって、諸部分の調子を誤りなく判断することができる。ちょうどそれは、弦の張り具合や、弦がどの場所で弾かれるか、どんな強弱で弾かれるかによって、弦が異なる音を出し、それで弦の張りの過大過小がわかるのと同じである。(45)

それ以外に『中国人の医学の秘訣』(*Les Secrets de la Médecine des Chinois* [...], Grenoble, 1671) なども典拠として用いながら、メニュレは中国脈学を支える共感的で調和的な身体像を生気論的身体像と同化しようと努めた。彼は「脈が種々の器官の活動によってどのように変化するのか、認識するのは不可能だ」と認め、「これらの事実はたいてい説明不能であるが、それは不毛で間違った原理が用いられているからだ」と考えた。(46) 二つの異なる生命観を比較しながら、メニュレは、まだ不確かな状態に留まっていた脈学研究に将来的発展をもたらすような、新たな総合的で仮説的な生命観を打ち出そうとした。

メニュレによる中国脈学の同化、というよりも異文化受容において注目すべき点は、彼が中国脈学を考察する仕方にある。メニュレはその新ヒポクラテス主義的視角から、身体のうちにある種の「万物同気」を見続けるが、脈に対する単なる予後論的アプローチは放棄するのだ。そのアプローチの仕方は総合的——言い換えれば、生理学的——になり、諸部分の共感や調和に光を当てており、他方で、近代的な生理学概念に即して、脈(健康な身体の表面)を身体の有機構成（深部）と結びつけてもいる。

なぜメニュレは、ボルドゥにはできなかった異文化コミュニケーションを実践できたのだろうか。第一に、彼の精神の開放性と中国脈学を対等なものと見る意識がある。それは「啓蒙」期に広まった折衷主義的態度に基づくものである。[47]実際メニュレは項目「脈」で語っている、「中国人がこの種の研究にとりわけ熱心だったのだから、彼らがわれわれより先に進み、われわれよりすぐれた知識を有することは驚くに値しない」[48]。

第二に、彼が二つの脈学の合流点に位置していた点を忘れてはならない。それは中国伝統医学と西洋医学という二つの文脈がたまたま出会った結果であった。[49]その立ち位置から、メニュレは両者を総合する仮説的身体観と脈学のパラダイムを見出そうとした。それは一方で、機械論の研究プログラムに替えて、生気論の研究プログラムを定立することであり、他方で、テン・ライネ、ケンペル、デュ・アルドらによって提起された一連の問い、「諸部分間の特別な連携とは何か」に答えようとするものでもあった。[50]彼は医学機械論を批判し、中国伝統医学との異文化コミュニケーションに依拠して、別の生命像を探し求めたのだ。だが、次の事実もここで強調しておこう。それは、この「諸部分の連携」という問題系が同時に内発的なものだったことだ。そう、新ヒポクラテス主義の伝統もまたそれを支えたのである。

第三に、それゆえ、両脈学がある種の身体観を共有していたことは驚くに価しない。モンペリエ生気論に言及せずに、グルメクは論文で「中国人は、神経、筋肉、静脈、動脈を有する人体が、リュートあるいは和声楽器に似ていると想定している」ことを指摘し、[51]ジャック・プルーストは「身体の諸部分は中国人の眼には緊密に共感し合っている」と語った。[52]中国伝統医学にも新ヒポクラテス主義にもともに、全体論的で共感的身体像があったのである。つまり、モンペリエ生気論者は新ヒポクラテス主義に根差していたがゆえに、中国伝統医学の共感的身体像を「万物同気」の身体像と同化する理論的土台を、すでに調えていたのだ。

一七六〇年代の初頭、メニュレは『百科全書』のために少なくとも七六の署名項目を執筆した。彼の生気論的な生命観は、項目「脈」だけでなく、他の項目にも見出される。最初に、いくつかの生命の隠喩の存在を指摘したい。「分封するミツバチ」、「リュート」、「器官の個別的生命からなる全体的生命」[53]。明らかなのは、メニュレが新ヒポクラテス主義の内発的伝統に忠実に、中国伝統医学譲りのイメージや隠喩で、その伝統的・共感的身体像を豊かにし深化させた点である。確かにメニュレが用いたリュートの隠喩は、デュ・アルドが『中国帝国全誌』で使った同じ隠喩を想起させるが、メニュレはまた、新たな生気論的仕方で、身体表面を器官の隠れた関係と、すなわち有機構成と結びつけようとしてもいる。

さらに項目「脈」では、「万物同気」の近代的な生気論ヴァージョンが素描されてもいる。

すべての部分はそれなりの仕方で身体全体の生命に協力し、互いに影響し合い応答し合っている。各部分は他の部分に自分の健康と病を感じさせる。

かりに今、これらの弦の一本が〔それぞれの臓器、部位から出てたまたま動脈に至り〕、ある力で〔動脈を〕引くと、釣合が崩れ、必然的に他の弦の力に変化を生じる。〔…〕その変化は引く力に比例する張りを弦に刻み込み、その張りは動脈に対して、それ以外の釣合の乱れとは別様に印される[54]。

このようにメニュレは、多様な病気と健康の脈を記述する。彼にとって、すべての身体部位は感覚ある弦によって結合されており、それはある種の複雑な楽器を構成しているのである。弦は単に神経系によって張り巡らされるのみならず、循環系によっても張り巡らされている。ちょうど中国医学の経絡のように、弦はすべての器官をつなぎ、身体の表面と深部を結合し、いいものも悪いものもすべて伝達し、診察のための徴候として多様な脈を生み出すのだ。しかも、メニュレの身体像は、生理学者がそれを使って有機構成、器官の相互関係、動物エコノミーを認識するための、仮説としても機能している。だが彼は、フーケのようには脈の実践的研究をしなかった。そのため、中国脈学と西洋脈学の高次の総合という課題は、まだ残されたままになっていた。

4　フーケによる中国伝統医学と生気論の総合――神経学的・組織学的脈学へ

フーケは脈診法を二分野に分割した。予後論と診断術である。彼は診断術がひどくなおざりにされていると考え、自分の任務は脈による診断法の改良にあると見なした。この分野では、中国脈学の認識の方が一段と進んでおり、西洋脈学よりもはるかに多い経験的知識を蓄積してきていた。だからフーケは、剽窃という非難ものともせず、中国人医師の豊かな成果を受容した。

どうか神よ、中国の脈診法を明白に確証するものしか、わが著作で提示しないで済むようにさせたまえ。自分の頼りない発見よりもそこから得た知識で私が大変豊かになり、人類とわが学問〔医学〕にりっぱに寄与するようにさせたまえ。〔…〕剽窃という非難がされるかもしれないが、それが図の使用に対する模倣にしか及ばないようにさせたまえ。(55)

実際にフーケは『脈試論』の冒頭で、この宣言通り、中国脈学から借用した脈診術の詳細を図示している。とりわけ診断術の領域で、有名な器官の脈の研究によって、フーケは生気論脈学を前進させた。彼以前には、ソラノとナイヘルに従って、ボルドゥやミシェル(『分利と関わった脈の新考察』、一七五七年)のような生気論者ですら、分利の脈に的を絞って研究を続けていた。フーケは新ヒポクラテス主義のこうした脈観の制限を取り払い、生気論脈学を器官の脈――いやむしろ脈一般――の研究へと拡張した。かくして彼は狭い予後論的脈アプローチを乗り越え、多様な脈――健康脈、器官脈、徴候脈など――を観察分類し、ついには、それらを器官の諸集合と関連づけた。

フーケには、以下で説明するように、脈とは血液循環に対する、神経を通じた器官の反作用であるという、基本的前提があった。彼にとってそれぞれの脈は、「病気の際に実際に冒され脅かされた種々の器官と関連して」「変化する性質や変様」を意味した[56]。

それゆえ脈は、分利の予後的徴候であるだけでなく、「各器官に個別的に割り当てられた脈種」の性質を示す徴候でもある[57]。脈と冒された器官の一対一対応を認識しようとする点で、フーケの脈学に分析的側面を見出すのは、ある意味で当然である[58]。そうした分析的側面は中国脈学にも見出されるが、それをフーケは、デュ・アルド、クレイエらの訳業を通じて学んでいる。彼は中国的アプローチを受け入れ、それをなんとかして経験的研究、病気の診断、医学教育に活用したいと考えた。「触診経験がひどく不足していても、あらゆる医者――医療と無関係なあらゆる人間でさえ――が、独学で〔そうした器官の脈について〕学ぶことができる」のだ[59]。

フーケによると、器官の脈には二つの特性、性質と偶有性が混在している。前者は各器官自身から由来するが、後者は周囲の諸器官の有機組織や構造から生じる。だから、健康な脈は、穏健で一様な性質と偶有性によって構成された脈と定義される[60]。

フーケは、器官と器官に固有な脈との一対一関係を確認するために、器官に対し実験を行うように指示すらしている。既述のように、通常モンペリエ生気論者は実験に好意的ではなかった。「もし実験が危険を冒さずに、器官を軽度に刺激することでなされたなら、器官に固有な性質が即座に脈に必ずや生じるであろう[61]」。

ついでフーケは、この実地の調査結果の理論的解釈に向かう。彼はボルドゥとメニュレが発展させた生気論的身体観に依拠して、脈の原因論を展開するのだ。だから、彼は述べる、「動物の各器官は、それぞれが生命や感性を有する別々の存在と見なされえた〔…〕。要するに、すべての個別的な生命や有機的能力の集合、凝集は〔…〕、いわゆる全体としての生命を構成する活動や現象の円環を〔…〕なすのである[62]」。つまり、フーケにとって脈は、各器官から個別に生じると同時に、諸生命の集合・円環からも生じるわけである。脈は予後を予示する徴候というより、個別的には器官、全体的には有機構成の生理学的あり方を示すものとなるのである。

フーケの著書は専門的だが、それでも、脈学概論と見なせるメニュレの項目「脈」を非常に好意的に評価している。彼はその項目に、魅力的な仮説的かつ総合的な生命観を見出し、実証的研究を通じて自身が調査した脈をその生命観のうちに位置づけようとしていく。「著者〔メニュレ〕は天才と卓越性に満ち、脈学上の既知のさまざまな学説を概観し、非常に精緻な細部や的確に提示された詳細に限らず、もっとも感知しがたい細部と思われるようなオーダーの対象にまで、関心と明晰さを拡げることができた[63]」。

さらに付言すれば、フーケは中国脈学を知っていただけではない。主として日本ルートを通じてヨーロッパにもたらされた鍼灸のことも知っていた。この面で彼の典拠は、テン・ライネとケンペルだった。フーケにおいて特筆すべきは、鍼の作用を神経学的に解釈し、それを治療法として評価したことである。「鍼とは、粘膜や蜂巣状組織の神経を覚醒させ、皮膚に与えられた刺激によって器官への神経振動のあり方を決める一種の発疱薬である[64]」。だから、フーケにとって鍼は、ボルドゥが考えたような野蛮な治療法ではなく、合理的な治療法であった。なぜなら、皮膚そのものが器官の間の関係を保証する、ある種の神経網だからである。だから、鍼灸のツボや経絡はけっして非合理なものではない。「皮膚というこの神経網は全身器官を形成し、その活動は内部器官の活動と釣り合っている」のだ[65]。

ここにも、身体表面（皮膚）とその内部深部の有機構成の関係という、生気論の重要問題が潜んでいる。フーケにおいては、中国医学に関するヨーロッパ人の研究が、内発的な生気論と脈学を土台にして一体化されている。生気論的目的のために、中国鍼灸の経絡は、近代的な生理学的概念である西洋の「神経網」によって捉え直されるのだ。要するに、神経網は「万物同気」――器官の生気論的協働――のための媒体の働きをするのである。

フーケは自分の目的に合わせて中国の脈診術――診断術と一対一対応――を把握し、ボルドゥとミシェルの研究を敷衍することで、モンペリエ学派における脈の実践的研究を発展させた。同時に、中国医学の身体観を同化し、ときにはそれを西洋の生気論医学の身体観のなかに包摂することで、メニュレとは異なる仕方で、モンペリエ生気論を理論的に豊かにした。

フーケはまた、脈の近代組織学的認識にも歩を進めている。彼は述べる、「すべてが等しければ、脈は以下の部位の疾患においてより活発でより固くなるだろう。すなわち、神経、腱、腱膜、多くの神経小帯——もしくはほぼ全面的に神経小帯——を具えた器官、あるいは、より凝縮され密集した組織などの疾患である。逆に、海綿状の稀な組織の疾患や固有の意味の蜂巣状組織の疾患の場合は、それは柔弱であるか固さに欠け、いわば緩慢である」[66]。フーケはここで、組織、小帯、網、交錯組織などの近代生理学の構造的用語を、皮膚－器官の構造的関係を土台にして、脈の機能的側面を把捉するために用いている。それゆえ、フーケの脈学への理論的アプローチに、まだその言葉はなかったとはいえ、組織学的視角を見出すのは、それほど時代錯誤とは言えない。フーケのアプローチは、想像力に訴える隠喩の力の点では、メニュレのものに確かに劣っているが、生理学的脈学者としては、メニュレ以上に堅固な手続をとり、脈のより進んだ理論的理解に到達し、組織学の祖、ビシャに先んじて、皮膚－器官の組織学的解釈を深めたと言えよう。

それゆえ、フーケは二つの文脈——中国医学の受容と新ヒポクラテス主義を継承した近代的生気論的身体観の生成——の合流点に位置している。彼は両者を総合するために多くの努力を払い、まさに生気論的な脈学を樹立した。メニュレ同様に、フーケは中国脈学とその共感的生命観を自分のものにした。だが、メニュレとは異なり、彼は組織学的考察によって、換言すれば、感性現象に的を絞った西洋生理学の構造機能論的アプローチによって、中国伝統医学の理論的基礎を再解釈したのである。だからフーケは、生気論脈学を樹立しただけでなく、「万物同気」をインターカルチュラルでかつ近代的に再解釈して、生気論的生命観・生理学を完成させたと、評価できる。

ソラノとナイヘルによって始まった、予後を重視する十八世紀西洋脈学は、当時紹介された中国脈学に不可避的に影響され、モンペリエ生気論者によってより広い生理学的視角へと拡張された。その過程で中国脈学は、その生理学的理論装置を神経学と組織学に置く生気論的脈学のなかに統合されることになった。もちろん、経絡と神経系との関係、組織、小帯、網、交錯組織といった組織学的要素と、弦、リュートなどの音楽的隠喩との関係といった問題群は、明確に説明されないままに終わってはいるが。

おわりに

モンペリエ生気論は、反機械論的で新ヒポクラテス主義的な内発的文脈で登場した生理学的研究プログラムだった。それは、中国ルートと日本ルートを通じて伝えられた中国伝統医学とは独立したプログラムだったが、両者の身体像がたまたま類似していたことから、それに深く影響されることになった。したがって、モンペリエ生気論は、新ヒポクラテス主義の文脈ならびに西洋脈学への関心、刺激反応性と感性の新たな図式という内発的文脈だけで、中国伝統医学なしでも、独自に発展することができたと思われる。刺激反応性と感性の図式は、近代生理学の身体像、とりわけ、脳神経系の近代的認識に依拠していた。とはいえ、事実としては、モンペリエ生気論は、無視しえない中国伝統医学の理論的実践的影響を被って、その内実——脈学だけでなく、身体の有機構成や神経学的組織学的認識——を、より迅速に豊かにし、かつ強化することができた。

ボルドゥは最初はアニミズム的生気論を展開し、そこには「統制力」というアニミズムの残滓があった。彼は、ソラノとナイヘルが提起した分利の脈の脈学を、自ら立ち上げた新たな生気論的生命観に統合し、生気論をアニミズムから解放しようと試みた。そこで、中国伝統医学から相対的に独立した形で生気論脈学を発展させつつ、部分的にだが、中国脈学の諸要素を包摂しもした。主として西洋の新ヒポクラテス主義と生気論の文脈で、彼は身体表面（脈）と身体深部を結ぶ共感ネットワークを、有機構成、動物エコノミーと同一視した。

メニュレの場合は、脈に関して自ら実証研究を行う代わりに、中国脈学の生気論もどきの身体観を同化し、新ヒポクラテス主義のみならずボルドゥの見方までも中国人の生命観や隠喩によって豊かにし、生気論をアニミズムの残滓から解放した。生命を体系的に関係し合うものとし、「全部分がそれなりの仕方で身体全体の生命に貢献し、互いに影響し合い、互いに応答し合っている」としたのである。(67)

フーケは中国脈学だけでなく、鍼灸についてもいっそう深い理解に立ち、生気論脈学とその生命観を豊かにし拡張しようとした。生気論の研究プログラムに従い、生気論脈学を理論的にも実践的にも改良した。彼は中国伝統医学の共感的生命観を、西洋生理学の神経学と組織学の見方に従って言い換え、伝統的な予後的視角から自由な生理学的生気論脈学を確立した。それは、新ヒポクラテス主義の伝統の底流、自然誌による新たな生命現象の発見、刺激反応性や感性に注目する新たな生命観の登場、神経理論や組織学の発達といった内発的土台に、中国伝統医学という輝かしい外発的構造物を合体する力業だった。フーケにおいて、生気論脈学は真に生気論になり、ビシャへとつながったと言えよう。

フランソワ・ジャコブは十九世紀における生物学の誕生に、身体の表面‐深部関係の認識がもつ重要性を強調した。(68) その視角から、今述べてきた生気論脈学の複雑な理論的帰結を、生物学の誕生のドラマと理論的に関連づけてみたくなる。しかし、この大問題をもはやここで論じる余裕はない。将来の研究課題としたい。

＊本章の研究は、編著全体が助成を受けた科研費以外に、JSPS科研費JP17520071の助成を受けたものです。

注

（1） Mirko Drazen Grmek, "Les reflets de la sphygmologie chinoise dans la médecine occidentale", *Biologie Médicale*, vol. LI (février 1962), p. I–CXX.

（2） 分利というのは、伝統的な西洋医学で、今後病気が快方に向かうか悪化するかを決める症状（発汗や下痢など）や、それが現れる時期を意味する。

（3） R. Rey, *Naissance et développement du vitalisme en France de la deuxième moitié du 18e siècle à la fin du Premier Empire*, Oxford: Voltaire Foundation, 2000. E. Marié, *La Sphygmologie en Chine et en Europe, des origines jusqu'au XVIIIe siècle*, thèse de doctorat de l'EHESS, Paris, 2003（本博士論文はその後、*Le diagnostic par les pouls en Chine et en Europe : Une histoire de la sphygmologie des origines au XVIIIe siècle*, Springer Verlag France, 2011 として出版された）.

（4） Rey, *op. cit.*, p. 24.

（5） Proust, "Les chemins méconnus de la sympathie chez Diderot et les encyclopédistes", *Lectures de Jacques Proust*, Montpellier : Presses Universitaires de la Méditerranée, 2008, p. 45–62.

（6） Motoichi Terada, "Sphygmologie chinoise et la mise au point d'une nouvelle conception vitaliste de l'économie animale par des vitalistes montpelliérains", *Archives Internationales d'Histoire des Sciences*, vol. 56, nº 156–157（juin-décembre 2006）, p. 152. 筆者はプルーストの上記論文の原稿のコピーを、本人から生前に恵贈され、それを参照させていただいた。

（7） 注（6）の論文の他に、Terada, Motoichi, "La sphygmologie montpelliéraine : le rôle oublié du pouls dans l'émergence du vitalisme montpelliérain", *Lectures de Jacques Proust*, p. 63–91 を参照。

（8） Rey, *op. cit.*, p. 105 note 37 で、レイは「万物同気」がヒポクラテスの標語であるとするが、生気論へと至る底流としては、注目していない。

（9） Elizabeth A. Williams, "Hippocrates and the Montpellier Vitalists in the French Medical Enlightenment", *Reinventing Hippocrates*, Edited by David Cantor, Ashgate Publishing Limited, 2002, p. 168. ウィリアムズはもっとも著名なモンペリエ学派研究者の一人である。

（10） 逸見龍生「時間、知識、経験――初期ディドロ思想の形成におけるベーコン主義医学史の位置」『思想』一〇七六号（岩波書店、二〇一三年）、一五八―一八六頁、参照。なお、ジョルジュ・カンギレムも「万物同気〔訳では交感〕」に着目して、以下のように述べる、「〈交感〉という概念はヒポクラテス的な交感の医学の伝統に属している。それは以下の表現を要約するものである、「一つに合流すること、一つに同気していること、万物が共感すること（*Confluxio una, conspiratio una, consentientia omnia*）」（『反射概念の形成』金森修訳、法政大学出版局、一九八八年、一一七頁、訳は一部変更した）。

（11） 逸見、前掲論文、一七〇頁。なお、ライプニッツの引用は Leibniz, *Die philosophischen Schriften*, ed. by Gerhardt, V, p.

48 からとられている。

（12） なおこの「万物同気」概念は、ベーコン主義者やライプニッツだけでなく、ファン・ヘルモントのような医化学者によっても用いられていた（Rey, *op. cit.*, p. 45 参照）。しかし、それを引用したレイは、ファン・ヘルモントの「万物同気」を、むしろ生気論的生命観の先駆と捉えており、ヒポクラテスとの関係は言及していない。ただいずれにせよ、以上から、この概念が、身体の有機的連携を示すものとして、異なる生命観を説く近世医学の諸潮流に、無視できない影響を与えたことが、十分想定できる。

（13） Théophile de Bordeu, *Œuvres complètes*, 2 vol., Paris: Caille et Ravier, 1818, I, p. 187.

（14） 項目「脈」（*Enc.*, XIII, 240a）。

（15） このテン・ライネの発言は、Dujardin, F., *Histoire de la Chirurgie, Depuis son Origine Jusqu'à nos Jours*, Paris, 1774, I, p. 94 から引用した。

（16） Engelbert Kaempfer, *Histoire naturelle, civile, et ecclésiastique de l'Empire du Japon* [...], La Haye, 1732, III, p. 296.

（17） Lettre de d'Entrecolles à Du Halde du 11 mai 1726, *Lettres édifiantes et curieuses, écrites par des Missionnaires de la Compagnie de Jésus*, Paris, 1829–1832, XXXII, p. 165.

（18） Le R.P. J.-B. Du Halde, *Description géographique, historique, chronologique, politique et physique de l'Empire de la Chine et de la Tartarie Chinoise*, Paris, 4 vol. in folio., 1735, III, p. 380a–380b.

（19） Grmek, *op. cit.*, p. XCII.

（20） Don Francisco Solano de Luque, *Lapis Lydius Appolinis*, Madrid, 1731.

（21） James Nihell, *New and Extraordinary Observations Concerning the Prediction of Various Crises by the Pulse*, London, 1741.

（22） D. Boury, *La philosophie médicale de Théophile de Bordeu* (*1722–1776*), Paris: Honoré Champion, 2004, p. 69 et 73 から引用。原文はラテン語で、仏訳はブリによるが、強調は筆者による。

（23） Bordeu, *op. cit.*, I, p. 187. この引用は本章「はじめに」での引用に続く。

（24） Fr. Duchesneau, *La Physiologie des Lumières*, The Hague/Boston/London, 1982, p. 373.

（25） ここで、本章でも何度か用いることになる、モンペリエ学派の二つのキーワード「有機構成」と「動物エコノミー」の関係について、補足的説明を加えておきたい。『百科全書』の項目「能力 FACULTÉ（*Physiol.*）」でジョクールが述べているように、両者の関係についての当時の一般的理解は以下のようであった、「器官すなわち道具的原因によって動物エコノミーの働きがなされる。この原因は純粋に機械的であり、諸部分の有機構成と、諸部分を生命化し動かす生命原理とに、ひたすら依存している」（*Enc.*, VI, 363b）。すなわち、有機構成が諸器官の連携からなる構造であり、その構造が生命原理によって動かされることで、動物エコノミーという身体全体の均衡ある諸機能が展開されるとされた。しかし、生気論にあっては、生命が諸器官・部位に内属しており、有機構成が造り出す構造連関が同時に、「諸生命の生命」という機能連関を生み出す。それゆえ、有機構成と動物エコノミーは、モンペリエ生気論者では一体化した構造＝機能連関として、同義的に用いられた。ただし、項目「有機構成 ORGANISATION」の内容の貧弱さが示すように、『百科全書』では有機構成は、メニュレなどモンペリエ学派の寄稿者も含めて、重要な概念として用いられていない。レイの研究が示すように（Rey, *op. cit.*, p. 157 et suiv.）、その後、有機構成概念は、モンペリエ学派において豊かにされ、生命観の中心概念となった。その成果を総括してレイは語る、生気論者の有機構成とは「機械＋感性」であり、この「＋」は加算ではなく、「多数の関係ネットワーク、相互依存、親密な応答関係や連結を具えた自律的で複雑なシステム、外部の印象を受容しそれに応えることができるシステム」（*ibid.*, p. 177）を表すと。つまり、生気論者においては、構造と機能は機械と感性として分離されているのではなく、統一された動的システムをなしているのである。

（26）Bordeu, *op. cit.*, I, p. 163–164. 強調はボルドゥ自身による。

（27）Dominique Boury, *La philosophie médicale de Théophile de Bordeu : (1722–1776)*, p. 89–90, la note 4 de la page 89.

（28）Bordeu, *op. cit.*, I, p. 268.

（29）*Ibid.*, I, p. 335. 強調はボルドゥによる。

（30）*Ibid.*, I, p. 259. 強調はボルドゥによる。

（31）その意味では、ソラノが分利の脈を無視したと、ボルドゥが語るのは正しくない。

（32）*Ibid.*, I, p. 265.

（33）*Ibid.*, I, p. 266. 拮抗作用について補足すれば、ボルドゥらは下腹部、胸、頭部という三中心の間に、作用・反作用の拮抗関係を見ていた。それらは神経系によって媒介されており、拮抗が保たれることで健康も維持されると考えられた。ここには、「万物同気」という、身体諸部分の対等な共感・同気関係を超える諸問題が含まれている——身体の三中心という特権的な部位の存在、三中心間の相互作用とその拮抗、ビシャ以前の生理学における相互作用概念の位置づけの曖昧さ（ちなみにビシャは「生命とは、死に抵抗する諸機能の集合体である」（*Recherches physiologiques sur la vie et la mort*, Paris, 1800, p. 2）と、死や外界との拮抗関係で生命を定義した）、三中心間の相互作用を媒介する神経系が他の身体諸系に対してもつ優越性など——。本来ならば、そうした相互作用や拮抗関係によって、いかに「万物同気」説が近代的に変形され、新たな生気論的生命観形成につながったかも、精緻に論じるべきだが、それは本稿の限定的な主題設定を超えており、別の機会に譲りたい。

（34）*Ibid.*

（35）*Ibid.*, I, p. 418 et suiv. 参照。

（36）*Ibid.*, I, p. 265.

（37）*Ibid.*, I, p. 412.

（38）*Ibid.*, I, p. 294. 強調はボルドゥによる。

（39）*Ibid.*, I, p. 316.

（40）*Ibid.*, I, p. 363.

（41）*Ibid.*

（42）*Enc.*, XIII, 237b.

（43）*Enc.*, XI, 363b.

（44）*Enc.*, XIII, 211a.

（45）*Enc.*, XIII, 225a. デュ・アルドの対応する箇所は Du Halde, *Description de l'Empire de Chine*, III, p. 380a–380b.

（46）*Enc.*, XIII, 240a.

（47）とりわけディドロの『百科全書』項目「折衷主義 ECLECTISME」参照。

（48）*Enc.*, XIII, 227b.

（49）マクロにはケンペルやデュ・アルドの著作の普及などが背景にあるが、ミクロには、モンペリエにおいて、中国伝統医学への関心が高まったことが挙げられる（たとえば、一七五九年にA.-F. Bridault, *Medicinae Sinensis Conspectus* なる学位論文が提出されている）。

（50）E. Kaempfer, *Histoire naturelle, civile, et ecclésiastique de l'Empire du Japon* [...], La Haye, 1732, III, p. 296.

（51）Grmek, *op. cit.*, p. XLI.

（52）Proust, *op. cit.*, p. 52–53.

（53）順に、Article OBSERVATION（*Gram. Physiq. Méd.*）, *Enc.*, XI, 318b, Article POULS, *Enc.*, XIII, 227b et Article ŒCONO-

MIE ANIMALE, *Enc.*, XI, 361b.

(54) *Enc.*, XIII, 240a.

(55) Henri Fouquet, *Essai sur le pouls*, Montpellier, 1767, p. xiv–xv.

(56) *Ibid.*, p. x.

(57) *Ibid.*, p. xi.

(58) *Ibid.*, p. 37 参照。

(59) *Ibid.*, p. xi.

(60) *Ibid.*, p. 21 et suiv.

(61) *Ibid.*, p. 38.

(62) *Ibid.*, p. 13–14. 強調はフーケによる。

(63) *Ibid.*, p. lxiv.

(64) 項目「発疱薬 VESICATOIRES *ou* VESSICATOIRES」(*Enc.*, XVII, 203b. 強調はフーケによる)。

(65) 項目「感性、感覚 SENSIBILITE, SENTIMENT」(*Enc.*, XV, 48a)。

(66) Fouquet, *op. cit.*, p. 17.

(67) *Enc.*, XIII, 240a.

(68) François Jacob, *La logique du vivant*, Paris: Gallimard, 1970(邦訳、フランソワ・ジャコブ『生命の論理』島原武・松井喜三訳、みすず書房、一九七七年).

第11章　サン＝ランベールと『百科全書』
項目「メランコリー」を中心に

井上櫻子

『百科全書』の無記名の項目は、誰の筆に成るものなのか。この大事典の発行後、その草稿は印刷業者によって廃棄されているため、同定作業は長らく困難なものとされてきた。こうした項目のなかには、誤って、あるいはなかば無批判に、編集長ディドロの執筆項目と分類されてきたものも少なくない。しかし、一九六〇年代以降の『百科全書』研究の進展にともない、次第に正確な執筆者情報が明らかにされるようになった。とりわけ近年では、ディドロという大思想家、大編集者の陰に隠れ、その事績の全貌が見えにくかった寄稿者の仕事にも注目が集められ、大作家主義に基づく思想史研究に修正を迫るような成果が発表されつつある。ジョクール研究──最新の成果としては、ジル・バルー、フランソワ・ペパンの編著『ド・ジョクール騎士──一万七千項目執筆した男』[1]、そしてオリヴィエ・フェレの一連の論考[2]や、その近著『「百科全書」におけるヴォルテール』[3]が挙げられる──などはその典型例と言えよう。

そのような状況の中、百科全書派としてのジャン＝フランソワ・ド・サン＝ランベールについての業績にはいまだ十分に光が当てられていないように思われる。確かに、彼の執筆項目「奢侈 LUXE」は、十八世紀における重要な奢侈擁護論とみなされ――実際には、この主題は当時「古典的」なものになっていたのだが――、おもに経済学の分野で研究の対象となってきた。その一方で、項目「天才 GÉNIE」が、十八世紀末から十九世紀初頭にかけて刊行されたアガス版『サン＝ランベール思想著作集』[4]第六巻に、この思想家のものとして収録されているにもかかわらず、ディドロの執筆項目とみなされていたという事実にも見られるように、道徳論、人間論に関わる項目の執筆者としてのサン＝ランベールの功績は、必ずしも正確に評価されてこなかったのである。もちろん、それはサン＝ランベール自身、当時の王権および教権への挑戦の書に寄稿するにあたり、匿名性を守ったことにも一因があるだろう。

この点で、一九八六年、『ディドロ・『百科全書』研究』創刊号にフランソワ・ムローが発表した項目「奢侈」の草稿研究[5]は、きわめて示唆的であったと言える。この論のなかで、F・ムローはサン＝ランベールの残した自筆ノートの発見をもとに、このロレーヌ出身の作家が『百科全書』に寄稿した項目数は、ジョン・ラフによって作成された一覧に示される数（一六件）よりも多く、二七件にのぼると主張しているのである[6]。作者自身の遺した自筆ノートをもとにしたこうした情報提供はきわめて重要である。にもかかわらず、F・ムローの指摘が、近年のサン＝ランベール研究や、『百科全書』研究に反映されているとは言い難い[7]。おそらくはこうした項目の大部分が、すでに評価の定まった思想家ディドロの執筆項目と推定されてきたこととも無関係ではあるまい[8]。

本章では、F・ムローによって新たにサン＝ランベールに帰せられた項目群の中から、おもに項目「メランコリー MÉLANCOLIE」（第一〇巻所収）[9]に考察の焦点を当てることとする。そして、この項目と他の『百科全書』の項目、さらにはサン＝ランベールの著作との関連性を探る注釈作業を通して、百科全書派としてのサン＝ランベールの功績を再検討する可能性を示したい。

1　項目「メランコリー」はなぜディドロに帰せられたか

『百科全書』所収の「メランコリー」にかかわる四つの項目は、この語をもって形容される精神状態に対する人々の考え方が十八世紀中葉に変容しつつあったことを示すものである。というのも、まずその冒頭の項目でこそ、「それ〔＝黒（melas）胆汁（kohle）〕は、「われわれのあらゆる体液のなかで、最も粗野で最も不活性であり、最も酸性が強い[10]」と古代ギリシアから引き継がれた四体液説に基づく説明がごく簡潔に示され、伝統的権威に対する配慮がうかがえるものの、二つ目の項目の主目的は、メランコリーという「感情」の両義性に関する詳しい分析にあるように映るからである。メランコリーとは、「われわれが不完全だという、よくある感情[11]」であり、「自分自身に対する満足感に由来する陽気さ[12]」と対置されるものではあるけれども、同時に「快楽の敵[13]」ではないというのである。長い歴史のなかで、病と結びつけられ、否定的な価値を付与される傾向にあったこの精神状態に、積極的な意味をも見出そうとする本項目は、ロマン主義的精神の萌芽を示す重要文献の一つともみなせよう[14]。

ところで、この項目が長らくディドロの手によるものと考えられてきたのも、決して故なきことではない。なぜなら、メランコリーに潜む心地よさを語った一節に、ディドロの人間論を想起させる表現が織り込まれているからである[15]。

それ〔＝メランコリー〕は甘美な自己存在感を与えるのに十分なだけ精神の諸機能を働かせ、同時に情念の混乱や、精神を疲れ果てさせるほどの強い肉体的感覚から遠ざけてくれる瞑想を楽しむ[16]。

実は、ここで言及される「甘美な自己存在感《un sentiment doux de son existence》」は、ディドロがその執筆項目「甘美さ DÉLICIEUX[17]」（一七五四年刊行の『百科全書』第四巻所収）のなかで、「甘美な休息」を味わう若者の幸福感の源として繰り返し強調しているものなのである。

彼は大変ゆっくりと覚醒状態から眠りの世界へと移行していった。しかしこうしたゆっくりとした移行のさなか、あらゆる機能が弱まっていく中でも、彼ははっきりしたことを思考するためには十分ではないにしろ、少なくとも自らの存在の甘美さをしっかり感じ取るのに十分なほど覚醒していた。[18]

自己存在感の快を高らかに歌い上げた項目「甘美さ」は、ルソーの『孤独な散歩者の夢想』「第五の散歩」を予示するものとしてディドロの執筆項目のなかでも早くから注目を集めてきたものの一つである。[19] 項目「メランコリー」の「甘美な自己存在感を与えるのに十分なだけ精神の諸機能を働かせ」という一節に注目する読者が、この無記名の項目を編集長ディドロに帰するものとみなしたとしても、不自然ではないのである。

さらに、この項目の後半に見られる絵画への言及、すなわち、イタリア・バロック期の画家ドメニコ・フェッティによる「メランコリー」[20]、ジョゼフ＝マリ・ヴィアンの絵画――おそらくは「甘いメランコリー」[21]――は、美術批評家としてのディドロの姿を思い起こさせる。ギリシア様式の傑作を数多く手がけた新古典主義の先駆者ヴィアンに、ディドロが賛辞を贈っていることはよく知られている。[22]

2　項目「メランコリー」とサン＝ランベール

しかしながら、「自己存在感」を幸福の源とみなした『百科全書』の執筆者はディドロだけではない。サン＝ランベールもまた、その代表作『四季』のなかで、この感覚が人間に根源的幸福を約束するものであると繰り返し強調している。雄大な夏の自然の光景を前にした人間は、なぜ「気高く、純粋な喜び、心の平静、幸せ[23]」を感じるのか、その原理をサン＝ランベールは次のように説明している。

熱は快楽と同じように神経と筋肉をおだやかに弛緩させ、精神に心地よい状態を感じさせる。精神は幸せだと感じ、また幸せだと理解する。その時、ただ存在していること «la simple existence» が幸福になり、次のように思うようになるだろう。「私は幸せである。なぜなら存在するからだ «Je suis bien, parce que je suis»[24]」。

サン＝ランベールがパリに上京するのは一七五〇年[25]、ディドロとはじめて出会ったのは一七五二年初頭と推定されている[26]。そして、サン＝ランベールが『百科全書』に寄稿した項目が登場するのは、一七五六年に刊行された第六巻以降[27]、さらに『四季』初版が公刊されたのは一七六九年であるから、外界から得られる物理的感覚に身を委ねることで得られる「自己存在感」の甘美さについての定義は、まず、サン＝ランベールがディドロから継承したものと考えてよいだろう[28]。

しかし、サン＝ランベールはただディドロの感覚論的人間論の影響下にすっぽり収まっていたわけではない。ロレーヌの詩人は、『四季』のなかで「自己存在感」を基軸とし、季節の変遷とともに移ろいゆく自然の姿を前にした人間の情緒的経験の諸相を明らかにしようと試みるのである。

「夏」の注記を読み進めてみよう。自然の光景を眺めるだけでなぜ幸福と言えるのかという問題について、初版一七六九年版で提示した説明では不十分と感じたのだろうか。サン＝ランベールは一七七一年に刊行された改訂版――この版の刊行時に最も大きな加筆修正作業を行っている――において、「友愛、祖国愛、寛大さ、慈善心」といった「高貴な感情[29]」、あるいは、人間に幸福を約束する肉体的感覚をより強く刺激するような快楽とは異質の、より素朴で穏やかな充足感の存在を強調している。それこそが、大自然に抱かれる人間が享受する「自己存在感」だというのである。

人間の最初の本能、人間から決して離れることのない本能、人間の行動原理は、自らの存在を感じ «sentir son

existence»、自分自身の力、感覚、精神、生命力を享受したいという欲求である。われわれは、自然からさまざまな機能と器官を享けている。こうした器官と機能を自由に用いることで、自ら存在しているという強い感覚を得られるたびごとに、人間は幸せだと感じるのである。(30)

このように、社交生活から離れ、ただひたすら自然と向き合うことで得られる穏やかな快楽の魅力を強調するのは、素朴な田園生活の賛美という『四季』の主要テーマとより整合するような人間論、幸福論を展開しようとしてのことであろう。

このような姿勢は、第三歌「秋」にも引き継がれる。そして、日の光がその力を失い、北風が吹きすさび、嵐の続く秋の野に身を置く人間の心境を歌い上げるにあたり、サン＝ランベールは、「メランコリー」という語を用いているのである。

この水と風の単調な演奏会は、
私の思考とあらゆる感情を停止させる。
ついには、私の精神は自分の殻に閉じこもり、
次第にメランコリーへと陥っていく。(31)

早くも寒さが訪れる晩秋の野では、草木は枯れ、動物たちは姿を消してしまう。あたかも万物が死に絶えたかのような野の光景を前にした人間がメランコリックな心境に陥るのは、その「思考とあらゆる感情」が停止状態に陥るためだとする一節は、「これ〔＝メランコリー〕は、たいていの場合、精神と器官の脆弱化の結果生じる」(32)という『百科全書』の項目の説明と対応する。

ここで、秋の野においてなぜ人間の心は打ち沈むのか、という問題に対し、詩人サン＝ランベールが示している回答に注目してみよう。

太陽は、その光が弱まるために、もはや精気や体液に〔春や夏と〕同じような動きを与えてくれず、〔…〕われわれは自らの存在について感じることが少なくなる。そしてこの感情が弱まると必ず、悲しみを感じるのだ。[33]

この一節からは、人間の精神状態の浮き沈みを当時の生理学的知識と自己存在感の強弱によって説明しようとしているさまが確認される。つまり、快楽を感じるのは、「自己存在感」に満たされているとき、心がうち沈み、悲しみを感じるのは、「自己存在感」が充分に享受されないときだというのである。そして、「もはや精気や体液に〔春や夏と〕同じような動きを与えてくれず」というくだりからは、メランコリックな気持ちに沈んだ状態を、充足感にあふれた状態と比較しつつ説明しようとするさまがうかがえるが、これは『百科全書』の項目の以下の一節になぞらえることができよう。

それ〔＝メランコリー〕は、自分自身にも、他人にも、快楽の対象にも、自然のなかにも見出すことのできない一種の完全な状態のイメージの影響で生じるものである。[34]

人間がメランコリーに陥るのは、もとよりその肉体や精神が脆弱だからではない。完全な状態を知るからこそ、それと比較して「不完全さ[35]」、物足りなさを覚えるというのである。これは、万物が再生する「春」、そして自然の活力がみなぎる「夏」の魅力を味わった人が、秋の訪れとともに感じる心境に近しいと言える。

ところで、『百科全書』の解説によれば、メランコリックな状態には、必ずしも否定的な側面しか見出されないわけではないという。

「メランコリー」は快楽の敵などではない。恋の幻想に加担し、精神と官能の喜びを楽しませるのである。(36)

ここでのメランコリーは、不在の恋人を想うときの心理状態を指すのだろうか。いずれにせよ、メランコリーは恋愛の喜びをいや増すものだという この一節は、『四季』「秋」に歌われる恋人たちの姿を思い起こさせる。秋の夕暮れ時、木枯らしの吹き荒れる音、そして谷間を流れる急流の轟音は、羊飼いとその恋人の悲しみを募らせる。そして、物思いにふけりながら家路を急ぐなか、ふと二人は森の近くにたたずむ墓に気づくのである。

彼らは二人とも立ち止まる。その眼差しと思いは
長いことこの不吉なものに釘づけになる。
二人とも物も言わず、身じろぎもせず、
この死のモニュメントによりかかったままとどまる。
ついに、今にも溢れんばかりに眼に涙をため、
互いに悲しみと愛情に満ちた眼差しを投げかけ、
二人とも苦しみと愛に浸りつつ、
最後の日まで愛し合うことを誓う。(37)

この一節には「メランコリー」という言葉そのものは現れず、「悲しい «triste»」、「苦しみ «douleur»」という表現が用いられるのみである。しかし、この恋人たちのエピソードが、メランコリーをかき立てる秋の野の描写に続い

て登場することを踏まえると、彼らの心理状態を「メランコリック」と形容することも不可能ではないだろう。ここで羊飼いの若者リュバンとその恋人ロゼットが一生の愛を誓うのは、万物が生気を失った晩秋の野と、死を象徴するモニュメントを目にすることで、人生の儚さに思いを致し、その心が悲しみに貫かれたからに他ならない。その意味では、メランコリックなもの思いは、若者たちの愛を深めるのに貢献していると言えるだろう。

さらに、『百科全書』の項目によれば、メランコリーは友愛の念とも密接な関係をもつという。

それ〔＝メランコリー〕には友愛の念が必要である。メランコリーはちょうど蔦がニレの若木に絡みつくように、愛するものにぴったり絡みつくのである。(38)

この一節は、愛する友を思い起こすとき、もの悲しい思いにふけるようになるという意味だろうか。あるいは逆に、もの悲しい思いにふけるようになると愛する友を思い出すという意味だろうか。それとも、メランコリックな精神状態に陥った人には、温かい友愛の念によるなぐさめが必要ということだろうか。いずれにせよ、友愛の念が、晩秋の野を描き出した『四季』の詩句にも見出されることは等閑視できないだろう。

秋が荒野に変えてしまったこの野で、
羊の群れのいない野で、鳥たちの演奏会の聞こえぬこの林で、
私はよりつらい別離を思い出す。
私はあの恐ろしい時に戻ったかのように感じる。
死神の鎌が友人たちを
私の眼の前で刈り取ったり、私の腕の中で襲いかかったりしたあの時に。

今際の際の Ch*** の姿が、今もなお思い浮かぶ。
墓のすぐそばでも、
その苦痛に勇気をもって対抗し、考え、感じ、愛し、
最期のときも人生を楽しむさまを。(39)

メランコリックなもの思いに沈んだとき、まず心に思い浮かぶのは今は亡き友の姿だと歌うこの詩句を、メランコリーと友愛の念とを結びつけようとする『百科全書』の記述と重ね合わせることは不可能ではないだろう。さらに、「秋」の歌を締めくくるのは、友愛の賛歌であることも忘れてはならないだろう。

おお、神聖なる友愛の念よ、お前の助けが欲しい。
素晴らしい日々の魅力を忘れさせるために来ておくれ。
あの平和な別荘、無垢の神殿を、
幼い頃から愛したあの庭、あの谷間を、
お前との甘い対話で哀惜の念を晴らしてくれ。
幸せな気持ちを高めに来ておくれ。(40)

「秋」の歌は、語り手と親交があったB*** 氏――ボーヴォ大公のことだろうか――へのオマージュをもって締めくくられるが、こうした展開を踏まえると、詩人が友情を、悲しい思いに打ちひしがれた人をなぐさめるのに不可欠のものととらえていることが分かる。このように、晩秋の野にたたずむ人の心境の描写は、『百科全書』における「メランコリー」という精神状態の解説とほぼ対応している。つまり、フランソワ・ムローが草稿研究を通して明ら

かにした執筆者情報は、『四季』と大事典の項目との関連性を探ることによってもその妥当性が認められるのである。そして同時に、二つのテクストの比較検討作業からは、グラフィニー夫人をはじめとする同時代人の指摘どおり、『四季』という作品の構想が、長い年月をかけて温められてきたことも再確認できるのである。[41]

3　『百科全書』の寄稿者としての戦略

これまでの文学史上において、サン＝ランベールの功績については、むしろ描写詩という十八世紀特有のジャンルの確立者という事実が強調される傾向にあり、『百科全書』の寄稿者という側面については、必ずしも検討の対象になってこなかったように思われる。しかし、『四季』の執筆時期と『百科全書』の編集・刊行時期が重複している以上、これらを重ね合わせながら読解作業を進めなければ、サン＝ランベールが思想家として双方の著作にこめたメッセージをすくいとることはできないだろう。

ここでもう一度、第二歌「夏」の「自己存在感」に根ざす快楽に関する記述に立ち戻ろう。「夏」に添えられたこの注記からは、『四季』のなかで、サン＝ランベールがディドロから継承した「自己存在感」という概念をもとに自然のなかに身を置く人間の情緒的経験を解明するにとどまらず、この概念をより広く、自らの人間論、道徳論とも関連づけようとしているさまがうかがえる。

というのも、「熱は快楽と同じように神経と筋肉をおだやかに弛緩させ、精神に心地よい状態を感じさせる」[42]という一節に導かれる「存在の快」についての解説は、一七六九年に刊行された『四季』初版では『百科全書』第一〇巻に収められたサン＝ランベール自身の執筆項目「態度、作法 MANIÈRE」[43]からの引用の直後に置かれているからである。夏の野で熱気を浴びることが、なぜ心理的な心地よさの認知につながるのかという問題に対して、サン＝ランベールは次のような回答を示している。

しかし、いまだ指摘されていないにもかかわらず、これと同様に確かなのは、通常はある情念の結果として生じる筋肉や神経の動きが、こうした情念の助けなくしてかき立てられ、わたしたちのうちにその感情を生み出すということだ。[44]

「筋肉や神経の動き」によって生じる物理的感覚が情念、ないし内的感情の発生につながるというこの一節からは、サン＝ランベールがディドロ同様、感覚論的人間論を内面化したうえで『百科全書』にその道徳論を展開していることが分かる。確かに、一七七一年に刊行された第三版――詩人が最も大きな改稿作業をほどこした版――以降、「態度、作法」からの文字通りの引用の一節は削除されてしまう。しかし、出典を明記した上でのこうした引用は、サン＝ランベールが少なくとも『四季』初版出版時、『百科全書』の執筆者でありかつ詩人である自己のイメージを前面に押し出そうとしているさまがはっきりと認められる。『『百科全書』の編者たちは人類に不滅の貢献をした[45]」という「冬」の注記は、決して第三者の視点からの編者たちへのオマージュではない。先の引用の「いまだ指摘されていないにもかかわらず」という一節からは、感覚論という新しい哲学理論にもとづいて人間の認識のあり方を解き明かそうとする百科全書派としてのサン＝ランベールの自負の念すら垣間見られると言えよう。

一七六九年初頭、『四季』を公刊するにあたり、サン＝ランベールはこの著作のなかで『百科全書』の寄稿者であることを示唆する記述を随所に織り込んでいる。たとえば、「冬」に添えられた注釈で、詩人は自ら執筆した項目「立法者」、「利子」を参照するように促しているし、[46]「夏」の注記には、項目「立法者」で展開した気候と人々の気質の違いに関する考察をほぼそのまま転記している。[47]詩人のこうした『百科全書』への言及の意義は、この大事典に対する禁書処分の解けぬ中で刊行が再開された第八巻以降の販売促進をめぐる寄稿者たちの戦略の文脈に位置づけられるだろう。すなわち、一七六四年、サン＝ランベールが『奢侈論』を出版した際、グリムはこの著作の内容が『百科全書』の一項目として収録されるという事実を利用し、予約購読者を誘惑したとされるが、[48]一七六九年、三〇年あまり温め続けた自然の歌を世に問うにあたり、詩人は一種の誇りの念を抱きつつ、自ら十八世紀の知の集大成ともいえる大著の宣伝活動に参加したのではないかと考えられるのである。

＊　＊　＊

サン＝ランベールが『百科全書』に寄稿した項目群のなかでこれまで注目を集めてきたのは、おもに「奢侈」と「立法者」の二項目である。おそらくそれは、啓蒙の世紀を政治学、経済学が学問的に体系づけられた時代とみなす後世の読者の関心が反映された結果だろう。しかし、ロレーヌの詩人は同時に、この大事典に数々の道徳論関連の項目を執筆している。そのなかには、「利益 INTÉRÊT」[49]など、十八世紀における利己的感情、より広くは人間論の変遷を示す重要な項目も含まれている。

確かに現代ではいわば大作家たちの陰で忘れ去られてしまったかのような人物であるとはいえ、生前のサン＝ランベールは、デピネ夫人、ジョフラン夫人、デュ・デファン夫人らの主宰するパリの主要なサロンに出入りし、一七七〇年春、『四季』の大成功をもって、アカデミー・フランセーズ会員に選出されるに至った時代の寵児である。[50]また、彼がアンシャン＝レジーム期のインテリ読者層の核をなしていた軍人貴族であることも忘れてはならないだろう。[51]そのような作家の道徳的考察に目を向けることは、十八世紀の作家にとって文筆活動やその作品の伝播のために不可欠であった社交生活の諸相をとらえなおすことを可能にしてくれるはずだ。[52]

そしてまた、『四季』や『普遍的カテキズム』といったサン＝ランベールの主要著作は、『百科全書』の刊行が終了した後に発表されたものである。こうした著作と『百科全書』の関係性を探ることは、禁書処分を受けてなお、出版作業が敢行された大事典に対する寄稿者たちの立場や、当時の読者層の関心をすくいとること、いわば『百科全書』のその後を探ることをも可能にしてくれると考えられる。

＊本研究は科研費（課題番号 17K02601）の助成を受けたものである。

注

（1） Gilles Barroux et François Pépin（dir.）, *Le Chevalier de Jaucourt : l'homme aux dix-sept mille articles*, Société Diderot, 2015.

（2） たとえば、本書第2章を参照されたい。

（3） Olivier Ferret, *Voltaire dans l'Encyclopédie*, Société Diderot, 2016.

（4） *Œuvres philosophiques de Saint-Lambert*, H. Agasse, 6 vols. 1796–1801.

（5） François Moureau, « Le manuscrit de l'article ‹ Luxe › ou l'atelier de Saint-Lambert », *RDE*, 1, 1986, p. 71–84.

（6） *Ibid.*, p. 73. ここで新たにサン＝ランベールの執筆項目に加えられているのは以下の一一項目である。HYPOCRITE, HUMANITÉ, MAGNANIME, MAINTIEN, MALICE, MALIGNITÉ, MARTYR, MÉFIANCE, MÉLANCOLIE, MÉRITE, MERCENAIRE.

（7） たとえば、R・ポワリエはそのサン＝ランベール伝（Roger Poirier, *Jean-François de Saint-Lambert (1786–1803). Sa Vie, son œuvre*, p. 155–177）において、ラフの説に従っているし、シカゴ大学の『百科全書』電子版サイトでも、執筆者情報は、R・N・シュワッブ、W・E・レックス、J・ラフの目録（R. N. Schwab, W. E. Rex, J. Lough, *Inventory of Diderot's* Encyclopédie, *SVEC*, 80, 83, 85, 91, 92, 93, 223, 1971–1984）をもとに記されている。

ただし、M・ドロンはその近著において、F・ムローと同じく、項目「メランコリー」を「おそらくサン＝ランベールによるもの」と記している。Michel Delon, *Le Principe de délicatesse. Libertinage et mélancolie au XVIII*e *siècle*, Albin Michel, 2011, p. 108.

（8） 先に挙げた一一の項目のうち MARTYR と MÉRITE を除いた九項目は、アセザ版『ディドロ全集』ではディドロの項目として掲載され、エルマン版『ディドロ全集』（いわゆるＤＰＶ版）でも「無署名であるが、ディドロのものと思われる」というニュアンスで執筆者同定を試みようとしているさまが確認される。F. Moureau, *art. cité.*, p. 72.

（9） Art. MÉLANCOLIE, *Enc.*, X, 307b–308a.

（10） Art. MÉLANCOLIE, *Enc.*, X, 307b.

（11）Art. MÉLANCOLIE, *Enc.*, X, 307b.
（12）*Ibid.*
（13）*Ibid.*, 308a.
（14）『百科全書』が当初範としたとされるチェンバーズの『サイクロペディア』にも、「メランコリー」を一種の病ととらえようとする姿勢が認められる。Chambers, *Cyclopaedia*, 1728, p. 527.
（15）また、ソフィー・ヴォラン宛の手紙のように、ディドロの著作のなかに、「メランコリー」に関する言及が散見されるのもその一因と考えられる。Diderot, *Lettres à Sophie Volland 1759–1774*, édition présentée et annotée par Marc Buffat et Odile Richard-Pauchet, Non lieu, 2010, lettre I, p. 27.
（16）Art. MÉLANCOLIE, *Enc.*, X, 307b.
（17）Art. DÉLICIEUX, *Enc.*, IV, 783b–784a.
（18）*Ibid.*, 784a.
（19）Rousseau, *Les Rêveries du promeneur solitaire*, « Cinquième Promenade », t. I, p. 1048.
ルソーとディドロにおける「自己存在感」の定義の類似性については、特に以下の論考を参照されたい。Roland Mortier, « À propos du sentiment de l'existence chez Diderot et Rousseau : notes sur un article de l'*Encyclopédie* », *Diderot Studies*, nº 6, 1964, p. 183–195.
（20）「彼女の周りには本が散らかっており、テーブルの上では地球儀がひっくり返り、数学で使う道具が乱雑に置かれている。一匹の犬が机の足元にぴったりとくっついており、髑髏を腕に抱えて、深い物思いに沈んでいる」。MÉLANCOLIE, *Enc.*, X, 308a. 地球儀の位置が多少異なるが、ルーヴル美術館所蔵のフェッティの代表作（Domenico Fetti, « La Melancolia » (v. 1620)）への言及であることは間違いないだろう。
（21）「彼女は肘掛け椅子に座り、太陽を背にしている。室内には本と楽器が散らばり、彼女の傍ではお香がたきしめられている。片方の手で頭を支え、もう片方の手には花を持っているが、それには注意を払っていない。視線は床に向けられ、その心は彼女を取り巻いている事物からなんらかの影響を受けていないのである」。「本と楽器が散らばっている」室内、「もう片方には花を持っている」といった細部の記述に相違はあるものの、トゥールーズ、オーギュスタン美術館所蔵の油彩画（Josephe-Marie Vien, « La douce Mélancolie », (1756)）であると推定される。
「甘美なメランコリー」は、一七五六年、ジョフラン夫人が画家から買い取ったあと、一七五七年のサロンに出品された。 Cf. Thomas Gaehtgens, Jacques Lugand, *Joseph-Marie Vien 1716–1809*, Arthena, 1988, p. 161.

(22) Diderot, *Salon de 1763*, p. 361–365.

(23) Saint-Lambert, *Les Saisons. Poème*, texte établi et présenté par Sakurako Inoue, STFM, 2014, « L'Été », p. 133, v. 84.

(24) Saint-Lambert, *Les Saisons*, « Notes de Saint-Lambert sur ‹ l'Été › », p. 170.

(25) R. Poirier, *op. cit.*, p. 91.

(26) *Ibid.*, p. 98–99.

(27) アルファベット順では、FAMILIARITÉ, *Enc.*, VI, 390a–390b が最初に登場するサン＝ランベールの執筆項目である。

(28) この問題については、以下の拙論ですでに論じている。Sakurako Inoue « La tradition de la poésie pastorale et l'anthropologie dans *Les Saisons* de Saint-Lambert — à propos de la sensibilité et de la jouissance », dans *Études de langue et de littérature françaises*, n° 89, juillet 2006, p. 30–44.

(29) Saint-Lambert, *Les Saisons*, « Notes de Saint-Lambert sur ‹ l'été › », p. 171, n. 5.

(30) *Ibid.* さらに、「序文」冒頭でも、「拍子」のある演説、音、動きが、「自己存在感」に根ざす幸福感を与えるとし、当時危機に陥っていた韻文というジャンルの弁護を行っている。*Ibid.*, « Discours préliminaire », p. 55, n. 1.

(31) *Ibid.*, « L'Automne », p. 210, v. 581–584.

(32) Art. MÉLANCOLIE, *Enc.*, X, 307b.

(33) Saint-Lambert, *Les Saisons*, « Notes sur ‹ l'Automne › », p. 220.

(34) Art. MÉLANCOLIE, *Enc.*, X, 307b.

(35) *Ibid.*

(36) *Ibid.*

(37) Saint-Lambert, *Les Saisons*, « L'Automne », p. 213, v. 647–654.

(38) Art. MÉLANCOLIE, *Enc.*, X, 308a.

(39) Saint-Lambert, *Les Saisons*, « L'Automne », p. 210–211, v. 585–594.

(40) *Ibid.*, p. 214–215, v. 681–686.

(41) *Correspondance de Mme de Graffigny*, Oxford, The Voltaire Foundation, t. I, 1985, p. 7

(42) *Ibid.*, « Notes de Saint-Lambert sur ‹ l'Été › », p. 166.

(43) Art. MANIÈRE, *Enc.*, X, 34b–36b.
(44) *Ibid.*, 35a. Saint-Lambert, *Les Saisons*, « Notes de Saint-Lambert sur ‹ l'Été › », p. 170.
(45) Saint-Lambert, *Les Saisons*, « Notes de Saint-Lambert sur ‹ l'Hiver › », p. 289.
(46) Saint-Lambert, *Les Saisons*, « Notes de Saint-Lambert sur ‹ l'Hiver › », p. 294.
INTÉRÊT, *Enc.*, VIII, 825a–827a（« Intérêt d'argent » という項目名はないが、内容から判断して、「経済学」に分類されるこの項目を指していると考えられる。この点については機会を改めて論じたい）, Art. LÉGISLATEUR, *Enc.*, IX, 357a–363a.
(47) この問題については以下の拙論で論じている。Sakurako Inoue, « Jean-François de Saint-Lambert, lecteur et collaborateur de l'*Encyclopédie* : autour d'une note sur ‹ l'Été › des *Saisons* », *REEL*, 2, 2013, p. 115–130.
(48) Jacques Proust, *Diderot et l'*Encyclopédie, Albin Michel, 1995, p. 67.
(49) Art. INTÉRÊT, *Enc.*, VIII, 818a–819a.
(50) 一七七〇年六月二三日にアカデミー・フランセーズ入会演説を行っている。*Œuvres philosophiques de Saint-Lambert*, t. VI, p. 184.　http://www.academie-francaise.fr/discours-de-receptionde-jean-francois-de-saint-lambert
(51) 軍隊に属した経験にもとづくきわめて重要な考察が「脱走兵」という項目にまとめられている。Art. TRANSFUGE, *Enc.*, XVII, 831b–837a.
(52) Antoine Lilti, *Le Monde des salons : Sociabilité et mondanité à Paris au XVIIIe siècle*, Fayard, 2005.

第12章　物質と精神のあいだ

十八世紀化学における活力概念の両義性

川村文重

はじめに

十八世紀後半のフランスでは、大革命へと至るこの時代特有の社会・政治状況の激烈な変化や集団的心性の変容を表すためにさまざまな新語が登場したが、その一方で、すでに存在している語に新たな生命が吹き込まれて盛んに用いられるようになるものもあった。そのような再生を経た語の代表格に「活力（énergie）」がある。この語が一種の流行語となったのは、一七八七―八八年に出版されたフェローの辞典に記された証言などから明らかである。[1]

十八世紀を通して、当時の辞書はおしなべて活力の語意を効力（efficacité）、精力（vertu）、力（force）としている。[2]ここで注意しておかなければならないのは、当時の活力の語には、物理学的仕事量や動力資源としてのエネルギーの意味はなく、十九世紀半ばを待って初めて物理学的意味が追加される点である。[3]十八世紀の文献にある énergie の語に「エネルギー」の訳語をあててしまうと、物理学的エネルギーと混同される恐れがあるため、ここでは上記のように「活力」の語をあてることにする。だがそうすると、「活力」という énergie の訳語が、十七世紀のライプニッツの動力学理論に基づいて名づけられた、活動中の運動物体の「活力（*vis viva*）」と混同されかねないというまた別の問題が生じてしまう。(4) 活力（énergie）と活力（*vis viva*）は同義ではないため区別する必要があるが、さしあたりénergie の訳語を活力としておく。

十八世紀の辞書によれば、活力の語は自然学的語義をもたず、修辞学用語とされている。『百科全書』の項目「活力、力 ENERGIE, FORCE（類義語）」（執筆者ダランベール）は、活力と力のニュアンスの差を次のように説明している。「この項目でわれわれはこの二つの語を言説に関わるものとしてのみ考えることにする。というのも、ほかの場合には両者の違いが明白だからである。活力という語は力という語よりもずっと多くの意味を含み、主に描写の言葉や文体の性質に対して用いられているようである。弁論家は推論の力に表現の活力を結びつけているといったような言い方ができる」。(5) 修辞における力と活力の区別は、言ってみれば人体における骨格と肉づき、絵画におけるデッサンと色彩、あるいは音楽における旋律と和声の関係のようなものであろうか。

だがこの項目をめぐって、いくつかの疑問が生じる。第一に、十八世紀の辞書は活力の項目にことばの力強さ以外の用例を示していないが、ダランベールは活力と力の違いが修辞学以外の領域では「明白である」と述べ、活力の語が修辞学用語に限定されないことを示唆している。このずれは何を意味しているのだろうか。第二に、修辞学の領域以外では活力と力の違いが果たして本当に明白だろうか。当時の活力概念を抽出するのに、隣接した他の概念との比較は不可欠な作業であると思われるので、修辞学以外で用いられる両者の語意の相違を明確にしていく必要があるだろう。第三に、ダランベールの項目では活力と力が類義語であることが前提となっているが、コンディヤックの『類語辞典』の項目「力 FORCE」では、類義語として活力の語にまったく触れられていない。(6) この非互換性には何か含みがあるのではないだろうか。

後述するように、たしかに十八世紀の辞書を見る限り、活力の語は十九世紀に物理学的意味を追加するようになるまで、自然科学の領域から排除されていたように見受けられる。しかし、『百科全書』の化学に関する諸項目には、活力の語が散見され、必ずしもこの語が修辞学用語に限定されていたわけではないようである。ミシェル・ドロンによる十八世紀末から十九世紀初期までの活力概念に関する文学史研究では、アリストテレスから十九世紀初頭までの活力の語意形成史が網羅的に概観されているが、自然科学、錬金術および初期近代の錬金術‐化学（化学哲学）の文献は渉猟されていない。(7) しかし、これらの学問分野は十八世紀の化学や自然哲学に少なからぬ影響を与えているため、無視するわけにはいかないだろう。ラヴォアジエが登場する以前の十八世紀の化学は、異質な物質間の内的な作用としての親和力を手がかりにして、作用の強弱から物質の特性を研究対象とするようになった新興の学問であった。『百科全書』の項目「化学」は化学が自然学から自立し、また有用性の高い学問であることを宣言するマニフェストの様相を呈しているが、それは化学の重要性を声高に叫ばねばならないほど、十八世紀半ばの化学が学問的・社会的に地位が低く、依然マージナルな学問分野であった証左だと言える。(8) その化学関係の項目のうち、「類縁性あるいは親和力 RAPPORT *ou* AFFINITÉ」（化学、執筆者ヴネル）ではまさに活力の語を用いて、親和力が「結合し合おうとする資質、傾向の活力のさまざまな度合い」(*Enc.*, XIII, 797*a*) と定義されているのだ。辞書の定義に従うなら、化学における活力の語は修辞学用語としての活力のメタファー的用法なのだろうか。力ではなく活力の語が用いられるのは、両者の微妙な意味の差異を踏まえてのことだろうか。

いずれにせよ、活力の語意およびコノテーションの形成は、歴史的経緯によって屈折・変節していったがために複雑さを極めるようになったのではないかと考えられる。本章では、先に挙げたM・ドロンの先行研究がカバーしていない化学の領域に焦点を合わせて、十八世紀にいたるまでの自然科学・自然哲学分野における活力の語の形成史と、十八世紀における化学的活力の語義および概念を明らかにすることを試みる。この試みは、十八世紀末（特に大革命期）における活力の語のインフレーション現象の前史を部分的に構成するものとしても位置づけられるだろう。この前史のうちにこの語のインフレ化の直接的原因があるかという問いは本章の問題設定の範囲外だが、今後の研究の射程の先に置いておきたいと思う。本章では『百科全書』の化学に関する項目の解釈が考察の中心になるが、その歴史的背景となる自然学、自然哲学、さらには活力の神学概念をまずは大まかに確認しておこう。

1　十八世紀までの活力の語義形成史——自然学・自然哲学を中心に

活力（énergie）の語源はギリシア語の ἐνέργεια（*energeia*）であり、この語は作用・営為・仕事を意味する名詞 *ergon* と「〜の状態に」を意味する接頭辞 *en-* から成り、「活動性」という意味をもつ。周知のとおり、アリストテレスは『形而上学』（第九巻）においてエネルゲイア（現在態）とデュナミス（潜在態）を対概念として展開し、そこではエネルゲイアが潜在的な力の行使・活動性および現在性という二つの意味を有している。古代ローマ時代のギリシア人医学者ガレノスの用法では、デュナミスが医療や薬の潜在的な能力を指し、エネルゲイアが医療や薬の結果をもたらす働き、作用を指している[9]。つまりエネルゲイアは効能、効力を意味し、ここから活力の語に efficacité、vertu（効力）の意味が含まれるようになったのだろうと推察できる[10]。エネルゲイアはラテン語では *actus*（行為）と訳され、デュナミスには *potentia*（潜在的力能）という訳語があてられる。力能と行為の対概念は中世のスコラ哲学によって、質料と形相、自然と目的因の対概念として維持されていく。だが、デュナミス／エネルゲイアのアリストテレス的二分法に縛られると、活力の語のもつ意味の広がりを捉えることが難しくなる。それは、十八世紀の辞書が一様にことばの表現力と定義している活力と、現在態という意味のエネルゲイアとの間に連関が見出せないなどの点からも容易に想像がつく。アリストテレスが形而上学以外で用いるエネルゲイアの語意や、アリストテレス以外の人々がエネルゲイアに与えていた語義にも目を配る必要があるだろう。

オックスフォード英語辞典によれば、エネルギー（energy）の修辞的語義は、アリストテレスが『弁論術』（第三巻第一一章第二節）で「目に浮かぶように描き出す」臨場感あふれる文体を指すのに用いたエネルゲイアに遡る。アリストテレス以降、このエネルゲイアと、物事の明晰さや鮮やかさを表す一字違いのエナルゲイア（*enargeia*、ラテン語

では *evidentia*）が混同され、ことばの活力の概念が拡張化していった。さらに時代が下って、十八世紀には表現の活力が転じて、悟性に影響を与え、精神に強い印象を与える美学的活力の概念が生まれる。[11]

その一方で、エネルゲイアは新プラトン主義に取り込まれ、さらに宗教用語として変容していく。魂や不動の第一動者たる神がエネルゲイアであり、これと本来の哲学概念である潜在力の行使と現実態という二つの意味が結びついて、神学的エネルゲイア概念が形成される。つまり、エネルゲイアはそれによって神の存在を知ることができるという神の表出を意味するようになるのだ。[12] よりわかりやすいのは、新約聖書におけるエネルゲイアの語が人間や自然を超越した神の力の現れ、あるいははたらきを指すと解釈される点である。[13] 中世には、神的で超越的なウーシア（本質）と神的な生命を被造物に伝達するはたらきであるエネルゲイアを区別する東方正教会と、神の本質と活動性を同一視するカトリック教会とが思想的に鮮明に対立することになる。[14]『百科全書』の項目「エネルギー派 ENERGIQUES（教会史）」（執筆者マレ）によれば、十六世紀にはカルヴァンやメランヒトンの弟子の一派が、聖餐式で用いられるパンと葡萄酒はイエス・キリストの活力、すなわち神性の顕現であり、肉と血の実体を含んでいないとする聖餐論を主張したという。[15]

一方、エネルゲイアに言及する自然哲学理論としては、ルネサンス期に、植物的存在が生長し、養分を摂取する行為（*actus*）を生命とみなしたアリストテレス主義者の考えを拡大解釈して、事物全体に含みこまれたエネルゲイアと生命を同一視するパラケルスス主義者がいたという。[16] 生命は創造者によって物質に導入されるのではなく、無生気のものに生命という能動原理が内在しているという活力の概念は、主流にはならなかったにせよこの時期に芽生えていたことになる。だが、この生命原理としての活力はいわゆる隠れた性質（*qualitas occulta*）と結びつくため、十七世紀に入ると近代合理主義的自然観から排除されることとなる。ガッサンディの原子論とデカルト機械論との間では、物質に力を認めるか否かをめぐって対立が起こったが、デカルト自然学は物質に延長のみを認めることで、物質が内的な力を発揮して運動を起こすことを想定するガッサンディの原子論を封じこめようとした。[17] 精神と物質を峻別するデカルト二元論において、内的な力をもって運動を起こすのは神のみである。かくして内的な力という神秘的な概念は機械論的自然学の領域から徹底的に排除された。

しかし、十七世紀の錬金術－化学や医化学の文献には活力の語が散見される。たとえばピエール・ジャン・ファーブル（一五八八－一六五八）は、物質には他の物質に働きかける部分があり、それを「効力と活力に満ちた」能動的部分とする。[18] エティエンヌ・ド・クラーヴ（十七世紀半ば頃）は、化学元素のなかにある精（esprit）が混合物を作る基本構成元素というだけでなく、諸元素を特徴づける活力としての役割をも担っていると主張する。[19] 精が両義的な存在とみなされるのは、これが物質的精を指すだけでなく、パラケルススの三原質（塩・硫黄・水銀）の霊的な精をも指し、さらには、万物の生成をつかさどり、万物を活性化させる普遍的精（esprit universel）でもありうるからである。ここに看取できる物質と精神を明確に分離させる心身二元論を一元化する傾向は、デカルト機械論に対抗する理論として命脈を保ち続け、十八世紀の生命の科学へと流れ込むことになる。

ギリシア語のデュナミスを語源とする動力学という名の力学分野を創始したライプニッツによれば、動力学は物体を動かす潜在的な力および力能の学問である。従来の静力学が運動を物体の位置移動と定義し、その運動量（mv）を問うのに対し、動力学は運動の結果としての位置移動ではなく運動の原因となる力（mv^2）を考察対象とする新しい運動概念を提示している。アリストテレス由来のデュナミスとエネルゲイアの対概念を原因と結果の関係性に単純化させてみると、ライプニッツの動力学は原因としてのデュナミスを扱っていると言え――だからこそ動力学（dynamique）の語はデュナミスをその語源とする――、力を活力（*vis viva*）と死力（*vis mortua*）に区別して力の概念を拡張させた。

だがこの力の概念の拡張に留保をつけるのが、次世紀の動力学論を展開したダランベールである。ダランベールは力学を、運動の原因の科学というよりは運動の結果の科学だとするデカルト的運動論を継承する。動力因に触れるということは必然的に目的因に触れることになり、それでは力学を形而上学化させ、ダランベールの不可知論的立場に抵触してしまうからである。『百科全書』の項目「動力学」で、ダランベールはライプニッツの用いる動力学の語が、「物体の運動を扱う力学の最も超越的な部分」を意味していると述べる。[20] ダランベールによる動力学の対象に対するこのような修正は、物質における力の内在可能性の排除の一環だと言えるだろう。ライプニッツが拡張させた力の概念を押しとどめるという振る舞いは、力学から活力のような形而上的コノテーションを含んだ語を注意深く締め出すことでもあるのだ。したがって、力学の諸概念を指すのに、形而上的ニュアンスを伴っていない力の語を用いるのが一般的となったのであろう。[21]

ところが十八世紀には、科学の分野でダランベールのような慎重な理論家が活力の語の封じ込めを図る一方で、自然哲学の分野では唯物論を奉じる自由思想家がこの語を解放しようとしていた。その嚆矢が世紀初頭に現れたアイルランド出身のトーランドの物質論である。『セリーナへの手紙』(一七〇四年)で運動を二種類に分類し、「内的な活力、自動運動、あるいはそれなしではいかなる変化も分裂も生じえないすべての物質がもつ本質的な作用と、外的な位置移動ないし場所の変化や、本質的な作用に対する多様な修正にすぎないものとを常に区別しなければならない」[22] と論じている。形而上的意味合いをもつとされてきた活力という語を敢えて用いて、物質に力を内在させることで、運動を生じさせる外部の超越者を不要とする一元論を展開するということは、前世紀の近代合理主義的自然観が間接的にせよ被っていた神学の拘束からの解放を促し、創造者という外部の第三者を想定しない動態的な自然の生成が想定可能になることを意味する。これを起点にして、活力の語のいわば形而下化ないし世俗化が唯物論者を中心に進んでいったと考えられる。

その一例をあげると、トーランドの影響を受けたドルバック『自然の体系』(一七七〇年)では、物質に内在する能動原理としての活力の語が頻出している。ドルバックもまた運動を、位置移動としての感知可能な運動と内部の隠れた運動の二種類に分類する。後者については、「一個の物体は固有な活力に、すなわちその物体を構成する感知できない分子の本質、化合、作用、反作用に依存する」[23] と述べ、トーランドによる活力の語の言及から一歩踏み込んで、活力を分子レベルではたらく能動原理としている。この引用では、活力を言い換えたものが本質、化合、作用、反作用だと読めるので、活力とは物体の多種類の構成分子間の化学作用という具体的なものを指し、力学的な力の作用ではなく、また決して神秘的なものではないことがわかる。また、一見奇異ではあるが、本質という語が化合や作用・反作用の語と同じレベルで並置されていることから、物体の示す本質とは分子の構成変化そのものということになる。その意味で、「本質」は化学作用である「活力」と同義となる。さらにこの引用に続けて、ドルバックは思考、情念、意志といった人間の精神における自発的な活動・作用も、内部の隠れた運動と同じメカニズムから生まれると主張している。[24] 活力概念は物質世界だけでなく精神世界をも貫徹して拡張化していくのだ。

以上を次節以降の考察を展開するうえで重要となる部分に的を絞って総括しよう。新プラトン主義以降、エネルゲイア－活力は神学的・形而上学的意味合いを帯びた語として存続してきた。近代に入ると、目的因と自然学を完全に切り離すデカルト的合理主義が活力の語を忌避するようになる。しかし、錬金術の伝統を継承し反デカルト機械論の立場をとる人々や、反デカルト二元論の立場をとる唯物論者は、神性に対して相反する態度を示すにもかかわらず、活力を重要な概念として自説に組み入れるという同じような振る舞いを見せる。無神論的唯物論と神秘主義がともに活力の概念に訴えたのは、デカルト二元論的機械論のアポリアである生命の問題に対する回答としてであったと考えられる。両者は物質に延長以外の性質、すなわち活力を認め、能動的な物質観に基づき、それぞれの信条に適応させた物質の変質や生命の発生や知的活動のメカニズムを描きだそうとした。唯物論が精神のはたらきを物質的に捉える一方で、神秘主義は物質に精神性を与えるのだ。両者にとって、物質と精神を連結ないし一元化する結節点がこの活力の概念であった。

2　化学における活力の脱神秘化——活力と力の相違をめぐって

冒頭ですでに述べたように、『百科全書』の項目「類縁性あるいは親和性」は活力の語を用いて親和力を定義している。項目執筆者のヴネルは『百科全書』の化学関係の項目において、かなりの頻度で活力の語を使用している。この語が用いられるのは、化学作用の概論的記述と火の化学作用の説明のなかである。本節では活力の語を含む化学作用の概論的記述の抜粋からこの語の意味するものを考察する。その際、抜粋中に出てくる力の語との相違をもあわせて検討する。

項目「類縁性あるいは親和性 RAPPORT *ou* AFFINITÉ」
親和性や類縁性といった言い回しは結合し合おうとする資質、傾向の活力のさまざまな度合いを表すのに用いられる。(*Enc.*, XIII, 797a)

項目「化学 CHYMIE *ou* CHIMIE」
熱によって物体に生じる内的な変化が厳密な意味で化学的と言えるのは、その変化の活力が物体の粒子の内部構造にまで及ぶような場合に限られる。(*Enc.*, III, 415a)

項目「溶媒と溶解作用 MENSTRUE & ACTION MENSTRUELLE, *ou* DISSOLVANT & DISSOLUTION」[25]
溶解の化学的作用因はその全活力を発揮して作用を及ぼす。(*Enc.*, X, 339b)

項目「混合物と混合 MIXTE & MIXION」
混合は自然の自発的な作用である。混合は人為的には作れないし、混合のもととなる自然の原素(principe naturel)の活力に対し、技術は何も付け加えられず、混合を生み出す力を刺激することもできない。技術ができ

項目「炉」の引用によれば、化学の実験では「活性化された火」の活力の確保が不可欠であり、よって火の活力こそが火の本質をなしている。しかし、前節で論じたような、化学物質の構成粒子に内在している不可視の隠された活力とは異なり、火が炎となって作用する場合には火の活力は可視化されている。右に引用した項目「煆焼」における活力はまさにこの可視化された火炎の活力だと言える。火炎の活力によって煆焼に要する時間が短縮されることから、隠された活力よりも表に現れ出た火炎の活力の方がその威力が大きいと考えられているようである。

十八世紀当時、火は物体を構成する元素（原素）か、それとも物質を構成したり分解したりする機能かをめぐる議論が起こっていた。機能として火を捉えるなら、火は普遍的な化学作用因であり、その本質は火の有する熱にある。他方、実体としての火の観点からは、ドイツの化学者ベッヒャー（一六三五―一六八二）やシュタール（一六五九―一七三四年）が主張したフロギストン、すなわち可燃性・引火性をもった原素と定義された[33]。四大元素のひとつとして生きた古代ギリシア以来、つねに存続してきた考え方の延長上にある観点である。この観点と活力の概念との接点が、ダランベールの執筆した短い項目「活性化 ENERGETIQUES」のなかにある。

活性化、実詞、男性、複数形、自然学でときおり使用された用語。いわば力や先天的な活力をもっているように見え、また、そのさまざまな運動に応じて、さまざまな結果を生み出す物体ないし微粒子のことを、「活性化する物体」ないし「微粒子」と名づけていた。よって、火や火薬の微粒子のことを「活性化する粒子」と呼ぶことができる。だがこの語は今ではもう使われていない。（*Enc.*, V, 651a.）

引用中に出てくる活力の語は「先天的な」という形容詞を伴っている。火が作用前から活力を備えていると考えるなら、火の元素があるにちがいないという結論に行き着くだろう。前節で検討した活力と力の相違と一致して、ここでも活力には先天的であることが確認できる。また、火の活性化作用ゆえに、火そのものが活力ということになる。この項目で興味深いのは、活力に関連する自然学用語がかつてあったということと、しかもそれを述べているのが、物質に活力の内在を認めなかったあのダランベールだということである。『フランス語宝典』によれば、このダランベール執筆の項目にある énergétique がこの語の初出であり、英語の影響を受けて「エネルギーの」の意味でこの語が再び用いられようになるのは十九世紀末以降である。[34]『宝典』は、『百科全書』が執筆される以前にかつて énergétique の語を用いていた自然学（物理学）者を特定していない。[35]

一方、活力のもう一つの形容詞 énergique は、先に『百科全書』の項目「エネルギー派 ENERGIQUES」で見たように神学用語であるが、もちろん修辞学用語でもあった。ダランベールが執筆した項目「活力、力 ENERGIE, FORCE」は活力を修辞学用語であるかのように印象づけていた。そして項目「活性化」もダランベールが執筆し、この語がすでに過去のものであることを注記している。いかにも動力学をライプニッツ的な形而上学的学知から修正したダランベールらしく、自然科学から活力の関連語の混入を忌避しようとする思惑がここで働いているようである。[36]

ところで、『百科全書』の編集主幹であったディドロは、『全書』の出版に先立つ『趣意書』で学問分野の系統的分類を行っているが、そのなかで化学を自然学の一部門に位置づけ、「ものを分解したり、再活性化させたり、変質させたりする」[37]と定義している。化学作用が火の作用にあるとするなら、ディドロの提示する化学の定義は火の活力による作用そのものだと言っても差し支えないだろう。この定義で用いられている三つの動詞、「分解する（décomposer）」、「再活性化させる（revivifier）」、「変質させる（transformer）」は連続的に推移する作用の三段階に相当する。化学物質の分解と化合は化学の本質的作用であるが、その中間段階として、「再活性化」作用が置かれているのは注目に値する。

『百科全書』の項目「再活性化 REVIVIFICATION」（化学、執筆者ヴネル）で説明されているように、この revivification という語は化学において酸化水銀の還元作用を指す専門用語である。ヴネルによれば、還元された物質は還元の過程できわめて「純化」される。[38] この語は錬金術用語に由来している。錬金術とは本来、火を用いることで物質内の不純物を除去して、純化した物質の本質、すなわち隠された不変の性質、生命力に満ちた性質を顕現させる作業である。ものを純化する物理的な火は、精神の純化を目指す錬金術師の内面の火を象徴するものでもあり、火による作業は物質と精神の純化と活性化を意味した。再活性化が純化と同義であることから、還元作用が revivification と呼ばれるようになり、化学用語として定着したのだと推察される。しかしながら、『趣意書』執筆当時のディドロは化学にそれほど精通していなかったということと、[39]『趣意書』における化学の定義づけが化学の専門家に向けて示されたものではないということや、さらに、引用の一文が化学の総合的な定義を示すという文脈上、revivifier の語が水銀の実験に限定したものを指すわけではないであろうことから、revivifier は還元作用の意味で捉えるべきではなく、一般的な「再活性化ないし蘇生」を指していると考えるべきであろう。そして revivifier という動詞からは、この語のうちに含まれている「vie（生命）」の再生というイメージがおのずと連想されるが、ここでの生命は無機物にまで拡張された錬金術由来の生命観——たとえば、鉱物は地中という母なる胎内で生成される——に依拠している。

それと同時に、『趣意書』でディドロが示している化学の定義には、水銀の還元によって得られる純化と同様の、「純化」のコノテーションが含まれているようである。『百科全書』の項目「昇華〔活性化〕EXALTATION」（執筆者ヴネル）がそのヒントを与えてくれる。それによれば、かつて錬金術師によって用いられていた exaltation という語は「純化、微細化、回復、活力および効力の増大」を意味する。[40] 不要な混在物を除去して、物質の活力や効力を高める作用を指す。化合は物質に内在する活力が活性化されることによって行われやすくなると考えられていたのである。ディドロのいう「再活性化」段階とは、この純化の行程を指すものと考えられる。この純化は活力の増大と結びつくことから、純化‐生命‐活力がひとつながりのイメージ連鎖を構成する。十八世紀当時、人々が化学の、そして火の活力が作用するところに生命の発露をイメージし、生命と活力を重ね合わせていたとしたら、活力を生命の根源にある力とみなし、火の化学作用を生命原理にみちた動態的な自然のひな形だと考えるようになるのは自然な成り行きだと言える[41]。

したがって、火に基づくこのような動態的自然観から、自然の中の神性の内在を直観する方向性のほかに、生気論的な唯物論を確信する別の方向性が現れるのは当然の帰結であろう。ドルバックが『自然の体系』のなかで「元素的な火は自然における活動の根源と思われる。言ってみれば、火は集塊を発酵させ、それに生命を与える豊潤な酵母である」[42]と述べ、火を自然の根源であると強調している。それは、化学に通じ、『百科全書』の冶金学――伝統的学問分類によれば化学の一分野――に関する多数の項目を執筆したドルバックならではの科学的知見に根差した唯物論的見解であり、化学における火の扱いを踏まえれば決して根拠のないことではない。

現にドルバックは『ウジェニーへの手紙』(一七六八年)で、神学・形而上学と唯物論を並置し、装いは違えどもその中身は同一だと主張している。

われわれは無神論者についてどのように言うべきか。彼らは物事を違ったふうに捉える、というよりはむしろ、同一のものを表現するのに異なった言葉を用いているのだと言うことにする。彼らは人々が「神性」と呼ぶものを「自然」と呼ぶ。人々が「神意」と呼ぶものを「必然」と呼ぶ。人々が自然の原動者であり創造者と呼ぶものを自然の活力と呼ぶ。つねに施行される法を定める者たる「神」と人々が呼ぶものを、彼らは「運命」あるいは「宿命」と呼ぶ[43]。

神や神性の代用となるのが自然の活力であり、自然そのものである。いかなる物質や現象においても、その深部に自然の活力のはたらきが見られるとして、ドルバックは両者の語を交換可能であるかのように単純化させ、二元論を一元論化することが合理化でもあることを強調する。しかし、両者は単なる言葉の入れ替えではなく、そこには大きな図式変換が生じている。形而上的・超越的能動因と形而下の物質的・受動的存在の序列的区別を廃する無神論者は、生命の起源から生成過程全体を貫徹する動作因を形而下の自然そのものに求めるため、能動因かつ受動者でもあるという二重性を自然に与えることで、目的因と作用因の区別を廃するのだ。

とはいえ、神にとって代わるものが自然界の物質に固有だとするこの代用という考え方には注目すべきである。この活力は物質の起源に、そして過程に関わっている。これは先ほど取り上げた火のもつ活力と同様の事柄を述べている。この類似点から引き出すことができるのは次の二点である。第一に、火に基づく自然の動態性はすべて活力に負っている。第二に、化学は実験を通して、物質に固有の活力を活発化させ、物質を構成している粒子レベルで活力のはたらきを実験結果から推論する学知であると考えられている。だが、火あるいは自然の活力が神的なものに相当するという捉え方には、神を活力そのものと捉える神学理論とある種の親近性があると言えるのではないだろうか。化学における活力の語は、物質を純化することによって、物質に内在する神性を分有した活力のはたらきを最大化させて賢者の石や金を生むことだとする錬金術の用語を継承したものである。聖書を錬金術的に解釈する人は、錬金術が神学の延長であり、物質を通してはじめて神性が顕現されると考えていた。化学では物質の力能の神秘性が剥奪され、活力が物質化されてはいるものの、この語に内在化された実体としての不可視の力という、神性とある種共通した力の概念が与えられている。物質の活力が神の代用であるからこそ、心身二元論を一元論化してもなお物質と精神を通底させる回路が存続し、物質の活力と精神の活力がアナロジーで結びつけられているのだ。

この点に関して、ドルバックは『自然の体系』で酒精の作用を例にして次のように述べている。

あらゆる酒精物質、すなわちワイン、蒸留酒、リキュールなどのような可燃性で火性のある物質を多量に含有する物質とは、動物に熱を伝達することで、動物の体内器官の運動を最大限に早める物質なのである。こうしてワインは物質的な存在であるにもかかわらず、勇気や才気さえも与えてくれる。(44)

可燃性と火性の特質をもつ酒精は、火の活力が表に現れる形で発揮される物質である。『百科全書』の項目「リキュール」（化学と食餌療法、執筆者匿名）によれば、酒精は甘みのある物と混ざると自らの活力を発揮する。[45] ドルバックはその酒精の精（esprit）が身体に緊張や力を与えることで、精神（esprit）のひらめきを生み出すとして、物質が精神にあたえる影響をまるで当然であるかのごとく述べる。ここに見られるのは、知的論理から想像的イメージ連鎖への横滑りである。アルコールという物質的な精と、思考という非物質的な精をアナロジーで連結するのに、火性の活力が介在するのだ。[46]

ここにおいても、精（esprit）の語がもつ原初的な神性のイメージの残響が聞き取れる。この語のラテン語の語源 *spiritus* は息吹、神的な息吹としての霊や、さらには生命をも意味し、そこでは身体作用と神性が重なり合っている。たとえば聖霊（Saint-Esprit）は神意を伝える活動の鼓吹力であり、神と人の間でとりなしを図る存在である。超越的存在と物質的存在の連結という見方を拡張させれば、魂と肉体を連結させる存在としても精（esprit）を捉えることができ、ここから生まれるのが動物の生命現象としての動物精気の概念である。ドルバックは物質的精気と非物質的精神という精（esprit）の本来的二重性をイメージ連鎖させ、アルコールと才気が因果的連結関係にあるものとして両者を結びつけている。ドルバックが躊躇なしにそうするのは、それほどこのイメージの連鎖が強力だからであり、また、魂と身体の二元論を一元論化するドルバックの唯物論には、このイメージの喚起力を活用しようという意図があったのだろう。精神の力強さを表すのに力ではなく、活力の語と組み合わせられるのがより馴染みよく感じられるのは、[47] 今述べたようなイメージ連鎖に基づいているからだと考えられる。

おわりに

本章の出発点である活力と力のニュアンスの相違に関して、われわれは第2節で、化学において活力と力の相違が二つの水準で考えられることを論じた。すなわち、活力が物質にあらかじめ内在する固有の力であるのに対し、力は物質に外部から事後的に働きかける力であるという物質的作用水準の相違と、この語のうちに刻み込まれてきた神秘性の有無という歴史的水準である。十八世紀の化学は化学作用の合理的解明を目指しながらも活力を想定する大胆さを見せ、ドルバックらの唯物論思想と共通する物質観に基づいていた。十九世紀に物理学的エネルギーの語義が活力の語に追加されることで、自然科学においてこの語から完全に神秘性が剝奪されるまで、第3節で論じたように、活力は物質性と神秘性をあわせもった両義的な概念であった。ここから、十八世紀後半の活力概念は人間の精神と肉体を連結させるインターフェースにもなりえた。

ではこの活力概念について、十八世紀末の大革命の動乱期における活力の語のインフレーション化となんらかの関連性を見出すことができるだろうか。その見通しに簡単に触れて本章を閉じることにしたい。革命期における活力の語をめぐって特筆すべきは、この語の隆盛が特にフランスに見られる現象だったという点である。それは、十九世紀初頭イギリスで出版されたフランス語新語辞典が次のように記述している点から明らかである。

> この語〔活力〕は、〔フランス〕革命が始まって以来、仕事や作品といった意味をもつギリシア語の *energos* という語源から派生した語にいっそう適した新たな語義や意味合いを得た。目下のところ、活力の語はフランス国民に特別に愛好されているようであり、騎士道時代や君主政下で称賛に値するとされていた唯一の美点を表すギャラントリーの語を凌ぐようになったように見受けられる。(48)

また、たしかに革命期の議会演説では、活力の語を使わない演説は存在しないと言ってもよいほどこの語が絶えず用いられている。(49) これらの事実から、活力の語のインフレ化と大革命は連動していたと言えるだろう。

革命期には活力の語に直接的に言及せずとも、火の活力のイメージに託した革命のメタファーが満ち溢れていた。

革命の動乱は大革命の「雷雨」、「自由の雷」、「怒りの噴火」といったメタファーで表されることが多かったが、実は火山の噴火現象だけでなく激しい大気現象をも当時はすべて火の作用によるものと考えられていた[50]。革命の激動や人民の精神を、火の活力の作用が最も活発化した自然現象になぞらえていたのである。革命期における活力の語は、火の活力の特性を余さずその語に凝縮させ、規範を超え出て古いものを打倒し、新たなものを創造する活力という意味合いを新たに帯びるようになっていったと考えられるだろう。政治言説においては、革命による秩序の再創造と人間の再生が物理世界と精神世界のアナロジーを基にして繰り返し論じられていた。この物質と精神の相似性あるいは相互性というトポスにおいて、やはり活力概念が重要なはたらきを担っていたように思われる。たとえばカバニスの『人間心身関係論』(一八〇二年)を取り上げ、この著作が活力の語にどのような意味をもたせて心身関係を論じているか考察することで、十八世紀末から十九世紀初頭にかけての物質と精神のあいだをめぐる議論の推移がより明らかになるだろう。本章で取り上げた時間的スパンをさらに革命期まで拡張させて、活力概念の変遷を追うことを今後の課題としたい。

注

(1) 「注記、「活力」と「活力的な」の語は非常に流行している」。Jean-François Féraud, *Dictionnaire critique de la langue française*, Marseille, J. Mossy père et fils, 3 vol., 1787–88, art. ÉNERGIE, ÉNERGIQUE, ÉNERGIQUEMENT, t. II, p. 85a. フェルディナン・ブリュノの記念碑的なフランス語史に掲載されている、十八世紀のパリで著名な文人の集うサロンを主宰していたデファン夫人の証言にも触れておこう。「私がたまたま活力という言葉を口にしましたら、[バルテルミ]師が私を愚弄したのを覚えています。なんということでしょう！ 今やこの言葉は流行していて、これを使わなければもはや何も書けないことぐらい彼はご存じでしょうに」(一七七九年ショワズール夫人への手紙)(Ferdinand Brunot, *Histoire de la langue française des origines à 1900*, Paris, A. Colin, 11 vol., 1905–1938, t. VI (le XVIIIe siècle), 2e Part., « La langue postclassique », par Alexis François, p. 1368)。さらに、名詞「活力」を動詞化させた新語「活力を与える(énergiser)」

が生まれたのも興味深い。（Ferdinand Gohin, *Les transformations de la langue française pendant la deuxième moitié du XVIIIe siècle (1740–1789)*, Paris, Belin frères, 1903, p. 40, 279）。

（2）参照した辞書はフュルティエール（一六九〇年、一七二七年）、リシュレ（一六八〇年、一七〇六年、一七三二年、一七五九年）、アカデミー・フランセーズ（一六九四年、一七六二年）、トレヴー（一七七一年）、フェロー（一七八七—八八年）である。どの辞書も大同小異の簡潔な語義を示しており、フュルティエールからフェローに至るまでの約一世紀の間、語意にほとんど変化がなかったかのように見受けられる。

（3）十九世紀初頭にトマス・ヤングが、それまで「活力（*vis viva*）」と呼ばれていた概念に対してエネルギーという語をあてた。世紀半ばにはウィリアム・トムソンが運動エネルギーの概念を、ウィリアム・ランキンが位置エネルギーの概念をそれぞれ定めた。

（4）ライプニッツは力を活力（*vis viva*）と死力（*vis mortua*）の二つに分類し、後者を運動への傾向をもっているだけで実際には運動していない物体の力と定義している。前者の活力（mv^2）は、十九世紀以降の物理学エネルギーにおける運動エネルギー（$1/2\ mv^2$）にきわめて近い概念である。

（5）Art. ENERGIE, FORCE, synon. (*Gramm.*), *Enc.*, V, 651a.

（6）Condillac, *Dictionnaire des synonymes*, éd. Jean-Christophe Abramovici, Paris, J. Vrin, 2012, art. FORCE, p. 346–347.

（7）Michel Delon, *L'Idée d'énergie au tournant des Lumières (1770–1820)*, Ire Part., chap. Ier, « L'histoire d'un mot », Paris, PUF, 1988, p. 35*sq.* この二〇年ほどの間に、ルネサンスから初期近代までの錬金術‐化学をめぐる研究は飛躍的に発展したが、それ以前はこの領域の歴史・思想史研究が等閑に付されてきたという事情がある。なお、M・ドロンの研究に先立って十八世紀の énergie 概念の重要性を指摘している研究は、Jean Fabre, *Lumières et romantisme*, Paris, Klincksieck, 1980, p. XVI–XVII である。個別の作家研究では、ディドロの自然・芸術・社会・政治観を énergie 概念を基にして統合する試みが、Jacques Chouillet, *Diderot, poète de l'énergie*, Paris, PUF, 1984 で展開されている。

（8）Fumie Kawamura, *Diderot et la chimie. Science, pensée et écriture*, Paris, Classiques Garnier, 2013, p. 64–68. 近年ラヴォアジエ以前の十八世紀フランス化学を再評価する動きが活発化している。その研究成果は雑誌 *Corpus*, nº 56, « La Chimie et l'*Encyclopédie* », 2009 にまとまった形で見ることができる。この化学史研究の動向に連なる拙論も参照のこと。川村文重「ルエルの化学——機械論的化学と『百科全書』の化学との間」、*REEL* 第一号、二〇一二年、一四九—一六七頁。なお、『百科全書』の化学項目主要執筆者のヴネルは、機械論的自然学に依存した化学を批判するルエル化学の影響を強く受けている。

（9） David Bradshaw, *Aristotle East and West. Metaphysics and the Division of Christendom*, Cambridge, Cambridge University Press, 2004, p. 57.

（10） 十八世紀における効力という意味の énergie の語の用例として、ディドロ『ラモーの甥』を挙げておこう。ラモーの甥が自らの駆使するおべっか使いの二種類の技を列挙し、より効果的な技の方について話し相手の「私」に語って聞かせている箇所である。「この後者の方のやり方の効き目がどれほどのものかあんたには十分おわかりにならんかもしれませんな。«Je ne sais si vous saisissez bien toute l'énergie de cette dernière attitude-là.» (*DPV*, XII, 126)」。

（11） M. Delon, *op. cit.*, p. 109.

（12） D. Bradshaw, *Aristotle East and West*, *op. cit.*

（13） *A Greek-English Lexicon of the New Testament and other Early Christian Literature*, revised and edited by Frederick William Danker, 3rd ed., Chicago, University of Chicago Press, 2000, p. 335a.

（14） D. Bradshaw, *op. cit.*, p. 221*sq*. 東方正教会側の代表的神学者はグレゴリオス・パラマスである。ウーシアとエネルゲイアを峻別する神学思想の受容を、カトリック教会はトマス・アクィナスの権威を盾にして拒んだという。

（15） Art. ENERGIQUES, (*Hist. eccles.*) *Enc.*, V, 651a.

（16） Hiro Hirai, *Le Concept de semence dans les théories de la matière à la Renaissance. De Marsile Ficin à Pierre Gassendi*, Turnhout (Belgique), Brepols, 2005, p. 403.

（17） Antonio Clericuzio, *Elements, Principles and Corpuscles. A Study of Atomism and Chemistry in the Seventeenth Century*, Dordrecht (Netherlands), Kluwer Academic Publishers, 2000, p. 63–74.

（18） Pierre Jean Fabre, *L'Abrégé des secrets chimiques*, Paris, P. Billaine, 1636, texte en ligne : [http://www2.biusante.parisdescartes.fr/livanc/?cote=38577&do=chapitre].

（19） A. Clericuzio, *op. cit.*, p. 45.

（20） Art. DYNAMIQUE (*Ordre encycl. Entendement. Raison. Philosophie ou Science. Science de la Nature; Mathématiques mixtes, Méchanique, Dynamique.*), *Enc.*, V, 174b.

（21） 先にコンディヤックの『類語辞典』では活力を力の類義語としていない点に言及しておいたが、これはダランベールによる活力の語の囲い込みと同様の意図をもった言い落としかもしれない。だがこれは推測の域を出ないため、さらなる研究が必要である。

（22） John Toland, *Letters to Serena*, Letter V, "Motion essential to Matter; *in Answer to some Remarks by a noble Friend on the* Confutation of Spinosa", London, B. Lintot, 1704, p. 193–94.

（23） D'Holbach, *Système de la nature. Ou des loix du monde physique & du monde moral*, Ire Part., chap. II, « Du mouvement et de son origine », Londres, [s. n.], 1770, 2 vol. t. I, p. 15. ドルバック『自然の体系』全二巻、高橋安光・鶴野陵訳、法政大学出版局、一九九九年、第一巻、三四頁。引用は翻訳書を参考にしつつ適宜改変している。

（24） *Ibid.*

（25） 溶媒（menstrue）の語は錬金術用語に由来する。化学的溶媒を溶解すべき物質と合わせ、静かな火で約四〇日間（哲学的一月）作用させ続ける。この作用はかつては「(哲学的）一月溶解（dissolution menstruelle)」と呼ばれていたが、のちに menstrue とのみ呼ばれるようになった（Hermann Boerhaave, *Élémens de Chymie*, trad. J.-N.-S. Allamand, augm. P. Tarin, Amsterdam, Leipzig, Arkstee & Merkus, 1752, 2 vol. t. II, p. 684）。

（26） 川村文重「ルエルの化学」、前掲論文、一五三頁。ヴネルの化学理論については、Gabriel-François Venel, *Cours de chimie*, transcrit par Christine Lehman, Paris, Corpus, 2010 を参照。

（27） Gaston Bachelard, *La psychanalyse du feu*, Paris, Gallimard, coll. « nrf », 1938, 1949 ; ガストン・バシュラール『火の精神分析』前田耕作訳、せりか書房、一九七四年。

（28） Art. FEU (*Chimie*), *Enc.*, VI, 609b.

（29） バシュラールの『火の精神分析』は十八世紀の自然学・化学者による火の考察の誤謬の原因として、根強く残るアニミズム論的な認識障害を挙げている。Gaston Bachelard, *La psychanalyse du feu*, chap. V, « La chimie du feu : histoire d'un faux problème », *op. cit.*, p. 99–135. G・バシュラール『火の精神分析』、前掲書、第五章「火の化学　虚偽の問題の歴史」、一一一—一五一頁。

（30） Art. FEU (*Chimie*), art. cit., p. 609b.

（31） *Ibid.*

（32） ジャック＝フランソワ・ド・ヴィリエ（一七二七—一七九〇）は『百科全書』の第五巻以降の化学に関する二〇ほどの項目を執筆している。Frank & Serena KAFKER, *The Encyclopedists as Individuals. A Biographical Dictionary of Authors of the* Encyclopédie, Oxford, Voltaire Foundation, 1988, p. 386–388.

(33) Art. FEU (*Chimie*), *Enc.*, VI, 609a.
(34) *Trésor de la langue française* informatisé, art. ÉNERGÉTIQUE : [http://atilf.atilf.fr/].
(35) M・ドロンは、ピエール・ブリュネが énergétiques の語を用いていたのは錬金術師たちだと論じながらもその典拠情報を示していないことを指摘している。M. Delon, *L'idée d'énergie au tournant des Lumières*, *op. cit.*, p. 47, n. 34. ちなみにピエール・ブリュネの著作は、Pierre Brunet, *L'énergie dans la nature et dans la vie*, Paris, PUF, 1949 である。ダランベールが自然学者による énergétiques の語の使用を述べているにもかかわらず、この語の使用者は果たしてP・ブリュネの言うように錬金術師なのだろうか。今後の調査が俟たれるところである。
(36) 玉田敦子「世界と人間のはざまで――近代における「エネルギー」問題」『アリーナ』第七号、二〇〇九年、三六二頁では、ダランベールが項目「活力、力 ENERGIE, FORCE」で活力の神学的用法に言及していないことが、『百科全書』における知のあり方とその編集企図――人間を中心にして世界を記述する――と結びつけて論じられている。
(37) Diderot, *Prospectus* de l'*Encyclopédie*, *DPV*, V, 116.
(38) Art. REVIVIFICATION, *Enc.*, XIV, 236a.
(39) ディドロの化学に対する関心については、Fumie Kawamura, *Diderot et la chimie*, *op. cit.*, p. 85-118 参照。
(40) Art. EXALTATION, *Enc.*, VI, 215a.「微細化」は atténuation の訳語である。現代語ならば緩和や衰弱と訳すべきだが、『百科全書』によれば、物質を細分化することを意味し（項目「微細化 ATTÉNUATION（自然学）」）、当時は細分化された薬を投与することで、病気の力を弱める効果があると考えられていた（項目「医学における微細化 ATTÉNUATION, *en Médecine*」）。*Enc.*, I, 843b.
(41) たとえばディドロは、「実験室のアタノール〔錬金術で用いられた大きな炉のこと、一定温度の熱を長時間にわたって供給できる性能をもつ、註筆者〕は自然というアタノールの忠実なイメージである」と述べている（Diderot, *Plan d'une université*, dans *Œuvres*, éd. Laurent Versini, Paris, R. Laffont, coll. « Bouquins », 1994-1997, 4 vol., t. III, p. 442）。
(42) D'Holbach, *Système de la nature*, Ire Part. chap. II, *op. cit.*, p. 29 ; 翻訳『自然の体系』、前掲書、第一巻、四四頁。
(43) D'Holbach, *Lettres à Eugénie ou Préservatif contre les préjugés*, XIIe lettre, « De l'indifférence des spéculations des hommes, & de l'indulgence que l'on doit avoir pour elles », Londres, [s. n.], 1768, 2 t. en 1 vol. t. II, p. 154-155.
(44) D'Holbach, *Système de la nature*, Ire Part., chap. III, « De la matiere, de ses combinaisons différentes & de ses mouvemens divers ; ou de la Nature », *op. cit.*, p. 36, n. 11. 翻訳『自然の体系』、前掲書、第一巻、四八―四九頁。

（45） Art. Liqueurs *spiritueuses*, *Enc.*, IX, 565a.

（46） ドルバックのこの一節を生理学的観点による火と魂の連結例として触れているのが、金森修『科学的思考の考古学』、第一章「火の化学」、人文書院、二〇〇四年、二五頁である。

（47） F・ブリュノのフランス語史によれば、十八世紀後半には énergie や énergique の語が心理的意味を有し、人々を指すのに用いられた。「活力のある精神、魂、人、国民」や、「大いなる活力をもって行動する」といった用例が挙げられている（F. Brunot, *Histoire de la langue française des origines à 1900*, *op. cit.*, t. VI, p. 1368）。革命期の政治言説においても、「人民の活力と精力に満ちた魂」といった言い回しが一種の常套句のように用いられていた。

（48） William Dupré, *Lexicographia-Neologica Gallica : The Neological French Dictionary*, London, T. Baylis, 1801, art. ENERGIE, p. 108, texte en ligne : [https://archive.org/details/lexicographiane00duprgoog].

（49） たとえば、恐怖政治の体制が確立されつつあった一七九三年八月一日、ダントンらは国民公会の議論で、臨時（革命）政府が「活力のある政府」であるべきであり、公安委員会は「諸君の信用を付与され、諸君の直接的な監視の下で働くことで、より一層の力と活力とを手に入れる」べきだと述べている（*Archives parlementaires*, t. LXX, 1er août 1793, p. 106a-b.）。

（50） Art. Orage（*Phys.*）, *Enc.*, XI, 541b ; art. FOUDRE（*Gramm. & Physiq.*）, *Enc.*, VII, 213b ; art. Volcan（*Géog. Mod.*）, *Enc.*, XVII, 446a-b.

第13章　自然法は拘束力をもつか

ルソー『ジュネーヴ草稿』葉紙63裏面に書かれたディドロ執筆項目「自然法」批判

飯田賢穂

はじめに

『社会契約論』第二編第六章「法について」は、法を「一般意志の活動[1]」と定義するルソーの法論を検討する上で重要な章である。同章の第二段落では、神に由来する正義という考え方が、行為に対する拘束力というものを説明するにはほとんど無意味であると批判される。

善いものでありかつ秩序に一致しているものは事物の本性によってそうなのであり、人間の約束事〔契約〕(convention) から独立してそうなのである。すべての正義は神に由来し、神のみがその源である。だが、もし私たちが正義をそれほど高いところから受け取るすべを知っているならば、私たちは政府も法も必要としないであろう。確かに理性にのみ由来する普遍的正義というものがある。だが、この正義が私たちのあいだで認められるには相互的でなければならない。事を人間の水準で考えるならば、自然の制裁というものがない以上、そのような正義の法は人間のあいだでは無意味（vaines）である。[2]

傍線部から明らかなように、ここでルソーが「正義の法」と呼ぶのは自然法である。この法が「無意味である」、すなわち法としての拘束力をもたない理由は二つある。ひとつは自然法が具体的な「制裁」を欠いていること。言い換えるならば、物理的な威嚇力を伴わないこと。もうひとつの理由は、自然法が相互的ではないという点にある。ルソーによれば、「正義（正しさ）」というものがある人にとって問題となり、その人の行為を制御するということは、人びとの相互的関係（rapport réciproque）のなかでのみ成立しうる、ということになる。

「したがって、〔自然の〕権利（droits）を義務と一体化させて、正義をその対象〔＝人〕のもとに戻すためには契約と法（lois）が必要である」とルソーは自然法の問題点を確認しつつ立言する。「契約」こそが、相互性の条件を満たし、かつ「正しさ」が各人にとって問題となるような状況を成立させる人間関係なのである。

私たちがいま問題としている『社会契約論』第二編第六章の第二段落は、「正しさ」が個人にとって問題となる条件とはどのようなものであるか、という問いにルソーが答えようとしている現場と見なすことができる。だが、「契約」によって可能になる拘束力と「法」の関係が厳密にはどのようなものであるかということは、同章あるいは『社会契約論』の他の章でも説明されてはいない。社会契約によって形成される人民の意志（一般意志）の個別具体的な「宣言（déclaration）」[3]が「諸法」の「活動」である、という程度の説明ならば、『社会契約論』全体に散らばる表現を組み合わせることによって導き出せる。だが、この場合でも、法が個人に対して拘束力を発揮できるのは、法が社会契約という相互的関係の産物だからである。第六章の論理に基づくならば、法は命法の形態を取るが、単なる命令とは同一のものではないし、何らかの威嚇を背景とした強制でもないことになる。敷衍すると、威嚇に基づく抑止効果を狙った刑法は、あくまでも補助的制度であり、二次的なものということになる。[4]

契約こそが法の淵源をなすという立言は、法的拘束力に関するルソーの考察のいわば結論に相当する。とするならば、この結論に至るまでの考察の過程に、今しがた確認した問題に答えるヒントがあると考えられる。
本論の目的は、刊行版『社会契約論』に結晶化するルソーの政治学的考察において、法的拘束力と相互性の関係がひとつの問題として浮上し、法論の基礎に契約概念が据えられることになったプロセスの一端を明らかにすることである。
ところで、『社会契約論』の前身となる清書原稿（その一部が『ジュネーヴ草稿』と通称される帳面として知られている）[5]の二番目の章のなかで、ルソーはドゥニ・ディドロが『百科全書』に執筆した項目「自然法（DROIT NATUREL）」[6]を批判しているが、[7]この批判的検討が契約と法的拘束力という二つのモティーフが結びつくプロセスの出発点である。以下で確認されるように、[8]この批判的検討ないし対話が件の第二段落成立の背景の一部をなしている。[9]また興味深いことに、この第二段落は『社会契約論』の第一清書原稿が大きく改変される際に、[10]「市民宗教」の章（第四編第八章）などとともに追加された断片をもとに書かれたものである。[11]
以上の点を踏まえて本論の進め方も大きく二段階からなる。まず『ジュネーヴ草稿』に見られる第二段落の準備メモを分析する。次いで、この分析の妥当性を、項目「自然法」とルソーの対話の論点を視座として再確認しよう。問題のメモがどのように書かれたかを確認することから始めよう。

1　手稿二二五・葉紙63裏面に書かれた断片群の分析

『社会契約論』第二編第六章「法について」の前身は、『ジュネーヴ草稿』（手稿二二五）の葉紙64表面から始まる。手稿の段階では、相互性と「正しさ」の関係は言及されず、ただちに「法という言葉」によってルソーが何を言わんとしているのかという「法の本性」についての説明が展開される。

刊行版第二段落の下書きは、この葉紙64の前頁すなわち葉紙63の裏面に書かれている。これは四つの断片からなる

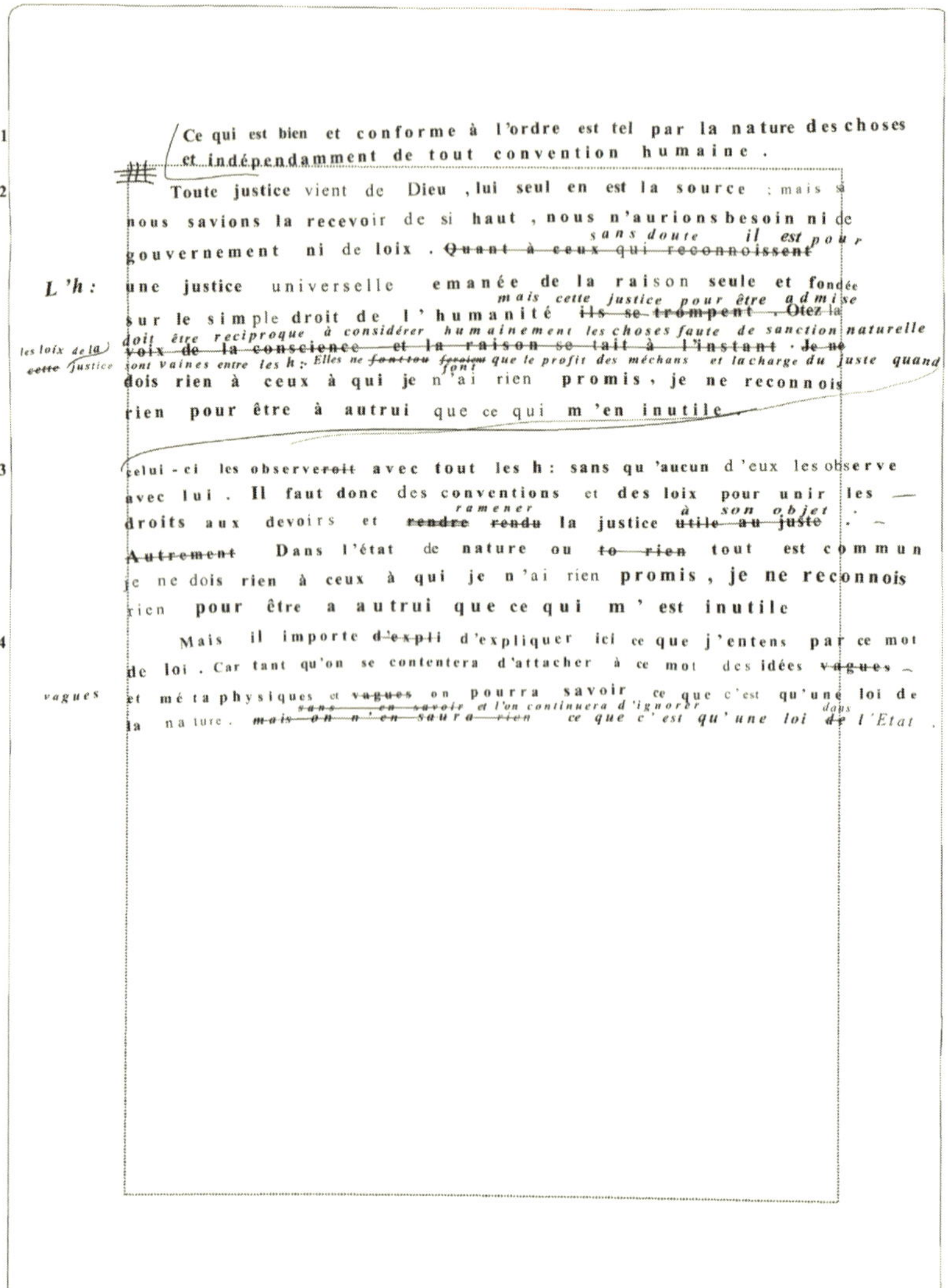

断片1 Ce qui est bien et conforme à l'ordre est tel par la nature des choses
et indépendamment de tout convention humaine .

断片2 Toute justice vient de Dieu , lui seul en est la source ; mais si
nous savions la recevoir de si haut , nous n'aurions besoin ni de
sans doute il est pour
gouvernement ni de loix . ~~Quant à ceux qui reconnoissent~~
L'h: une justice universelle emanée de la raison seule et fondée
mais cette justice pour être admise
sur le simple droit de l'humanité ~~ils se trompent~~ . Otez la
doit être reciproque à considérer humainement les choses faute de sanction naturelle
~~voix de la conscience et la raison se tait à l'instant . Je ne~~
les loix de ~~la~~ ~~cette~~ justice sont vaines entre les h : Elles ne ~~font tou~~ ~~feroient~~ font que le profit des méchans et la charge du juste quand
dois rien à ceux à qui je n'ai rien promis , je ne reconnois
rien pour être à autrui que ce qui m'en inutile .

断片3 celui - ci les observe~~roit~~ avec tout les h: sans qu'aucun d'eux les observe
avec lui . Il faut donc des conventions et des loix pour unir les
ramener *à son objet .*
droits aux devoirs et ~~rendre~~ ~~rendu~~ la justice ~~utile au juste~~ .
~~Autrement~~ Dans l'état de nature ou ~~to rien~~ tout est commun
je ne dois rien à ceux à qui je n'ai rien promis , je ne reconnois
rien pour être a autrui que ce qui m'est inutile

断片4 Mais il importe ~~d'expli~~ d'expliquer ici ce que j'entens par ce mot
de loi . Car tant qu'on se contentera d'attacher à ce mot des idées ~~vagues~~
vagues et métaphysiques et ~~vagues~~ on pourra savoir ce que c'est qu'une loi de
~~sans en savoir~~ et l'on continuera d'ignorer *dans*
la nature . ~~mais on n'en saura rien~~ ce que c'est qu'une loi ~~de~~ l'Etat .

図1 葉紙63裏面全体の再現型転写（点線枠はルソーによるものと推測される手書きの赤線枠である）

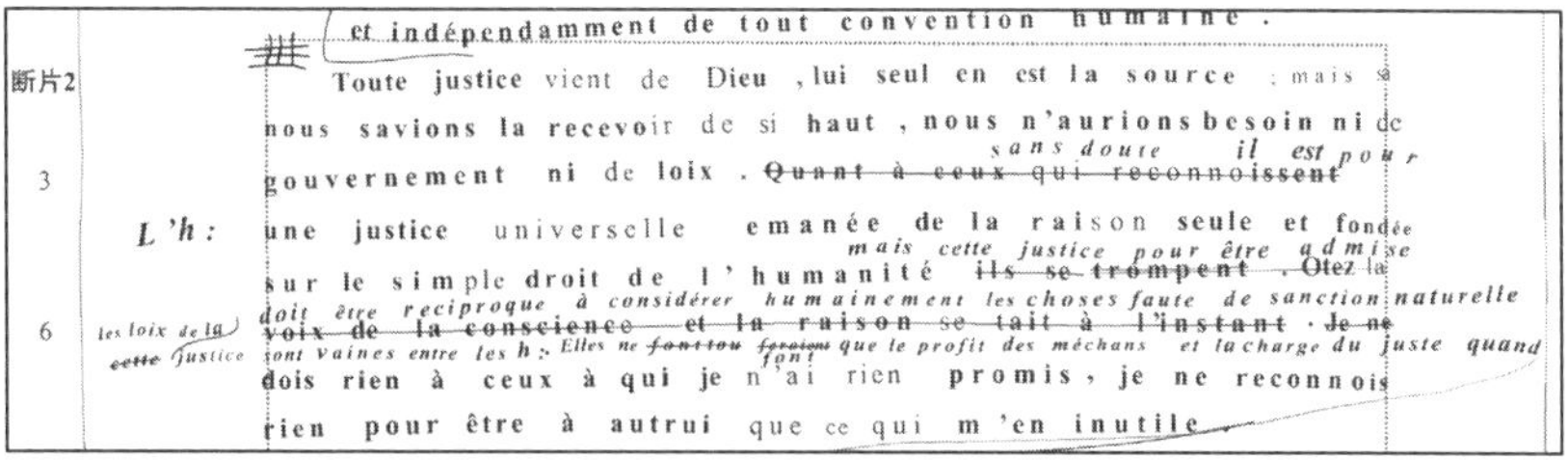

図2　葉紙63裏面，断片2のみの抜粋

準備メモであり、挿図1からも分かる通り、枠線左上の「二重シャープ」(12)すなわち♯♯によって挿入すべき場所（葉紙64表面の最上部に位置する章タイトルと第一段落のあいだ）が示されている。繰り返しになるが、葉紙64表面には第二編第六章の前身となる清書原稿が書かれており、(13)このことから現存する『ジュネーヴ草稿』を含む Du Contract Social と題された(14)清書原稿をルソーがのちに大幅に改変するために見直した際に、右の四つの準備用の断片的メモが書かれたと考えられる。

二番目の断片（以下、断片2と呼ぶ）に注目してみよう。そこで使われているインクの色の違いやペン先の細さ、インクの出方の違い等、執筆の物理的側面が示すことは、ルソーは少なくとも三回ペンを変えて断片2を書いているということである。

断片2の執筆第一段階は以下の通りである（なお、断片群を分析するにあたり、本稿では、改訂される箇所に傍線を付し、綴りもルソーのものに従うこととする）。

すべての正義は神に由来し、神のみがその源である。だが、もし私たちが正義をそれほど高いところから受け取るすべを知っているならば、私たちは政府も法も必要としないであろう。理性にのみ由来し、単なる人類の法に支えられる普遍的正義なるものを認める者について言えば、彼らは間違っている。良心の声を取り除いてみよ。するとその途端、理性は沈黙する。何も約束していない者に対して私は何も負うところはなく、私にとって無用のものだけを私は他人のものと認める。

Toute justice vient de Dieu, lui seul en est la source ; mais si nous savons la recevoir de si haut, nous n'aurions besoin ni de gouvernement ni de loix. Quant à ceux qui reconnoissent une justice universelle emanée de la raison seule et fondée sur le simple droit de l'humanité ils se trompent. Otez la voix de la conscience et la raison se tait à l'instant. Je ne dois rien à ceux à qui je n'ai rien promis, je ne reconnois rien pour être à autrui que ce qui m'en inutile.

この文章は、修正もなく同じ行間で書かれており、またルソーの手で引かれたとされる赤の枠線（挿図では点線で再現した）の内にきちんと収まるように書かれている。これら三つの特徴から分かることは、断片2は葉紙63裏面に最初に書かれたテクストであり、この時点で筆が迷うことがない程度に練られたものであったということである。ルソーはペンを変えて、断片2を改訂する（第二段階）。注目すべきは、この改訂作業は五行目末尾（挿図2参照）から始まる「良心の声を取り除いてみよ。するとその途端、理性は沈黙する（Otez la voix de la conscience et la raison se tait à l'instant）」という文の展開としてなされている点である。第二段階を整理すると次のようなテクストとなる（行間からの挿入を〈 〉内に表記し、また読みやすさを配慮して原文には句読点等を［ ］で補った）。

すべての正義は神に由来し、神のみがその源である。だが、もし私たちが正義をそれほど高いところから受け取るすべを知っているならば、私たちは政府も法も必要としないであろう。確かに、人間には理性にのみ由来し、単なる人類の法に支えられる普遍的正義なるものがある。[1] しかし、この正義が認められるには相互的でなければならない。[2] 事を人間の水準で考えるならば、自然の制裁というものがない以上、この正義〈の法〉は人間のあいだでは無意味である。[3a] この法は悪人の利益、正しい人の枷にしかならないだろう〈ならない〉

Toute justice vient de Dieu, lui seul en est la source ; mais si nous savons la recevoir de si haut, nous n'aurions besoin ni de gouvernement ni de loix. Sans doute il est pour l'h[omme] une justice universelle emanée de la raison seule et fondée sur le simple droit de l'humanité [,] **[1]** mais cette justice pour être admise doit être reciproque [.] **[2]** À considérer humainement les choses [,] faute de sanction naturelle ~~cette~~ <les loix de la> justice sont vaines entre les h[ommes]. **[3a]** Elles ne ~~font tou feroient~~ <font> que le profit des méchans et la charge du juste

この第二段階で、「良心の声〔…〕」の部分を抹消し、次いでルソーは「制裁（sanction）」という概念を導入する。こうしてルソーの論理は、「自然の制裁というものがないので」人為的にこの「制裁」に相当するものを成立させる装置が必要である、という方向に進んでゆく。この第二段階でひとまず問題となっているのは、（ルソーが典拠としている）プーフェンドルフの『自然法と万民法』の表現を用いるならば、「〔身体的〕苦痛に対する恐れや、外的な力」といった物理的威嚇の装置である。[15] そして、この物理的威嚇の概念を足がかりにして、ルソーは話題を道徳的水準のものへと発展させるのである（これは第二段階で抹消された「良心の声」というモティーフの復活であるとも見なせるだろう）。再びプーフェンドルフの表現を使うならば、問題となるのは、「臣民の意志と力とを引き寄せ、主権者の意志に一致させる」ための、物理的威嚇とは別の「重石」、すなわち「契約それ自体」の力である。[16]

ところで、プーフェンドルフは「契約それ自体」のもつ力を、「神の権威」（言い換えるならば神に対する畏怖）と「宣誓に対する良心（religion du serment）」[17]という二つの具体例を挙げて説明している。主権には、神の「怒り〔に対する恐怖〕のゆえにだけでなく、良心のゆえに」（ローマ一三・五）服従しなければならないということである。ロベール・ドラテによれば、『社会契約論』の前身を執筆する段階において、ルソーはこのプーフェンドルフの説明を参照しつつ、社会契約遵守の保証となりうる「宣誓」の「道徳的制裁（sanction morale）」としての機能について考察していた。[18] 事実、『ジュネーヴ草稿』で、ルソーは「宣誓」のこの機能について三度触れている。[19] 物理的威嚇を足がかりとして話題を道徳的水準に発展させて三番目の断片（以下、断片3と呼ぶ）をルソーが執筆する際、この道徳的制裁とドラテが呼ぶ考え方が視座となっていると考えられる。なお、断片3の執筆は、断片2の書き直し作業の最終段

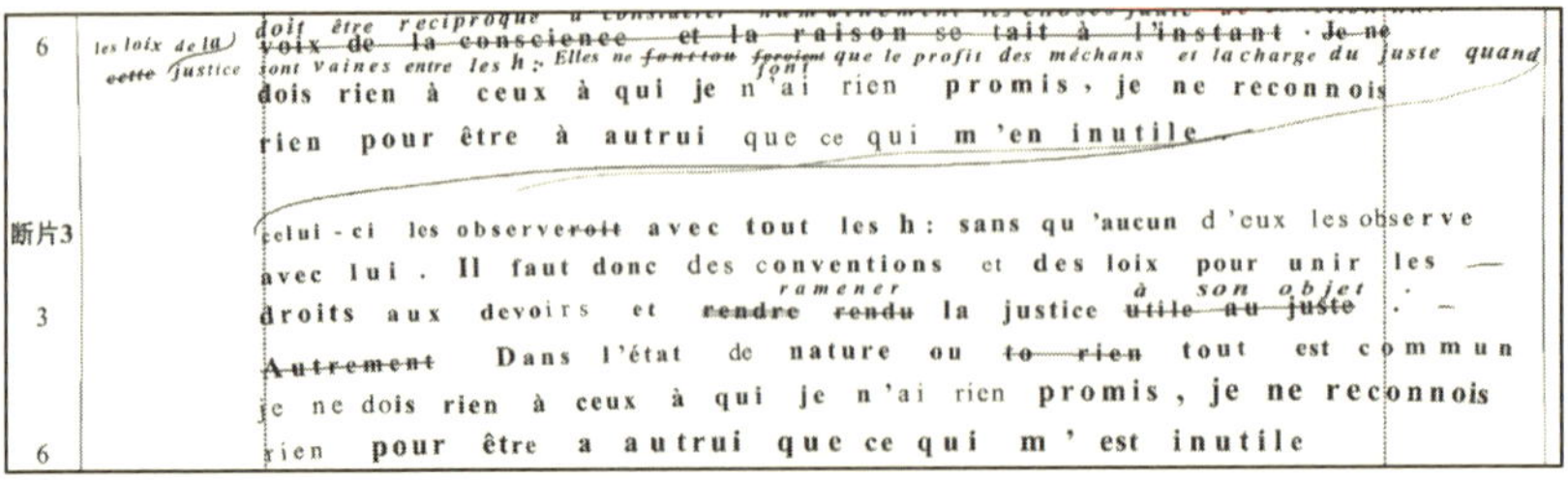
6 les loix de la / ~~cette~~ justice doit être reciproque … ~~voix de la conscience et la raison se tait à l'instant · Je ne~~ sont vaines entre les h: Elles ne ~~font tou~~ ~~feroient~~ font que le profit des méchans et la charge du juste quand
dois rien à ceux à qui je n'ai rien promis, je ne reconnois
rien pour être à autrui que ce qui m'en inutile.
断片3 celui-ci les observe~~roit~~ avec tout les h: sans qu'aucun d'eux les observe
avec lui. Il faut donc des conventions et des loix pour unir les —
ramener à son objet
3 droits aux devoirs et ~~rendre~~ ~~rendu~~ la justice ~~utile au juste~~. —
~~Autrement~~ Dans l'état de nature ou ~~to rien~~ tout est commun
je ne dois rien à ceux à qui je n'ai rien promis, je ne reconnois
6 rien pour être a autrui que ce qui m'est inutile

図3　葉紙63裏面，断片3のみの抜粋

階（第三段階）と連続している。注目すべきは、この第三段階でルソーが「契約（convention）」そして「義務（devoir）」の二概念を導入している点である。

三番目の断片は次のように書かれる。「正しい人（le juste）」（六行目と七行目行間）の横に「ときは（quand）」を付け足すと、ルソーは断片2と断片3をつなぐ長い線を引く（挿図3からも分かるように、このとき途中で線が切れてしまったようで、断片2の最後の単語《inutile》のすぐわきから線を引き直している）。断片3は整理すると次のようになる。

[3b] この善人がすべての人と一緒にいて、このすべての人たちが善人と一緒に正義の法を遵守しない〔ときは〕。[4] したがって、〔自然の〕権利を義務に結びつけ、正義を~~善人に役立つようにする~~〈その対象のもとに〉戻すためには契約と法が必要である。[5] ~~さもなくば、何も~~すべてが共同である自然の状態では、何も約束していない者に対して私は何も負うところはなく、私にとって無用のものだけを私は他人のものと認める。

[3b]［quand］celui-ci les observeroit avec tout les h［ommes］sans qu'aucun d'eux les observe avec lui. [4] Il faut donc des conventions et des loix pour unir les droits aux devoirs et ~~rendre rendu~~ <ramener> la justice ~~utile au juste~~ <à son objet>: [5] ~~Autrement~~ Dans l'état de nature où ~~to rien~~ tout est commun je ne dois rien à ceux à qui je n'ai rien promis, je ne reconnois rien pour être à autrui que ce qui m'est inutile

この断片はテクスト生成の観点から検討するときわめて興味深いものである。というのも、「良心の声〔…〕」という断片2の抹消された部分を発展させる過程で、「契約」（断片3の五行目で使われている動詞 promettre も考慮に入れるならば「約束」）そして「義務」の二概念が導入されていることが分かるからである。[20]

断片2と断片3をまたぐ論展開のなかで、「良心の声」は、一度抹消された後、道徳的制裁の問題を経て、約束に由来する「義務」に発展していったと推測できる。さらに、断片3中の部分［4］から分かることは、「義務」（［3］）という概念が「〔誰々〕に負うこと（devoir à [quelqu'un]）」という関係をあらわす動詞との連関で使われているということである。つまり、断片3において「義務」は約束によって成立する相互的な関係としてまずは理解されている。

2 「義務」と「良心」または「関係」と「感情」

「義務」の関係概念としての側面に注目すると、葉紙63裏面において「義務」と「良心の声」とのあいだに微妙な違いがあることが分かる。「義務」はブリュノ・ベルナルディが「責務という感情（sentiment d'obligation）」と呼ぶ心の動き[21]を伴うことも当然ありうるが、しかし何よりも「義務」の語を使うにあたっての力点は、この語の関係としての側面に置かれている。他方で、「責務という感情」とは、『ジュネーヴ草稿』で使われている表現を用いるならば、「義務の声（voix du devoir）」[22]である。これは義務の関係にある人のうちに生じうる結果としての心の動きないし感情であり、その人が義務を負うということ（特定の関係にあるということ）とは区別されるべきものである。そして「良心の声」はこれを有する人の状況（すなわち関係）にではなく、心理的側面に力点を置く表現であり、この点で「責務という感情」とほぼ同義と見なしてよい。

葉紙63裏面の書き直し作業から、私たちは心理的側面から関係の側面へと力点が移ってゆく過程を観察することができる。このことは、『ジュネーヴ草稿』において、ルソーが社会契約の道徳的保証である「宣誓」が有効であるか否かを判断するにあたって躊躇している事実が傍証するだろう[23]。先述の通り、ルソーは「責務という感情」が道徳的保証となりうる可能性について『ジュネーヴ草稿』で三度触れているが、最終的にはこの箇所をすべて削除してしまう。この改訂作業は、葉紙63裏面の書き直しの過程と一致していると考えられる。

関係と感情の区別は、「政法の諸原理（principes du droit politique）」を主題とする『社会契約論』につながるルソーの法理論の二つの特徴を照らし出す。

第一に、法の役割は、これに照らして行為の質（正・不正）が判断される基準（règle）として機能することであるが、この基準は、自由な（すなわち何らかの威嚇的強制力を背景としない）個人たちの相互承認によってのみ成立する。この相互承認が基本契約としての社会契約である。この契約という相互関係にあって個人の特定の行為は義務的なものになる。これが断片3の第二・第三行目で言われていることである。ルソーはそこで「〔自然の〕権利を義務と一致させ、正義を有効なものにするためには契約と法が必要である」とまず書いているが、この最後の「契約と法（des conventions et des lois）」は二概念を単に併置しているのではなく、契約によって法を成立させるというプロセスを表現していると考えるべきであろう。このプロセスの結果、法制定以前から存在していた権利（いわゆる自然権）の一部が、社会のうちで実現されるべき義務となり、こうして正義が人間に対して具体的な効力をもつことになる。

第二に、ルソーにおいて法は契約のみをその成立根拠とする以上、契約とは独立して先在する自然法は、法の成立とは無関係である（むしろ、断片4に書かれているように、自然法をモデルとして法概念を考察することは誤謬の原因になりかねない）。この考え方を、やはり法制定以前から共同体に存在する習俗（mœurs）へと敷衍するならば、ルソーの法理論の枠内では、法の成立根拠と習俗は無関係である。法的義務と習俗は概念的にまったく異なるだけでなく、法はある共同体が歴史的に形成した習俗を具体化したものである必要もない。つまり、両者は必ずしも一致している必要はないのである。ルソー本人は話題にしてはいないが、『ジュネーヴ草稿』第一編、第二編、ないし『社会契約論』第一編、第二編で説明される法理論にのみ基づくならば、自然法や習俗の観点からは悪と判断される行為であっても、

ルソー的人民主権国家の枠内では、法的に正しい義務的な行為になりうる。(24)

それでは、「良心の声」の抹消は、ルソーが自然法概念を『社会契約論』へと至る彼の法思想から追放したことを意味するのであろうか。

この問題は、C・E・ヴォーンが『ジャン＝ジャック・ルソーの政治学的著作』(一九一五年刊行)のなかで、ルソー自然法否定論を立言して以来、(25) R・ドラテ、B・ベルナルディ等によってたびたび議論されてきた。(26) 議論の争点は明確に定められてこなかったが、ベルナルディが彼の『責務の原理』(二〇〇七年刊行)のなかで、「責務の基礎(le fondement de l'obligation)」の問題として争点を明確に設定し直した。(27)「責務の基礎」とは、責務の淵源すなわち成立理由のことであり、自然法が責務の効力(自由意志に対する拘束力)(28)をもつか否かがルソーによる自然法の検討の中心をなしていた、というのがベルナルディの主張である。そして、ルソーのこのような考察は、『ジュネーヴ草稿』第一編第二章にある『百科全書』項目「自然法」に対する批判的検討として具体的に展開された。では、ルソーは同項目のどの部分をどのような理由で批判したのか。この批判は、ルソーの法理論の形成にどのような影響を与えたのか。これらの問題に十分な答えを出すことはとてもできないが、今後の研究のために踏まえておくべき論点をいくつか確認しておくこととする。

3　項目「自然法」との対話

ルソーは項目「自然法」を非難することを通して、どのような自然法を俎上に上げたのか、という点をまず確認しておこう。なお本論では、項目「自然法」にディドロ固有の主張なるものがあると想定した上で、これを特定することはしない。というのも、同項目それ自体が、ホッブズとプーフェンドルフを両輪として論を展開させ、その展開の過程でグロティウス等のいわゆる自然法学者たちの諸説や、さらにはシャフツベリといった思想家たちの諸説を相互にぶつける仕方で書かれており[29]、そのどれかをディドロ固有の主張なるものに還元できるような論構造をとっていないからである。

さて、『ジュネーヴ草稿』第二章で、ルソーは項目「自然法」から五カ所ほぼ忠実に引用している[30]。以下、これら五つの引用を順番に示す（なお、同項目は全一一段落からなるが、ディドロは三段落目から段落文頭にローマ数字で番号を付している。本論ではディドロによるナンバリングをローマ数字で、第一段落からの連番を漢数字で示す。その下の三桁の漢数字はプレイヤード版ルソー全集の頁数である。また〈 〉内はルソーの文である）。

ルソーがまず引用するのは、ディドロが項目中に登場させる架空の人物「激した推論者（raisonneur violent）」の最初の言葉である（引用一）。

> 私〔＝激した推論者〕は人類のただなかで激しい恐怖と不安をもっていると感じている。ところで、私自身が不幸であるか、さもなければ私が他の人びとを不幸にしなければならない。そして、私以上に私自身にとって貴重な者などひとりもいない。（Ⅲ／五／二八四）

これら三文は「激した推論者」が自身の実践推論を展開する上で拠って立つ三つの基本命題である。後の二命題は、「情念」（「激しい恐怖と不安」）をその淵源とする第一の命題から派生する。この「情念」というモティーフを引き継ぎつつ、四段落先で、ルソーは次の文を引用する（引用二）。

> それ〔＝正・不正の本質〕を決定することは、ただそれ〔＝人類〕にのみ属する。なぜならば万人の〈最大〉利益（bien）が人類のもつ唯一の情念だからである。（Ⅵ／八／二八六）

この文に接続させるかたちでルソーは次の文を引用する（引用三）。

〈哲学者〔ディドロを指す〕は次のように私に言うだろう。〉個人がどこまで人間、市民、臣民、父、子でなければならないのか、またいつが生死に相応しいかを知るために、その個人が尋ねるべきは一般意志〔人類の意志〕に対してである。

（Ⅶ／九／二八六）

こうして「人類のもつ唯一の情念」と「一般意志〔人類の意志〕」が結びつけられる。同じ段落で次の文が引用される（引用四）。

一般意志〔人類の意志〕は、各人のうちにある知性の純粋な活動であり〔補注。ルソーは原文の動詞 est を接続法 soit に書き換えて、仮定化している〕、この知性は、ひとがその同類に要求しうるものについて、そして同類がそのひとに要求してもよいものについて、諸々の情念が沈黙しているときに推論するのである。

（Ⅸ／一一／二八六）[31]

「一般意志」すなわち「人類のもつ唯一の情念」は、どのような人であれ「人類」に属する以上、「各人のうちにある知性の純粋な〔すなわち情念の混じっていない〕活動」である、という矛盾した定義がルソーによるテクストの組み替えによって結果する。以下で見るように、ルソーはこの「推論」という知的「活動」と「情念」の関係に着目する。さて、この文の一段落前の文章が最後に引用されるが、ルソーはこの文章を少し組み替えているので、以下では両者の文章を併記し、共通する表現に傍線を付す（引用五）。

Ⅷ．だが、とあなたは問うだろう、この一般意志〔人類の意志〕の保管先はどこにあるのだろうか、どこで私はこの意志に相談できるのか。よく治められているあらゆる民族の成文法の原則のなかに、野蛮な民の社会的行為のなかに、人類の敵が互いにもつ暗黙の契約のなかに。（Ⅷ／一〇／二八七）[32]

彼〔＝善意の人〕は、成文法の原則、あらゆる民の社会的行為、人類の敵でさえもつ暗黙の契約に相談するのだろうか。（葉紙8表面第二段落最終行から葉紙9第二行まで）

ルソーの批判は、一言で言うならば、「知性の純粋な活動」と定義される推論によっては正・不正の基準たる自然法すなわち「一般意志〔人類の意志〕」を把握することはできない、というものである。この批判の根拠は大別して三つある。

まず、「一般意志」は「観念を一般化する〔知的〕技法」とルソーが呼ぶものを使うことによってしか把握できないが、「普通の人びと」[33]がこの技法を使うことは困難であり、たとえ使えたとしても、それは必ず個人の「特殊意志」を出発点としなければならない、というのが第一の批判的根拠である。これは個人の「特殊意志」だけでなく、引用五にある特殊社会を出発点としても原理的には同じである。「観念を一般化する技法」に対するルソーの懐疑的態度は、『ジュネーヴ草稿』第二章とほぼ同時期か直後に書かれたと考えられる『道徳書簡』における「推論の技法」[34]に対する彼の懐疑的態度と同系統のものである。ルソーのこの疑念は、項目「自然法」批判の第二の根拠と関係がある。

第二の批判的根拠は、情念と推論の関係にある。推論を「知性の純粋な活動」と定義した場合、「知性」を情念とは独立させて「活動」させる動力は何であるか、[35]という疑問が第二の批判的根拠の根幹をなす。この文脈で、先の『道徳書簡』での推論に関する説明を援用すると、「知性の純粋な活動」という考え方に対するひとつの反論を想定することができる。すなわち、推論を構成する一つひとつの命題を形成する能力は、推論が成立するための前提ではあるが、この活動そのものとは区別した上で個別的に捉える必要がある、という反論である。推論の形成〔諸命題を具体的に組み合わせること）は、個々の命題をどのように理解しているかによって変化する。そしてこの理解を規定するのが、『道徳書簡』によれば、命題にまつわる臆見そしてこれを支える情念と利益である（前掲の、「激した推論者」の三つの基本命題を構成要素とする推論を考えてみよう）[36]。ところで、『ジュネーヴ草稿』第二章では、この問題は先の「一般化する技法」を発揮することの難しさへと発展する。項目「自然法」では、特にその第四段落および項目の最後の一文で立言されるように、「自然法」すなわち「一般意志〔人類の意志〕」へのアクセスは「推論する〔社会的〕動物」という人間の本質的条件によって可能となる。だが、『ジュネーヴ草稿』第二章では、このような本質規定の妥当性が疑われているのである。

第三の批判的根拠は、恒常性および記述的側面という自然法の二つの側面に関するものである。なるほど、自然法は、自然やさまざまな民の習俗を観察し、そこに見られる恒常性に基づいて見出される規則であると考えられる。だが、恒常的に見られるという事実それ自体はあくまで記述の水準に留まり、それゆえ拘束力ないし規範性を欠いている。これが、ルソーが「激した推論者」に次のように語らせているゆえんである。

確かに、私が相談しうる規則がそこ〔＝一般意志〕にはある、ということは認めよう。だが、私はなぜこの規則に服従しなければならないのかがまだ分からない。〈何が正しいことなのかを私が知ることが問題なのではない。私はあなたと同じくらいそれをよく知っている。――私が正しくあるならばいったいどのような利益があるのかを示してくれることが問題なのだ。〉[37]

規則性（régularité）という事実が様相の水準へと移行して拘束力ないし規範性を獲得するには、この規則に従うことによって得られる利益を示すこと、あるいはこの規則性が誰かの意志によって成立した、といういずれかの説明が必要になってくる。後者に関して言えば、多くの場合、創造主の意志が導入されるのだが、項目「自然法」では神的意志の代わりに「一般意志〔人類の意志〕」が導入されている。[38] だが、たとえ超越的意志の概念を導入したとしても、先に挙げた二つの批判的根拠に基づくならば、この意志を個人が把握することは困難である。また、利益概念を導入して、規則に拘束力をもたせる方策も、項目「自然法」内で設定される「激した推論者」の人物像によって崩される。この「推論者」によれば、「人類のただなかで激しい恐怖と不安をもっていると感じている。ところで、私自身が不幸であるか、さもなければ私が他の人びとを不幸にしなければならない。そして、私以上に私自身にとって貴重な者などひとりもいない」(引用二)のである。これは「恐怖」を行動の第一原理とするホッブズ的人間像[39]のパロディであるが、[40]「人類のただなかで激しい恐怖と不安をもつ」ひとが、「一般意志〔人類の意志〕」に従うことに利益を見出すことは矛盾であり、まずありえないと考えられる。

ルソーが引用一を利用し、項目「自然法」におけるホッブズ的人間像のパロディを徹底化したことは、自然法の法的拘束力の欠如を論ずるための有効な方法であったと言える。

したがって、『ジュネーヴ草稿』の第一編と第二編で、ルソーは自然法概念をまったく使うことなく、法を成立させる方法を説明しようとしていることになる。その方法とは、周知の通り、「道徳的存在」ないし「共同の自我」としての「人民」と各個人とのあいだで結ばれる社会契約であり(ルソー的一般意志の形成)、この契約を保証する二次的法規の設定である。

4 葉紙63裏面の自然法批判

ここまで私たちは、『ジュネーヴ草稿』第一編第二章における項目「自然法」に対するルソーの批判を概観してきた。この批判を視座として、本論のはじめに取り上げた葉紙63裏面の断片群の執筆過程に再び目を移すと次のことが分かる。すなわち、『草稿』終盤に登場するこれらの断片は、第一編第二章の自然法批判に基づいて書かれているのである。「理性にのみ由来し単なる人類の法に支えられる普遍的正義なるもの」（断片2）が法的拘束力を欠くことは、先に挙げた三つの批判的根拠から説明可能である。また「理性」の活動を規定する恐怖などの情念に拮抗する別の心的原理として、当初「良心の声」（断片2）が考えられていたが、これはそもそも約束ないし契約をはじめとする相互的関係を通じてはじめて個人のうちに成立する心的活動であり[41]、法の補助とはなりえても法の淵源とはなりえない。それゆえに、ルソーは「良心の声」以下の部分を抹消し、関係概念である「契約」と「義務」を代わりに導入したのである（断片2および3）。

相互的関係が可能にする拘束力を視座に据えると、葉紙63裏面に最初に書かれた一文が何を論点としているのかが分かる。ルソーはまず「すべての正義は神に由来し、神のみがその源である。〔補注。原文ではピリオドではなくセミコロンである〕だが、もし私たちが正義をそれほど高いところから受け取るすべを知っているならば、私たちは政府も法も必要としないであろう」と書いた。この文で問題となっているのは、世俗権力と教会権力の分離ではなく、また、ルソーは「すべての正義が神に由来する」ことそれ自体を否定しているわけでもない。この文の論点は、正義が人に対して効力をもつための条件は何か、という点にある（葉紙63裏面の文脈では、その条件は相互性である）。この論点に基づくならば、ルソーが、ローマ書一三章一節「神に由来しない権力はない、というのも現にある権力は神によって立てられたものなのだから（*non est potestas nisi a Deo; quæ autem sunt, a Deo ordinatæ sunt*）」の「権力」を「正義」に書き換えた理由も推測できる。すなわち、正義が服従行為を生み出すということはいったいどのような状況なのか、という問いに焦点を当てるために、ルソーは「権力」を「正義」に書き換えたと考えられる。周知の通り、ローマ書一三章一節は、主権者の命令（権力）に服従する理由である正当性を説明するために繰り返し参照されてきた（言い換えるならば、この一節は、正当性をもたない権力には服従すべき理由がないという抵抗権の根拠にもなった[42]）。ルソーはローマ書一三章が構成する正当性をめぐる問題圏の外にいるのではなく、正当性と服従の関係それ自体に考察の的を絞ったのである。ローマ書一三章五節には、「服従しなければならない、単に〔神の〕怒り〔に対する恐怖〕のゆえにだけでなく、良心のゆえに（*necesse est subditos esse, non solum propter iram sed et propter conscientiam*）」という一節があるが、ルソーは服従の二番目の理由「良心のゆえに」を考察したと言えるだろう。そしてこの考察は、具体的には「契約」ないし「約束」という相互的関係をめぐって展開されたのである。

『ジュネーヴ草稿』第二編第四章の章タイトルは「諸法の本性と政治的正義の原理について」であるが、同章の導入部として書かれた葉紙63裏面の断片はこの役割を見事に果たしていると評せる。

おわりに

『社会契約論』第二編第六章「法について」の第二段落で展開される自然法批判の狙いは、自然法の法的拘束力（規範性）の欠如を指摘することにあった。同段落によれば、「正義（正しさ）」というものがある人にとって問題となり、その人の行為を制御するということは、人びとの相互的関係のなかでのみ成立しうる。このような考え方に基づいて、ルソーはみずからの法論の基礎を契約に置いたのである。

本論の目的は、『社会契約論』に結晶化するルソーの政治学的考察において、法的拘束力と相互性の関係がひとつの問題として浮上し、契約概念が法論の礎石となったプロセスの一端を明らかにすることにあった。そのために、件の第二段落の草稿である『ジュネーヴ草稿』葉紙63裏面の断片群を分析し、この分析の妥当性を同草稿第一編第二章の自然法批判の文脈から再確認するという二段階からなる方法を採った。

この断片群に関して本論が着目したのは、「理性にのみ由来し、単なる人類の法に支えられる普遍的正義なるもの」を批判するにあたって、ルソーが自然法学の伝統とは一線を画して「理性」と「良心の声」を対比させている部分である。ルソーはこの「良心の声」以下の文を改訂して、相互的関係にある個々人に成立する「義務」の問題へと論を展開させていった。「良心の声」から「義務」への移行は、ルソーの視点が心の動き（感情）から関係へと移ったことを示している、と私たちは解した。要点は、個人がそこに入ることによって義務を負うことになる関係の方にあり、義務を感じていることはあくまでその結果である。

ルソーのこのような発想を準備したのは、『ジュネーヴ草稿』第一編第二章における、項目「自然法」に対する批判を通じてであった。私たちはこの批判の三つの根拠を概観した。第一に、個人の特殊意志を一般化して自然法すなわち「一般意志〔人類の意志〕」を把握することの難しさである。ルソーはこれを「一般化する技法」の問題として指摘していた。第二に、推論が利益と情念に依存していることである。自然法論の基本的な考え方は、理性（しばしば「正しい理性」と呼ばれる）によって行為に関する善悪の判断基準を個人が獲得することができるという点にあり、項目「自然法」もこの考え方を重視している（無論、重視しているからと言って、この伝統的な考え方にディドロ本人が与しているとは言えない）。ルソーのこの第二の批判は、同項目も利用しているホッブズ的人間像を先鋭化することによって、自然法論の基本的な考え方の問題点を突いたと言える。第三の批判的根拠は、自然法の規則性（régularité）に関するものであった。すなわち、社会やそれを覆う自然を観察し、そのなかに何らかの規則性を見出したとしても、この事実の認識は記述の水準に属することであり、規範性という様相の水準に属することとのあいだには隔たりがある。この隔たりをなくす方策のひとつは、命令する意志という概念を導入することであり、現に項目「自然法」もそうしているのだが、この方策は第一と第二の批判的根拠によって退けられることになる。

以上、大別して二段階からなる本論の調査から結論づけられることは、ルソーは法論の基礎に自然法およびそれにまつわる諸概念が混入することを避けており、契約という相互的関係のみをひとまず法の唯一の淵源としている、ということである。ルソーの法論は、その基礎部において、自然法（droit naturel）とは厳密に切り離された政法（droit politique）を扱っており、その点でこの法論は政法基本主義とでも評しうる側面をつよくもっているのである。

「ひとまず」と但し書きをしたのは、この政法基本主義とは相容れない主張が『ジュネーヴ草稿』、『社会契約論』いずれにもあるからである。たとえば、両著作第二編の終盤に登場する、政法よりも重要な「第四の法」としての

「習俗」、そしてまた『ジュネーヴ草稿』にはメモ書きしか残されていない「市民宗教」論である。だが、両者は政法基本主義的側面との緊張関係のなかで検討されるべきであり、これが私たちの今後の研究課題となる。

注

（1） *Du contrat social*, II, ch. 6, *OC* III, p. 379. 以下、ルソーの著作からの引用は特記のない限り、すべてプレイヤード叢書の全集版（全五巻）からのものである。巻数は略号 *OC* 以下に記す。*Œuvres complètes*, 5 vols, publiées sous la direction de Bernard Gagnebin et Marcel Raymond, Paris, Bibliothèque de la Pléiade, 1959–1995.

（2） *Op. cit.*, p. 378.（強調は引用者による）

（3） *Op. cit.*, IV, ch. 7, p. 441. Cf. *Du contrat social (1e version)*, I, ch. 7, *OC* III, p. 309 et seq.

（4） *Op. cit.*, II, ch. 12, p. 394.

（5） BGE Ms. fr. 225 (BGE : Bibliothèque publique et universitaire de Genève). 以下、手稿二二五と略記する。

（6） Diderot, art. DROIT NATUREL, *Enc.*, V, 115a–116b.

（7） « Introduction » dans *Du Contract social ou essai sur la forme de la république (Manuscrit de Genève)*, sous la direction de Blaise Bachofen, Bruno Bernardi et Gilles Olivo, Paris, J. Vrin, 2012, p. 16. 以下、*MsG*, éd. GR と略記する。

（8） 項目「自然法」に対するルソーによる批判の詳細、およびこの批判と法的拘束力の成立要件の関係については、本論「項目「自然法」との対話」の節を参照。

（9） 契約と法的拘束力の関係が問題となる『社会契約論』第二編第六章第二段落の成立の背景には、『ジュネーヴ草稿』第一編第二章「人類の一般社会について」における自然法批判だけでなく、第三章「根本契約について」（社会契約が成立させる一般意志に関する説明）や、第四章「主権とは何か、そして主権を譲渡しえないものとするものは何か」（主権論）、第六章「主権者と市民のあいだの相互的権利について」（約束の拘束力に関する説明）も考慮に入れる必要がある。そして特に重要なのは第七章「実定法の必要性について」の最後の二つの段落で展開される法と一般意志の関係をめぐる説明、および立法者の必要性に関する説明である。だが本論で、これら四つの章を検討することはできない。一点のみ指摘するならば、これら四章の段階では、社会契約論（つまり一般意志の成立に関する説明）と法論（法の本質やその源泉に関する説明）の関係がまだ曖昧であり、法が社会契約の補助手段としてのみ理解されて一般意志と区別されている側面がある、ということであろう。このような説明のぶれが生じるのは、『ジュネーヴ草稿』が互いに異なる年代に書かれた無数の断片を組み合わせることによって成立した原稿であるからである。B・ベルナルディは、このような原稿の構造を「地層（strates）」の堆積と捉え、ルソーの手稿を「地層学」の視点で分析することを提案している（*MsG*, éd. GR, p. 14 et seq.; Bernardi, «Lire et éditer Rousseau : genèse des textes et invention conceptuelle» dans *Annales de la Société Jean-Jacques Rousseau*, nº 51, 2013, p. 312-318）。本論が主たる対象としている第二編第六章第二段落は、ベルナルディの比喩を使うならば、『ジュネーヴ草稿』内の最も新しい「地層」に属するものであり、この点で、右に挙げた四つの章とは思想的緊張関係にある。この緊張関係を生み出しているテクスト的要因は具体的には何であるか、という問いに答えることは、ルソーの法論を理解する上で重要な作業であり、今後の課題でもある。

（10）『社会契約論』の前身となる清書原稿の大幅な改変については、さしあたって次の論考を参照。*MsG*, éd. GR, p. 12 et seq. ; Yoshiho Iida, «Dater le *Manuscrit de Genève* de Rousseau : état des lieux et réflexions pour une nouvelle chronologie», dans *REEL*, nº 3, 2015, notamment, p. 10.

（11）つまり、『社会契約論』第二編第六章第二段落は第七章「立法者について」よりも後に成立したテクストである。

（12）*MsG*, éd. GR, p. 121, note b.

（13）ちなみに、この清書の段階では章タイトルは第四章「諸法の本性と政治的正義の原理について」となっている。

（14）私たちがContract socialというタイトルをイタリックにしなかったのは、ルソーが同表現に下線を引いていないからである。ルソーはイタリック指定の表現に下線を引くという執筆の習慣をもっていた。

（15）Pufendorf, *Le droit de la nature et des gens, ou Système générale des principes les plus importants de la morale, de la jurisprudence, et de la politique*, trad. Jean Barbeyrac, Amsterdam, Veuve de Pierre de Coup, in-4º, 1734, t. II, VII, ch. 2, § 5, p. 284.

（16）*Ibid.*

（17）バルベラックが«religion du serment»と訳した表現は*religio iurisiurandi*である。これは、たとえばキケローの初期の弁護演説「フォンテイウス弁護」に、*metus deorum immortalium* と並列される定型表現としてすでに見られる（«*Pro Fonteio*» dans *Cicéron : Discours*, t. VII, Paris, Société d'édition «Les belles lettres», 1950, p. 43b）。宣誓に関連する表現との組合せで*religio*という語が使われる場合、この語は〈宣誓を遵守する感情〉を意味すると解せる。

（18） Robert Derathe, *Rousseau et les sciences politiques de son temps*, Paris, J. Vrin, 1950, p. 159, note (1)〔ドラテ『ルソーとその時代の政治学』西嶋法友訳、九州大学出版会、一九八六年、四二一―四二二頁〕.

（19）『ジュネーヴ草稿』では、第一編第三章そして第二編第二章と第四章で「宣誓」が話題となる。*Du contrat social (1*^{e} *version)*, I, ch. 3, *OC* III, p. 292 ; II, ch. 2, p. 318 ; II, ch. 4, p. 1423, variant (*a*).

（20） ちなみに、断片3中の部分［4］の内容は、「自然の制裁がないこと」に端を発して悪人に対する抑止力を問題とする［2］から［3b］までの論理とは、直接的には結びつかない。部分［4］は、むしろ第二段階中の部分［1］すなわち「この正義が認められるには相互的でなければならない」に呼応しており、［2］から［3b］にかけての部分は、テクスト生成の観点からは確かに「義務」概念が導入されるための重要な要素であるが、［1］から［5］までの部分から構成される論理を視座とするならば、「普遍的正義」の無力から生じる最悪の結果（極端な例）を指摘するための挿入ないし但し書である。言い換えるならば、［2］から［3b］にかけての部分は、極端な例を用いて強調効果（amplification）を生み出す修辞的挿入部であると言える。

（21） Bruno Bernardi, « Introduction » dans *Du contrat social*, Paris, GF Flammarion, 2001, p. 26.「責務とは、政治体の構成者〔すなわち市民〕がそれによって法を遵守したいと認識する感情である」。Cf. Bernardi, *Le principe d'obligation*, Paris, J. Vrin, 2007, notamment, p. 299-305. 私たちが便宜的に「義務」と「責務」と訳し分けた二語 devoir と obligation の用法上のないし概念上の区別は必ずしも明確ではない。なお、本論で引用するルソーのテクストでは、両語は同義的に用いられている。ちなみに、フランス語圏における両概念の区別をジャン・ボダン以降の歴史的観点から調査した研究としては、ベルナルディの前掲書がある。特に九九頁から一二四頁を参照のこと。そこでは、obligation の拘束としての側面を強調させて devoir と対立させるモンテーニュの用法との対比で、両者を同義的に用いる自然法学者ジャン＝ジャック・ビュルラマキの重要性が説かれている。また、グロティウスが『戦争と平和の法』で使うラテン語過去分詞 *debitum* を obligatoire と仏訳するバルベラックの用法に関するベルナルディの説明も参考になる。

（22） *Du contrat social (1*^{e} *version)*, I, ch. 3, *OC* III, p. 292 (fol. 16 recto, § 2, l. 5).

（23） グループ・ジャン＝ジャック・ルソーの注解によれば、「『ジュネーヴ草稿』は、宣誓の道徳的責務によって政治的責務を基礎づけることを明らかに拒否している」(*MsG*, éd. GR, p. 48, note 5)。この指摘は妥当である。ルソーが逡巡しているのは、「宣誓の道徳的責務」が果たして「政治的責務」に対する補助としての効力をもちうるのか、という点に関してである。

（24） Cf. Hobbes, *Éléments philosophiques du Citoyen*, trad. Samuel Sorbière, Amsterdam, Imprimerie de Jean Blaeu, 1649, in-8°, ch. 12, § 2 « Que c'est une opinion séditieuse d'estimer que les sujets peuvent faillir en obéissant à leurs Princes », p. 183-185.

（25） *The Political Writings of Jean Jacques Rousseau*, edited from the original manuscripts and authentic editions with introduction and notes by Charles Edwyn Vaughan, vol. 1, Cambridge, Cambridge University Press, 1915, p. 16 et seq.

（26） ルソーを自然法論者と見なすかそれとも法実証主義者と見なすかという二者択一の問いは、二十世紀初頭から連綿と続く論争史をなしている。本論で先行研究史を整理する余裕はないが、その錯綜した歴史に関しては次の著作が網羅的である。西嶋法友『ルソーにおける人間と国家』成文堂、一九九九年、一―一八頁。なお、同著者は、『人間不平等起源論』で展開されるルソーの人間論（人間本性を人類史の視点で説明する立論）を基礎に『社会契約論』の立法論を検討する方法をとっているので、必然的に、ルソーは人間本性という存在論を法論の基礎に置く自然法論者ということになる（cf. Gabrielle Radica, *L'histoire de la raison : Anthropologie, morale et politique chez Rousseau*, Paris, Honoré Champion, 2008, p. 61 et seq.）。

（27） Bernardi, *op. cit.*, p. 278-285. Bernardi, *La fabrique des concepts : recherche sur l'invention conceptuelle chez Rousseau*, Paris, Honoré Champion, 2006, p. 460 et seq.

（28） 本論で「責務」と訳された obligation は、動詞 obliger ないし s'obliger のかたちで使われるとき、「〔行為を〕拘束する」という意味合いが強くなる。これはラテン語の *obligare* の場合も同様である。たとえば、「宣誓（*jurisjurandum*/serment）」の効力について検討しているホッブズの『市民論』第二章第二二節では、「契約」の力を *obligare* で表現すると同時に、これを *astringere*（縄で縛り上げる、束縛する）という動詞で置き換えている（*Elementorum philosophiæ sectio tertia de cive*, Parisiis, 1642, in-4°, Cap. III, § XXII, p. 22）。サミュエル・ソルビエールはそれぞれ obliger、lier で訳している（*op. cit.*, p. 34）。本論で「拘束力」という語を用いる場合、後者の意味合いに力点を置いている。

（29） 項目「自然法」で利用されている自然法学者たちの諸説に関しては、ジャック・プルーストが『ディドロと「百科全書」』第一版刊行の翌年に発表した次の論文を参照のこと。Jacques Proust, « La contribution de Diderot à l'*Encyclopédie* et les théories du droit naturel » dans *Annales historiques de la Révolution française*, n° 173 (1963 : 07-09), p. 257-286. なお、プルーストのこの論文の主要部分は、一九九五年に刊行された『ディドロと「百科全書」』第三版に、補遺五として収録されている（五七四―五九三頁）。本論では、後者の頁数を用いた。また、同論文を執筆するにあたって、プルーストが依拠しているドラテの前掲書も参照のこと（特に同書第二補遺「法の分類」、三八六頁から三九七頁。なお、この第二補遺は前掲邦訳には収録されていない）。プルーストの前掲論文は、項目「自然法」、項目「政治的権威」、項目「都市」、項目「市民」中の自然法に関する部分を、自然法学者たちの著作と照応することを目的としている。これに対して、アブラム＝ジョゼフ・ド・ショメックスがその『百科全書に対する正当な予断』（*Préjugés légitimes contre l'Encyclopédie*）第二巻（一七五八年刊行）で展開した項目「自然法」に対する批判や、『宗教復権』（*La Religion vengée*）第一〇巻第三章（一七六〇年刊行）の項目「自然法」に対する批判等の同時代の反応、その他の歴史的文脈の問題については『ディドロと「百科全書」』を参照のこと。Proust, *Diderot et l'Encyclopédie*, Paris, Albin Michel, 1962, p. 383-399. Cf. Gerhardt Stenger, *Diderot: le combattant de la liberté*, Perrin, p. 43 et seq.

（30）ルソーと項目「自然法」の関係は、同じ『百科全書』第五巻のためにルソーが書いた項目「エコノミー」の草稿にまで遡る（ただし、ルソーが同項目を引用しつつ批判するのは『ジュネーヴ草稿』中がはじめてである）。項目「エコノミー」の草稿（断片的なメモ書き）は、ヌーシャテル大学図書館（BPUN）に所蔵されているルソーのノートの中にある（BPUN Ms. R. 16, fol. 75 recto-73 verso）。項目「自然法」をもとにルソーが書いたメモが、葉紙75表面にある（なお葉紙75表面には互いに関連のない八つの断片が書かれており、問題のメモは三番目に書かれた二行からなる断片である）。ルソーは«Et ~~si~~ <c'est ainsi que> les brigands mêmes qui sont les ennemis de la vertu dans la // grande société en adorent ~~pourtan~~ le simulacre dans leurs cavernes»と書いているが（cf. *Sur l'économie politique*, *OC* III, p. 247）、この一文は、項目「自然法」第一一段落にある«Hélas, la vertu est si belle, que les voleurs en respectent l'image dans le fond même de leurs cavernes !»の書き換えであると考えられる（いずれも傍線は引用者による）。ルソーの草稿は一七五四年一一月以前に書かれたものであり、当然『百科全書』第五巻（一七五五年刊行）はまだ刊行されていない。したがって、項目「エコノミー」を執筆する過程で、ルソーは項目「自然法」の草稿（やはり一七五四年一一月以前に執筆）をディドロから借りて参照していたと考えられる。なお、項目「エコノミー」草稿の全文の転写（厳密な再現型転写ではない）とその詳解はヴラン書店から出版された『エコノミー・ポリティック論』校訂本序文に収録されている。*Discours sur l'économie politique*, édition, introduction et commentaire sous la direction de Bruno Bernardi, Paris, J. Vrin, 2002, p. 17-24.

（31）なお、J・プルーストによれば、「一般意志［人類の意志］」すなわち自然法を「推論する」という「知性の純粋な活動」と定義する際、ディドロは、自然法を「正しい理性の原理」と定義するグロティウスの説を踏まえている（Proust, *Diderot et l'Encyclopédie*, Annexe V, p. 575 ; *Le droit de la Guerre et de la paix par Hugues Grotius*, nlle trad. par Jean Barbeyrac, t. 1, Amsterdam, Pierre de Coup, 1724, in-4°, I, ch. 1, §. X, num. 1, p. 48)。

（32）ジャック・プルーストは引用五にある「一般意志の保管先」の問題およびその回答部分はグロティウスの『戦争と平和の法』を踏まえている、と注解している（Proust, *op. cit.*, p. 575)。

（33）*Du contrat social* (*1e version*), I, ch. 2, *OC* III, p. 286.

（34）*Lettres morales*, Lettre 2, *OC* IV, p. 1090. なお、本稿ではルソーにおける「推論」および「一般化する技法」の問題を扱うことはできない。この問題を精査した研究としては、淵田仁の次の論文を参照のこと。Masashi Fuchida, "Au-delà de l'analyse: les méthodes philosophiques chez Rousseau", Mémoire de Master 2 en Littératures, Université Stendhal-Grenoble 3, 2014, notamment p. 21-41.

（35）Cf. *Nouvelle Héloïse*, IV, Lettre XII, *OC* II, p. 493.

（36）*Lettres morales*, *loc. cit.*

（37）*Du contrat social* (*1e version*), I, ch. 2, *OC* III, p. 286. Fol. 8 recto, §1, ll. 2-5. なお、〈 〉内は欄外から挿入されている。この挿入部は、規則性としての正義に関する単なる認識が行為に対する拘束力をもたないことを「利益」概念との対比から説明している。事実の単なる認識はあくまでも記述の水準に留まり、それ自体では、意志的選択を促す命法（様相の水準）をもちえない。〈 〉内の欄外挿入部は、両水準のこの本質的断絶を簡潔ながらも効果的に指摘しており、「激した推論者」のホッブズ流の論理により一層の強さを与えることになったと言える。

（38）Cf. Proust, *op. cit.*, p. 387.

（39）Michael Oakeshott, *Hobbes on Civil Association*, Indianapolis, Liberty Fund, 2000 (c1975), p. 69 sqq, p. 87 et seq.

（40）Cf. Bernardi, *Le principe d'obligation*, p. 260.

（41）*Émile*, II, note *, *OC* IV, p. 334.

（42）『ジュネーヴ草稿』の特に最初の二編と、ローマ書一三章一節の関係を調査する上で、ディドロ執筆項目「政治的権威」(*Enc.*, I, 898a-900b) は参照すべきテクストである。というのも、一七五一年に刊行された同項目五段落目に一三章一節を微妙に改変した表現があるからである。ところで、ルソーは関心のある項目を刊行版だけでなく、その草稿の段階から精読しており、その典型は項目「自然法」の草稿とルソーの関係に見られる（注（26）参照）。とするならば、項目「政治的権威」をルソーが読んでいた可能性は高い。たとえば、項目「政治的権威」の第二段落は「力（force）」概念を軸にして「最強者」における「権利と正義」を説明しているが、この論理は『ジュネーヴ草稿』第一編第三章の第一段落に論理だけでなく語句の水準で一致する。また、第三章は、法の正当性の根拠である「基本契約」を論じる章であり、これも権力の正当性を主要な論点とする項目「政治的権威」の文脈と一致する。おそらく第二章における項目「自然法」の場合と同様に、ルソーが項目「政治的権威」の第二段落を書き換え、その論理を敷衍したのであろう。同項目では、「暴力によって獲得される権力は簒奪にすぎず、命令する者の力が服従する人びとの力（force）を凌駕するかぎりでしか続かない。その結果として、今度は服従者が最強者となって軛をはねのけるならば、彼らは、彼らに軛を課した命令者とまさに同じ権利と正義でもって軛をはねのけるのである。かつて権威をなした同じ法が、こうしてその権威を崩すのである。これが最強者の法である（La puissance qui s'acquiert par la violence, n'est qu'une usurpation, et ne dure qu'autant que la force de celui qui commande l'emporte sur celle de ceux qui obéissent ; ensorte que si ces derniers deviennent à leur tour les plus forts, et qu'ils secouent le joug, ils le font avec autant de droit et de justice que l'autre qui le leur avait imposé. La même loi qui a fait *l'autorité*, la défait alors: c'est la loi du plus fort）」と書かれている（art. AUTORITÉ POLITIQUE, § 2, *Enc.*, I, 898a、傍点は原文のイタリック、傍線は引用者による）。『ジュネーヴ草稿』では、「力（force）と服従する人びとだけについて考えるならば、私は次のように答えよう。民が服従することを強いられて服従するかぎり、彼らは間違ってはいない。民が軛をはねのけることができ、そしてはねのけるのが早ければ早いならば、彼らはまさに正解しているのである。というのも、民から自由を奪ったのと同じ権利でもって自由を回復するということは、民が自由を取り戻すことには真っ当な根拠があるか、それともそもそも民から自由を奪うことにまったく根拠がなかったか、のいずれかであるからだ（Si je ne considérais que la force, ainsi que les autres, je dirais ; tant que le peuple est contraint d'obéir et qu'il obéit, il fait bien ; sitôt qu'il peut secouer le joug et qu'il secoue, il fait encore mieux ; car recouvrant sa liberté par le même droit qui la lui a ravie, ou il est bien fondé à la reprendre, ou l'on ne l'était point à la lui ôter）」と書き直しもなく整然と書かれている。だが、ルソーが項目「政治的権威」を実際に読んでいなかったとしても、ローマ書一三章一節が一七五〇年代にどのような歴史的意味をもっていたかを押さえておくことは、『ジュネーヴ草稿』の執筆背景を理解する上で重要であろう。なお、逸見龍生は、項目「政治的権威」が王権側と高等法院側の二つの論理を拮抗関係に置く構成をもっていると分析し、同項目における「ローマ書一三章の解釈は、国王たる主権者と、法の担い手である高等法院の同時代のこの緊張という歴史的文脈のなかで読み直されるべきである」と提案している（本書第4章、逸見龍生論考を参照）。他方で、ルソーが『百科全書』にたびたび目を通していた事実は、一七五〇年代後半から書き始められたと推測されるルソーの読書ノート（BPUN Ms. R 18）から確かめることができる。そこには、『百科全書』（第四巻、第五巻そしておそらく第七巻）からの書き写しが三箇所ある（R 18, fol. 12 verso, fol. 16 verso, fol. 17 recto. いずれも《Encycl.》の見出しが付されている）。第四巻（一七五四年刊行）からはデュマルセ執筆項目「構成（CONSTRUCTION）」を、第五巻（一七五五年刊行）ブーシェ・ダルジ執筆項目「登記（ENREGISTREMENT）」を、そして項目「財（FORTUNE）」を書き写しているが、この最後のものは一七五七年に刊行された第七巻所収項目（ダランベール執筆）からのものではない。おそらく採用されなかったドレールの執筆項目の草稿から書き写したものであろう（*Alexandre Deleyre à Rousseau*, le 3 juillet 1756, CC IV, 415, notamment, p. 22, note *a*）。というのも、刊行された項目内容とルソーの書き写した内容がまったく一致しないからである。

補論　『百科全書』典拠索引目録研究

第14章　『百科全書』項目の構造および典拠研究の概要

淵田　仁

『百科全書』とは、知の静的な総合ないし総体ではない。真理へ向かおうとする個々人の思考の運動を生み出すテクストの集積＝装置である。そこでは言葉の定義そのものが問題となっているのではない。むしろ、『百科全書』は〈言葉を定義する〉ことそれ自体を通じてなされる行為actionであり、それはたとえば政治的ポジションの表明や論争への介入である。このように『百科全書』を動的なものと見た場合、いかなる地平が見えてくるのだろうか。このような視点の下で私たちが進めている典拠研究は、『百科全書』の項目執筆者たちが源泉資料をいかに用い、転用し、改変し、異なる文脈へと置き換えようとしたのかを明らかにするだろう。

本章では、『百科全書』項目の構造の解説および目下進行中の『百科全書』典拠研究の意義を概説することを目的とする。

1　『百科全書』研究の状況

本プロジェクトは、『百科全書』の本文典拠文献情報の抽出と解析を目指す共同研究である。二〇〇四年より発足した慶應義塾大学デジタルメディアコンテンツ統合機構において、鷲見洋一慶應義塾大学名誉教授を中心に「『百科全書』デジタル化プロジェクト」が発足した。この研究プロジェクトは、「『百科全書』研究――大事典の典拠と生成」(科学研究費補助金基盤B、二〇一二年度―二〇一六年度、研究代表者:鷲見洋一)そして、「『百科全書』の編集史的研究――知の生成と転位」(科学研究費補助金基盤B、二〇一七年度―二〇二〇年度予定、研究代表者:逸見龍生)として進行中である。

現在、『百科全書』研究は世界規模で同時多発的に進行している。一九九〇年代にシカゴ大学のARTFLプロジェクトによって『百科全書』デジタル版がインターネット上で閲覧可能となった。フランスではCD-ROM版(ルドン社)も登場した。二〇〇〇年代に入るとこれらの研究成果を乗り越えようとする新しい共同研究が登場した。特筆すべきは、フランス国立科学アカデミー委員会事業「百科全書電子批評校訂版編纂委員会(通称ENCCREプロジェクト)」であろう(なお同プロジェクトには、本論集に寄稿している日本の研究者も参加している)。ENCCREは、各項目の書誌学的分析に加え、先行研究の情報や項目本文の批評を目指す大規模なプロジェクトである[1]。

ゆえに、本プロジェクトはENCCREに対して典拠情報を提供することも可能となり、その相乗効果は計り知れないだろう。こうした国際研究のネットワークが構築されていくことが、今後の人文学研究には必要不可欠である。

2 『百科全書』の項目の構造

『百科全書』の項目はいくつもの要素から成り立つ。例として『百科全書』第一巻所収の項目「ウマノスズクサ属ARISTOLOCHE」を見てみよう[2]。

まず、見出しである。見出しには大文字や、小大文字(スモールキャピタル)、小文字、あるいは文章で始まるものがある。また、時折アステリスク(＊)が見出し語冒頭に付されている場合がある。これは、編集者ディドロが項目

ARISTOLOCHE, *ariſtolochia*, ſ. f. (*Hiſt. nat. bot.*) genre de plante à fleur monopétale irréguliere, tubulée, terminée en forme de langue, & crochue pour l'ordinaire; le calice devient un fruit membraneux, le plus ſouvent arrondi, ovale ou cylindrique, diviſé en ſix loges, & rempli de ſemences applaties & poſées les unes ſur les autres. Tournefort, *Inſt. rei herb. Voyez* PLANTE. (*I*)

を執筆したことを示す記号である。このように、『百科全書』の見出しにおけるタイポグラフィの選定基準や階層性を把握することは難しい。

ついで、本項目ではラテン語名、品詞（s. f.＝女性名詞）の種類が記されている。そして次に来るのが括弧で示されている分類符号（désignant）である。分類符号とは『百科全書』第一巻に収められている「人間知識の体系図解」による知の分類を示すものである。フランシス・ベーコンの分類を引き継ぐ形で、この体系図解は知性（entendement）を頂点にし、そこから記憶（mémoire）、理性（raison）、想像力（imagination）の基本的三分類を元に、さまざまな知が体系化されている。ダランベールが『百科全書』「序論」（第一巻）で述べているように、分類符号を通じて私たちはさまざまな項目の間のつながりを認識することができる。しかし、注意深く見ると、必ずしも項目内の分類符号は「体系図解」の分類と一致しない場合がある。この事実は、『百科全書』の生成過程において知の分類が絶えず変化しているということを示している。

さて、項目「ウマノスズクサ属」に戻ろう。分類符号は「（*Hist. nat. bot.*）」と記されている。これは〈博物誌、植物学 Histoire naturelle, botanique〉を示している。これにより、私たちはこの項目のジャンルを知ることができる。同じ見出しでも、分類符号の違いによって別項目として扱われることが多い。

そして分類符号の後に本文が続くのであるが、ここでいったん、項目の末尾に着目してみよう。「見よ *Voyez*」という指示が読者に与えられている。これは参照符号（renvoi）である。つまり、「項目「植物 PLANTE」を見よ」ということを意味する。参照符号の記号には《*Voyez*》以外にも《*Voy.*》や《*V.*》などさまざまなものがあり、さらには符号なしに他項目名が指示されることもある。この参照符号により、私たちは『百科全書』内部における項目同士のつながりを追跡することができるのである。もちろん、この参照符号は執筆者によって付されたものであるから、参照先の項目が必ずしも参照元と関係があるとは限らない。しかし、この参照符号の存在によって、項目執筆者がどういう知識と共に自らの項目を読んでもらいたいのかという〈執筆者の意志〉を私たちは知ることができるとも言えるだろう。

項目の最後には「(*I*)」と記されている。これは項目執筆者を示す記号である。(*I*)はドーバントン(Louis Jean-Marie Daubenton)を意味する。たとえば、ジャン＝ジャック・ルソーであれば(*S*)ないし(*s*)であった。項目によっては、執筆者記号のないものも存在する。その場合は、項目内容の解釈や手稿発見等の手作業による研究によって執筆者を同定していかねばならない。こうした多くの先行研究の努力によって、執筆者記号の解読や執筆者の同定が進み、現在私たちは項目執筆者の大部分を知ることができるようになったのである[3]。

最後が典拠情報である。これが私たちの研究プロジェクトが着目する部分である。あとで述べるように、シュワッブの書誌学的研究は典拠情報を省いてしまっていた。典拠情報こそ、『百科全書』の〈外側〉の知のネットワークを知る鍵なのである。項目「ウマノスズクサ属」の末を見てみよう。項目執筆者記号の直前が典拠情報にあたり、«Tournefort, *Inst. rei herb.*»と記載されている。これは、当時の植物学の権威であるジョゼフ・ピトン・ド・トゥルヌフォール(Joseph Pitton de Tournefort)の『基礎植物学』(*Elements de botanique*)(一六九四年)のラテン語訳版『植物学教程』(*Institutiones rei herbariæ*)(一七〇〇年)を指す。

このように、『百科全書』項目における典拠情報は書名が省略されている場合が大半であり、典拠情報を正規化する必要がある。

また、〈何が典拠情報なのか〉という定義の問題も難しい。典拠情報は項目末や段落末に示されることが多いが、執筆者によって典拠の書き方はばらばらであり、記述形式はまったく統一されていない。そして、項目の典拠か非典拠（単なる文献紹介）かという線引きも読み手の判断に委ねられている。ゆえに、典拠情報を機械的に拾っていくことは不可能である。本研究プロジェクトは典拠情報かどうかの判定と正規化の作業を一つひとつの手作業でおこなっている。その作業には、正確な読みと粘り強い情報検索が必要不可欠となる。近年急速に進みつつある情報のデジタル化の恩恵がなければ、この作業は不可能である。しかし、デジタル化だけでは捉えきれないテクストの細部を人間の目で捉えてゆくことが非常に重要なのである。

以上、『百科全書』の項目を構成している諸要素について簡単に述べてきた。もちろん、問題は単純ではないのだが、この概略を見るだけでも『百科全書』が単なる辞典・事典ではないということが分かるであろう。

3　典拠研究の意義

私たちが現在進めている典拠研究では、『百科全書』第一巻の全項目の典拠情報をデータベース化している。これまでの先行研究では、典拠情報は見落とされがちであった。たとえば、『百科全書』総項目を書誌学的に精査したリチャード・N・シュワッブによる『目録』(4)では、残念ながら典拠情報は採録されなかった。シュワッブの卓越した成果をさらに拡充させることが本プロジェクトの目的でもある。

典拠情報のデータベース化は、さまざまな読み方の可能性を広げてくれるだろう。先に見た項目「ウマノスズクサ属」の典拠であったトゥルヌフォールの『植物学教程』を見てみよう。正規化の作業によって、『百科全書』第一巻ではこの典拠が五七項目で明示されていることが判明している。これに対し、『植物学教程』の元の仏語版『基礎植物学』を典拠にしている項目は一つのみである。この事実から、植物学の項目を多く執筆したドーバントンが（『基礎植物学』ではなく）ラテン語版『植物学教程』をつねに手元に置いて項目を執筆していた、ということが浮き彫りになってくる。こうした数的把握によって、項目が執筆される現場にどのような書物が置かれていたのかということが推測できるのである。

さらに、典拠情報は、これまで参照符号や執筆者の同一性のみでは見えてこなかった項目同士のネットワークを私たちに示してくれるであろう。通常の読み方ではつながりが存在しないような項目同士が同一の典拠の存在によって関係性が見えてくる可能性があるのである。つまり、典拠情報のデータベース化は、単に『百科全書』の外に広がる知のネットワークを解明するだけではなく、『百科全書』内部での新しいネットワークを浮き彫りにする効果もあるのである。本章では書ききれない典拠研究の意義は、他にも無数にあるだろう(5)。ゆえに、本研究プロジェクトは人文学の新しい可能性を拓く研究と言えるのである。

4 『百科全書』第一巻典拠データベース見本の概要

本章の末に、今後公開予定の『百科全書』第一巻典拠データベース一部を見本として掲載する。その見本の概要について説明し、本章を終えたい。

見本は二つのパターンから成る。見本①が項目順に典拠リストの通し番号を付したものであり、見本②が典拠情報順に項目の通し番号を付したものである。本データベースでは典拠情報の初版出版年も掲載しているため、項目執筆者がどのような時代の典拠を用いて項目を執筆したかがわかる。もちろん、項目執筆者がどの版を用いたのかに関しては不明なところが大きく、版の特定は今後の課題である。

見本①項目別分類では、各項目においていかなる典拠情報が用いられているかが一目で理解できる。『百科全書』項目別に典拠情報を示していくと、『百科全書』の生成過程が垣間見えてくる。たとえば、項目「驚異」、「魅力」、「名づける」はディドロによるものだが、一見するとこれら三つは内容的には無関係に思われるだろう。しかし、典拠情報を見ると三項目ともガブリエル・ジラールの『フランス語類語辞典』(一七三六年、通し番号8)が用いられていることがわかる。ゆえに、ディドロはジラールの書物を横に置き、アルファベット順に並んだこれら三項目を同時期にないし連続した時間のなかで執筆したのではないか、ということが推測できるのである。

見本②典拠情報別分類を見ると、ひとつの典拠情報がどの『百科全書』項目で用いられているかが理解できる。この分類表を用いれば、先に述べたようなこれまで無関係だと思われていた項目同士の関係性が浮き彫りになるだろう。また、典拠情報別に『百科全書』を眺めることで、執筆者が用いる典拠の傾向と「人間知識の体系図解」の分類における典拠の傾向が浮かび上がってくる。この見本②だけを見てみても、ダランベールは天文学や力学の項目においてはニュートンを典拠として用い、神話学項目を書くディドロはルイ・モレリの『歴史大辞典』を用い、解剖学関連ではモルガーニが引かれている、ということが見てとれる。このような発見は無数に存在するだろう。

しかし、典拠情報がデータベース化されたからといって『百科全書』そのものがすべて見通せるようになるのではない、ということに注意しよう。典拠研究とはひとつの道具にすぎない。冒頭でも述べたように、『百科全書』とは一種の知的戦場である。それは言説空間を流通している無数の言葉たちが改変され、既存の文脈から切断され、ないし新しい文脈へと接続される戦場である。私たちが進めている典拠研究プロジェクトは、十八世紀フランスで生じていた知的戦いを覗き込むためのスコープである。ゆえに、私たちは『百科全書』を〈読む〉という地道な手仕事を続けねばならない。職人の手に道具が与えられたときにこそ、両方の真価が発揮される。その時、私たちは啓蒙の世紀の別なるスペクタクルを観ることになるだろう。

注

（1）これまでの『百科全書』の総括については、以下の文献を参照されたい。逸見龍生「『百科全書』を読む――本文研究の概観と展望」『欧米の言語・社会・文化』一一号、二〇〇五年、三九―九二頁。

（2）*Art.* « ARISTOLOCHE », *Enc.*, I, 652b.

（3） Jacques Proust, *Diderot et l'*Encyclopédie, Paris, Albin Michel, 1995［1962］; John Lough, *Essays on the* Encyclopédie *of Diderot and D'Alembert*, London, New York, Toronto, Oxford University Press, 1968 ; Frank A. Kafker in collaboration with Serena L. Kafker, *The Encyclopedists as individuals : a biographical dictionary of the authors of the* Encyclopédie, *SVEC*, vol. 257, Oxford, The Voltaire Foundation, 1984 ; Marie Leca-Tsiomis, *Écrire l'Encyclopédie : Diderot, de l'usage des dictionnaires à la grammaire philosophique*, *SVEC*, vol. 375, Oxford, The Voltaire Foundation, 1999.

（4） Richard N. Schwab with the Collaboration of Walter E. Rex, *Inventory of Diderot's* Encyclopédie, 6 vols., *SVEC*（80, 83, 85, 91–93）, Oxford, The Voltaire Foundation, 1971–72.

（5） 本章では指摘できなかった典拠研究の発展可能性については、本書「はじめに」と以下の論文を参照されたい。小関武史「『百科全書』研究にとっての典拠調査の意義」『一橋論叢』一二三巻四号、二〇〇一年、七〇四―七一八頁。

criptions et Belles-Lettres, 1719–1843.（パリ王立碑文・文芸アカデミー，『パリ王立碑文・文芸アカデミー論集』）

5. Académie royale des Sciences de Paris, *Histoire (Mémoires) de l'Académie royale des sciences*, 1702–1797.（パリ王立科学アカデミー『パリ王立科学アカデミー年誌・論集』）
6. Barrow, Issac, *Lectiones opticae et geometricae*, 1674.（アイザック・バロー『光学・幾何学講義』）
7. Clairaut, Alexis, *Elémens d'Algebre*, 1746.（アレクシス＝クロード・クレロー『代数提要』）
8. Girard, Gabriel, *Synonymes français*, 1736.（ガブリエル・ジラール『フランス語類語辞典』）
9. Newton, Issac, *Traité d'optique sur les réflexions, réfractions, inflexions, et couleurs de la lumière*, 1720.（アイザック・ニュートン『光学論』）
10. Newton, Issac, *Lectiones opticae*, 1729.（アイザック・ニュートン『光学講義』）
11. Paul (saint), *Galates*.（パウロ，『ガラテアの信徒への手紙』）
12. Paul (saint), *Philippiens*.（パウロ『フィリピの信徒への手紙』）
13. Paul (saint), *Romains*.（パウロ『ローマの信徒への手紙』）
14. Rameau, Jean-Philippe, *Démonstration du principe de l'harmonie*, 1750.（ジャン＝フィリップ・ラモー『和声原理の証明』）
15. Reyneau, Charles, *Analyse démontrée*, 1708.（シャルル・レノ『解析学精解』）
16. Ricard, Samuel, *Traité général du commerce*, 1700.（サミュエル・リカール『商業概論』）
17. Savary Des Bruslons, Jacques, *Dictionnaire universel de commerce*, 1723–1730.（ジャック・サヴァリ・デ・ブリュロン『商業総合辞典』）
18. Thomassin, Louis, *Traité de l'unité de l'Église*, 1686–1688.（ルイ・トマサン『教会統一論』）
19. Wolff, Christian, *Psychologia empirica methodo scientifica pertractata*, 1732.（クリスティアン・ヴォルフ『経験的心理学』）

『百科全書』第一巻典拠情報（見本）

見本① 項目順

「　」内に項目名（分類符号），（　）内に項目執筆者を付す。項目末の数字は典拠リストの通し番号。

APOTOME「アポトメー」（ルソー）：14

APOTRE, (*Theol*.)「使徒（神学）」：1, 11, 12, 13, 18

APPARENT, *apparens*「視～」（ダランベール）：6, 9, 10

APPARITION, *vision*, (*Gram*.)「驚異［幻，出現］（文法）」（ディドロ）：8

APPAS, *attraits*, *charmes*, (*Gram*.)「魅力［魅惑］（文法）」（ディドロ）：8

APPELLER, *nommer* (*Grammaire*.)「名づける，命名する（文法）」（ディドロ）：8

APPÉTIT, s. m. (*Morale*.)「欲望（道徳）」（イヴォン）：19

APPIÉTRIR *terme de Commerce*「損じる（商業用語）」（マレ）：17

APPLAUDISSEMENT, s. m. (*Hist. anc*.)「賞賛（古代史）」（マレ）：4

APPLICATION *en Théologie*「実践（神学）」：2

APPLICATION *de la Géométrie à l'Algebre*「応用（幾何学の代数学への）」（ダランベール）：5

APPOINT *ou* APOINT, *terme de Banque*「残高（銀行用語）」（マレ）：16

APPRÉCIATEURS「鑑定人」：17

APPRENDRE, *étudier*, *s'instruire*. (*Grammaire*.)「学ぶ，勉強する，身につける（文法）」（ディドロ）：8

APPRENTIF *ou* APPRENTI, s. m. (*Commerce*.)「徒弟（商業）」（マレ）：3

APPRENTISSAGE, s. m. (*Commerce*.)「徒弟期間（商業）」（マレ）：3

APPRÊT, (*Peinture d'*)「下塗り（絵画）」：5

APPROCHE. s. f. (*en Géométrie*.)「近接（幾何学）」（ダランベール）：5

APPROXIMATION, *approximatio*, s. f. (*en Mathématique*.)「近似法（数学）」（ダランベール）：7, 5, 15

典拠リスト

1. [BIBLE], *Actes des apôtres*,（聖書，『使徒行伝』）

2. [Concile], Concile de Constance.（コンスタンツ公会議教令集）

3. [Ordonnance], Ordonnances de Louis XIV, roy de France et de Navarre, sur le commerce des negotians & marchands: données a S. Germain en Laye au mois de mars 1673, 1673.（ルイ十四世の王令）

4. Académie des Inscriptions et Belles-Lettres, *Histoire de l'Académie royale des Ins-*

項目リスト

項目に通し番号。「　」内に項目名（分類符号），（　）内に項目執筆者を付す

1. A, a & *a*「A」（デュマルセ）
2. ACCENT「アクセント」（デュマルセ）
3. ADIPEUX (*en Anatomie*)「脂肪の（解剖学）」
4. AFFRANCHI, en Latin *libertinus*「解放奴隷」（マレ）
5. AIR「大気」（ダランベール，フォルメー）
6. ANACTES (*Mytholog.*)「アナクテス神（神話学）」（ディドロ）
7. ANALYSE (*Ordre encyclop. Entend. Raison...*)「解析（百科全書的秩序，知性，理性…）」（ダランベール）
8. ANGELITES「アンジェリット派」（マレ）
9. ANGUILLE「ウナギ」（ドーバントン）
10. ANIMALCULE, *animalculum*「微生物」（ドーバントン）
11. ANOMALIE, *anomalia* (*Astronom.*)「近点の，近点離角の（天文学）」（ダランベール）
12. ANUBIS (*Myth.*)「アヌビス神（神話学）」（ディドロ）
13. APOLLINAIRES *ou* APOLLINARISTES「アポリナリオス主義者」（マレ）
14. APPARENT, *apparens*「視〜」（ダランベール）
15. APSIDE (en *Astronomie*)「軌道極点（天文学）」（ダランベール）
16. AQUEDUC [Les *aqueducs...*]「水道橋」（ディドロ）
17. ARC-EN-CIEL, *iris*「虹」（ダランベール）
18. ARCHIDIACRE (*Hist. eccles.*)「大助祭（教会史）」（マレ）
19. ARÉOLE (*en Anatomie*)「乳輪（解剖学）」（タラン）
20. ARÉOMETRE「比重計」（ダランベール）
21. ARITHMÉTIQUE UNIVERSELLE「普遍算術」（ダランベール）
22. ARMES「武器」
23. ARQUEBUSE *ou* FUSIL *à vent*「火縄銃」（ダランベール）
24. ATTRACTION, s.f. *attractio* ou *tractio*, (*en Méchanique*)「引力（力学）」（ダランベール）

見本② 典拠順

典拠作品や初版刊行年が不明の場合はダッシュで示す

Montfaucon, Bernard de, *L'Antiquité expliquée et représentée en figures*, 1716.（ベルナール・ド・モンフォコン『古代図説』）：16

Moreri, Louis, *Le grand dictionnaire historique*, 1674.（ルイ・モレリ『歴史大辞典』］）：6, 12

Moreri, Louis, *Supplément au grand dictionnaire historique*, 1735.（ルイ・モレリ『歴史大辞典補遺』）：18

Morgagni, Giovanni Battista, *Adversaria anatomica*, 1706.（ジョバンニ・バティスタ・モルガーニ『解剖学雑記』）：3, 19

Needham, John Turberville, *Nouvelles observations microscopiques*, 1750.（ジョン＝ターバーヴィル・ニーダム『顕微鏡観察録新編』）：9, 10

Newton, Isaac, *De Quadratura Curvarum*, ―.（アイザック・ニュートン『曲線の求積論』）：7

Newton, Isaac, *Philosophiae naturalis principia mathematica*, 1687.（アイザック・ニュートン『自然哲学の数学的諸原理（プリンキピア）』）：11, 15, 24

Newton, Isaac, *Arithmetica universalis*, 1707.（アイザック・ニュートン『普遍算術』）：21

Newton, Isaac, *Traité d'optique sur les réflexions, réfractions, inflexions, et couleurs de la lumière*, 1720.（アイザック・ニュートン『光学論』）：5, 14, 17

Newton, Isaac, *Lectiones opticae*, 1729.（アイザック・ニュートン『光学講義』）：14

Nicephorus Callistus Xanthopulus, ―, ―.（ニケフォルス・カリストゥス）：8

Nicephorus Callistus Xanthopulus, *L'Histoire ecclesiastique*, ―.（ニケフォルス・カリストゥス『教会史』）：13

Nicolaus de Lyra, ―, ―.（リュラのニコラス）：4

Nieupoort, Willem Hendrik, *Explication abrégée des coutumes et cérémonies observées chez les Romains*, 1741.（ウィレム＝ヘンドリック・ニーウポールト『ローマ人習俗儀礼略解』）：22

Nollet, Jean-Antoine, *Leçons de physique expérimentale*, 1743.（ジャン＝アントワーヌ・ノレ『実験物理講義』）：20, 23

Oecumenius Triccius Thessalonicensis, ―, ―.（オイキュウメニウス）：4

Olivet, Pierre-Joseph d', *Traité de la prosodie française*, 1736.（ピエール＝ジョゼフ・ドリーヴ『フランス語韻律論』）：1, 2

おわりに

「はじめに」で記した『百科全書』研究の泰斗、ジャック・プルーストには、マーストリヒト条約が発効される一九九三年に発表された「ヨーロッパ思想における『百科全書』の位置」[1]という論文がある。それは『百科全書』がフランス王国という同時代の政治的閉域に限定されない、どれほど汎ヨーロッパ的でトランスナショナルな越境的運動だったのかを示すものだった。執筆に協力した人びとのネーション、境遇、宗教的・政治的信条の多様さ。同時代の学問共和国の総体から汲み上げた知の越境性と国際性。さらに多数の『百科全書』海賊版を通じた国外での普及（ルッカ、リヴォルノ、イヴェルドン、ジュネーヴといったローマ教皇庁から政治的・宗教的に独立度の高い小国でいくども異本が作成されたほか、英語やロシア語での翻訳企画もあった）などがその論拠だった。プルーストは、自身がプロテスタンティズムを敬虔に信仰するキリスト教マイノリティであった。在学したパリ高等師範学校でミシェル・フーコーの無二の親友として、共通の師ルイ・アルチュセールの講義にフーコーとともに熱心に出席したラディカルな政治運動への共鳴者であった。そのプルーストが、生涯をかけた『百科全書』研究で晩年になって見出そうとしたのは、国家理性に対抗する脱国家的でなかば地下運動化した多様体の動的論理の解明であった。

プルーストの『百科全書』研究の核を支えていた新たな集合体の運動という基底的イメージは、二〇代の若きフランコ・ヴェントゥーリ『百科全書の起源』にも一貫して強靱に流れ続けている。かれはムッソリーニ政権への不服従を唱えた父とともにトリノからパリに亡命、啓蒙研究を開始するとともに、亡命イタリア人の抵抗組織に参加、その後トリノに戻って激しい反ファシズム・レジスタンス運動に身を投じた。ヴェントゥーリが『百科全書』に見出したものは「活潑な若い力が協力し合うことによって生まれた新しいエレメント un elemento nuovo, nascente della collaborazione tra forze attive et giovani」であった。(2) このモチーフは同書に先んじてかれがパリで刊行したディドロ論『ディドロの青春』(一九三九年)にも貫かれている。「若さ」という語がヴェントゥーリの『百科全書』研究に繰り返し現れるのは偶然ではない。かれが全力を挙げて抵抗したファシスト党の党歌が「青春(ジョヴィネッツァ)」であった。メディアと象徴の操作によって政治的・文化的に簒奪されてしまった「青年」の表象を、ヴェントゥーリは、十八世紀なかばの青年知識人集団の苦闘を、史料を通して描ききることによって、みずからに再び取り戻そうとしたのである。(3)

本書が提示する研究のアプローチにひとつの独自性がみられるとすれば、それは、『百科全書』を読む私たち研究者自身が、トランスナショナルな提携と協働、ひとつのネーションの枠組みを超えた国際的な学術活動の場の構築を強く志向してきたことにあるだろう。その意味では私たち自身も『百科全書』の運動の残照の中にある。寄稿してくれたフランス側研究者たちは、海外の大学・研究機関や国際会議などで私たちと出会い、いずれも一〇年以上にわたってともに協力しあってきた方々である。このうち、マリ・レカ＝ツィオミス、イレーヌ・パスロン、アレクサンドル・ギルボー、オリヴィエ・フェレによる論考は、いずれも二〇一二年九月三〇日に――それは『百科全書』初巻刊行二五〇周年を迎えた翌年であった――慶應義塾大学で開催された『百科全書』・啓蒙研究国際集会での発表をもとにしている。フランソワ・ペパンの論考は、私たちの依頼を受けてかれが書き下ろしてくれたものである。私たちは現在、ここに集められた知見をもとに、世界的な研究基盤となるべく『百科全書』電子批評校訂版を協力して校訂しようとしている。その見通しについては本書第14章において素描したとおりであるが、その出発点として多くの日本人研究者の協力があったことも強調しておきたい。紙面の都合上、ここに全員の氏名を記すことはできないが、三〇名をこえる研究者が分担して『百科全書』の本文を丁寧に読み、典拠文献情報を含むさまざまなデータを抽出する地道な作業に取り組んでくれた。かれらの献身的な努力がなければ、典拠情報のデータベース化は不可能だった。

私たちのこの研究を組織し、いまのような形に整えるよう、その始めより導いてくださったのは、鷲見洋一慶應義塾大学名誉教授である。ここに集められた日本人研究者の論文は、いずれも、先生の呼びかけで始まった『百科全書』・啓蒙研究会で長い時間をかけて討論され、質疑交換をへてまとめられたものである。第二次世界大戦後すぐに桑原武夫京都大学教授を中心に組織された京都大学人文研共同研究斑による『フランス百科全書の研究』(一九五四年(4))の刊行後、中川久定京都大学名誉教授、市川慎一早稲田大学名誉教授らとともに、鷲見洋一先生がご自身の師であるジャック・プルーストとともにこれまで切り拓いてこられた地平が、私たちの研究の出発点だった。いまも精力的に仕事をなさり、私たちを見守ってくださる先生のご厚情に深い感謝を申し上げる。

企画の段階から私たちを支えてくださった法政大学出版局の郷間雅俊さんには、ひとかたならぬお世話をいただいた。その見識と誠意がなければ、この本はこのような形で完成までたどり着けなかった。

二〇一八年二月

逸見 龍生

注

(1) Jacques Proust, « La place de l'*Encyclopédie* dans la pensée européenne », *Annales Benjamin Constant*, 14, 1993, p. 111–123.

(2) ヴェントゥーリ『百科全書の起源』、本書「はじめに」注(3)を参照。引用は原著 p. 63.

(3) このことを教えてくださったのは、ヴェントゥーリに師事された堀田誠三先生である。

(4) 『フランス百科全書の研究』岩波書店、一九五四年。

初出一覧

第1章
Marie LECA-TSIOMIS, « *L'Encyclopédie*, conspiration des Lumières ? », *REEL*, 2, 2013, p. 273–286.

第2章
Olivier FERRET, « La philosophie de l'emprunt : Jaucourt et l'histoire de l'Espagne dans l'*Encyclopédie* », *REEL*, 2, 2013, p. 181–203.

第4章
逸見龍生「〈意志〉論の神学・政治的布置——ディドロ執筆項目「政治的権威」におけるパウロ解釈」、*REEL*, 3, 2015, p. 105–127.

第5章
小関武史「地名学から自然地理学へ——18世紀フランスの辞典類はどのような地理知識を伝えようとしていたか」、*REEL*, 3, 2015, p. 61–79.

第6章
Hisashi Ida, « Discours scientifique à voix multiples : organisation textuelle des articles de D'Alembert dans l'Encyclopédie », *REEL*, 2, 2013, p. 57–76.（日本語化にあたって、未検討の項目の追加など改訂・増補を行った。）

第7章

Irène PASSERON, « Abracad'abaque : Traduction, recomposition, innovation dans les articles Abaque et Figure de la Terre », *REEL*, 2, 2013, p. 131–151.

第8章

Alexandre Guillbaud, « L'article FLEUVE de D'Alembert : de sa manufacture à l'application des mathématiques au mouvement des rivières", *REEL*, 2, 2013, p. 153–179.

第12章

川村文重「物質と精神のあいだ――18世紀化学における énergie 概念の両義性」、*REEL*, 3. 2015, p. 39–60.

他の章は本書のために書き下ろした。

本書で提示する研究は、以下の文部科学省科学研究費助成を受けて実施された。
基盤研究（B）「フランス『百科全書』研究」（平成24年度～28年度、研究代表者・鷲見洋一）研究課題番号24320065、基盤研究（B）「『百科全書』の編集史的研究――知の生成と転位」（平成29年度～32年度、研究代表者・逸見龍生）研究課題番号17H02321。

SANG, *pureté de*　純血主義　24–26
SAUVEUR DE MONTEZAT, *saint*　モンペザの聖なる救世主　25
SCEPTICISME, SCEPTIQUES　懐疑主義および懐疑派　60
SCHOLASTIQUES, *philosophie des scholastiques*　スコラ派，スコラ派の哲学　60
SENSIBILITÉ, SENTIMENT　感性，感覚　280
SOIE　絹　235
SOUPAPE　弁　157–58
STOICISME, *ou* SECTE STOÏCIENNE, *ou* ZÉNONISME　ストア主義，あるいはストア派，あるいはゼノン主義　60
SUBTIL　精妙な　139

T

TALVERA　タルヴェラ　40
TEINTURE　染色　181
THÉOSOPHES, LES　神智派　60
THOMASIUS, PHILOSOPHIE DE　トマジウスの哲学　63
THYMIATERIUM　ティミアテリウム　40
TOLEDE　トレド　25, 37, 39
TRANSFUGE　脱走兵　297
TRESSAILLIR　おののく　18
TUBE　管　205

V

VALENCE　バレンシア　26
VELOURS　ビロード　235
VÉNUS　金星　172
VESICATOIRES *ou* VESSICATOIRES　発疱薬　280
VOLCAN　火山　324

LUXE 奢侈 281–82, 293

M

MACHIAVELISME マキャヴェリ主義 59
MAGNANIME 寛大な 294
MAHOMÉTISME マホメット教 25–27, 32–33, 36–37, 39, 41, 44–48
MAINTIEN 維持 294
MALEBRANCHISME, *ou* PHILOSOPHIE DE MALEBRANCHE マルブランシュ主義，男性名詞，あるいはマルブランシュの哲学 64
MALICE 悪意 294
MALIGNITÉ 悪意 294
MANIÈRE 態度，作法 291–92
MANLIANA マンリアナ 40
MARBREUR DE PAPIER 墨流し職人 17
MARTYR 殉教者 294
MATHÉMATIQUE *ou* MATHÉMATIQUES 数学 162
MATIERE 物質 141, 143
MÉDAILLES ESPAGNOLES スペインのメダル 25
MÉFIANCE 不信 294
MEGARIQUE, *secte* メガラ派，教派 59
MÉLANCOLIE メランコリー 281–84, 294–96
MENSTRUE & ACTION MENSTRUELLE, *ou* DISSOLVANT & DISSOLUTION 溶媒と溶解作用 307
MER 海 114, 133
MERCENAIRE 賃金労働者 294
MÉRITE 利点 294
MIROBRIGA ミロブリガ 40
MIXTE & MIXTION 混合物と混合 307–09
MONTAGNES 山 128–29
MONTAGNES 山 128–29
MOSAIQUE ET CHRÉTIENNE PHILOSOPHIE モーセ教そしてキリスト教哲学 60–61

N

NAITRE 生まれる 13
NUMANCE ヌマンシア 40

O

OBSERVATION 観察 279
OBULCON オブルコン 40
ŒCONOMIE ANIMALE 動物エコノミー 255, 266, 280
OR 金 199
ORAGE 雷雨 324
ORGANISATION 有機構成 278
ORIENTALE, *Philosophie* 東洋哲学 60

P

PARALLAXE 視差 173
PARALLÉLISME *des rangées d'arbres* 並木の平行関係 172
PASSAGE 通過 173
PERSES, *Philosophie des* ペルシャ人の哲学 60
PESANTEUR 重さ 145–46
PHENICIENS, *Philosophie des* フェニキア人の哲学 60
PHILOSOPHE 哲学者 53
PHILOSOPHIQUE, ESPRIT 哲学的精神 27
PHYSICO-MATHÉMATIQUES, (*Sciences*.) 物理・数理（科学） 161, 163
PLANTE 植物 356
PLIOIR 巻き芯 235, 247
POULS 脈 255, 265–66, 268–69, 272, 279
PRUSE *ou* BURSE ブルサ 41
PYRRHONIENNE *ou* SCEPTIQUE PHILOSOPHIE ピュロン主義あるいは懐疑哲学 60

R

RAPPORT *ou* AFFINITÉ 類縁性あるいは親和性 301, 307
RÉSISTANCE *des fluides* 流体の抵抗 159, 205
REVIVIFICATION 再活性化 313
RUSSIE ロシア 41

S

SANG 血液 181

ERUDITION　博識学　177, 185
ESPAGNE　スペイン　24–27, 29–32, 36–39, 43
ETHER　エーテル　144–45
ETHIOPIENS（PHILOSOPHIE DES）　エチオピア人（の哲学）　60
EXHALAISON　発散物　152–54
EXALTATION　昇華〔活性化〕　314

F

FABLE　神話　181
FACULTÉ　能力　277
FAMILIARITÉ　睦まじさ　296
FENTES PERPENDICULAIRES　垂直の裂け目　132
FEU　火　310–11
FIGURE　形　174
FIGURE DE LA TERRE　地球の形状　114, 138, 163, 169, 173–77, 180, 184–85, 190
FLEUVE　河川　114, 124–25, 127, 129, 135, 138, 195–96, 198, 201–02, 204–05, 207, 209, 211, 213, 215, 216–22, 223
FLEUVE, RIVIERE　河川　124, 135, 195, 197
FLUX ET REFLUX　潮の満ち引き　129, 130–31
FONTAINE　泉　133
FORCE VIVE, *ou* FORCE DES CORPS EN MOUVEMENT　活力あるいは運動中の物体の力　158–59, 161
FORNICATION　姦淫罪　19
FORTUNE　財　351
FOUDRE　雷　324
FOURNEAU　炉　311–12

G

GAZE　ガーゼ　viii, 227–28, 230–32, 238, 241, 245, 247
Gazier　ガーゼ織り機〔図版〕　235–36, 238–39
GENÈVE　ジュネーヴ　185
GÉNIE　天才　282
GÉOMÉTRIE　幾何学　185
GRAVITATION　重力作用　161
GRAVITÉ　重力　145–46

H

HARMONIE　調和　15, 17
HÉRACLITISME, *ou* PHILOSOPHIE D'HÉRACLITE　ヘラクレイトス主義，あるいはヘラクレイトスの哲学　59, 61
HIDALGO　イダルゴ　24–26
HOBBISME, *ou* PHILOSOPHIE D'HOBBES　ホッブズ主義あるいはホッブズの哲学　50, 56, 63–64, 70, 76
HUMANITÉ　人間性，人情　294
HYDRAULIQUE　流体力学　149, 151, 162
HYDRODYNAMIQUE　流体動力学　149–51
HYPOCRITE　偽善者　294

I

IMPARFAIT　不完全な　16–17
INCOMPRÉHENSIBLE　人智を超えた　13
INDIENS, PHILOSOPHIE DES　インド人の哲学　60
INFINI　無限　185
INQUISITION　異端審問　32
INTEMPÉRIE　乱れ　16–17
INTÉRÊT（*Morale.*）　利益　293, 297
INTÉRÊT（*Œcon. polit.*）　利子　292, 297
IONIQUE, *Secte*　イオニア派，教派　59

J

JORDANUS BRUNUS, PHILOSOPHIE DE　ジョルダーノ・ブルーノの哲学　64
JUSTICIER D'ARAGON　アラゴン王国の身分制議会議長　24–26

L

LÉGISLATEUR　立法者　292–93, 297
LÉIBNITZIANISME *ou* PHILOSOPHIE DE LÉIBNITZ　ライプニッツ主義　50, 63–64, 71
LIQUEURS *spiritueuses*　リキュール　317
LOCKE, PHILOSOPHIE DE　ロックの哲学　50
LUNE　月　172

ARÉOMETRE　比重計　364
ARISTOLOCHE　ウマノスズクサ属　355–58
ARITHMÉTIQUE UNIVERSELLE　普遍算術　364
ARMES　武器　364
ARQUEBUSE *ou* FUSIL *à vent*　火縄銃　364
ART　技術　233, 235
ATMOSPHERE　大気　181
ATOMISME, *Physique corpusculaire très-ancienne*　原子主義，最古の粒子自然学　63
ATTÉNUATION (*Physique*.)　微細化（自然学）　323
ATTÉNUATION, *en Médecine*　医学における微細化　323
ATTRACTION　引力　154, 156, 364
AUTORITÉ POLITIQUE　政治的権威　81, 83, 93, 102–03, 108, 348–50

B

BACONISME *ou* PHILOSOPHIE DE BACON　ベーコン主義あるいはベーコンの哲学　64
BAS　靴下編み機　237
BORÉE　北風　146–48

C

CABINET D'HISTOIRE NATURELLE　博物陳列室　241
CALCINATION　煆焼　311–12
CAMPANELLA (*Philosophie de*)　カンパネラ（の哲学）　64
CARDAN (*Philosophie de*)　カルダーノ（の哲学）　64
CARTÉSIANISME, *Philosophie de Descartes*　デカルト主義，デカルトの哲学　64, 139, 155
CAS IRRÉDUCTIBLE *du troisiéme degré, ou* simplement CAS IRRÉDUCTIBLE　還元不能の場合　185
CHYMIE *ou* CHIMIE　化学　301, 307–08
CITÉ　都市　348
CITOYEN　市民　348
CONFLUENT　合流　225
CONSTRUCTION　構成　351
CONTINENT　大陸　114
COSMIQUES. (*Qualités*)　宇宙的な（性質）144
COURBE　曲線　185
COUVRE-FEU　閉門時刻　31
CYNIQUE, secte de philosophes anciens　キュニコス派，古代哲学の教派　59, 63
CYRÉNAIQUE (SECTE)　キュレネー派（教派）　59

D

DÉLICIEUX　甘美さ　283–84, 295
DESCENTE *ou* CHUTE　降下あるいは転落　205
DESCRIPTION　記述　248
DICTIONNAIRE　辞書　185
DIFFÉRENTIEL　微分の　185
DOGE DE VENISE　ヴェネツィアのドージェ　31
DROIT NATUREL　自然法　325, 327, 335–36, 338–40, 343–44, 347–50
DYNAMIQUE　動力学　158, 161, 305

E

EAU　水　199
ECLECTISME　折衷主義（エクレクティズム）　58, 60, 63–65, 67–71, 279
ÉCONOMIE *ou* ŒCONOMIE　エコノミー　348
EGYPTIENS, (PHILOSOPHIE DES)　エジプト人（の哲学）　60
ELÉATIQUE, (SECTE)　エレア派（教派）　59, 62–63
ELASTIQUE　弾性の　148, 151
ENCYCLOPÉDIE　百科全書　58, 63, 70, 191
ENERGETIQUES　活性化　312–13
ENERGIE, FORCE　活力，力　300, 313, 323
ENERGIQUES　エネルギー派　303, 313
ENREGISTREMENT　登記　351
EPICURÉISME *ou* EPICURISME　エピクロス主義　56, 61–63, 75, 79
EQUATION　等式　185

『百科全書』項目名索引

A

A, a & *a*　A　364
ABACO　アバコ　186–87, 189
ABAQUE　アバクス　138, 169, 173–74, 186–88, 190
ABAQUE, *ou* Table de Pythagore　アバクスないしピタゴラス表，ピタゴラスのアバクス　174, 188
ABAQUE　アバクス　古代人における　174, 189
L'*Abaque*　現用のアバクス　174, 189
ABAQUE　アバクス〔…〕一種の桶　174, 189
ABAQUE　アバクス〔…〕柱頭の頂板　174, 189
ACCELERATION　加速　146
ACCENT　アクセント　364
ACTION (*Belles-Lettres.*)　筋書（文芸）　170
ACTION *en Poësie*　筋書（韻文詩における）　170
ADIPEUX　脂肪の　364
AFFRANCHI　解放奴隷　364
AGUAXIMA　アガクシマ　8
AIR　大気　364
ALCATRACE　アルカトラス　8
AME　霊魂　137, 142–44
ANACTES　アナクテス神　364
ANALYSE　解析　364
ANGELITES　アンジェリット派　364
ANGUILLE　ウナギ　364
ANIMALCULE　微生物　364
ANOMALIE　近点の，近点離角の　364
ANUBIS　アヌビス神　364
APOLLINAIRES *ou* APOLLINARISTES　アポリナリオス主義者　364
APOTOME　アポトメー　363
APOTRE　使徒　363
APPARENT　視〜　363–64
APPARITION, *vision*　驚異［幻，出現］　359, 363
APPAS, *attraits, charmes*　魅力［魅惑］　359, 363
APPELLER, *nommer*　名づける，命名する　359, 363
APPÉTIT　欲望　363
APPIÉTRIR　損じる　363
APPLAUDISSEMENT　賞賛　363
APPLICATION *en Théologie*　実践（神学）　363
APPLICATION *de la Géométrie à l'Algebre*　応用（幾何学の代数学への）　162, 363
APPLICATION *de la Géométrie & de l'Analyse à la Physique*　応用（幾何学と分析の物理学への）　162
APPOINT *ou* APOINT　残高　363
APPRÉCIATEURS　鑑定人　363
APPRENDRE, *étudier, s'instruire*　学ぶ，勉強する，身につける　363
APPRENTIF *ou* APPRENTI　徒弟　363
APPRENTISSAGE　徒弟期間　363
APPRÊT, (*Peinture d'*)　下塗り　363
APPROCHE　近接　363
APPROXIMATION　近似法　363
APSIDE　軌道極点　364
AQUEDUC [Les *aqueducs*...]　水道橋　364
ARC-EN-CIEL　虹　364
ARCADIENS　アルカディア人　79
ARCHIDIACRE　大助祭　364
ARÉOLE　乳輪　364

著作名索引

ヤ 行

ラ 行

ワ 行

マ 行

ナ 行

ハ 行

イレーヌ・パスロン（Irène PASSERON）

フランス国立科学センター研究部長．パリ左岸＝ジュシュー数学研究所．『ダランベール全集』編集主幹．校訂本：D'Alembert, *Correspondance générale (1741–1752)*, *Œuvres complètes*, t. V/2（CNRS-Éditions），論文：« Lettres inédites, problématiques inédites ? »,（*RDE*）．

アレクサンドル・ギルボー（Alexandre GUILBAUD）

パリ第6大学（ピエール・エ・マリ・キュリー大学）准教授．パリ左岸＝ジュシュー数学研究所．著書：Christian Gilain et Alexandre Guilbaud (dir.), *Sciences mathématiques, 1750–1850. Continuités et ruptures*（CNRS-Éditions）．論文：« L'*ENCCRE*, édition numérique collaborative et critique de l'*Encyclopédie* »（*RDE*）．

小嶋竜寿（こじま・りゅうじ）

慶應義塾大学，中央大学ほか非常勤講師．著書：『「百科全書」をひもとく』（共著，慶應義塾大学図書館），訳書：マドレーヌ・ピノー『百科全書』（白水社）．

寺田元一（てらだ・もといち）

名古屋市立大学人間文化研究科教授．著書：『「編集知」の世紀——一八世紀フランスにおける「市民的公共圏」と『百科全書』』（日本評論社），*Diderot l'humain et la science*（共著，Éditions Matériologiques），訳書：『啓蒙の地下文書』全2巻（共訳，法政大学出版局）．

井上櫻子（いのうえ・さくらこ）

慶應義塾大学文学部准教授．校訂本：Saint-Lambert, *Les Saisons. Poème*（« STFM »），訳書：ジャック・ル＝ゴフ『中世と貨幣』（藤原書店）．

川村文重（かわむら・ふみえ）

慶應義塾大学商学部専任講師．著書：*Diderot et la chimie. Science, pensée et écriture*（Classiques Garnier），『政治思想と文学』（共著，ナカニシヤ出版）．

飯田賢穂（いいだ・よしほ）

青山学院大学ほか非常勤講師．論文：*La « Religion civile » chez Rousseau comme art de faire penser*（Thèse de Doctorat en Littératures française et francophone, Université Grenoble Alpes）．

淵田 仁（ふちだ・まさし）

立正大学非常勤講師．論文：「ルソーにおける「歴史家」の問題」（『日本フランス語フランス文学会関東支部論集』）．

執筆者紹介

編者

逸見龍生（へんみ・たつお）

新潟大学人文社会・教育科学系教授．著書：*Lectures critiques de Diderot et de l'*Encyclopédie*. Genèse, Dynamique et Contexte*（NUSS），*Diderot l'humain et la science*（共著，Éditions Matériologiques），*Diderot et le temps*（共著，Presses Universitaires de Provence）．

小関武史（こせき・たけし）

一橋大学法学研究科教授．論文「『百科全書』研究にとっての典拠調査の意義」（『一橋論叢』），「『トレヴー事典』の東アジア関係項目」（『一橋法学』）．

著者（章順）

マリ・レカ＝ツィオミス（Marie LECA-TSIOMIS）

パリ第10大学（ナンテール校）名誉教授．フランス語圏人文科学センター．国際ディドロ学会会長．著書：*Écrire l'*Encyclopédie. *Diderot : de l'usage des dictionnaires à la grammaire philosophique*（*SVEC*），論文：« Dictionnaires, définitions, philosophie, Archives de Philosophie »（*RDE*）．

オリヴィエ・フェレ（Olivier FERRET）

リヨン第2大学（リュミール大学）教授．著書：*Voltaire dans l'*Encyclopédie（Société Diderot），*Copier/coller. Écriture et réécriture chez Voltaire*（PLUS），*La Fureur de nuire : échanges pamphlétaires entre philosophes et antiphilosophes (1750–1770)*（*SVEC*）．

フランソワ・ペパン（François PÉPIN）

ルイ・ルグラン校教授．リヨン高等師範学校．著書：*Les matérialismes et la chimie, Perspectives philosophiques, historiques et scientifiques*（Editions Matériologiques），*La Philosophie expérimentale de Diderot et la chimie. Philosophie, sciences et arts*（Classiques Garnier），編著：*Le Chevalier de Jaucourt. L'homme aux 17000 articles*（l'Atelier）．

井田　尚（いだ・ひさし）

青山学院大学文学部フランス文学科教授．著書：*Genèse d'une morale matérialiste : les passions et le contrôle de soi chez Diderot*（Honoré Champion），『科学思想史』（共著，勁草書房），論文：「外部の思想から思想の外部へ――哲学者ディドロの知的冒険の三つの局面」（『思想』）．